U0901169

四川文化年鉴

2012 年卷

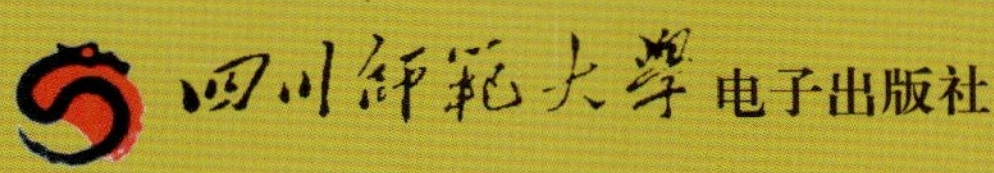

四川文化年鉴2012年卷

出版人：向万成
装帧设计：四川文化年鉴编辑部
出　版：四川师范大学电子出版社
社　址：四川省成都市锦江区静安路5号
邮政编码：610068
总编室电话：028-84768005
028-86633657
网　址：epress. sicnu. edc. cn
电子邮箱：ep@　sicnu. edc. cn
光盘生产：四川省蓥山数码科技有限公司
制版：成都福宝印务设计有限公司
文本印刷：成都国图广告印务有限公司
文本尺寸：210 ㎜×285 ㎜
印　张：25印张
字　数：624千字
版　次：2013年3月第一版
版　号：ISBN 978-7-89411-012-1
定　价：330. 00元（1光盘+本册）
编辑部电话：028-86630162
编辑部邮编：610015

四川文化年鉴编辑委员会名单

编辑说明

《四川文化年鉴》是四川省文化厅编纂的，按年度持续反映四川文化事业和文化产业发展状况及工作经验、研究成果的大型志书类年刊，也是目前四川文化领域信息容量最大的大型权威工具书。年鉴以邓小平理论和“三个代表”重要思想为指导，以科学发展观为统领，坚持社会主义先进文化前进方向，弘扬中华文化，建设和谐文化。年鉴按照中共四川省委深化文化体制改革、加快建设与西部经济发展高地相适应的文化强省的部署，竭力发挥促进四川文化事业和文化产业发展，满足人民群众不断增长的精神文化需求和文化引导社会、教育人民、推动发展的功能。

《四川文化年鉴》2012 年卷设置有特载、专文、专刊、文化工作综述、地方文化、省级文化单位概况、大事记、法律·法规八个篇目。其中，文化工作综述、地方文化、省级文化单位概况的稿件“条目化”入编。2012 年卷入编资料的信息年份为 2011 年，编辑时多数时候约去年份。

《四川文化年鉴》资料和文章由省文化厅各部门、直属单位、市（州）文化部门提供。

《四川文化年鉴》为大 16 开精装版本，图文并茂。年鉴的编辑，资料繁多，涉及面宽，工作量大，存在疏漏在所难免。对此，请读者尤其是供稿单位批评指正，以便我们更好地改进工作，提高编辑、制作质量。

中共中央政治局常委李长春在中共四川省委书记、省人大常委会主任刘奇葆，中共四川省委副书记、省长蒋巨峰的陪同下到四川歌舞演艺有限责任公司调研四川省文化体制改革工作

中共中央政治局委员、中央书记处书记、中宣部部长刘云山
在中共四川省委书记、省人大常委会主任刘奇葆陪同下考察汶川县灾后重建工作

文化部党组书记、部长蔡武巡视成都国际非物质文化遗产博览园

中共四川省委书记、省人大常委会主任刘奇葆在2011年四川省宣传文化界元宵茶话会上

中共四川省委副书记、省长蒋巨峰率队在省川剧艺术研究院调研

文化部党组成员、国家文物局局长单霁翔出席
全国文物系统“5·12”汶川地震灾后抢救保护工作总结大会

中共四川省委常委、省委宣传部部长黄新初主持2011年四川省宣传文化界元宵茶话会

四川省人民政府副省长黄彦蓉出席情系巴蜀——两岸文化联谊行开幕式并致辞

目 录

特载

专文

专刊

文化工作综述

地方文化

省级文化单位概况

大事记 …… 267

法律·法规

特载

SICHUANWENHUANIANJIAN

TEZAI

■ 中共中央关于深化文化体制改革推动社会主义文化大发展大繁荣若干重大问题的决定

■ 中共四川省委关于深化文化体制改革　加快建设文化强省的决定

中共中央关于深化文化体制改革推动社会主义文化大发展大繁荣若干重大问题的决定

（2011 年 10 月 18 日中国共产党第十七届中央委员会第六次全体会议通过）

中国共产党第十七届中央委员会第六次全体会议全面分析形势和任务，认为总结我国文化改革发展的丰富实践和宝贵经验，研究部署深化文化体制改革、推动社会主义文化大发展大繁荣，进一步兴起社会主义文化建设新高潮，对夺取全面建设小康社会新胜利、开创中国特色社会主义事业新局面、实现中华民族伟大复兴具有重大而深远的意义。全会作出如下决定。

一、充分认识推进文化改革发展的重要性和紧迫性，更加自觉、更加主动地推动社会主义文化大发展大繁荣

文化是民族的血脉，是人民的精神家园。在我国五千多年文明发展历程中，各族人民紧密团结、自强不息，共同创造出源远流长、博大精深的中华文化，为中华民族发展壮大提供了强大精神力量，为人类文明进步作出了不可磨灭的重大贡献。

中国共产党从成立之日起，就既是中华优秀传统文化的忠实传承者和弘扬者，又是中国先进文化的积极倡导者和发展者。我们党历来高度重视运用文化引领前进方向、凝聚奋斗力量，团结带领全国各族人民不断以思想文化新觉醒、理论创造新成果、文化建设新成就推动党和人民事业向前发展，文化工作在革命、建设、改革各个历史时期都发挥了不可替代的重大作用。

改革开放特别是党的十六大以来，我们党始终把文化建设放在党和国家全局工作重要战略地位，坚持物质文明和精神文明两手抓，实行依法治国和以德治国相结合，促进文化事业和文化产业同发展，推动文化建设不断取得新成就，走出了中国特色社会主义文化发展道路。我们坚持解放思想、实事求是、与时俱进，不断推进马克思主义中国化时代化大众化，形成和发展了中国特色社会主义理论体系，为开辟和拓展中国特色社会主义道路、确立和完善中国特色社会主义制度提供了科学理论指导；坚持推进社会主义核心价值体系建设，用马克思主义中国化最新成果武装全党、教育人民，用中国特色社会主义共同理想凝聚力量，用以爱国主义为核心的民族精神和以改革创新为核心的时代精神鼓舞斗志，用社会主义荣辱观引领风尚，巩固了全党全国各族人民团结奋斗的共同思想道德基础；坚持为人民服务、为社会主义服务的方向和百花齐放、百家争鸣的方针，发扬广大人民群众和文化工作者的创造精神，推动优秀文化产品大量涌现，丰富了人民精神文化生活；坚持推进文化体制改革，创新文化发展理念，解放和发展文化生产力，推动文化事业全面繁荣、文化产业健康发展，大幅度提高了人民基本文化权益保障水平，大幅度提高了文化在经济社会发展中的地位和作用；坚持发展多层次、宽领域对外文化交流格局，借鉴吸收人类优秀文明成果，实施文化走出去战略，不断增强中华文化国际影响力，向世界展示了我国改革开放的崭新形象和我国人民昂扬向上的精神风貌。我国文化改革发展，显著提高了全民族思想道德素质和科学文化素质、促进了

人的全面发展，显著增强了国家文化软实力，为坚持和发展中国特色社会主义提供了强大精神力量。

当今世界正处在大发展大变革大调整时期，世界多极化、经济全球化深入发展，科学技术日新月异，各种思想文化交流交融交锋更加频繁，文化在综合国力竞争中的地位和作用更加凸显，维护国家文化安全任务更加艰巨，增强国家文化软实力、中华文化国际影响力要求更加紧迫。当代中国进入了全面建设小康社会的关键时期和深化改革开放、加快转变经济发展方式的攻坚时期，文化越来越成为民族凝聚力和创造力的重要源泉、越来越成为综合国力竞争的重要因素、越来越成为经济社会发展的重要支撑，丰富精神文化生活越来越成为我国人民的热切愿望。我国仍处于并将长期处于社会主义初级阶段，人民日益增长的物质文化需要同落后的社会生产之间的矛盾仍然是社会主要矛盾。全面建成惠及十几亿人口的更高水平的小康社会，既要让人民过上殷实富足的物质生活，又要让人民享有健康丰富的文化生活。我们必须抓住和用好我国发展的重要战略机遇期，在坚持以经济建设为中心的同时，自觉把文化繁荣发展作为坚持发展是硬道理、发展是党执政兴国第一要务的重要内容，作为深入贯彻落实科学发展观的一个基本要求，进一步推动文化建设与经济建设、政治建设、社会建设以及生态文明建设协调发展，更好满足人民精神需求、丰富人民精神世界、增强人民精神力量，为继续解放思想、坚持改革开放、推动科学发展、促进社会和谐提供坚强思想保证、强大精神动力、有力舆论支持、良好文化条件。

我国文化领域正在发生广泛而深刻的变革，推动文化大发展大繁荣既具备许多有利条件，也面临一系列新情况新问题。我国文化发展同经济社会发展和人民日益增长的精神文化需求还不完全适应，突出矛盾和问题主要是：一些地方和单位对文化建设重要性、必要性、紧迫性认识不够，文化在推动全民族文明素质提高中的作用亟待加强；一些领域道德失范、诚信缺失，一些社会成员人生观、价值观扭曲，用社会主义核心价值体系引领社会思潮更为紧迫，巩固全党全国各族人民团结奋斗的共同思想道德基础任务繁重；舆论引导能力需要提高，网络建设和管理亟待加强和改进；有影响的精品力作还不够多，文化产品创作生产引导力度需要加大；公共文化服务体系不健全，城乡、区域文化发展不平衡；文化产业规模不大、结构不合理，束缚文化生产力发展的体制机制问题尚未根本解决；文化走出去较为薄弱，中华文化国际影响力需要进一步增强；文化人才队伍建设急需加强。推进文化改革发展，必须抓紧解决这些矛盾和问题。

全党必须深刻认识到，社会主义先进文化是马克思主义政党思想精神上的旗帜，文化建设是中国特色社会主义事业总体布局的重要组成部分。没有文化的积极引领，没有人民精神世界的极大丰富，没有全民族精神力量的充分发挥，一个国家、一个民族不可能屹立于世界民族之林。物质贫乏不是社会主义，精神空虚也不是社会主义。没有社会主义文化繁荣发展，就没有社会主义现代化。在新的历史起点上深化文化体制改革、推动社会主义文化大发展大繁荣，关系实现全面建设小康社会奋斗目标，关系坚持和发展中国特色社会主义，关系实现中华民族伟大复兴。我们要准确把握我国经济社会发展新要求，准确把握当今时代文化发展新趋势，准确把握各族人民精神文化生活新期待，增强责任感和紧迫感，解放思想，转变观念，抓住机遇，乘势而上，在全面建设小康社会进程中、在科学发展道路上奋力开创社会主义文化建设新局面。

二、坚持中国特色社会主义文化发展道路，努力建设社会主义文化强国

坚持中国特色社会主义文化发展道路，深化文化体制改革，推动社会主义文化大发展大

繁荣，必须全面贯彻党的十七大精神，高举中国特色社会主义伟大旗帜，以马克思列宁主义、毛泽东思想、邓小平理论和“三个代表”重要思想为指导，深入贯彻落实科学发展观，坚持社会主义先进文化前进方向，以科学发展为主题，以建设社会主义核心价值体系为根本任务，以满足人民精神文化需求为出发点和落脚点，以改革创新为动力，发展面向现代化、面向世界、面向未来的，民族的科学的大众的社会主义文化，培养高度的文化自觉和文化自信，提高全民族文明素质，增强国家文化软实力，弘扬中华文化，努力建设社会主义文化强国。

建设社会主义文化强国，就是要着力推动社会主义先进文化更加深入人心，推动社会主义精神文明和物质文明全面发展，不断开创全民族文化创造活力持续迸发、社会文化生活更加丰富多彩、人民基本文化权益得到更好保障、人民思想道德素质和科学文化素质全面提高的新局面，建设中华民族共有精神家园，为人类文明进步作出更大贡献。

按照实现全面建设小康社会奋斗目标新要求，到二〇二〇年，文化改革发展奋斗目标是：社会主义核心价值体系建设深入推进，良好思想道德风尚进一步弘扬，公民素质明显提高；适应人民需要的文化产品更加丰富，精品力作不断涌现；文化事业全面繁荣，覆盖全社会的公共文化服务体系基本建立，努力实现基本公共文化服务均等化；文化产业成为国民经济支柱性产业，整体实力和国际竞争力显著增强，公有制为主体、多种所有制共同发展的文化产业格局全面形成；文化管理体制和文化产品生产经营机制充满活力、富有效率，以民族文化为主体、吸收外来有益文化、推动中华文化走向世界的文化开放格局进一步完善；高素质文化人才队伍发展壮大，文化繁荣发展的人才保障更加有力。全党全国要为实现这些目标共同努力，不断提高文化建设科学化水平，为把我国建设成为社会主义文化强国打下坚实基础。

实现上述奋斗目标，必须遵循以下重要方针。

——坚持以马克思主义为指导，推进马克思主义中国化时代化大众化，用中国特色社会主义理论体系武装头脑、指导实践、推动工作，确保文化改革发展沿着正确道路前进。

——坚持社会主义先进文化前进方向，坚持为人民服务、为社会主义服务，坚持百花齐放、百家争鸣，坚持继承和创新相统一，弘扬主旋律、提倡多样化，以科学的理论武装人，以正确的舆论引导人，以高尚的精神塑造人，以优秀的作品鼓舞人，在全社会形成积极向上的精神追求和健康文明的生活方式。

——坚持以人为本，贴近实际、贴近生活、贴近群众，发挥人民在文化建设中的主体作用，坚持文化发展为了人民、文化发展依靠人民、文化发展成果由人民共享，促进人的全面发展，培育有理想、有道德、有文化、有纪律的社会主义公民。

——坚持把社会效益放在首位，坚持社会效益和经济效益有机统一，遵循文化发展规律，适应社会主义市场经济发展要求，加强文化法制建设，一手抓繁荣、一手抓管理，推动文化事业和文化产业全面协调可持续发展。

——坚持改革开放，着力推进文化体制机制创新，以改革促发展、促繁荣，不断解放和发展文化生产力，提高文化开放水平，推动中华文化走向世界，积极吸收各国优秀文明成果，切实维护国家文化安全。

三、推进社会主义核心价值体系建设，巩固全党全国各族人民团结奋斗的共同思想道德基础

社会主义核心价值体系是兴国之魂，是社会主义先进文化的精髓，决定着中国特色社会主义发展方向。必须强化教育引导，增进社会共识，创新方式方法，健全制度保障，把社会主义核心价值体系融入国民教育、精神文明建设和党的建设全过程，贯穿改革开放和社会主义现代化建设各领域，体现到精神文化产品创

作生产传播各方面，坚持用社会主义核心价值体系引领社会思潮，在全党全社会形成统一指导思想、共同理想信念、强大精神力量、基本道德规范。

（一）坚持马克思主义指导地位。马克思主义深刻揭示了人类社会发展规律，坚定维护和发展最广大人民根本利益，是指引人民推动社会进步、创造美好生活的科学理论。要毫不动摇地坚持马克思主义基本原理，紧密结合中国实际、时代特征、人民愿望，用发展着的马克思主义指导新的实践。坚持不懈用中国特色社会主义理论体系武装全党、教育人民，推动学习实践科学发展观向深度和广度拓展，引导党员、干部深入学习贯彻党的基本理论、基本路线、基本纲领、基本经验，学习马克思主义经典著作，系统掌握马克思主义立场、观点、方法。科学分析世情、国情、党情新变化，深入研究解决改革开放和社会主义现代化建设新课题，不断深化对共产党执政规律、社会主义建设规律、人类社会发展规律的认识，不断把党带领人民创造的成功经验上升为理论，不断赋予当代中国马克思主义鲜明的实践特色、民族特色、时代特色。坚持以领导班子和领导干部为重点，以提高思想政治素养为根本，以建设学习型党组织为抓手，大力推进马克思主义学习型政党建设。深入推进马克思主义理论研究和建设工程，实施中国特色社会主义理论体系普及计划，加强重点学科体系和教材体系建设，推动中国特色社会主义理论体系进教材、进课堂、进头脑，加强和改进学校思想政治教育。

（二）坚定中国特色社会主义共同理想。中国特色社会主义是当代中国发展进步的根本方向，集中体现了最广大人民根本利益和共同愿望。要深入开展理想信念教育，引导干部群众深刻认识中国共产党领导和中国特色社会主义制度的历史必然性和优越性，深刻认识中国特色社会主义道路既是实现社会主义现代化和中华民族伟大复兴的必由之路，也是创造人民美好生活的必由之路，自觉把个人理想融入中国特色社会主义共同理想之中，最大限度把广大人民团结和凝聚在中国特色社会主义伟大旗帜之下。紧密结合中国特色社会主义成功实践，联系干部群众思想实际，针对社会热点难点问题，从理论和实践结合上作出有说服力的回答，引导干部群众在重大思想理论问题上划清是非界限、澄清模糊认识，有力抵制各种错误和腐朽思想影响。深入开展形势政策教育、国情教育、革命传统教育、改革开放教育、国防教育，组织学习中国近现代史特别是党领导人民进行革命、建设、改革的历史，坚定广大干部群众对中国特色社会主义的信心和信念。

（三）弘扬以爱国主义为核心的民族精神和以改革创新为核心的时代精神。爱国主义是中华民族最深厚的思想传统，最能感召中华儿女团结奋斗；改革创新是当代中国最鲜明的时代特征，最能激励中华儿女锐意进取。要广泛开展民族精神教育，大力弘扬爱国主义、集体主义、社会主义思想，增强民族自尊心、自信心、自豪感，激励人民把爱国热情化作振兴中华的实际行动，以热爱祖国和贡献自己全部力量建设祖国为最大光荣、以损害祖国利益和尊严为最大耻辱。广泛开展时代精神教育，引导干部群众始终保持与时俱进、开拓创新的精神状态，永不自满、永不僵化、永不停滞，以思想不断解放推动事业持续发展。大力弘扬一切有利于国家富强、民族振兴、人民幸福、社会和谐的思想和精神，大力发扬艰苦奋斗、劳动光荣、勤俭节约的优良传统。加强民族团结进步教育，增进对伟大祖国和中华民族的认同，促进各民族共同团结奋斗、共同繁荣发展。加强爱国主义教育基地建设，用好红色旅游资源，使之成为弘扬培育民族精神和时代精神的重要课堂。

（四）树立和践行社会主义荣辱观。社会主义荣辱观体现了社会主义道德的根本要求。要深入开展社会主义荣辱观宣传教育，弘扬中华传统美德，推进公民道德建设工程，加强社会公德、职业道德、家庭美德、个人品德教育，评选表彰道德模范，学习宣传先进典型，引导人民增强道德判断力和道德荣誉感，自觉履行法定义务、社会责任、家庭责任，在全社会形成知荣辱、讲正气、作奉献、促和谐的良好风尚。深化群众性精神文明创建活动，广泛开展志愿服务，拓展各类道德实践活动，倡导爱国、敬业、诚信、友善等道德规范，形成男女平等、尊老爱幼、扶贫济困、扶弱助残、礼让宽容的人际关系。全面加强学校德育体系建设，构建学校、家庭、社会紧密协作的教育网络，动员社会各方面共同做好青少年思想道德教育工作。深入开展学雷锋活动，采取措施推动学习活动常态化。深化政风、行风建设，开展道德领域突出问题专项教育和治理，坚决反对拜金主义、享乐主义、极端个人主义，坚决纠正以权谋私、造假欺诈、见利忘义、损人利己的歪风邪气。把诚信建设摆在突出位置，大力推进政务诚信、商务诚信、社会诚信和司法公信建设，抓紧建立健全覆盖全社会的征信系统，加大对失信行为惩戒力度，在全社会广泛形成守信光荣、失信可耻的氛围。加强法制宣传教育，弘扬社会主义法治精神，树立社会主义法治理念，提高全民法律素质，推动人人学法尊法守法用法，维护法律权威和社会公平正义。加强人文关怀和心理疏导，培育自尊自信、理性平和、积极向上的社会心态。弘扬科学精神，普及科学知识，倡导移风易俗、抵制封建迷信。深入开展反腐倡廉教育，推进廉政文化建设。

四、全面贯彻“二为”方向和“双百”方针，为人民提供更好更多的精神食粮

创作生产更多无愧于历史、无愧于时代、无愧于人民的优秀作品，是文化繁荣发展的重要标志。必须全面贯彻为人民服务、为社会主义服务的方向和百花齐放、百家争鸣的方针，立足发展先进文化、建设和谐文化，激发文化创作生产活力，提高文化产品质量，发挥文化引领风尚、教育人民、服务社会、推动发展的作用。

（一）坚持正确创作方向。正确创作方向是文化创作生产的根本性问题，一切进步的文化创作生产都源于人民、为了人民、属于人民。必须牢固树立人民是历史创造者的观点，坚持以人民为中心的创作导向，热情讴歌改革开放和社会主义现代化建设伟大实践，生动展示我国人民奋发有为的精神风貌和创造历史的辉煌业绩。要引导文化工作者牢记为人民服务、为社会主义服务的神圣职责，坚持正确文化立场，认真对待和积极追求文化产品社会效果，弘扬真善美，贬斥假恶丑，把学术探索和艺术创作融入实现中华民族伟大复兴的事业之中。坚持发扬学术民主、艺术民主，营造积极健康、宽松和谐的氛围，提倡不同观点和学派充分讨论，提倡体裁、题材、形式、手段充分发展，推动观念、内容、风格、流派积极创新。把创新精神贯穿文化创作生产全过程，弘扬民族优秀文化传统和五四运动以来形成的革命文化传统，学习借鉴国外文化创新有益成果，兼收并蓄、博采众长，增强文化产品时代感和吸引力。

（二）繁荣发展哲学社会科学。坚持和发展中国特色社会主义，必须大力发展哲学社会科学，使之更好发挥认识世界、传承文明、创新理论、咨政育人、服务社会的重要功能。要巩固发展马克思主义理论学科，坚持基础研究和应用研究并重，传统学科和新兴学科、交叉学科并重，结合我国实际和时代特点，建设具有中国特色、中国风格、中国气派的哲学社会科学。坚持以重大现实问题为主攻方向，加强对全局性、战略性、前瞻性问题研究，加快哲学社会科学成果转化，更好服务经济社会发展。实施哲学社会科学创新工程，发挥国家哲学社会科学基金示范引导作用，推进学科体系、学术观点、科研方法创新，重点扶持立足中国特色社会主义实践的研究项目，着力推出代表国家水准、具有世界影响、经得起实践和历史检验的优秀成果。整合哲学社会科学研究力量，建设一批社会科学研究基地和国家重点实验室，建设一批具有专业优势的思想库，加强哲学社

会科学信息化建设。

（三）加强和改进新闻舆论工作。舆论导向正确是党和人民之福，舆论导向错误是党和人民之祸。要坚持马克思主义新闻观，牢牢把握正确导向，坚持团结稳定鼓劲、正面宣传为主，壮大主流舆论，提高舆论引导的及时性、权威性和公信力、影响力，发挥宣传党的主张、弘扬社会正气、通达社情民意、引导社会热点、疏导公众情绪、搞好舆论监督的重要作用，保障人民知情权、参与权、表达权、监督权。以党报党刊、通讯社、电台电视台为主，整合都市类媒体、网络媒体等宣传资源，构建统筹协调、责任明确、功能互补、覆盖广泛、富有效率的舆论引导格局。加强和改进正面宣传，加强社会主义核心价值体系宣传，加强舆情分析研判，加强社会热点难点问题引导，从群众关注点入手，科学解疑释惑，有效凝聚共识。做好重大突发事件新闻报道，完善新闻发布制度，健全应急报道和舆论引导机制，提高时效性，增加透明度。加强和改进舆论监督，推动解决党和政府高度重视、群众反映强烈的实际问题，维护人民利益，密切党群关系，促进社会和谐。新闻媒体和新闻工作者要秉持社会责任和职业道德，真实准确传播新闻信息，自觉抵制错误观点，坚决杜绝虚假新闻。

（四）推出更多优秀文艺作品。文学、戏剧、电影、电视、音乐、舞蹈、美术、摄影、书法、曲艺、杂技以及民间文艺、群众文艺等各领域文艺工作者都要积极投身到讴歌时代和人民的文艺创造活动之中，在社会生活中汲取素材、提炼主题，以充沛的激情、生动的笔触、优美的旋律、感人的形象，创作生产出思想性艺术性观赏性相统一、人民喜闻乐见的优秀文艺作品。实施精品战略，组织好“五个一工程”、重大革命和历史题材创作工程、重点文学艺术作品扶持工程、优秀少儿作品创作工程，鼓励原创和现实题材创作，不断推出文艺精品。扶持代表国家水准、具有民族特色和地方特色的优秀艺术品种，积极发展新的艺术样式。鼓励一切有利于陶冶情操、愉悦身心、寓教于乐的文艺创作，抵制低俗之风。

（五）发展健康向上的网络文化。加强网上思想文化阵地建设，是社会主义文化建设的迫切任务。要认真贯彻积极利用、科学发展、依法管理、确保安全的方针，加强和改进网络文化建设和管理，加强网上舆论引导，唱响网上思想文化主旋律。实施网络内容建设工程，推动优秀传统文化瑰宝和当代文化精品网络传播，制作适合互联网和手机等新兴媒体传播的精品佳作，鼓励网民创作格调健康的网络文化作品。支持重点新闻网站加快发展，打造一批在国内外有较强影响力的综合性网站和特色网站，发挥主要商业网站建设性作用，培育一批网络内容生产和服务骨干企业。发展网络新技术新业态，占领网络信息传播制高点。广泛开展文明网站创建，推动文明办网、文明上网，督促网络运营服务企业履行法律义务和社会责任，不为有害信息提供传播渠道。加强网络法制建设，加快形成法律规范、行政监管、行业自律、技术保障、公众监督、社会教育相结合的互联网管理体系。加强对社交网络和即时通信工具等的引导和管理，规范网上信息传播秩序，培育文明理性的网络环境。依法惩处传播有害信息行为，深入推进整治网络淫秽色情和低俗信息专项行动，严厉打击网络违法犯罪。加大网上个人信息保护力度，建立网络安全评估机制，维护公共利益和国家信息安全。

（六）完善文化产品评价体系和激励机制。坚持把遵循社会主义先进文化前进方向、人民群众满意作为评价作品最高标准，把群众评价、专家评价和市场检验统一起来，形成科学的评价标准。要建立公开、公平、公正评奖机制，精简评奖种类，改进评奖办法，提高权威性和公信度。加强文艺理论建设，培养高素质文艺评论队伍，开展积极健康的文艺批评，褒优贬劣，激浊扬清。加大优秀文化产品推广力度，运用主流媒体、公共文化场所等资源，在资金、频道、版面、场地等方面为展演展映展播展览弘扬主流价值的精品力作提供条件。设立专项艺术基金，支持收藏和推介优秀文化作品。加大知识产权保护力度，依法惩处侵权行为，维护著作权人合法权益。

五、大力发展公益性文化事业，保障人民基本文化权益

满足人民基本文化需求是社会主义文化建设的基本任务。必须坚持政府主导，按照公益性、基本性、均等性、便利性的要求，加强文化基础设施建设，完善公共文化服务网络，让群众广泛享有免费或优惠的基本公共文化服务。

（一）构建公共文化服务体系。加强公共文化服务是实现人民基本文化权益的主要途径。要以公共财政为支撑，以公益性文化单位为骨干，以全体人民为服务对象，以保障人民群众看电视、听广播、读书看报、进行公共文化鉴赏、参与公共文化活动等基本文化权益为主要内容，完善覆盖城乡、结构合理、功能健全、实用高效的公共文化服务体系。把主要公共文化产品和服务项目、公益性文化活动纳入公共财政经常性支出预算。采取政府采购、项目补贴、定向资助、贷款贴息、税收减免等政策措施鼓励各类文化企业参与公共文化服务。鼓励国家投资、资助或拥有版权的文化产品无偿用于公共文化服务。加强文化馆、博物馆、图书馆、美术馆、科技馆、纪念馆、工人文化宫、青少年宫等公共文化服务设施和爱国主义教育示范基地建设并完善向社会免费开放服务，鼓励其他国有文化单位、教育机构等开展公益性文化活动，各类公共场所要为群众性文化活动提供便利。统筹规划和建设基层公共文化服务设施，坚持项目建设和运行管理并重，实现资源整合、共建共享。加强社区公共文化设施建设，把社区文化中心建设纳入城乡规划和设计，拓展投资渠道。完善面向妇女、未成年人、老年人、残疾人的公共文化服务设施。引导和鼓励社会力量通过兴办实体、资助项目、赞助活动、提供设施等形式参与公共文化服务。推进国家公共文化服务体系示范区创建。制定公共文化服务指标体系和绩效考核办法。

（二）发展现代传播体系。提高社会主义先进文化辐射力和影响力，必须加快构建技术先进、传输快捷、覆盖广泛的现代传播体系。要加强党报党刊、通讯社、电台电视台和重要出版社建设，进一步完善采编、发行、播发系统，加快数字化转型，扩大有效覆盖面。加强国际传播能力建设，打造国际一流媒体，提高新闻信息原创率、首发率、落地率。建立统一联动、安全可靠的国家应急广播体系。完善国家数字图书馆建设。整合有线电视网络，组建国家级广播电视网络公司。推进电信网、广电网、互联网三网融合，建设国家新媒体集成播控平台，创新业务形态，发挥各类信息网络设施的文化传播作用，实现互联互通、有序运行。

（三）建设优秀传统文化传承体系。优秀传统文化凝聚着中华民族自强不息的精神追求和历久弥新的精神财富，是发展社会主义先进文化的深厚基础，是建设中华民族共有精神家园的重要支撑。要全面认识祖国传统文化，取其精华、去其糟粕，古为今用、推陈出新，坚持保护利用、普及弘扬并重，加强对优秀传统文化思想价值的挖掘和阐发，维护民族文化基本元素，使优秀传统文化成为新时代鼓舞人民前进的精神力量。加强文化典籍整理和出版工作，推进文化典籍资源数字化。加强国家重大文化和自然遗产地、重点文物保护单位、历史文化名城名镇名村保护建设，抓好非物质文化遗产保护传承。深入挖掘民族传统节日文化内涵，广泛开展优秀传统文化教育普及活动。发挥国民教育在文化传承创新中的基础性作用，增加优秀传统文化课程内容，加强优秀传统文化教学研究基地建设。大力推广和规范使用国家通用语言文字，科学保护各民族语言文字。繁荣发展少数民族文化事业，开展少数民族特色文化保护工作，加强少数民族语言文字党报党刊、广播影视节目、出版物等译制播出出版。加强同香

港、澳门的文化交流合作，加强同台湾的各种形式文化交流，共同弘扬中华优秀传统文化。

（四）加快城乡文化一体化发展。增加农村文化服务总量，缩小城乡文化发展差距，对推进社会主义新农村建设、形成城乡经济社会发展一体化新格局具有重大意义。要以农村和中西部地区为重点，加强县级文化馆和图书馆、乡镇综合文化站、村文化室建设，深入实施广播电视村村通、文化信息资源共享、农村电影放映、农家书屋等文化惠民工程，扩大覆盖、消除盲点、提高标准、完善服务、改进管理。加大对革命老区、民族地区、边疆地区、贫困地区文化服务网络建设支持和帮扶力度。深入开展全民阅读、全民健身活动，推动文化科技卫生“三下乡”、科教文体法律卫生“四进社区”“送欢乐下基层”等活动经常化。引导企业、社区积极开展面向农民工的公益性文化活动，尽快把农民工纳入城市公共文化服务体系。建立以城带乡联动机制，合理配置城乡文化资源，鼓励城市对农村进行文化帮扶，把支持农村文化建设作为创建文明城市基本指标。鼓励文化单位面向农村提供流动服务、网点服务，推动媒体办好农村版和农村频率频道，做好主要党报党刊在农村基层发行和赠阅工作。扶持文化企业以连锁方式加强基层和农村文化网点建设，推动电影院线、演出院线向市县延伸，支持演艺团体深入基层和农村演出。中央、省、市三级设立农村文化建设专项资金，保证一定数量的中央转移支付资金用于乡镇和村文化建设。

六、加快发展文化产业，推动文化产业成为国民经济支柱性产业

发展文化产业是社会主义市场经济条件下满足人民多样化精神文化需求的重要途径。必须坚持社会主义先进文化前进方向，坚持把社会效益放在首位、社会效益和经济效益相统一，按照全面协调可持续的要求，推动文化产业跨越式发展，使之成为新的经济增长点、经济结构战略性调整的重要支点、转变经济发展方式的重要着力点，为推动科学发展提供重要支撑。

（一）构建现代文化产业体系。加快发展文化产业，必须构建结构合理、门类齐全、科技含量高、富有创意、竞争力强的现代文化产业体系。要在重点领域实施一批重大项目，推进文化产业结构调整，发展壮大出版发行、影视制作、印刷、广告、演艺、娱乐、会展等传统文化产业，加快发展文化创意、数字出版、移动多媒体、动漫游戏等新兴文化产业。鼓励有实力的文化企业跨地区、跨行业、跨所有制兼并重组，培育文化产业领域战略投资者。优化文化产业布局，发挥东中西部地区各自优势，加强文化产业基地规划和建设，发展文化产业集群，提高文化产业规模化、集约化、专业化水平。加大对拥有自主知识产权、弘扬民族优秀文化的产业支持力度，打造知名品牌。发掘城市文化资源，发展特色文化产业，建设特色文化城市。发挥首都全国文化中心示范作用。规划建设各具特色的文化创业创意园区，支持中小文化企业发展。推动文化产业与旅游、体育、信息、物流、建筑等产业融合发展，增加相关产业文化含量，延伸文化产业链，提高附加值。

（二）形成公有制为主体、多种所有制共同发展的文化产业格局。加快发展文化产业，必须毫不动摇地支持和壮大国有或国有控股文化企业，毫不动摇地鼓励和引导各种非公有制文化企业健康发展。要培育一批核心竞争力强的国有或国有控股大型文化企业或企业集团，在发展产业和繁荣市场方面发挥主导作用。在国家许可范围内，引导社会资本以多种形式投资文化产业，参与国有经营性文化单位转企改制，参与重大文化产业项目实施和文化产业园区建设，在投资核准、信用贷款、土地使用、税收优惠、上市融资、发行债券、对外贸易和申请专项资金等方面给予支持，营造公平参与市场竞争、同等受到法律保护的体制和法制环境。加强和改进对非公有制文化企业的服务和管理，

引导他们自觉履行社会责任。

（三）推进文化科技创新。科技创新是文化发展的重要引擎。要发挥文化和科技相互促进的作用，深入实施科技带动战略，增强自主创新能力。抓住一批全局性、战略性重大科技课题，加强核心技术、关键技术、共性技术攻关，以先进技术支撑文化装备、软件、系统研制和自主发展，重视相关技术标准制定，加快科技创新成果转化，提高我国出版、印刷、传媒、影视、演艺、网络、动漫等领域技术装备水平，增强文化产业核心竞争力。依托国家高新技术园区、国家可持续发展实验区等建立国家级文化和科技融合示范基地，把重大文化科技项目纳入国家相关科技发展规划和计划。健全以企业为主体、市场为导向、产学研相结合的文化技术创新体系，培育一批特色鲜明、创新能力强的文化科技企业，支持产学研战略联盟和公共服务平台建设。

（四）扩大文化消费。增加文化消费总量，提高文化消费水平，是文化产业发展的内生动力。要创新商业模式，拓展大众文化消费市场，开发特色文化消费，扩大文化服务消费，提供个性化、分众化的文化产品和服务，培育新的文化消费增长点。提高基层文化消费水平，引导文化企业投资兴建更多适合群众需求的文化消费场所，鼓励出版适应群众购买能力的图书报刊，鼓励在商业演出和电影放映中安排一定数量的低价场次或门票，鼓励网络文化运营商开发更多低收费业务，有条件的地方要为困难群众和农民工文化消费提供适当补贴。积极发展文化旅游，促进非物质文化遗产保护传承与旅游相结合，发挥旅游对文化消费的促进作用。

七、进一步深化改革开放，加快构建有利于文化繁荣发展的体制机制

文化引领时代风气之先，是最需要创新的领域。必须牢牢把握正确方向，加快推进文化体制改革，建立健全党委领导、政府管理、行业自律、社会监督、企事业单位依法运营的文化管理体制和富有活力的文化产品生产经营机制，发挥市场在文化资源配置中的积极作用，创新文化走出去模式，为文化繁荣发展提供强大动力。

（一）深化国有文化单位改革。以建立现代企业制度为重点，加快推进经营性文化单位改革，培育合格市场主体。科学界定文化单位性质和功能，区别对待、分类指导，循序渐进、逐步推开，推进一般国有文艺院团、非时政类报刊社、新闻网站转企改制，拓展出版、发行、影视企业改革成果，加快公司制股份制改造，完善法人治理结构，形成符合现代企业制度要求、体现文化企业特点的资产组织形式和经营管理模式。创新投融资体制，支持国有文化企业面向资本市场融资，支持其吸引社会资本进行股份制改造。着眼于突出公益属性、强化服务功能、增强发展活力，全面推进文化事业单位人事、收入分配、社会保障制度改革，明确服务规范，加强绩效评估考核。创新公共文化服务设施运行机制，吸纳有代表性的社会人士、专业人士、基层群众参与管理。推动党报党刊、电台电视台进一步完善管理和运行机制。推动一般时政类报刊社、公益性出版社、代表民族特色和国家水准的文艺院团等事业单位实行企业化管理，增强面向市场、面向群众提供服务能力。

（二）健全现代文化市场体系。促进文化产品和要素在全国范围内合理流动，必须构建统一开放竞争有序的现代文化市场体系。要重点发展图书报刊、电子音像制品、演出娱乐、影视剧、动漫游戏等产品市场，进一步完善中国国际文化产业博览交易会等综合交易平台。发展连锁经营、物流配送、电子商务等现代流通组织和流通形式，加快建设大型文化流通企业和文化产品物流基地，构建以大城市为中心、中小城市相配套、贯通城乡的文化产品流通网络。加快培育产权、版权、技术、信息等要素市场，办好重点文化产权交易所，规范文化资

产和艺术品交易。加强行业组织建设，健全中介机构。

（三）创新文化管理体制。深化文化行政管理体制改革，加快政府职能转变，强化政策调节、市场监管、社会管理、公共服务职能，推动政企分开、政事分开，理顺政府和文化企事业单位关系。完善管人管事管资产管导向相结合的国有文化资产管理体制。健全文化市场综合行政执法机构，推动副省级以下城市完善综合文化行政责任主体。加快文化立法，制定和完善公共文化服务保障、文化产业振兴、文化市场管理等方面法律法规，提高文化建设法制化水平。坚持主管主办制度，落实谁主管谁负责和属地管理原则，严格执行文化资本、文化企业、文化产品市场准入和退出政策，综合运用法律、行政、经济、科技等手段提高管理效能。深入开展“扫黄打非”，完善文化市场管理，坚决扫除毒害人们心灵的腐朽文化垃圾，切实营造确保国家文化安全的市场秩序。

（四）完善政策保障机制。保证公共财政对文化建设投入的增长幅度高于财政经常性收入增长幅度，提高文化支出占财政支出比例。扩大公共财政覆盖范围，完善投入方式，加强资金管理，提高资金使用效益，保障公共文化服务体系建设和运行。落实和完善文化经济政策，支持社会组织、机构、个人捐赠和兴办公益性文化事业，引导文化非营利机构提供公共文化产品和服务。加大财政、税收、金融、用地等方面对文化产业的政策扶持力度，鼓励文化企业和社会资本对接，对文化内容创意生产、非物质文化遗产项目经营实行税收优惠。设立国家文化发展基金，扩大有关文化基金和专项资金规模，提高各级彩票公益金用于文化事业比重。继续执行文化体制改革配套政策，对转企改制国有文化单位扶持政策执行期限再延长五年。

（五）推动中华文化走向世界。开展多渠道多形式多层次对外文化交流，广泛参与世界文明对话，促进文化相互借鉴，增强中华文化在世界上的感召力和影响力，共同维护文化多样性。创新对外宣传方式方法，增强国际话语权，妥善回应外部关切，增进国际社会对我国基本国情、价值观念、发展道路、内外政策的了解和认识，展现我国文明、民主、开放、进步的形象。实施文化走出去工程，完善支持文化产品和服务走出去政策措施，支持重点主流媒体在海外设立分支机构，培育一批具有国际竞争力的外向型文化企业和中介机构，完善译制、推介、咨询等方面扶持机制，开拓国际文化市场。加强海外中国文化中心和孔子学院建设，鼓励代表国家水平的各类学术团体、艺术机构在相应国际组织中发挥建设性作用，组织对外翻译优秀学术成果和文化精品。构建人文交流机制，把政府交流和民间交流结合起来，发挥非公有制文化企业、文化非营利机构在对外文化交流中的作用，支持海外侨胞积极开展中外人文交流。建立面向外国青年的文化交流机制，设立中华文化国际传播贡献奖和国际性文化奖项。

（六）积极吸收借鉴国外优秀文化成果。坚持以我为主、为我所用，学习借鉴一切有利于加强我国社会主义文化建设的有益经验、一切有利于丰富我国人民文化生活的积极成果、一切有利于发展我国文化事业和文化产业的经营管理理念和机制。加强文化领域智力、人才、技术引进工作。吸收外资进入法律法规许可的文化产业领域，保障投资者合法权益。鼓励文化单位同国外有实力的文化机构进行项目合作，学习先进制作技术和管理经验。鼓励外资企业在华进行文化科技研发，发展服务外包。开展知识产权保护国际合作。

八、建设宏大文化人才队伍，为社会主义文化大发展大繁荣提供有力人才支撑

推动社会主义文化大发展大繁荣，队伍是基础，人才是关键。要坚持尊重劳动、尊重知识、尊重人才、尊重创造，深入实施人才强国战略，牢固树立人才是第一资源思想，全面贯彻党管人才原则，加快培养造就德才兼备、锐

意创新、结构合理、规模宏大的文化人才队伍。

（一）造就高层次领军人物和高素质文化人才队伍。高层次领军人物和专业文化工作者是社会主义文化建设的中坚力量。要继续实施“四个一批”人才培养工程和文化名家工程，建立重大文化项目首席专家制度，造就一批人民喜爱、有国际影响的名家大师和民族文化代表人物。加强专业文化工作队伍、文化企业家队伍建设，扶持资助优秀中青年文化人才主持重大课题、领衔重点项目，抓紧培养善于开拓文化新领域的拔尖创新人才、掌握现代传媒技术的专门人才、懂经营善管理的复合型人才、适应文化走出去需要的国际化人才。创新人才培养模式，实施高端紧缺文化人才培养计划，搭建文化人才终身学习平台。鼓励和扶持高等学校和中等职业学校优化专业结构，与文化企事业单位共建培养基地。完善人才培养开发、评价发现、选拔任用、流动配置、激励保障机制，深化职称评审改革，为优秀人才脱颖而出、施展才干创造有利制度环境。重视发现和培养社会文化人才。对非公有制文化单位人员评定职称、参与培训、申报项目、表彰奖励同等对待。完善相关政策措施，多渠道吸引海外优秀文化人才。落实国家荣誉制度，抓紧设立国家级文化荣誉称号，表彰奖励成就卓著的文化工作者。

（二）加强基层文化人才队伍建设。基层文化人才队伍是文化改革发展的基础力量。要制定实施基层文化人才队伍建设规划，完善机构编制、学习培训、待遇保障等方面的政策措施，吸引优秀文化人才服务基层。配好配齐乡镇、街道党委宣传委员、宣传干事和乡镇综合文化站专职人员。设立城乡社区公共文化服务岗位，对服务期满高校毕业生报考文化部门公务员、相关专业研究生实行定向招录。重视发现和培养扎根基层的乡土文化能人、民族民间文化传承人特别是非物质文化遗产项目代表性传承人，鼓励和扶持群众中涌现出的各类文化人才和文化活动积极分子，促进他们健康成长、发挥作用。壮大文化志愿者队伍，鼓励专业文化工作者和社会各界人士参与基层文化建设和群众文化活动，形成专兼结合的基层文化工作队伍。

（三）加强职业道德建设和作风建设。文化工作者要成为优秀文化的生产者和传播者，必须加强自身修养，做道德品行和人格操守的示范者。要引导广大文化工作者特别是名家名人自觉践行社会主义核心价值体系，增强社会责任感，弘扬科学精神和职业道德，发扬严谨笃学、潜心钻研、淡泊名利、自尊自律的风尚，努力追求德艺双馨，坚决抵制学术不端、情趣低俗等不良风气。鼓励文化工作者特别是文化名家、中青年骨干深入实际、深入生活、深入群众，拜人民为师，增强国情了解，增加基层体验，增进群众感情。文化工作者要相互尊重、平等交流、取长补短，共同营造风清气正、和谐奋进的良好氛围。

九、加强和改进党对文化工作的领导，提高推进文化改革发展科学化水平

加强和改进党对文化工作的领导，是推进文化改革发展的根本保证，也是加强党的执政能力建设和先进性建设的内在要求。必须从战略和全局出发，把握文化发展规律，健全领导体制机制，改进工作方式方法，增强领导文化建设本领。

（一）切实担负起推进文化改革发展的政治责任。各级党委和政府要把文化建设摆在全局工作重要位置，深入研究意识形态和宣传文化工作新情况新特点，及时研究文化改革发展重大问题，加强和改进思想政治工作，牢牢把握意识形态工作主导权，掌握文化改革发展领导权。把文化建设纳入经济社会发展总体规划，与经济社会发展一同研究部署、一同组织实施、一同督促检查。把文化改革发展成效纳入科学发展考核评价体系，作为衡量领导班子和领导干部工作业绩的重要依据。制定社会主义核心价值体系建设实施纲要。在全党深入开展社会主义核心价值体系学习教育，使广大党员、干

部成为实践社会主义核心价值体系的模范，做共产主义远大理想和中国特色社会主义共同理想的坚定信仰者。深入做好文化领域知识分子工作，充分尊重知识分子创造性劳动，善于同知识分子特别是有影响的代表人士交朋友，把广大知识分子紧紧团结在党的周围。

（二）加强文化领域领导班子和党组织建设。坚持德才兼备、以德为先用人标准，选好配强文化领域各级领导班子，把政治立场坚定、思想理论水平高、熟悉文化工作、善于驾驭意识形态领域复杂局面的干部充实到领导岗位上来，把文化领域各级领导班子建设成为坚强领导集体。加强领导班子思想政治建设，增强政治敏锐性和政治鉴别力，筑牢思想防线，确保文化阵地导向正确。各级领导干部要高度重视并切实抓好文化工作，加强文化理论学习和文化问题研究，提高文化素养，努力成为领导文化建设的行家里手。把文化建设内容纳入干部培训计划和各级党校、行政学院、干部学院教学体系。结合文化单位特点加强和创新基层党的工作，发挥文化事业单位、国有和国有控股文化企业党组织的领导核心和政治核心作用，重视文化领域非公有制经济组织、新社会组织党的组织建设。注重在文化领域优秀人才、先进青年、业务骨干中发展党员。文化战线全体共产党员要牢固树立党的观念、党员意识，讲党性、重品行、作表率，在推进文化改革发展中创先争优、发挥先锋模范作用。

（三）健全共同推进文化建设工作机制。推动社会主义文化大发展大繁荣是全党全社会的共同责任。要建立健全党委统一领导、党政齐抓共管、宣传部门组织协调、有关部门分工负责、社会力量积极参与的工作体制和工作格局，形成文化建设强大合力。文化领域各部门各单位要自觉贯彻中央决策部署，落实文化改革发展目标任务，发挥文化建设主力军作用。支持人大、政协履行职能，调动各部门积极性，支持民主党派、无党派人士和人民团体发挥作用，共同推进文化改革发展。推动文联、作协、记协等文化领域人民团体创新管理体制、组织形式、活动方式，履行好联络协调服务职能，加强行业自律，依法维护文化工作者权益。全面贯彻党的宗教工作基本方针，发挥宗教界人士和信教群众在促进文化繁荣发展中的积极作用。

（四）发挥人民群众文化创造积极性。人民是推动社会主义文化大发展大繁荣最深厚的力量源泉。要牢固树立马克思主义群众观点，自觉贯彻党的群众路线，为广大群众成为社会主义文化建设者提供广阔舞台。广泛开展群众性文化活动，提高社区文化、村镇文化、企业文化、校园文化等建设水平，引导群众在文化建设中自我表现、自我教育、自我服务。积极搭建公益性文化活动平台，依托重大节庆和民族民间文化资源，组织开展群众乐于参与、便于参与的文化活动。支持群众依法兴办文化团体，精心培育植根群众、服务群众的文化载体和文化样式。及时总结来自群众、生动鲜活的文化创新经验，推广大众文化优秀成果，在全社会营造鼓励文化创造的良好氛围，让蕴藏于人民中的文化创造活力得到充分发挥。

中国人民解放军和中国人民武装警察部队文化建设工作，由中央军委根据本决定精神作出部署。

中华民族伟大复兴必然伴随着中华文化繁荣兴盛。全党要紧密团结在以胡锦涛同志为总书记的党中央周围，满怀信心带领全国各族人民在坚持和发展中国特色社会主义的伟大实践中进行文化创造，为把我国建设成为社会主义文化强国而努力奋斗！

中共四川省委关于深化文化体制改革加快建设文化强省的决定

（2011 年 11 月 9 日中国共产党四川省第九届委员会第九次全体会议通过）

为认真学习贯彻党的十七届六中全会精神，全面落实《中共中央关于深化文化体制改革、推动社会主义文化大发展大繁荣若干重大问题的决定》，省委九届九次全会全面总结改革开放以来特别是近年来全省文化改革发展的丰富实践和宝贵经验，专题研究新形势下文化建设的重大问题，对深化文化体制改革、加快建设与西部经济发展高地相适应的文化强省进行了部署，作出如下决定。

一、充分认识推进文化改革发展的重大意义，努力建设与西部经济发展高地相适应的文化强省

文化是民族的血脉，是人民的精神家园，是政党和国家的精神旗帜。当今时代，各种思想文化交流交融交锋更加频繁，文化在综合国力竞争中的地位和作用更加凸显，维护国家文化安全任务更加艰巨，增强国家文化软实力、中华文化国际影响力要求更加紧迫。没有文化的积极引领，没有全民族精神力量的充分发挥，没有人民精神世界的极大丰富，一个国家、一个民族不可能屹立于世界民族之林。物质贫乏不是社会主义，精神空虚也不是社会主义。文化越来越成为民族凝聚力和创造力的重要源泉、越来越成为综合国力竞争的重要因素、越来越成为经济社会发展的重要支撑，丰富精神文化生活越来越成为人民的热切愿望。在新的历史起点上深化文化体制改革、推动社会主义文化大发展大繁荣，关系实现全面建设小康社会奋斗目标，关系坚持和发展中国特色社会主义，关系实现中华民族伟大复兴。我省加快建设西部经济发展高地、全面建设小康社会，既需要强大的经济力量，又需要强大的文化力量。

改革开放以来特别是近年来，省委、省政府始终把文化建设摆在党和政府全局工作的重要位置，认真贯彻落实党中央、国务院关于深化文化体制改革、推动社会主义文化大发展大繁荣的决策部署，坚持物质文明和精神文明两手抓、文化事业和文化产业同发展，不断以思想文化新觉醒、理论创造新成果、文化建设新成就推动各项事业向前发展。在夺取抗震救灾和灾后恢复重建伟大胜利的历程中，凝炼形成和大力弘扬伟大抗震救灾精神，有效凝聚了推进“两个加快”的强大精神力量；涌现和推出一大批在全国产生重要影响的先进典型、道德模范和英雄少年，生动诠释了社会主义核心价值体系；深入开展感恩党、感恩祖国、感恩人民、感恩解放军、感恩社会活动，培育形成了浓郁的“感恩奋进”文化；深入实施文化惠民工程，覆盖城乡的公共文化服务网络基本形成；深入推进文化体制改革，努力走在全国前列；初步实现文化产业发展振兴，文化产业整体实力进一步增强；大力推动文化“走出去”，我省文化软实力和影响力大幅提升。

同时，还必须清醒认识到，我省现阶段文化发展同经济社会发展和人民群众快速增长的精神文化需求还不完全适应。主要表现在：全社会文化自觉还不高，对文化在经济社会发展中的战略地位和引领作用认识还不到位；文化自信还不足，对我省丰富的文化资源认识还不充分、开发利用还不够；文化视野还不开阔，缺乏做强做大的气魄和能力；一些领域道德失范、诚信缺失，一些社会成员人生观、价值观

扭曲，用社会主义核心价值体系引领社会思潮更为紧迫；舆论引导能力有待提高，网络建设和管理亟待加强和改进；文化基础设施建设还存在薄弱环节，公共文化服务体系还不健全；我省文化产品供给与巨大文化需求还不匹配，展现中国气派、巴蜀风格的精品力作还不多；文化创新能力还不强，文化与科技、经济深度融合还不够；具有核心竞争力的大型文化企业（集团）不多，文化产业对经济的贡献率还不高；文化建设投入力度还不大，社会资本投入文化建设积极性还不高。必须深刻思考这些存在的问题，进一步树立大局意识和忧患意识，增强政治责任感和工作紧迫感。

当前，我省正处于深入实施新一轮西部大开发战略、持续推进“两个加快”和全面建设小康社会的关键时期，正处于联动推进新型工业化新型城镇化和农业现代化、加快转变经济发展方式的攻坚时期。全省经济发展高位求进、整体实力不断攀升，推动经济社会发展再上新台阶的基础进一步巩固，文化建设面临前所未有的历史机遇。要顺应经济社会发展新要求、文化发展新趋势、全省各族人民精神文化生活新期待，积极拓展抗震救灾和灾后恢复重建开辟的新领域，充分运用成渝经济区、天府新区建设和灾区发展振兴的新平台，紧紧抓住中央扶持民族地区、贫困地区、革命老区跨越发展和扩大内需的新契机，加快推进文化改革发展，努力实现四川文化新跨越，创造四川文化新辉煌。

深化文化体制改革，建设与西部经济发展高地相适应的文化强省，必须全面贯彻落实党的十七大和十七届六中全会精神，高举中国特色社会主义伟大旗帜，以邓小平理论和“三个代表”重要思想为指导，深入贯彻落实科学发展观，牢牢把握社会主义先进文化前进方向，坚持以科学发展为主题，以转变文化发展方式为主线，以构建社会主义核心价值体系为根本任务，以注重社会效益为首要追求，以满足人民精神文化需求为出发点和落脚点，坚持文化事业与文化产业并重，坚持加大投入与体制改革并重，坚持发展繁荣与加强管理并重，切实提升全社会文明程度，切实提升文化对经济社会发展的贡献，切实提升巴蜀文化整体形象和实力。

到2020年，我省文化改革发展的奋斗目标是：社会主义核心价值体系深入人心，全省人民思想道德素质明显提高，伟大抗震救灾精神大力弘扬，中国特色社会主义共同理想信念进一步坚定；满足人民群众多层次多方面多样化精神需求的文化产品更加丰富，体现中国气派、巴蜀风格的精品力作不断涌现；文化事业全面繁荣，惠及全民的公共文化服务体系基本建立；文化产业成为我省国民经济支柱性产业，核心竞争力明显增强；充满活力、富有效率的文化管理体制和文化产品生产经营机制基本形成；四川文化“走出去”成效显著，文化形象大幅提升；素质优良、结构合理的文化人才队伍基本建立，有利于优秀人才脱颖而出的体制机制更加完善；不断增强文化促进社会团结进步的凝聚力，文化精神食粮的供给力，文化深入基层和群众的服务力，文化产业发展的竞争力，文化繁荣发展的创新力，文化对经济社会发展的推动力，建成与西部经济发展高地相适应的文化强省。

实现上述奋斗目标，必须坚持以马克思主义为指导，推进马克思主义中国化时代化大众化，用中国特色社会主义理论武装头脑、指导实践、推动工作，确保文化改革发展沿着正确道路前进；坚持社会主义先进文化前进方向，全面贯彻“二为”方向和“双百”方针，以科学的理论武装人，以正确的舆论引导人，以高尚的精神塑造人，以优秀的作品鼓舞人；坚持以人为本，发挥人民在文化建设中的主体作用，实现文化发展为了人民、文化发展依靠人民、文化发展成果由人民共享，培育有理想、有道德、有文化、有纪律的社会主义公民；坚持把社会效益放在首位，实现社会效益和经济效益相统一，遵循文化发展规律，加强文化法制建设，一手抓繁荣、一手抓管理，推动文化事业文化产业全面协调可持续发展；坚持改革开放，着力推进文化体制机制创新，不断解放和发展文化生产力，提高文化开放水平，切实维护国家文化安全。要实施以下文化发展战略：

——文化加快发展战略。充分发挥文化对经济社会发展的引领作用，在坚持以经济建设为中心的同时，把文化繁荣发展作为坚持发展是硬道理、发展是党执政兴国第一要务的重要内容，作为深入贯彻落实科学发展观的一个基本要求，实现文化又好又快发展。

——文化创新发展战略。把改革创新作为文化发展的强大动力，深化文化体制机制改革创新，推进发展理念、发展方法、发展路径创新，提高文化创意能力，切实转变文化发展方式，进一步解放和发展文化生产力。

——文化融合发展战略。充分发挥文化的辐射力和渗透力，把文化发展融入到经济社会发展的各领域、各方面、各环节，实现文化建设与经济建设、政治建设、社会建设和生态文明建设互渗互动、融合发展。

——文化特色发展战略。立足四川文化资源大省实际，深入挖掘和开发利用底蕴深厚、独具特色的巴蜀文化和多民族文化资源，吸收中外优秀文化成果，着力打造形式新颖、影响广泛、地域风格浓厚的特色文化品牌。

——文化精品发展战略。充分发挥文化领军人物、文化精品力作的聚合引领作用，进一步扩大文化精品的社会影响，带动生产更多满足群众多层次多方面多样化精神需求的文化产品。

二、推进社会主义核心价值体系建设，凝聚全省人民全面建设小康社会的共同精神力量

社会主义核心价值体系是兴国之魂，是社会主义先进文化的精髓。建设社会主义核心价值体系，就是要坚持马克思主义指导地位，坚定中国特色社会主义共同理想，弘扬以爱国主义为核心的民族精神和以改革创新为核心的时代精神，树立和践行社会主义荣辱观。要把社会主义核心价值体系融入国民教育、精神文明建设和党的建设全过程，贯穿改革开放和社会主义现代化建设各领域，体现到精神文化产品创作生产传播各方面，努力构筑全省人民共同奋斗的思想道德基础。

（一）用中国特色社会主义理论体系武装党员、教育群众。引导党员、干部和群众深入学习贯彻党的基本理论、基本路线、基本纲领、基本经验，推动学习实践科学发展观向深度和广度拓展。深入推进学习型党组织建设，带动学习型社会建设。实施中国特色社会主义理论体系普及计划，推动中国特色社会主义理论体系进教材、进课堂、进头脑。把抗震救灾和灾后恢复重建实践中创造形成的科学救灾、科学重建、科学发展宝贵经验作为重要内容，开展四川从悲壮走向豪迈的专题教育。以领导班子和领导干部为重点，教育广大党员、干部成为实践社会主义核心价值体系的模范。分领域、有重点地加强和改进青少年思想政治工作，引导树立正确的世界观、人生观、价值观。深入开展形势政策教育、国情省情教育、革命传统教育和改革开放教育，坚定干部群众对中国特色社会主义的信念和信心。

（二）加强思想道德建设和群众性精神文明创建活动。用社会主义荣辱观引领社会风尚，弘扬传统美德，深入推进社会公德、职业道德、家庭美德、个人品德建设。大力推动学雷锋活动常态化，广泛宣传、学习全国和我省涌现出的先进典型、道德模范，深入开展“做一个有道德的人”等主题活动，推动形成知荣辱、讲正气、促和谐的社会风尚。切实加强党员、干部思想道德建设和机关文化建设，以优良的党风、政风带动形成良好的社会风气。坚持法制建设和道德建设相统一，把诚信建设摆在突出位置，大力推进政务诚信、商务诚信、社会诚信和司法公信建设，加大对失信行为的惩戒力度，营造以诚实守信为荣、以见利忘义为耻的浓厚氛围。开展道德领域突出问题专项教育和

治理，坚决反对拜金主义、享乐主义、极端个人主义，坚决纠正以权谋私、造假欺诈、损人利己的歪风邪气，坚决铲除滋生唯利是图、坑蒙拐骗、贪赃枉法等丑恶现象的土壤。深化“百城万店无假货”“百家食品企业承诺”等主题活动。全面推进素质教育，进一步完善学校德育体系，推动形成以社会主义核心价值体系为灵魂的校园文化。完善学校、家庭、社会三结合教育网络，加强乡村学校少年宫、未成年人心理辅导站建设。开展城市公共文明指数测评，深入推进省市县文明城市、文明单位、文明村镇创建工作。深入开展城乡环境综合治理，开展美环境讲文明树新风、“五十百千”环境优美示范工程等主题活动，建设文明新村示范区，推进城乡精神文明共建。培育奉献、友爱、互助、进步的志愿服务精神，建设社区乡镇志愿服务工作站，开展关爱空巢老人、留守儿童、农民工、残疾人等志愿服务活动。注重人文关怀和心理疏导，培育理性平和、和谐包容的社会心态。加强反腐倡廉和法制宣传教育，推进具有浓厚历史文化底蕴和鲜明时代特色的廉政文化建设，营造崇廉尚洁的社会氛围。普及科学知识、弘扬科学精神，倡导移风易俗、抵制封建迷信。大力倡导各领域各行业根据社会主义核心价值体系，凝炼形成导向鲜明、各具特色、富有凝聚力的行业精神和行业文化，加强企业文化建设。

（三）弘扬伟大抗震救灾精神和培育“感恩奋进”文化。伟大抗震救灾精神赋予社会主义核心价值体系新的内涵，是民族精神和时代精神在当代四川的恢弘体现，是永载四川史册的宝贵精神财富。要把重建后的地震灾区建设成为开展爱国主义教育的基地、建设社会主义核心价值体系的基地、开展民族团结进步宣传教育的基地和展示中国发展模式、发展道路勃勃生机的窗口。把“三基地一窗口”纳入四川红色旅游线路，广泛开展参观学习教育活动。深入开展主题宣讲、理论研究、典型宣传、文艺创作等活动，在全社会大力弘扬伟大抗震救灾精神。把感恩党、感恩祖国、感恩人民、感恩解放军、感恩社会和自力更生、艰苦奋斗的“感恩奋进”文化扎根在灾区和全省人民思想中，深入到我们的血脉里。大力开展以“感恩奋进”为主题的全民阅读、诗歌朗诵、歌曲传唱、故事传说等系列文化活动，大力宣传抗震救灾英模人物和先进事迹，大力弘扬“东汽精神”，推进“新家园、新生活、新风尚”系列主题教育活动，把“感恩奋进”内化为全省人民的文化自觉，转化为推动我省经济社会发展的实际行动。

（四）培育塑造新时期四川精神和文化形象。立足文脉悠长、底蕴深厚的巴蜀文化积淀，弘扬坚韧、乐观、豁达、包容和自强、自立、敢为天下先的巴蜀人文精神，总结波澜壮阔的革命、建设和改革开放历程，围绕抗震救灾、恢复重建和发展振兴的伟大实践，广泛开展理论研究、文化论坛等活动，动员全社会挖掘凝炼四川文化特质及其内涵，培育塑造新时期四川精神和文化形象，提升四川的知名度、美誉度和影响力。

三、坚持先进文化前进方向，为全省人民提供更好更多的精神文化产品

创作生产更多人民喜闻乐见的优秀作品，是文化发展繁荣的重要标志。要全面贯彻“二为”方向和“双百”方针，加强文化产品创作生产引导，提升文化产品质量，发挥文化引领风尚、教育人民、服务社会、推动发展的作用。

（一）加强文化产品创作生产引导。坚持以人民为中心的创作导向，热情讴歌改革开放和社会主义现代化建设伟大实践，生动展示全省人民奋发有为的精神风貌和开拓创新的辉煌业绩。引导文化工作者牢记为人民服务、为社会主义服务的神圣职责，积极追求文化产品健康向上的社会效果。加强和改进文艺评论，创造有利于文艺作品推陈出新的良好环境。党报党刊和文艺报刊、广播电视和网络媒体要开辟专

栏，开展积极健康的文艺批评。发扬创新精神，提高原创能力。建立健全科学的评价标准和评价机制，把群众意见、市场影响、政府导向充分结合起来。发挥四川省“五个一工程”奖、四川省哲学社会科学奖等奖项的引导和激励作用。对在深化文化体制改革、加快建设文化强省工作中作出突出贡献的先进集体和先进个人进行表彰奖励。

（二）繁荣发展哲学社会科学。加强马克思主义基础理论研究，科学回答干部群众关心的重大理论和现实问题，推出一批理论创新成果。实施决策智库工程，整合全省哲学社会科学研究力量，开展理论攻关，为经济社会发展服务。高度重视和加强哲学社会科学学科体系、教材体系建设和教学科研人员队伍建设。实施哲学社会科学创新工程，改进和完善社科课题立项及评奖办法，建立获奖成果跟踪机制，充分发挥省社科基金示范引导作用。实施社科普及工程，广泛开展哲学社会科学知识宣传普及，着力打造基调正确、特色鲜明的人文社科讲坛。加强党报党刊、核心期刊、网站及各类论坛、讲坛、研究会等社科理论阵地建设和管理。完善社科组织党的建设。加快哲学社会科学成果转化。支持高校、党校（行政学院）、社科院及社会主义学院社科研究基地建设。加强哲学社会科学信息化建设。

（三）强化新闻宣传和舆论引导。坚持马克思主义新闻观，牢牢把握正确舆论导向。坚持团结稳定鼓劲、正面宣传为主，壮大主流舆论，提高舆论引导能力，发挥宣传党的主张、弘扬社会正气、通达社情民意、引导社会热点、疏导公众情绪、搞好舆论监督的重要作用。把握媒体发展新趋势，以党报党刊、广播电台、电视台为主，整合都市类媒体、网络媒体和户外媒体等宣传资源，构建功能互补、覆盖广泛、富有效率的舆论引导格局。进一步加大投入，完善扶持机制，壮大主流媒体实力。加强和改进正面宣传，持续加强社会主义核心价值体系宣传。做好重大突发事件新闻报道，完善新闻发布制度，健全主体明确、协作高效的应急报道和舆论引导机制。加强和改进舆论监督，坚持科学监督、依法监督、建设性监督，注重社会效果，推动解决党和政府高度重视、群众反映强烈的实际问题，维护人民利益，密切党群关系，促进社会和谐。推进舆情组织体系建设，加强舆情分析研判，加强社会热点难点问题引导，科学及时解疑释惑，有效凝聚共识。引导新闻媒体和新闻从业人员秉持社会责任和职业道德，始终把社会效益放在首位，真实准确传播新闻信息，自觉抵制错误观点，坚决杜绝虚假新闻。深入开展“三项学习教育”，深化“走基层、转作风、改文风”和“绿色频率频道创建”等活动。健全新闻从业人员准入和退出制度。加强对高校新闻院系的指导，强化对高校新闻专业学生的马克思主义新闻观教育。

（四）推出中国气派、巴蜀风格的优秀文艺作品。推行文化领军人物项目负责制，以优秀人才为核心聚集创作、生产、经营人才，打造“文化川军”，推出具有巴蜀特色的文化品牌。建立重大选题市场招标机制、重大作品立体开发机制、文化产品营销传播体系，构建政府引导、社会参与的文化产品创作生产传播格局。实施文化精品工程，深入挖掘红色文化、历史文化、少数民族文化、优秀民俗文化资源，围绕重大革命题材、抗震救灾题材、西部大开发题材、历史文化题材、民族团结题材、廉政建设题材、新农村建设题材、现代生活题材等，着力打造舞台艺术、文学、书画、音乐、曲艺、广播电视、电影、民间文艺品牌，不断推出具有中国气派、巴蜀风格的优秀文艺作品和优秀出版物，积极争取更多作品和人次获国际级、国家级大奖。实施振兴川剧工程，推进“巴蜀画派”建设。

（五）发展积极健康的网络文化。认真贯彻积极利用、科学发展、依法管理、确保安全的方针，以社会主义先进文化为引领，培育健康、文明、诚信的网络文化。建立以网上信息内容管理部门、互联网行业管理部门、打击网络违法犯罪部门等部门为主，教育、文化等多部门横向联动，省市县三级纵向贯通的互联网管理体制。各地要加强对互联网管理工作的领导，配强工作人员，落实工作经费，完善工作制度。实施网络内容建设工程，推动优秀传统文化瑰宝和当代文化精品网上传播，制作适合互联网和手机等新兴媒体传播的精品佳作，鼓励网民创作格调健康的网络文化作品。实现政务信息、商务信息及其他公共信息资源网上共享。支持四川新闻网等重点新闻网站建设，发挥在川落户知名商业网站的建设性作用，形成重点新闻网站、政务网站、商业网站和特色网站共同发展格局。加强互联网地方立法和行政执法工作，明确电信运营企业、接入服务企业、电子认证服务机构、域名注册管理服务机构、信息服务企业和信息发布者的法律责任，推动形成法律规范、行政监管、行业自律、技术保障、公众监督、社会教育相结合的互联网管理体系。大力整治网络传播淫秽色情和低俗信息，严厉打击和依法惩处网络违法犯罪行为。加大管理力度，落实谁审批谁监管、谁经营谁负责、谁接入谁负责制度。加大网上个人信息保护力度，建立网络安全评估机制，维护公共利益，确保信息安全。加强对网络舆情的研判和积极引导，加大对社交网络和即时通信工具等的管理力度，规范网上信息传播秩序。广泛开展文明网站创建活动，推进绿色网络进校园进社区进农村。发挥网络文明志愿者作用，推动文明办网、文明上网。

四、大力发展公益性文化事业，显著提高公共文化服务水平

满足人民群众基本文化需求是社会主义文化建设的出发点和落脚点。要按照公益性、基本性、均等性、便利性要求，以政府为主导，以公共财政为支撑，加强公共文化基础设施建设，完善公共文化服务网络，不断提高公共文化产品和服务供给能力，有效保障人民群众基本文化权益。

（一）构建公共文化服务体系。实施基层公共文化设施标准化工程，市县有文化馆、图书馆、数字电影院，市（州）建设博物馆；城镇街道和社区有文化活动中心（室）、公共电子阅览室、社区书屋和报栏报亭；乡镇有文化站、广播影视站和出版物发行网点；行政村有文化活动室、广播室、固定电影放映点、公共电子阅览室、农家（社区）书屋。推动乡镇、村级公共文化设施合并建设，注重社区与学校文化设施共享，发挥综合效益。建设省级标志性公共文化设施，加快推进省图书馆、省美术馆、省非物质文化遗产保护中心建设，新建四川大剧院、四川社科馆、四川文艺家之家、省群众文化活动中心、省文化演艺中心、省新闻发布中心。支持和鼓励各地建设区域性公共文化设施。增加文化部门为城乡规划委成员单位，促进城乡建设中公共文化设施优化布局、科学配套。落实从城市住房开发投资中提取1%用于社区公共文化设施建设的规定。把主要公共文化产品和服务项目、公益性文化活动纳入公共财政经常性支出预算。鼓励国家投资、资助或拥有版权的文化产品无偿用于公共文化服务。完善面向妇女、未成年人、老年人、残疾人的公共文化服务设施。积极推进全省公共文化服务体系示范区（项目）创建活动。实现文化馆、博物馆、图书馆、美术馆、科技馆、纪念馆、工人文化宫、青少年宫、军史馆等公共文化服务设施和爱国主义教育基地、国防教育基地免费开放。积极开展公益性文化活动，不断丰富人民群众精神文化生活。充分发挥城镇社区在公共文化服务中的基础作用，推动社区文化活动常态化。采取政府采购、项目补贴、定向资助、贷款贴息、税收减免等政策措施鼓励各类文化企业和社会组织参与公共文化服务。在农村地区培育发展农民演艺网式农村演出团体。在少数民族地区州、县建好文艺演出队伍，特别是要在牧区大力发展“乌兰牧骑”式群众文艺队伍。

（二）发展现代传播体系。加快建设传输快捷、覆盖广泛的传播体系，提高现代传播能力。支持四川媒体做强面向国内和国际的传播通道，构建西部领先、国内一流、海外知名的西部传媒新高地。推进党报党刊、电台电视台和重点新闻网站优化经营模式、拓展传播领域、创新传播业态、延伸传播链条，实施全媒体化、全域化的转型升级战略，打造一批有较强竞争力的品牌传媒。切实支持民族地区媒体和民族语言类媒体发展，支持少数民族语言广播影视节目译制，把康巴卫视和四川民族广播频率建设成全国最具影响力的藏语频道和民族频率。大力推动牧区、山区广播电视信号落地覆盖，推动广播电视进寺庙，依法规范和维护广播电视接收行为和传输秩序，支持县级广播电视台办好服务当地的新闻和社教节目。加快全省有线广电网络数字化、双向化改造，加快推进电信网、广电网、互联网三网融合。建设应急广播电视系统，推进全省广播电视无线数字地面覆盖。加强重要出版社建设，建设国家级数字出版基地。加快推进数字博物馆、数字文化馆、数字图书馆、数字美术馆、数字影视资源库建设。

（三）建设优秀传统文化传承体系。挖掘整理、阐发弘扬中华优秀传统文化及巴蜀优秀传统文化，完善文化遗产展示传播机制，使优秀传统文化成为传承民族精神、提升文化素养、规范道德行为的重要力量。加强世界文化和自然遗产地、重点文物保护单位和历史文化名城名镇名村的保护和科学利用，进一步增强大熊猫栖息地、九寨沟、黄龙、都江堰—青城山、峨眉山—乐山大佛、三星堆、金沙遗址、宝墩遗址、茶马古道、古蜀道等的吸引力，扩大巴蜀文化的影响力。在城乡建设中注意保护历史文化遗产。实施国家级和省级文物保护单位抢救维修工程。加强非物质文化遗产的抢救、挖掘和传承保护，建立非物质文化遗产生产性保护示范基地（园区）。支持成都国际性“非遗之都”、国家级羌族文化生态保护实验区建设。加强巴蜀文化典籍收集整理出版工作，推进文化典籍资源数字化。编纂好《巴蜀全书》。挖掘凉山彝族国际火把节、甘孜康定情歌节等民族传统节日、节庆活动文化内涵，开展工业遗产、文化景观、遗址公园综合利用。广泛开展优秀传统文化教育普及活动，充分发挥各级各类学校在挖掘、传承、创新优秀传统文化中的基础性作用，增加优秀传统文化课程内容，加强优秀传统文化教学研究基地建设。大力推广和规范使用国家通用语言文字，科学保护民族语言文字。加强少数民族特色文化保护，加强少数民族语言文字党报党刊、广播影视节目、出版物等译制播出出版，建好民族语言文字出版基地。

（四）加快推进文化均衡发展。增加农村文化服务总量，不断缩小城乡文化发展差距，促进城乡文化一体化发展。以民族地区、贫困地区和革命老区为重点，深入实施广播电视村村通、文化资源信息共享、乡镇综合文化站、农村电影数字放映、农家（社区）书屋建设等文化惠民工程，健全公共文化设施建设、管理、使用长效机制。在新农村综合体配套建设公共文化设施。建立以城带乡联动机制，鼓励城市对农村进行文化帮扶，把支持农村文化建设作为创建文明城市的基本指标。引导企业、社区积极开展面向农民工的公益文化活动，把农民工纳入城市公共文化服务体系。积极开展“全民阅读”“文化列车”、文化科技卫生“三下乡”、科教文体法律卫生“四进社区”“送欢乐下基层”等群众性文化活动，鼓励和扶持各类社会团体和机构开展群众性文化活动。实施省内发达地区带动贫困地区和其他地区帮扶革命老区、民族地区的文化对口帮扶工程。推动媒体办好农村版或农村栏目。鼓励支持农村文化艺术进城，城市剧院、文化展馆、文化广场要为农民演出提供便利。做好党报党刊在农村基层的发行和赠阅工作。为牧区群众和寺庙僧尼免费订阅手机信息，推动先进文化产品深入群众。鼓励和扶持文化企业以连锁方式加强基层和农村出版物发行网点、便民文体用品店等文化服务网点建设，推动电影院线、演出院线向基层延伸，支持演艺团体深入基层和农村演出。

五、促进文化产业跨越发展，推动文化产业成为国民经济支柱性产业

发展文化产业是社会主义市场经济条件下满足人民群众多层次多方面多样化精神文化需求的重要途径，是推动经济结构调整、转变经济发展方式的重要抓手。要充分利用我省丰富文化资源，突出特色、推动创新，优化文化产业布局，健全文化产业体系，努力提高文化产业规模化、集约化、专业化水平。

（一）优化文化产业区域布局和行业布局。 依据我省文化资源分布状况，加大资源产业化开发力度，构筑“一核四带”的文化产业区域布局。加快建设成都文化产业核心发展区。着力打造以红军长征路线、川陕革命根据地、伟人故里、将帅纪念园为主要内容的红色文化产业带，以古巴蜀文化和三国文化为代表的历史文化产业带，以“藏羌彝文化走廊”为核心区域的民族文化产业带，以汶川地震恢复重建区为依托的重建文化产业带。实施主导产业引领发展战略，做强做大出版发行、印刷复制、影视、文化旅游和演艺娱乐产业，重点培育动漫游戏、创意设计产业，形成“5+2”重点文化产业发展格局。推动文化与旅游、体育、信息、物流、建筑、节庆、广告、会展等产业融合发展，提高相关产业的文化含量和附加值，延伸文化产业链。建立健全文化产业统计体系。发展特色文化产业，建设特色文化城市。充分利用我省丰富的历史文化名城和古镇（村）资源，加大投入、科学规划、保护特色、功能配套、提升水平，使之成为促进产业发展、扩大就业岗位、增加百姓收入的重要载体。

（二）创新文化产业发展模式。 推进现代科技和文化深度融合，运用数字技术、网络技术改造升级文化产业传统业务，提升文化企业装备水平和科技含量，积极发展电子商务、数字出版、动漫游戏、移动电视、无线音乐、手机报刊等新兴文化业态，促进文化产业结构调整。大力发展文化创意产业，开展“创意天府”行动，提高文化企业自主创新能力和市场竞争能力。采用新技术、新工艺和现代设计理念开发利用优秀传统文化资源，开发蜀锦、蜀绣、绵竹年画、羌绣、竹编、唐卡等特色文化旅游商品，打造一批具有鲜明四川特色和比较优势的文化产品品牌、文化企业品牌、区域文化产业品牌。以企业为主体、市场为导向，构建产学研相结合的文化技术创新体系和公共服务平台，建设文化和科技融合示范基地，提高科技成果转化利用水平，增强文化产业核心竞争力。

（三）推动文化产业集聚发展。 充分发挥市场在资源配置中的基础作用，鼓励有实力的文化企业跨地区、跨行业、跨所有制兼并重组，进一步整合出版发行、广播电影电视、报刊、广电网络等文化资源，培育具有行业代表性和区域影响力的大型文化企业和文化战略投资者，提高文化产业的集中度和集约化经营水平。依托各地文化资源和产业基础，加快建设一批具有较强吸纳和带动能力的文化产业基地，积极开展文化项目招商引资，形成各具特色的文化产业集群。以文化企业为主体，引导多元主体投入，加快实施一批具有产业拉动作用和示范效应的重大文化产业项目，尽快形成我省文化产业的规模优势和拳头产品。鼓励和引导符合条件的省内外股权投资基金特别是四川产业振兴发展投资基金对我省重点领域的文化企业及重大文化产业项目进行股权投资，提升骨干文化企业整体竞争实力。

（四）形成多元投入的文化产业发展格局。 支持壮大国有或国有控股文化企业，培育一批核心竞争力强的大型文化企业或企业集团，充分发挥其在发展文化产业和繁荣文化市场方面的主导作用。鼓励和引导非公有制经济组织健康发展，在国家许可范围内，引导社会资本投资我省文化产业，参与国有经营性文化单位转企改制，参与重大文化产业项目实施和文化产

业园区建设。对非公有制文化企业在投资核准、信用贷款、土地使用、税收优惠、上市融资、发行债券、对外贸易和申请专项资金等方面依法给予支持，营造公平参与市场竞争、同等受到法律保护的良好环境。扶持一批竞争力强的非公有制文化骨干企业和集团，不断提高民营文化企业在全省文化产业中的比重。

（五）扩大文化消费。拓展大众性文化消费，提高文化消费在城乡居民日常消费中的比重，增加文化消费总量，推动文化消费成为新的消费热点。支持各地创办有特色的文化惠民活动，开发群众喜闻乐见、参与性强，具有个性化、分众化的文化产品和服务，吸引广大群众主动消费。引导文化企业提供价廉物美的图书报刊、演艺娱乐、电影放映和网络服务，鼓励在商业演出和电影放映中安排一定数量的低价场次或门票。有条件的地方要为困难群众和农民工文化消费提供适当补贴。积极探索金融服务推动文化消费的新机制、新模式，开发与文化结合的教育、培训、健身、旅游、休闲等服务性、综合型消费，不断扩大文化消费领域。

六、进一步深化文化改革开放，形成有利于文化繁荣发展的良好格局

深化文化改革开放是推动文化建设与时俱进、创新发展的根本之道，是实现文化大发展大繁荣的动力之源。要深入推进文化体制改革，建立健全党委领导、政府管理、行业自律、社会监督、企事业单位依法运营的文化管理体制和富有活力的文化产品生产经营机制，创新文化“走出去”模式，有力促进文化强省建设。

（一）深化国有文化单位改革。推进一般国有文艺院团、非时政类报刊社、新闻网站转企改制，加快培育更多合格的文化市场主体。按时完成中央既定的改革任务。巩固出版、发行、影视领域和有线广电网络整合等改革成果，加快转制企业公司制股份制改造，完善法人治理结构，形成符合现代企业制度要求、体现文化企业特点的资产组织形式和经营管理模式。按照国家事业单位分类改革的规定，扎实推进文化领域事业单位改革，深化公益性文化事业单位人事管理、收入分配和社会保障制度改革，建立新的考核评价体系和激励约束机制，激发公益性文化事业单位活力。推动党报党刊、电台电视台进一步完善管理和运行机制。

（二）健全现代文化市场体系。大力发展图书、报刊、电子音像制品、电影、电视剧、演艺娱乐等文化产品市场，培育艺术品交易、文物复制、民族民间工艺品等特色文化产品市场和网络文化市场，拓展动漫游戏、移动电视、网络广播电视等新兴市场。发展连锁经营、物流配送、电子商务，加快建设大型文化产品物流基地和物流企业，构建跨省出境、覆盖大中小城市、贯通城乡的文化产品流通网络。加快培育资本、人才、信息、技术和产权等要素市场，促进金融资本、社会资本与文化资源对接。培育文化服务市场，加强行业中介组织建设，健全文化资产评估、文化经纪代理等中介机构。深入开展“扫黄打非”。加强文化市场监管，规范市场秩序，加大知识产权保护力度，建立文化企业信用档案和文化市场信用机制，形成自我约束、自我监督、自我管理的良性发展机制。

（三）创新文化宏观管理体制。加快政府职能转变，深入推进政企分开、政事分开、政资分开及政府与市场中介组织分开，推动文化行政管理部门切实履行政策调节、市场监管、社会管理、公共服务职能。完善国有文化资产管理体制，制定国有文化单位综合评估考核办法，形成权利义务责任相统一、管人管事管资产管导向相结合的国有文化资产管理体制和运行机制。坚持主管主办制度，落实谁主管谁负责和属地管理原则，严格执行非时政类报刊等文化企业、文化产品市场准入和退出政策。健全文化市场综合执法机构，推动市、县两级完善综合文化行政责任主体。推动文化领域地方立法工作，制定和完善公共文化服务保障、文化产

业发展、文化市场管理等方面的法规规章。

（四）完善政策保障机制。各级财政对文化建设投入的增长幅度高于财政经常性收入增长幅度，提高文化支出占财政支出比例。全面落实重点文化惠民工程的地方配套经费和运行经费，加大公共文化设施建设和设备维护更新的投入力度，加大公共文化产品和服务的政府采购力度。加大财政、税收、金融、用地等方面对文化产业政策扶持力度，对文化内容创意生产、非物质文化遗产项目经营实行税收优惠。省市设立农村文化建设专项资金，保证一定数量的中央转移支付资金用于乡镇村文化建设。省级财政逐步增加省级文化产业发展专项资金，扩大有关文化基金和专项资金规模，从各级彩票公益金中安排一定比例资金用于文化事业。全面落实国家文化改革发展配套政策，对转企改制国有文化单位扶持政策执行期限再延长五年。按照推进西部大开发、促进高新技术产业发展、培育大企业大集团的优惠政策，支持文化产业加快发展。

（五）推进文化交流合作。办好中国西部国际博览会、中国四川国际电视节、中国成都国际非物质文化遗产节、中国四川国际文化旅游节等活动，积极参加国内外有影响的大型展会，加强对外交流合作。加快我省主流媒体“走出去”步伐，提高省级广播电视频率频道的覆盖率，扩大四川卫视国际频道在境外的有效落地范围。培育一批外向型文化企业和文化产业基地，鼓励文化企业在海外建立分支、分销机构，积极拓展国际市场。扩大文化产品出口贸易，重点扶持具有四川特色的川剧、杂技、彩灯、音乐、舞蹈、书画、艺术品、动画片、文化展览等出口。进一步扩大版权贸易。鼓励省内文化单位与省外、境外文化机构进行项目合作，吸引文化名家来川发展。加强与港澳台地区的文化交流。充分发挥海外华人华侨在推动巴蜀文化对外交流中的作用。

七、建设高素质文化人才队伍，为建设与西部经济发展高地相适应的文化强省提供有力人才支撑

推动文化大发展大繁荣，队伍是基础，人才是关键。要坚持党管人才原则，牢固树立人才是第一资源的思想，充分发挥我省人才资源大省优势，加快培养造就德才兼备、锐意创新、结构合理、规模宏大的文化人才队伍。

（一）造就高层次文化领军人物和高素质文化人才队伍。深入实施“四个一批”人才培养工程和文化名家工程，培养造就一批巴蜀文化名家大师。用好“天府英才”工程、“百人计划”等高端紧缺人才培养引进平台，吸纳海内外高层次文化人才。抓紧培养善于开拓文化新领域的拔尖创新人才、掌握现代传媒技术的专门人才、懂经营善管理的复合型人才、适应文化“走出去”需要的国际化人才。鼓励符合条件的文化企业设立博士后工作站。充分发挥老一辈文化名家大师传帮带作用。支持优秀中青年文化人才主持重大课题、领衔重点项目。鼓励和扶持高校、科研机构、中等职业学校优化专业结构，与文化企事业单位开展产学研合作，共建培养基地。大力发展文化职业教育，培养实用型、技能型、复合型文化人才。在职称评定、参与培训、项目资助、表彰奖励等方面对非公有制文化单位人员和民间文化人才平等对待。

（二）加强基层文化队伍建设。制定实施基层文化人才队伍建设规划，完善机构编制、学习培训、待遇保障等方面的政策措施。加强县级文化馆、图书馆、广播电视台（站）工作队伍建设，配齐配好乡镇（街道）党委宣传委员、宣传干事和乡镇综合文化工作专职人员，设立城乡社区公共文化服务岗位。积极引导优秀文化人才向基层流动，对在城乡社区公共文化服务岗位服务期满考核合格的高校毕业生志愿者报考文化部门公务员、相关专业研究生实行定向招录。加强市县社科联、文联和作协组织建设和队伍建设。积极支持文化专门人才和民间

文化人才队伍发展，重视发现和培养扎根基层的乡土文化能人、民族民间文化传承人特别是非物质文化遗产项目传承人。壮大文化志愿者队伍，鼓励专业文化工作者和社会各界人士参与基层文化建设和群众文化活动，形成专兼职结合的基层文化工作队伍。抓紧充实少数民族地区基层文化队伍，鼓励大中专毕业生到少数民族地区从事基层文化工作，加大选派少数民族地区宣传思想文化系统干部到省、市机关挂职培养力度。加强少数民族地区“双语”文化人才培养。高度重视解决民族地区文化人才培养问题，在职称评审、专家培养选拔、岗位设置、考核评奖等方面向民族地区倾斜。

（三）优化文化人才成长环境。加大文化人才培训力度，依托高校、科研机构抓好在职人员继续教育培训，搭建文化人才终身学习平台。研究建立体现基层文化工作特点的文化人才评价标准。探索实行高层次人才和高技能人才年薪制、协议工资制和项目工资制等多种分配方式。建立省级文化荣誉制度，表彰有杰出贡献的文化人才。深化文化领域干部人事制度改革，完善人才培养开发、评价发现、选拔任用、人才引进、流动配置、激励保障机制。高度重视青年文化人才培养。遵循文化产品创作和文化人才成长规律，创造宽松包容、重视人才的良好环境，增强四川文化人才集聚效应。

（四）加强思想政治建设、职业道德建设和作风建设。把思想政治建设放在首位，引导文化工作者特别是名家名人自觉践行社会主义核心价值体系，增强社会责任感，弘扬科学精神和职业道德，努力追求德艺双馨，坚决抵制学术不端、情趣低俗等不良风气。鼓励文化工作者深入实际、深入生活、深入群众，拜人民为师，了解国情省情，增加基层体验，增进群众感情。文化工作者要相互尊重、平等交流、取长补短，共同营造风清气正、积极健康、和谐奋进的文化发展氛围。

八、加强和改进党对文化工作的领导，提高推进文化改革发展科学化水平

充分认识文化建设的重要地位和作用，树立敢于管理、善于管理、科学管理的政治责任意识，切实加强和改进党对文化改革发展工作的领导，把握文化发展规律，改进工作方式方法，不断增强文化自觉、文化自信，提高引领文化科学发展能力。

（一）切实担负起推进文化改革发展的政治责任。各级党委、政府要把文化建设摆在更加重要位置，及时认真研究解决文化改革发展重大问题，牢固树立抓文化就是抓方向、抓发展、抓民生、抓和谐的理念，提高文化发展能力。把文化建设纳入经济社会发展总体规划，与经济社会发展一同研究部署、一同组织实施、一同督促检查。把文化改革发展成效尤其是公共文化服务水平纳入科学发展考核评价体系，作为衡量领导班子和领导干部工作业绩的重要依据。充实和配强各级文化改革发展职能部门力量。认真做好文化领域知识分子工作，把广大知识分子紧紧团结在党的周围。

（二）加强文化领域领导班子和党组织建设。按照德才兼备、以德为先的用人标准，选好配强文化领域各级领导班子，把政治立场坚定、思想理论水平高、熟悉文化工作、善于驾驭意识形态领域复杂局面的干部充实到领导岗位上来。加强领导班子思想政治建设，增强政治敏锐性和政治鉴别能力。把文化建设内容纳入干部培训计划和各级党校（行政学院）、干部学院、社会主义学院教学体系。加强和创新基层文化单位党组织建设，充分发挥文化事业单位、国有和国有控股文化企业党组织的领导核心和政治核心作用，重视和加强文化领域非公有制经济组织、新社会组织党的组织建设。加强党员发展工作，注重从文化领域优秀人才、先进青年、业务骨干中发展党员、培养党员。在全省文化战线深入开展创先争优活动，加强党员意识、党性观念教育，发挥基层党组织的

战斗堡垒作用和共产党员的先锋模范作用，为推动文化改革发展建功立业。各级领导干部应加强文化理论学习和文化问题研究，熟悉四川历史，了解四川文化，提高文化素养，成为引领文化科学发展的行家里手。

（三）健全共同推进文化建设工作机制。建立健全“党委统一领导、党政齐抓共管、宣传部门组织协调、有关部门分工负责、社会力量积极参与”的工作体制和工作格局，形成全社会推动文化建设的强大合力。各级党委宣传部门要切实负起组织协调责任，加强对文化领域各部门各单位的工作指导，加强与各有关部门和社会各方面的联系沟通。文化领域各部门各单位要自觉贯彻中央和省委决策部署，创造性地完成文化改革发展各项任务，发挥文化建设主力军作用。支持人大、政协履行职能，调动各部门积极性，支持民主党派、无党派人士和人民团体发挥作用，共同推进文化改革发展。推动社科联、文联、作协、记协等文化领域人民团体创新管理体制、组织形式、活动方式，履行好联络协调服务职能，加强行业自律，依法维护文化工作者权益。发挥宗教界人士和信教群众在促进文化繁荣发展中的积极作用。

（四）发挥全省人民群众文化创造积极性。自觉贯彻党的群众路线，为广大群众主动参与文化建设提供便利条件。广泛开展群众性文化活动，提高社区文化、村镇文化、企业文化、校园文化等建设水平，引导群众在文化建设中自我表现、自我教育、自我服务。积极搭建公益性文化活动平台，依托重大节庆和各地民族民间文化资源，组织开展群众乐于参与、便于参与的文化活动。积极支持群众依法兴办文化团体，鼓励培育根植群众、服务群众的文化载体和文化样式。深入开展文化调研，及时总结来自基层、源于群众、生动鲜活的文化创新经验，积极推广大众文化优秀成果，在全社会营造鼓励文化创新创造的良好氛围，让蕴藏于人民群众中的文化创造活力得到充分发挥，为文化繁荣发展源源不断地注入生机和活力。

建设与西部经济发展高地相适应的文化强省目标催人奋进，使命光荣，责任重大。全省各族人民要紧密团结在以胡锦涛同志为总书记的党中央周围，在省委的坚强领导下，高举中国特色社会主义伟大旗帜，开拓创新、扎实工作，在建设西部经济发展高地的宏伟实践中奏响文化建设的奋进凯歌，为全面建设小康社会、推动四川文化大发展大繁荣而努力奋斗！

专文

■ **在第三届中国成都国际非物质文化遗产节开幕式上的致辞** 刘奇葆

■ **在第三届中国成都国际非物质文化遗产节闭幕式上的讲话** 蔡武

■ **在第三届中国成都国际非物质文化遗产节闭幕式上的讲话** 蒋巨峰

■ **在第三届中国成都国际非遗节开幕式上的讲话** 赵少华

■ **中国：世界文化多样性创新保护的交流平台** 伊琳娜·博科娃

■ **在全省文化工作会议上的讲话** 黄彦蓉

■ **高位求进 加快发展 努力推动“十二五”时期文化建设新跨越** 郑晓幸

在第三届中国成都国际非物质文化遗产节开幕式上的致辞

中共四川省委书记、省人大常委会主任　刘奇葆

（2011 年 5 月 29 日）

尊敬的陈昌智副委员长，
尊敬的赵少华副部长，
尊敬的塞西尔·杜维勒女士，徐京先生，
各位嘉宾、各位朋友，女士们、先生们：

今天，我们在这里隆重举行第三届中国成都国际非物质文化遗产节开幕式。首先，我代表中共四川省委、省人大、省政府、省政协，代表全省各族人民，对出席开幕式和参加本届非遗节活动的各位领导、国内外嘉宾表示热烈的欢迎！三年前，四川遭受“5·12”汶川特大地震灾难，海内外同胞和国际友人纷纷捐款捐物，以各种形式奉献爱心，支援灾区人民抗击巨灾、重建家园。借此机会，我们表示诚挚的感谢！

近几年来，面对前所未有的特大灾难和国际金融危机的严重影响，四川人民万众一心、坚韧奋斗，化危为机、加快发展，夺取了抗震救灾和灾后恢复重建的重大胜利，保持了全省经济平稳较快发展势头，书写了从悲壮走向豪迈的壮阔篇章。曾经山河破碎、满目疮痍的地震灾区，已经发生翻天覆地、脱胎换骨的巨大变化，灾区人民过上了更加美好的生活。

源远流长的古蜀文明是中华文明的重要组成，多民族的四川，多样文化和谐共生，遗存着博大的物质和非物质的文化遗产，积淀着丰富的文化资源。长期以来，我们以高度的文化自觉，积极保护、传承和发展具有独特魅力的四川非物质文化遗产。在地震灾区恢复重建中，我们同步推进文化重建和精神家园重建，文化遗产得到及时抢救和有效保护。在文化部和联合国教科文组织的大力支持下，我们已成功举办两届中国成都国际非物质文化遗产节，对于促进非遗保护、增进国际文化交流与合作、展示四川文化魅力、推动四川文化大发展大繁荣发挥了重要作用。

中国成都国际非物质文化遗产节的举办，既是对我省文化工作的肯定与鼓励，也是对我省文化发展给予的期望和支持。为办好国际非遗节，成都市专门规划建设的国际非物质文化遗产博览园，经过各方面的共同努力，今天正式开园，迎接四方宾朋。我们相信，通过举办国际非遗节及其博览会，国际非遗博览园将成为聚集非遗资源、荟萃人类文化多样性的精神家园，成为展示非遗保护成果、发展特色文化产业的重要基地。

各位领导，各位嘉宾，各位朋友！

我们将以举办国际非遗节为契机，进一步加强非物质文化遗产保护，增进与国际社会和国内各地文化交流与合作。希望在文化部和联合国教科文组织、世界旅游组织以及世界各国的共同努力和参与下，把国际非遗节打造成国际一流的文化节会，为建设人类共同的精神家园作出更大贡献。

祝愿第三届中国成都国际非物质文化遗产节圆满成功！

在第三届中国成都国际非物质文化遗产节闭幕式上的讲话

文化部党组书记、部长　蔡武

（2011 年 6 月 11 日）

尊敬的刘奇葆书记、蒋巨峰省长

各位来宾，女士们、先生们、朋友们：

晚上好！

为期十四天的第三届中国成都国际非物质文化遗产节将于今晚落下帷幕。四川省委、省政府，成都市委、市政府、四川及成都文化单位的干部职工和四川人民为这次活动付出了巨大的努力，在此，我谨代表文化部，对本届国际非遗节的成功举办表示热烈的祝贺！向热情好客的四川人民表示衷心的感谢！

文化，是一个民族的精神和灵魂。非物质文化遗产传达着民族的文化个性，承载着民族的智慧和情感，赋予了民族代代相传、生生不息的文化基因。中国政府始终高度重视非物质文化遗产的传承和保护，《中华人民共和国非物质文化遗产法》已于 6 月 1 日起正式实施，文化部、四川省人民政府和联合国教科文组织在此前后共同主办第三届中国成都国际非遗节，集中表达了中国政府和社会本着各国、各民族文化和而不同、多元共生、和谐发展的原则，积极参与和推动国际社会非遗保护事业的愿望，也是展示各国瑰丽多姿的非物质文化遗产、交流保护经验的一次极好机会，同时也是我们提升保护意识、普及《非遗法》、努力使法律真正成为非遗工作准绳的重要举措。

本届非遗节围绕“弘扬人类文明，共建精神家园”的主题，开展了 7 大类、280 多项活动，充分展示了非物质文化遗产的个性魅力和世界文化的多样性，凸显出经历“5・12”特大地震后四川各族人民坚毅、勇敢、乐观、自信的崇高形象，为推动非遗保护事业，促进国际交流与合作作出了贡献。我相信，在文化部、四川省和成都市的共同努力下，中国成都国际非物质文化遗产节必将成为我国重要的国际文化交流平台！

谢谢大家！

在第三届中国成都国际非物质文化遗产节闭幕式上的讲话

中共四川省委副书记、省长　蒋巨峰

（2011年6月11日）

尊敬的蔡武部长，

各位领导，女士们、先生们、朋友们：

大家晚上好！

第三届中国成都国际非物质文化遗产节在经过14天丰富多彩、精彩纷呈的活动之后，今天即将降下帷幕。在此，我谨代表四川省委、省政府，对第三届中国成都国际非物质文化遗产节的成功举办表示热烈的祝贺！向为此付出辛勤劳动的所有参与者表示衷心的感谢！

省委、省政府高度重视办好本届国际非物质文化遗产节。在文化部的大力支持下，成都市政府和省文化厅科学筹划、精心组织，世界有关国家和地区、有关国际组织以及全国兄弟省区市、全省各市州积极参与，第三届国际非遗节在多个方面取得了新突破。一是国际化程度进一步提升。联合国教科文组织、世界旅游组织、72个国家和地区的1 200多名代表参加了本届非遗节，共同发表的《成都倡议》更加广泛地展示了世界各民族保护非物质文化遗产的共识。二是非遗保护成果进一步融入大众生活。本届国际非遗节主会场参观人数突破100万，人民群众对非物质文化遗产保护和传承的意识得到进一步加强。在全新创办的非遗博览会上，非遗生产性保护产品交易活跃，非遗生产性保护和传承成果的社会化程度显著提高。三是非遗节可持续发展的基础进一步牢固。建成了中国第一个国际非物质文化遗产博览园，为持续举办国际非遗节搭建了永久平台，并将对经济社会发展特别是文化旅游、特色文化产业的发展产生持续影响。四是四川美好新形象进一步彰显。遍及全省市州的非遗主题系列活动，进一步彰显了四川人民感恩奋进、建设美好新家园的精神风貌，展示出天府四川的文化魅力和美好形象，圆满实现了省委、省政府提出的“争取落地、常办常新”的目标任务。

非物质文化遗产保护、传承和发展，是全人类共同的历史使命。四川丰富的地域文化与多样性的民族文化和谐共生，传承发展。我们将紧紧抓住国际非遗节落地四川、定点成都这一机遇，以高度的文化自觉，加强优秀非物质文化遗产的保护和传承，加大国内外非遗资源聚集，把成都国际非遗节打造成促进非遗保护国际交流合作的世界级平台和重要的文化品牌，把成都国际非遗博览园打造成非物质文化遗产生产性保护文化产业示范园区，为四川经济社会发展提供强大的精神动力和文化支撑！

祝各位领导、各位嘉宾身体健康，工作顺利！

谢谢大家！

在第三届中国成都国际非遗节开幕式上的讲话

文化部副部长　赵少华

（2011 年 5 月 29 日）

尊敬的全国人大常委会副委员长陈昌智，
尊敬的刘奇葆书记、蒋巨峰省长、陶武先主席，
尊敬的塞西尔·杜维勒女士、徐京先生，
尊敬的各位来宾、女士们、先生们：

大家上午好！值此第三届中国成都国际非物质文化遗产节隆重开幕之际，我谨代表中国文化部表示热烈的祝贺，对参加非遗节的中外嘉宾表示热诚的欢迎！

文化，是一个民族的精神和灵魂。非物质文化遗产作为人类历史发展进程最直接的见证者，是一个民族古老的生命记忆和活态基因，是确定文化特性、激发人类创造力的重要因素，最能够体现一个民族的智慧和精神，是我们永远的精神家园。保护人类非物质文化遗产是世界各国、各民族人民的共同心愿和共同事业，对于维护世界文化多样性和构建和谐世界具有重要意义。

中国是历史悠久的文明古国，拥有丰富多彩的非物质文化遗产。中国政府十分重视非物质文化遗产保护工作，已经逐步建立了四级非遗名录体系和代表性传承人认定体系；今年 2 月颁布的《中华人民共和国非物质文化遗产法》，将于 6 月 1 日起正式施行。同时，中国广泛参与联合国教科文组织在非遗领域开展的各项工作，积极履行作为《保护非物质文化遗产公约》缔约国的责任和义务，在《公约》框架下深化与其他国家的交流与合作。

为展示世界各国的非物质文化遗产及保护成果，促进非物质文化遗产保护事业的国际交流与合作，文化部和四川省人民政府决定，每两年在“全国文化遗产日”期间，在成都市举办一届国际非遗节。本届非遗节继续得到联合国教科文组织的大力支持，同时也得到了 72 个国家和地区，以及国内各省区市的积极参与。

四川是“天府之国”自然禀赋富集，人文历史璀璨。本届非遗节正值汶川地震三周年。三年来。四川人民为灾区的恢复重建工作付出了巨大的努力，取得了重要的成果。尤其是抢救文化遗产的成功经验，对于保护非物质文化遗产有着重要的借鉴和启示意义。今天，我们在新建的“国际非物质文化遗产博览园”中为第三届中国成都国际非遗节拉开帷幕。我们相信，在国际社会的积极支持下，在各界的共同努力下，中国成都国际非遗节一定会在四川这片文化底蕴深厚的土地上不断发展，成为展示世界文化多样性、推动非物质文化遗产保护事业和国际文化交流与合作的重要盛会！

最后，预祝第三届中国成都国际非物质文化遗产节圆满成功！

谢谢大家！

中国：世界文化多样性创新保护的交流平台

联合国教科文组织总干事　伊琳娜·博科娃

非物质文化遗产是社会生活密不可分的组成部分，寄托着社会群体的认同感和延续性，同时也是世界文化多样性的主要推动力。两年一度的国际非物质文化遗产节展示了世界丰富多彩的非物质文化遗产，我谨对中华人民共和国文化部和四川省人民政府举办此次活动表示祝贺。

保护非物质文化遗产是联合国教科文组织的核心工作。世界上已有135个国家批准加入了2003年通过的《保护非物质文化遗产公约》，他们在本国范围内以及与其他国家合作开展的保护非物质文化遗产的工作展示了《公约》在增强社会凝聚力、促进对话和发展方面的强大力量。这些工作有利于促进世界各国人民的相互了解，有利于沟通情感和愿望，分享对世界的认知和展望。

中国长期以来在非遗领域开展了深入的工作。2007年5月，保护非物质文化遗产第一届政府间委员会特别会议在成都召开，与此同时召开了第一届中国成都国际非物质文化遗产节。2009年，联合国教科文组织参与共同举办了第二届国际非物质文化遗产节。在此框架下，为纪念汶川地震，召开了题为“灾难与非物质文化遗产保护”的国际非物质文化遗产论坛。当时，我作为保加利亚驻联合国教科文组织大使和常驻代表出席了论坛。我与来自其他国家的30位常驻联合国教科文组织代表就在灾难中保护非物质文化遗产的重要性与中国专家展开了广泛的讨论，达成了《成都共识》这一成果文件。

第三届中国成都国际非物质文化遗产节将集中展示中国政府和人民在保护非物质文化遗产方面所取得的成就。同时，非遗节也将展示震后三年当地经济发展的活力。在灾后恢复重建方面，非物质文化遗产可以发挥重要的作用。它可以强化集体认同感，帮助灾民恢复心理健康。此外，长期来看，非物质文化遗产还可以对社会可持续发展发挥关键作用。

目前，中国政府正采取一系列重要措施保护非物质文化遗产。我很高兴地知道，今年年初，中国颁布了《中华人民共和国非物质文化遗产法》，并将于2011年6月1日起实施。2010年6月，中国成功当选第三届保护非物质文化遗产政府间委员会委员国，任期为2010年至2014年。此外，中国还设立联合国教科文组织支持的二类中心——亚太地区非物质文化遗产国际培训中心。本届非遗节将展示中国在国内和国际层面深入开展非遗保护的工作成果。我期待着与中国进一步加强合作。

在全省文化工作会议上的讲话

四川省人民政府副省长　黄彦蓉

（2011 年 1 月 11 日）

同志们：

今天，我们在这里召开全省文化工作会议，主要任务是总结“十一五”工作，研究分析当前形势和未来五年的发展，安排部署今年的工作。这是一次承前启后的重要会议，对于加快建设文化强省，推动四川文化事业又好又快发展，具有十分重要的意义。

刚才，六个市（州）政府作了大会发言，总体感到成绩可喜可贺，特别是对未来五年和今年的工作有研究思考、具体安排，希望各地进一步加强相互间的工作交流和学习借鉴。关于“十一五”的总结和“十二五”的发展部署以及今年的工作安排，晓幸同志已作了总结安排，我完全赞同。下面，我再讲三点意见：

一、充分肯定去年全省文化工作取得的显著成绩

刚刚过去的 2010 年，是实施“十一五”规划的最后一年，也是我省灾后恢复重建的决胜之年。全省文化工作按照省委、省政府的部署要求，紧紧围绕全省经济社会发展大局，高举旗帜、服务人民，开拓创新、真抓实干，全面推进文化强省建设，在加快灾后恢复重建、繁荣文艺创作生产、完善公共文化服务、大力发展文化产业、有效保护文化遗产和开展文化交流合作等方面迈出了新的步伐、取得了新的成绩，全省文化事业、产业呈现出加快发展、持续提升、繁荣兴旺的良好态势。

一是基本完成了灾后恢复重建任务。按照“灾后重建三年任务两年完成”的总体要求，大力推进“三基地一窗口”和“一馆三地”建设，全省 2 938 个文化恢复重建项目开工率达到 96.3%；1 575 个文化市场服务网点全部完成重建并提供服务；新增中央投资的 954 个乡镇综合文化站全部开工；北川、映秀、汉旺地震遗址实现局部开放；羌族文化生态保护实验区项目建设顺利启动；世界文化遗产都江堰古建筑群伏龙观、二王庙抢救保护工程、江油李白故里文物保护系列工程正式竣工。通过加快文化恢复重建，使灾区群众的基本文化权益得到及时有效保障。

二是公共文化服务体系不断完善。大力实施文化信息资源共享工程、乡镇综合文化站建设等文化惠民工程，新建和改扩建图书馆、文化馆 34 个，乡镇综合文化站 1 201 个，城市社区文化中心（活动室）750 个，基本实现“县县有图书馆、文化馆”目标。民族文化工作力度不断加大，牧民新村文化室和流动文化服务设施被纳入“牧民定居行动计划”。成功举办了第六届全省少数民族艺术节，推出了一批优秀艺术作品和艺术人才。通过不断加强基础设施建设，有力提升了公共文化服务的能力水平。

三是文艺创作生产繁荣发展。积极创新艺术管理，大力实施创作滚动计划，推进“名家名剧名团”建设，着力打造“巴蜀画派”，各地艺术院团创作演出水平明显提升，民营艺术团体实力增强，艺术创作成果丰富，精品力作不断涌现。组织开展的“感恩奋进大家唱”系列活动，全省演出和群众文化活动达万余场。上海世博会“四川周”文化活动创造了四川赴外地演出人数最多、内容最丰富和影响最大的文化活动新纪录，获得了“上海世博会先进集体”荣誉称号。“天府四川宝岛行——四川成都大庙会”“锦绣四川——美国行大型演出”等大型对外文化交流活动，充分展示四川良好

的对外形象，

四是文化产业不断发展壮大。认真贯彻落实国家《文化产业振兴规划》，坚持以重大项目推动文化产业发展和文化市场繁荣，大力培育文化产业龙头企业，成都特大城市和大城市的聚集带动作用得到发挥，国家级和省级文化产业示范基地（园区）辐射带动作用更加明显，全省文化产业布局更加合理。规划并启动实施了成德绵广雅乐文化产业带、藏羌彝文化走廊及特色文化产业圈。全省演出、娱乐、网络等文化市场实现总收入432.8亿元。文化产业在促进经济结构调整、扩大内需和增加就业中的作用更加凸显。

五是文化遗产抢救保护扎实推进。第三次全国文物普查工作全省新发现78216处文物点，数量居全国第二。新增博物馆17家，全省博物馆数量已达155家，馆藏可移动文物130余万件。第三届成都世界非物质文化遗产节各项筹备工作正有序推进，完成了首部《四川省非物质文化遗产名录图典》。

六是文化体制改革不断深化。省级经营性院团改革取得突破性进展，四川歌舞演艺有限责任公司、成都市杂技团有限责任公司正式组建，省川剧院改革、博文集团筹建工作正抓紧进行，文化市场综合执法改革有序推进。

过去一年来，全省文化工作取得的显著成绩值得充分肯定，为圆满完成“十一五”规划提供了坚实有力的保证。“十一五”是我省文化事业加快发展、文化产业壮大提升、服务体系不断完善、文化惠民深入人心、文化改革持续推进的五年，为文化强省建设打下了坚实的基础。这是在省委、省政府正确领导下，各级各相关部门共同努力和社会各方面大力支持的结果！是全省文化系统的广大干部职工坚强奋进、攻坚克难、开拓创新、锐意进取、求真务实、真抓实干的结果！在此，我代表省人民政府，向在座的同志和全省文化系统的同志们致以崇高的敬意和衷心的感谢！

二、围绕建设文化强省，奋力推进四川文化发展新跨越

未来五年，是我省文化改革发展大有作为的关键时期。我们要通过深入分析研究当前和今后一个时期面临的新形势新任务，找准存在的问题和薄弱环节，找准工作的突破口和着力点，切实把握好发展机遇，坚持以改革创新精神，加快文化强省建设。

一要充分认识文化工作的重要地位和作用，继续高度重视文化建设发展。文化既是民族凝聚力和创造力的重要源泉，也是衡量社会文明程度和人民生活质量的显著标志，是一个国家、一个地区综合实力竞争的重要因素，同时也是经济社会的基础环节，是促进经济结构调整、转变经济增长方式的重要抓手，对加快经济发展、保障改善民生、促进社会和谐具有十分重要的作用。党的十七届五中全会首次提出：要加快文化事业和文化产业发展，推动文化产业成为国民经济的支柱产业。胡锦涛总书记强调：要把文化建设作为全党要抓的重点任务之一。省委九届八次全会在对我省“十二五”规划的建议中指出：要加快文化强省建设，推动文化大发展大繁荣。这些都充分肯定了文化在经济社会发展中的重要地位和作用，充分体现了对文化工作的高度重视。我们一定要把思想认识统一到党中央、国务院和省委、省政府的决策部署和工作要求上来，切实把文化建设列入各级政府工作的重要日程，加强组织领导，加大投入力度，促进文化事业和文化产业加快发展，促进四川文化在调整经济结构、转变经济发展方式中勇挑重担，在实施文化惠民、满足人民群众精神文化需求上大显身手，在提高公民素质和社会文明程度、为全省“两个加快”提供思想保证和精神动力。

二要充分认识文化工作面临的形势任务，进一步增强紧迫感、责任感和使命感。我省文化建设虽然在“十一五”取得了显著成绩，特别是文化投入不断加大，公共文化服务体系不断完善，文化产业实力不断增强，文化遗产得

到有效保护，但从总体上看，还存在不少的矛盾和问题。主要表现在文化发展状况与文化资源禀赋还不匹配，与人民群众日益增长的精神文化需求还不适应，与又好又快的经济发展态势还不协调；文化体制改革还需要进一步深化，公共文化服务能力亟待提高，文化产业对国民经济的贡献率不高，能够充分体现四川特色和巴蜀气派的文化精品力作还不多，四川文化的整体形象还不鲜明。这些矛盾和问题都需要我们在推进文化强省建设中逐步加以解决。未来五年，我们要通过抓好公共文化基础设施建设、实施重点文化惠民工程、加强公共文化产品生产、培育壮大文化产业、深化文化体制改革等重点工作，建成覆盖城乡的公共文化服务体系，公共服务能力大幅提升；文艺创作全面繁荣，精品力作不断涌现，文化遗产保护水平全面提高；文化体制改革不断深化，特色文化产业体系基本形成，城乡文化市场繁荣发展，对外文化交流和贸易不断扩大；文化产业成为国民经济重要支柱产业，总收入达到1 000亿元，文化消费在整个社会消费中所占比例达到8%；全省文化发展综合实力达到全国先进水平，基本建成文化强省。实现这一目标，任务十分艰巨。希望全省文化系统的干部职工进一步增强紧迫感、责任感和使命感，按照“高举旗帜、围绕大局、服务人民、改革创新”的总要求，把深化文化体制改革作为解放和发展文化生产力的根本途径，把发展文化产业作为推进经济结构转型升级的战略抓手，把繁荣文化事业作为满足全川各族群众精神文化生活新期待的着力重点，全面推进四川文化大繁荣大发展。

三要充分认识到当前文化工作面临的大好机遇，进一步坚定信心抓住机遇促发展。未来五年，我省文化建设虽然面临不少困难和问题，任务虽然十分艰巨繁重，但我们也面临大好机遇和积极有利的条件，正处在历史上最好的发展时期。一是在科学发展观指导下形成了新的文化发展理念，明确了文化的地位、作用和发展方向，文化建设已成为中国特色社会主义事业总体布局的重要组成部分，文化产业已上升为国家的战略产业，为文化的发展提供了有力的政策支持和良好环境。二是强劲的文化需求为文化发展提供了巨大动力。我国人均GDP在2008年已超过3 000美元，社会对文化的需求已出现“井喷”趋势。四川作为西部欠发达省份，今年全省人均GDP已接近3 000美元。随着人们物质生活水平的不断提高，人们对精神文化生活的需求也日益强烈，文化消费的市场需求不断增长，城乡居民的消费结构发生了很大变化，用于文化教育、文化消费的支出越来越多，文化消费呈现出多元化。四川有8 900万人口，文化消费的潜力巨大、空间广阔。三是文化产业是一个新兴产业，它涉及新闻、出版、广播影视、动漫、游戏、网络文化、旅游、艺术表演、休闲健身、工艺美术、广告、书法、绘画、娱乐等众多行业领域，是一个有巨大增长空间的新兴产业形态。随着当前中国经济转型加快，制造业、建筑业、旅游业、农业等产业的发展越来越需要注入高科技产业和文化产业的内涵，增加文化附加值，使其重新焕发经济活力，实现中国制造向中国创造的转型，这就给文化产业创造了用武之地。随着高新技术、信息技术的迅猛发展，为创新文化业态、扩大文化传播、促进转型升级提供了有利条件。四是省委、省政府高度重视文化建设，随着经济实力的不断增强和对外开放的不断扩大，为文化资源的市场配置、文化体制改革、文化领域的拓展和四川文化参与国际文化交流与贸易创造了有利条件。五是通过三年的灾后恢复重建，广大灾区的文化基础设施明显改善，为加快文化发展奠定了坚实的基础。我们要抓住有利时机、利用有利条件，突出抓好文化事业和文化产业的发展，推动我省由文化大省向文化强省转变。

三、扎实做好“十二五”开局之年的各项工作

今年是中国共产党成立90周年，是实施

"十二五"规划的开局之年，也是夺取灾后恢复重建全面胜利的重要一年。做好今年工作，具有十分重要的意义。全省文化工作要深入贯彻落实科学发展观，按照高举旗帜、围绕大局、服务人民、改革创新的总要求，切实把握好省委九届八次全会提出的"高位求进、加快发展"的工作基调，以推动文化建设科学发展为主题，以转变文化发展方式为主线，抓住机遇、乘势而上，加快文化体制机制改革创新，加快构建公共文化服务体系，加快发展文化产业，加强文化产品创作生产的管理引导，确保实现高点起步、良好开局。

一要确保全面完成文化灾后恢复重建任务。认真贯彻省委灾后恢复重建工作现场会的精神，坚持灾后恢复重建的力度不减，全力攻坚，奋力冲刺，确保全面完成灾后文化恢复重建任务。要在完成灾后公共文化基础设施建设的同时，切实加快地震灾后博物馆、文管所恢复重建，加快地震遗址遗迹保护、地震遗址纪念馆和地震灾区"三基地一窗口"建设，抓好《羌族文化生态保护实验区规划方案》的落实。要充分利用灾区良好文化基础设施条件，积极发展灾区文化产业，促进灾区群众就业，提高物质文化生活水平。

二要大力推进精品文艺创作生产。要重点围绕灾后恢复重建三周年，充分调动广大文化工作者的积极性、主动性、创造性，引导和激励广大文艺工作者树立精品意识，不断挖掘抗震救灾和恢复重建的深刻主题，努力推出更多体现抗震救灾精神和感恩奋进情绪、反映四川人民意愿、表现全国援建功绩，群众喜闻乐见，集思想性、知识性、艺术性、观赏性的有机统一、催人奋进的优秀文艺作品。要结合庆祝中国共产党建党90周年、纪念辛亥革命100周年、全国现实题材优秀剧目展演、全国舞台艺术精品剧目评选等重大节庆、重大艺术赛事，加强对全省艺术创作工作的扶持和引导，努力打造一批在全国有影响的艺术佳作。

三要加快公共文化服务体系建设。围绕实施文化惠民工程，加快省级重点工程省图书馆和四川大剧院建设，推进"两馆一站"等基层文化设施建设的科学化、规范化和标准化。年内完成36个市、县级文化馆、图书馆的改扩建，新建1973个乡镇综合文化站和750个城市社区文化中心。要着力提高公共文化服务水平，推进博物馆、纪念馆、图书馆、文化馆免费开放，推动公共文化服务更好地向城乡基层延伸。要进一步拓宽公共文化服务渠道，抓好导向性、示范性群众文化活动品牌，积极引导开展元旦、春节等重大节庆和全省性重大群众文化活动，打造一批具有浓郁地方特色的本土民族民间艺术品牌。要加强文化队伍建设，建立健全省、市、县各级文化队伍培训网络，着力抓好基层文化队伍培训，增强服务能力，提高服务水平。

四要继续抓好文物抢救保护工作。要高度重视、精心组织，确保完成四川第三次全国文物普查第三阶段的各项工作任务。要以大遗址保护成都片区及茶马古道线型文化遗产保护为重点，加快推进广汉三星堆遗址、成都金沙遗址、邛崃邛窑遗址等重点大遗址保护展示园区建设。推动全省区域性文物中心库房、数字化博物馆建设工程，做好非遗特色走廊、非遗保护园区、非遗生产性保护示范基地等详细规划工作。要精心组织和办好第三届国际非遗节和非遗博览会，充分发挥"非遗节"的带动和促进作用。推进非物质文化遗产基础设施建设和文化生态保护区建设，加快非物质文化遗产保护政策法规体系建设。

五要加快发展壮大文化产业。要围绕"支柱性产业"这一新定位谋划文化产业新发展，抓紧研究作为国民经济支柱性产业的文化产业的内涵、外延、特点和规律，研究文化产业在影响和贡献国民经济、促进和扩大就业等方面的优势与发展潜力，研究文化产业与其他产业的关联度，进一步研究推动文化产业成为支柱性产业的政策措施。要继续实施重大文化产业带动项目，以成都东村文化创意综合功能产业园区建设为抓手，加快国家动漫游戏产业四川振兴基地建设和灵岩山等文化产业园区建设，大力发展演出、娱乐等网络文化市场，创新文化市场监管机制，推动文化产业和文化市场繁荣发展。要积极争取金融支持，引导、扶持社会资本进入文化产业，加强文化产业招商引资，大力开展文化产业合作，促进文化产业与商贸、通信、会展、教育培训、健身、休闲、旅游等行业的结合，促进服务性消费，带动相关产业发展。推进文化市场体系建设，大力发展新兴文化市场，促进文化市场规模化、连锁化、品牌化发展。搭建文化交流和文化外宣平台，促进经贸洽谈、专题论坛、旅游推介、产品展销与文化活动相互融合，形成国（境）内外公众参与面广、中外主流媒体关注的正向影响力，提升巴蜀文化的品牌形象，不断提高四川文化产品和服务的国际竞争力和影响力。

六要加快文化体制机制改革创新。继续推进公益性文化事业单位改革。大力推进经营性文化单位转企改制，加快推动博文集团组建工作。深入推进全省文艺院团体制改革，按照“一团一策”的原则，推进市级国有文艺院团转企改制，加快县级国有文艺院团结构调整。深化综合执法改革，建立协调有序的综合执法运行机制。推动非公有制经济参与文化建设，激发全社会文化创造活力。

文化建设是经济建设和社会发展的重要组成部分，经济和社会建设需要繁荣发展的文化提供支持。各级政府要加强对文化工作的领导，切实履行在文化领域的公共服务职能，加大财政投入和配套资金力度，增加财政资金用于建设公共文化建设的比例，扶持公益性文化单位，购买文化产品用于公共文化服务。要把文化建设纳入各级政府工作的重要议事日程，强化目标考核，狠抓工作落实。各级文化部门要深入学习贯彻党的十七届五中全会和省委九届八次全会精神，切实抓好领导班子思想政治和作风建设，着力提高执政能力和领导水平。加强反腐倡廉工作，切实落实为民、务实、高效、廉政的要求。加强机关作风建设，努力提高机关行政效能，加大政府信息公开力度，提升政务服务水平。

同志们，回顾过去，我们激情澎湃，展望未来，我们信心满怀。希望全省文化系统广大干部职工进一步统一思想、坚定信心，团结奋进、真抓实干，加快建设文化强省，为推动文化大发展大繁荣作出新的更大的贡献！

最后，同志们新春快乐，身体健康、工作顺利，阖家幸福！

谢谢大家！

高位求进　加快发展
努力推动“十二五”时期文化建设新跨越

四川省文化厅党组书记、厅长　郑晓幸

（2011年1月11日）

同志们：

经省政府同意，今天召开2011年全省文化工作会议。这是在灾后文化恢复重建取得决定性胜利，“十一五”任务全面完成，“十二五”工作全新开局，文化强省建设全面提速的重要节点召开的一次重要会议。会议的主要任务是贯彻和落实十七届五中全会、中央经济工作会议、全国文化厅局长会议和省委九届八次全会、省委经济工作会议精神，回顾过去一年的文化工作，总结“十一五”时期文化建设成绩，明确“十二五”时期文化发展思路，部署和推进2011年各项文化工作。彦蓉副省长将作重要讲话，对今年工作提出明确要求，希望大家认真贯彻落实。下面，我代表厅党组讲几点意见。

一、以新理念指导文化发展，“十一五”时期全省文化建设硕果累累

在过去一年里，党中央国务院和省委省政府对文化建设做出的一系列重要论述和决策部署，极大地鼓舞了我们的斗志，增强了我们的信心，坚定了我们的信念。一年来，全省文化系统广大干部职工认真贯彻落实党中央国务院的总体部署，紧紧围绕文化科学发展这个主题，抓住加快文化发展方式转变这条主线，服务全省工作大局，坚持解放思想，改革创新，抢抓机遇，全面提速，各项工作取得显著成效。

以政府为主导的公共文化服务体系建设实现新突破。以经营性文化单位转企改制为重点的文化体制改革取得新进展。以贯彻落实国务院文化产业振兴规划为契机的文化产业迈出新步伐。以继承、弘扬优秀民族传统文化为核心的文化遗产保护获得新发展。以引导社会、教育人民、推动发展为职能，文化产品创作生产迎来新收获。以扩大四川文化影响力为目的，对外文化工作迈上新台阶。以强大声势营造良好社会舆论氛围文化宣传成为新亮点。

2010年取得的成绩是“十一五”时期不断积累、不断推动的结果。在过去的五年里，全省文化工作经历了前所未有的艰难局面，经受了前所未有的严峻考验，付出了前所未有的辛勤努力，完成了前所未有的历史使命，得到了前所未有的社会关爱。全省文化系统广大干部职工凭着高度的文化自觉、文化自信、文化自强，按照国家“十一五”文化发展纲要的总体部署，紧紧围绕省委省政府的中心工作，牢牢把握“加快发展、科学发展、又好又快发展”的总体取向，以改革创新为动力，以公共文化服务体系建设为重点，以实施重大文化产业带动战略为突破，一手抓抗震救灾和灾后重建，一手抓文化强省建设，完成了一系列大项目、大工程、大活动，实现了文化惠民大覆盖、文艺创作大丰收、文化产业大发展、文化市场大繁荣、遗产保护大加强、文化影响力大提升、文化强省建设全面提速、全省文化工作呈现出又好又快的发展势头。

（一）以保障灾区文化权益为目的，灾后文化恢复重建取得决定性胜利。汶川地震发生第一时间，我们提出文化救灾“三基本”，打响抗震救灾攻坚战；进入举世瞩目重建期，我们先人一步、快人一拍，打赢文化恢复重建阵地战。

文化作用得到充分展现。“5·12”汶川特

大地震发生后，广大文化工作者情系灾区、深入灾区、坚守灾区，针对灾区群众最基本、最现实和最紧迫的基本文化需求，按照“保基本安置、基本运转和基本文化服务”的“三基本”工作思路，启动了抚慰心灵“文化安民”行动，实施了“文化暖冬”工程。新建灾民集中安置点文化站780个，为灾区群众送书57万册、送电影10万余场、送演出850余场，组织群众文化展演活动1 397次，通过赈灾义演为灾区文化单位募集资金4 300多万元。特别是灾后第一个春节，协调组织中直艺术院团分赴极重灾区慰问演出，在海内外产生了极大影响，充分发挥了文化抚慰心灵、舒缓情绪、提振信心、凝聚力量的特殊作用。

文化重建取得重大胜利。恢复重建启动后，我们率先编制完成了《四川文化恢复重建总体规划》及多项子规划，在《国家汶川地震灾后恢复重建总体规划》中得到充分体现。按照中央和省委省政府“灾后重建三年任务两年完成”的要求，精心组织保质保量加快进度，到2010年底，灾后文化恢复重建已经取得决定性胜利。全省2 938个灾后文化恢复重建项目开工率达96.3%。其中，1 014个公共文化基础设施重建项目开工率达93.5%，58个文化产业项目开工率达94%；1 575个文化市场服务网点恢复重建项目已全部完成；50个精神家园恢复重建项目开工率达65.8%；245个灾后文物抢救保护项目全部开工；“三基地一窗口”和地震遗址“一馆三地”建设积极推进，北川、映秀、汉旺地震遗址纪念地实现局部开放；世界文化遗产都江堰古建筑群伏龙观、二王庙抢救保护工程等文物保护系列工程正式竣工，向世界宣示了中国政府传承历史文化，保护世界文化遗产的强烈责任和强大能力。

（二）以农村和基层为重点，公共文化服务体系建设取得历史性突破。坚持“硬件”建设和“软件”建设两手抓，公共文化基础设施和公共文化服务能力两加强，公共文化服务体系建设呈现崭新局面。

公共文化服务网络更加健全。大力实施“文化信息资源共享工程”“乡镇（社区）综合文化站建设工程”“农村电影放映工程”“送文化下乡工程”等重点文化惠民工程，着力完善省市县乡村五级公共文化服务网络。省级重点文化工程四川博物馆新馆建成并投入使用，川剧大剧院建设工程进入收尾阶段，四川艺术职业学院新校区主体建筑顺利封顶，省图书馆新馆工程全面开工，省非遗保护中心建设项目、四川人民艺术剧院开发项目有序推进。成都博物馆、泸州大剧院、广元艺术中心、宜宾大剧院、达州文化艺术中心等一批市州重点文化工程项目抓紧实施。“十一五”期间，全省共新改扩建县级文化馆、图书馆84个，新建乡镇综合文化站建设项目4 268个、城市社区文化中心（活动室）750个，新建文化信息资源共享工程县级支中心181个，新建乡镇、村级文化共享工程基层站点50 192个。

公共文化服务水平大幅提升。全省各地不断创新基层公共文化服务方式，典型经验在全国推广，得到中央领导和文化部的充分肯定。成都市龙泉驿区、汶川县图书馆、炉霍县“乌兰牧骑”演出队的基层文化服务，受到中宣部等四部委的联合表彰。“迎奥运”、庆祝新中国成立60周年、上海世博会“四川周”“感恩·奋进大家唱”等系列文化活动极大地激发了全川人民的爱国热情，营造了加快发展的文化氛围。四川省文化厅产业处被中共中央、国务院授予“上海世博会先进集体”荣誉称号。各地广泛开展的凉山国际火把节、彩灯文化节、嘉陵江合唱节、康巴艺术节等重大文化节庆活动充分彰显了地域文化特色。召开了60年来首次全省少数民族文化工作会，出台了《关于进一步繁荣发展少数民族文化事业的实施意见》，实施了富民安康工程牧民定居行动计划，推动彝区文化基础设施建设，设立全国第四个国家级羌族文化生态保护实验区。“文化列车”“流动博物馆”“百姓舞台”演出工程和各级图书馆开展的公益讲座已成为我省文化惠民的重要品牌。

"十一五"期间，成功举办了两届全省少数民族艺术节，共有5 600名演职人员参加，58台剧节目集中展演，逾30万人次观众参与。全省累计送戏下基层1.78万场，观众1 688万人次；全省博物馆、纪念馆累计接待观众8 200余万人次；全省各级图书馆、文化馆，乡镇和社区文化站(中心)、村文化室累计开展文化服务11.3万场(次)，服务群众8 100万人次。

（三）以打造精品力作为中心，文化艺术创作生产取得全面性繁荣。坚持先进文化前进方向，贴近实际、贴近生活、贴近群众，一手抓创作和生产，一手抓演出和普及，不断加强对艺术创作的引导，艺术投资主体更加多元化。

精品力作不断涌现。实施艺术创作滚动计划，启动重点剧本作者签约工程。省直文艺院团充分发挥作龙头作用，推出了大型话剧《红叶旅途》、音乐剧《未来组合2008》、舞剧《红军花》、曲剧《羌山雄鹰》、川剧《尘埃落定》《死水微澜》等一批主题鲜明、题材广泛、风格多样、艺术感染力强的优秀作品。各地涌现出一批精品力作，话剧《坚守》、川剧《欲海狂潮》《刘光第》、原生态歌舞《羌魂》等剧目在省内外引起极大反响。实施"巴蜀画派"打造工程，成功举办了中国山水画学术邀请展暨中国山水文化高峰论坛、四川依然美丽—全省美术展、戴卫书画艺术北京展、成都画院建院30周年晋京展，"巴蜀画派"影响力不断扩大。"十一五"期间，累计新排演剧（节）目1 200多个，获得"国家舞台艺术精品工程十大剧目""国家舞台艺术精品工程资助剧目""文华奖""群星奖""五个一工程奖"等国家级奖项200多项。

艺术生产主体日益壮大。全省民营文艺表演团体发展势头良好，已有在册民营演艺团体400多家。德阳杂技团已成为全国著名的民营文艺演出团体，年演出达3 000场以上，创下了全国民营表演团体演出总收入、总场次、观众总人数"三个最高"，受到文化部的表彰。四川民族歌舞团、四川遂宁杂技团等一批优秀民营院团已走出国门。泸州成立了全国首个农村演艺中心——四川龙城农民演艺中心，年演出超过1.6万场，观众超过500万人次，演出收入达4 000万元。文艺创作投资主体多元化成效显著，涌现出杂技《飞翔》、歌舞《天地吉祥》、情景歌舞剧《大北川》、乐舞史诗《羌风》等一大批反响强烈、影响巨大的优秀艺术作品。

（四）以重大产业项目为牵引，文化产业实现跨越式发展。抓住加快转变经济发展方式重大契机，落实《文化产业振兴规划》，围绕"西部文化产业高地"和"区域文化市场中心"建设，发挥政府引导和服务职能，推动文化产业蓬勃发展，文化市场持续繁荣。

文化产业实力显著增强。突出投资推动和产业支撑，产业集聚效应进一步显现，成德绵广文化产业带和藏羌彝文化走廊初具规模，遂宁、南充、自贡、广元、泸州、达州和阿坝等地特色文化产业项目从单一实体向综合文化产业集群发展。通过政策推动、市场推广和资金扶持，重点骨干企业不断涌现。"文化产业品牌扶持资金"培育文化产业品牌项目100多项。紧紧抓牢灾后重建机遇，完成文化产业投资15.5亿元，储备年产值在1 000万元以上的支撑项目32项、上亿元文化产业项目69个，一大批文化产业项目遍布全省。"十一五"时期，文化系统文化产业年均增长速度近20％，2010年底文化系统属文化产业营业收入432.8亿元，增加值122.9亿元，实现双翻番，超额完成了"十一五"目标任务。

文化市场繁荣有序。坚持"一手抓管理，一手抓繁荣"的方针，着力加强文化市场管理，大力开展专项整治和文化市场平安建设。网络游戏、网络音乐、网络动漫发展迅猛，成功举办首届西部动漫游戏文化节。网吧规模化、连锁化成效显著，网吧计算机终端数量达到69万台，游艺娱乐场所机器总数达6.7万台。演出市场更加规范，共举办营业性演出18万场（其中涉外涉港澳台演出1.3万场）。"阳光工程"深入人心，艺术品市场日益活跃，文化市场技术监管体系基本形成。围绕“两会”“两节”“奥运”“世博”“亚运”等重要节点，大力开展专项整治行动，全省文化市场平安有序，未成年人健康成长社会文化环境更加良好。文化市场稽查总队被文化部评为“2009 年全国文化市场十大案件办案有功集体”。

（五）以传承弘扬优秀文化为己任，文化遗产保护取得标志性成果。准确把握工业化、城市化进程中文化遗产保护与利用、传承与发展新关系，不断完善文化遗产保护新机制，努力构建优秀文化传承弘扬新平台，大力弘扬民族优秀文化传统。

文物大省地位进一步确立。“十一五”末，全省已有五处世界文化与自然遗产，128 处国家重点文物保护单位，578 处省级文物保护单位和 3035 处市（州）和县级文物保护单位。第三次全国文物普查全省新发现不可移动文物点 78216 处，数量居全国第二。26 处全国重点文物保护单位的文物保护规划被省政府正式公布实施。三星堆遗址、金沙遗址被国家文物局公布为全国首批“国家考古遗址公园”，大遗址保护成都片区成为央地共建重大项目。博物馆事业长足发展，全省博物馆总量已达 155 家，其中有 37 家民办博物馆、私人陈列室，以四川博物院为龙头，三星堆博物馆、金沙博物馆、宋瓷博物馆、恐龙博物馆等重点博物馆为特色，各市（州）博物馆为支撑，县级博物馆为依托，各类民办博物馆为补充的四川博物馆体系日臻完善。举办了中国民营博物馆发展成都论坛，成都创建中国民营博物馆发展示范城市顺利推进。金沙遗址出土的“太阳神鸟”金饰图案成为中国文化遗产标志。

*非物质文化遗产保护体系初步建立。*全省有国家级非物质文化遗产名录项目 105 项，省级名录项目 333 项；国家级非遗项目传承人代表 57 名，省级代表性传承人共 574 名。《羌年》被联合国教科文组织列入急需保护的非物质文化遗产名录，《彝族火把节》列为联合国教科文组织 2010 年“人类非物质文化遗产代表作名录”申报项目。编制完成了《四川省羌族文化生态保护区建设规划实施方案》，启动了 39 个建设项目。扎实开展非遗整体性保护，积极推进非遗研究基地和生产性保护示范基地建设，大力组织非遗研究、宣传、展示活动。启动了古籍保护工程，公布了首批四川省珍贵古籍名录。成功举办了两届中国成都国际非物质文化遗产节，并作为国家四大国际文化节庆活动之一，永久落户成都，成为中国承担人类文化遗产保护责任的又一显著标志。

（六）以文化“走出去”为目标，对外文化交流和贸易创新性发展。利用国际国内、政府民间两种资源，促进文化交流和文化贸易两轮驱动，坚持政府交流和民间贸易同时并重，对外文化交流和贸易呈现出蓬勃发展的良好态势。

*对外文化交流迈上新台阶。*以“文化感恩致谢”为主题，“欢乐春节”品牌海外巡演、“天府四川宝岛行——四川成都大庙会”“锦绣四川——美国行大型演出”等大型对外（对港澳台）文化交流活动，充分展示四川人民感恩奋进的精神风貌。“天府四川宝岛行——四川成都大庙会”得到文化部、国台办高度评价，认为“堪称近年来各省市入岛交流的一大亮点和深入民间社会、贴近普通民众的成功之作”。“十一五”期间，全省共开展对外文化交流项目 800 多个，交流范围遍及 50 多个国家和地区。

*对外文化贸易形成新格局。*积极实施“一市一州一品”对外文化品牌工程，全省共有 18 个项目被纳入国家重大对外文化交流活动，9 个文化品牌入选国家文化出口重点项目。着力优化对外贸易结构，艺术品、动漫网游等文化产品出口大幅提升。大力培育对外文化贸易重点企业，涌现出德阳杂技团、自贡灯贸有限公司等一批“国家文化出口重点企业”。积极拓展川剧的海外市场，《火焰山》《镜花缘》等对外商演取得成功。“十一五”期间，全省累计实现对外文化贸易额超过 12.2 亿元，开展境外演出近万场，展出超过 700 天，观众达到 600 万人次。对外文化贸易年均增长率 15% 以上，具有国际

影响力的对外文化品牌不断增加。

（七）以重点领域改革为突破，文化体制改革取得阶段性成果。以科学发展为主题，不断加快文化改革创新步伐，文化创造活力不断释放，文化建设科学发展的客观环境不断改善，改革成果不断凸显。

*加快文化管理职能转变。*按照科学发展观要求，不断创新管理体制机制，推动从“办文化”到“管文化”，从“管脚下”到“管天下”，从“管行业”到“管社会”转变。文化市场综合执法改革有序推进，协调有序的综合执法运行机制初步确立。建设法治政府、服务政府、阳光政府，规范行政审批事项，开展规范性文件清理，加大政务公开力度，政府服务效能明显提高。

*加快推进国有文化单位体制改革。*四川歌舞演艺有限责任公司挂牌成立，成都市杂技团有限责任公司完成了工商注册登记，雅安市川剧团事业单位法人资格注销及人员安置基本完成，内江、宜宾、自贡、泸州等地正在结合各地实际制定和完善国有院团体改方案。基本完成公益性文化事业单位三项制度改革。国有经营性文化单位转企改制稳步推进，博文集团加快筹建。

（八）以营造良好发展环境为前提，文化保障能力全方位提高。按照法治政府、服务政府、阳光政府要求，加强法规、制度和人才队伍建设，增加文化投入，文化事业科学发展的制度保障、资金支持和智力支撑水平不断提高。

*文化法规政策不断完善。*出台了《关于推进文化体制改革和文化产业发展的实施意见》，修订完成《四川省娱乐场所管理办法》。《四川省非物质文化遗产保护条例》即将出台，《四川省图书馆条例》进入立法程序，《凉山彝族自治州非物质文化遗产保护条例》通过省人大审议，《阿坝州非物质文化遗产保护条例》和《北川羌族自治县地震遗址保护条例》进入审议阶段。攀枝花市颁布实施《公共文化服务站点运行管理办法》。主动对接《四川省国民经济和经济社会发展“十二五”规划》编制，重点文化建设任务和重大文化项目得到确保，共同牵头编制省政府重点专项规划，《四川文化体制改革和文化发展“十二五”规划》将为全省“十二五”文化建设确定一系列具有约束力的目标任务，文化发展的制度基础更加完善。

*“人才兴文”战略实施有力。*着力加强干部队伍建设，选优配强直属单位领导班子。加大交流轮岗力度，拓宽干部培训渠道，加速干部成长。抓好文化队伍人才基地建设，办好四川艺术职业学院。强化基层文化队伍继续教育，“十一五”期间共计开展基层文化人才培训上万人次。

*文化事业投入不断加大。*主动争取、积极落实有关加大文化投入的各项政策和要求，推动文化事业投入不断增长。“十一五”期间，全省文化事业费逐年增加，达到35.06亿元，与十五期同期相比增长193%，其中公共图书馆投入增长了192%，文化馆（站）投入增长了222%。非遗保护资金从无到有，增加到6 700万元。文化建设经费保障更加有力。

*党的建设不断加强。*圆满完成深入学习实践科学发展观活动，深入开展创先争优活动，真抓实干推进“挂帮包”活动。强化党风廉政建设，认真贯彻落实《廉政准则》，坚持标本兼治、综合治理、惩防并举、注重预防，强化重点环节、重点项目的监督检查，大力开展廉政文化建设。

五年取得的成绩为来之不易，积累的经验弥足珍贵，创造的精神影响深远。五年来，我们始终坚持先进文化前进方向，树立新的文化发展理念，建立新的文化自觉，增强新的文化自信，推动文化建设科学发展；始终强调抓住发展机遇，把满足人民群众日益增长的精神文化需求，作为文化建设的出发点和落脚点，努力实现文化建设又好又快发展；始终维护人民群众的主体地位，不断改革创新，调动国有民间两个积极性，充分激发全社会的文化创造活力。回顾五年的文化建设，有很多值得总结的经验，留下很多有益的启示。

——树立新的文化发展理念，是文化又好又快发展的基本前提。科学发展观的核心是以人为本，就是要在“为什么发展，怎么发展，发展为了谁，依靠谁”等问题上始终坚持以人为本。我们围绕以人为本，树立新的文化发展理念，用推动发展的手段保障文化权益，在加快发展中提高文化服务水平。以全新的文化发展思维，诠释文化坚守意识，增强文化自觉、文化自信、文化自强，实施了一系列文化乐民、文化富民、文化惠民工程，取得了一系列重大文化成果，推动文化民生成为“四位一体”总体布局的重要内容，并逐渐成为社会共识。

——不断推动文化改革创新，是文化又好又快发展的根本动力。深化文化体制改革的根本目的，就是要使文化管理体制更加符合社会主义精神文明建设的特点和规律，更加适应社会主义市场经济发展要求，更加有利于文化事业和文化产业协调发展。我们按照创新体制、转换机制、面向市场、增强活力的要求，积极稳妥地推进文化体制改革，初步建立起了引导有力、激励有效、活跃有序、宽松和谐、不同主体踊跃参与文化创造的体制机制。实践证明，只有深入推进文化体制改革，才能解放和发展文化生产力，才能实现文化的不断发展和持续繁荣，才能更好地满足人民日益增长的精神文化需要。

——保障人民群众基本文化权益，是文化又好又快发展的最终目的。构建公共文化服务体系，落实政府提供公共文化服务和产品的责任，保障人民群众读书看报、进行公共文化鉴赏、参与文化活动等基本文化权益，是文化又好又快发展的最终目的。这五年，全省文化部门始终坚持把建设公共文化服务体系放在文化工作的重中之重，切实加强。我们坚持政府主导，以公共财政为支撑，以基层特别是农村为重点，推进文化信息资源共享工程、乡镇综合文化站建设、农村电影放映等重点文化惠民工程实施，构建覆盖城乡的公共文化服务体系，实现了县县有节庆，月月有活动，季季唱大戏，努力把公共文化服务工程办成老百姓看得见、摸得着、享受得起和满足得了的民心工程。

——发展和壮大文化产业，是文化又好又快发展的有力支撑。发展文化产业不仅是增强文化软实力的硬要求，也是丰富人民群众文化生活多样化、多层次、高品质的硬支撑。我们精心实施重大项目带动战略，积极引导和支持社会资本进入文化产业领域，培育一批有实力的文化市场主体和骨干企业，打造具有竞争力的特色文化产业体系，不断增强文化产业的竞争力。形成以公有制为主体、多种所有制共同发展的文化产业格局和以民族文化为主体、吸收外来有益文化的文化市场格局，让人民群众从文化产业发展壮大中得到多样化的文化享受，文化在转变经济发展方式，促进社会和谐中的重要作用得到充分体现。

——统筹兼顾协调发展，是文化又好又快发展的根本方法。这些年我们把灾后重建与文化强省建设有机统一，统筹文化事业文化产业发展，坚持“两手抓、两加强”，统筹城乡发展，坚持城乡一体、服务均等是各级政府推动文化科学发展义不容辞的责任。我们统筹社会效益和经济效益，推动城乡文化协调发展，重点向地震灾区、农村贫困地区、少数民族地区倾斜，提高公共文化服务公益性、基本性、均等性、便利性水平，壮大文化产业实力，着力满足人民群众多元化、多层次、多方面的文化需求，为建设西部经济高地提供强有力的文化支撑。

——实干兴文团结鼓劲，是文化又好又快发展坚强保证。文化是软实力，但决不是软任务。要切实把提高文化软实力作为贯彻落实科学发展观的硬任务。文化重在建设，发展重在实干。“天下难事必作于易，天下大事必作于细。”实干兴文，就是要坚持从各地实际情况出发，坚持讲实话、解实情、出实招、办实事、求实效，使人民群众得实惠。团结鼓劲，就是要尊重知识、尊重劳动、尊重创造、尊重人才，充分发挥文化的功能，凝聚全省各族人民的意志和力量。我们努力把点子转化为思路，把思路转化为项目，把项目转化为抓手，让规划蓝图变为现实，充分调动广大文艺工作者的积极性、主动性、创造性，让一切创意、创造、创新的源泉充分涌流，不断提高文化产品和服务的生产能力，更好地满足人民群众日益增长的文化需求。

二、以新思路谋划“十二五”文化发展，全力建设文化强省

未来五年，是世界经济结构调整、新旧产业转型、新兴市场升级的历史变革期；是国家深化改革开放、加快转变经济发展方式的攻坚时期；是我省深入实施西部大开发战略、继续推进“两个加快”、全面建设小康社会的关键时期；也是文化需求旺盛、文化消费增长、文化战略地位日益凸显的重要机遇期。

“十二五”时期的全省文化建设，要抢抓转变经济发展方式和西部大开发的战略机遇、全面建设小康社会和“四位一体”协调发展的长期机遇、构建公共文化服务体系和文化产业振兴的独特机遇、灾后文化重建振兴和统筹城乡发展的特殊机遇，坚决贯彻落实党中央对文化发展的一系列战略部署和省委省政府建设文化强省目标任务，紧紧围绕主题，把握主线，高位求进，加快发展，奋力推进文化发展新跨越，实现四川文化大发展大繁荣。

（一）深刻认识文化建设历史使命，增强推动文化科学发展的自觉性。党的十七大以来，特别是去年以来中央和省委关于文化建设的一系列重大判断和重大战略部署，是在准确分析文化领域所处的复杂环境基础上，对文化改革发展面临的机遇和挑战进行的深刻阐述和系统部署。深入学习领会中央和省委精神，把握形势，是开创性地做好“十二五”时期文化工作的重要前提。

*一是要进一步深刻认识文化建设的重要意义。*去年以来中央反复强调，文化是一个民族的精神和灵魂，是一个民族真正有力量的决定性因素，可以深刻影响一个国家发展的进程，改变一个民族的命运。没有先进文化的发展，没有全民族文明素质的提高，就不可能真正实现现代化。胡锦涛总书记在“7·23”重要讲话中对文化建设的重大意义提出了“三个重要”“三个关系”的科学判断：文化是民族凝聚力和创造力的重要源泉，是综合国力竞争的重要因素，是经济社会发展的重要支撑。深入推进文化体制改革，促进文化事业全面繁荣和文化产业快速发展，关系全面建设小康社会奋斗目标的实现，关系中国特色社会主义事业总体布局，关系中华民族伟大复兴。

长春同志在刚刚结束的全国宣传部长会议上指出，文化既是凝聚人心的精神纽带，又是民生幸福的重要内容。我们讲提供精神动力，文化应该是一条重要途径；我们讲改善民生，文化应该是很重要的组成部分；我们讲生活质量，文化应该是一个显著的标志；我们讲提高社会公共服务水平，文化服务应该是一个不可或缺的重要方面。这充分表明，中央对文化建设在全面建设小康社会全局中的地位和作用的把握越来越深刻，文化在“四位一体”战略布局中的重要地位越来越凸显。

*二是要进一步准确把握文化发展的方向。*胡锦涛总书记在“7·23”重要讲话中指出，要坚持社会主义先进文化前进方向，坚持文化事业和文化产业协调发展，遵循社会主义精神文明建设的特点和规律，适应社会主义市场经济发展的要求，以发展为主题，以体制机制创新为重点，以满足人民群众精神文化需求为出发点和落脚点，着力构建充满活力、富有效率、更加开放、有利于文化科学发展的体制机制，繁荣社会主义文化，不断增强我国文化软实力和国际竞争力。

党的十七届五中全会审议通过的《中共中央关于制定国民经济和社会发展第十二个五年规划的建议》，用专门的段落就推动文化大发展

大繁荣，提升国家文化软实力作出了全面部署，强调要坚持先进文化前进方向，弘扬中华文化，建设和谐文化，发展文化事业和文化产业，满足人民群众不断增长的精神文化需求，充分发挥文化在引导社会、教育人民、推动发展中的功能，建设中华民族共有精神家园，增强民族凝聚力和创造力。这些重要论述和部署，都为今后文化发展指明了方向。

三是要进一步强化落实文化建设的重点任务。胡锦涛总书记在“7·23”重要讲话中明确提出了“三加快、一加强”文化建设的重点任务，这就是加快文化体制机制改革创新，加快构建公共文化服务体系，加快发展文化产业，加强对文化产品创作生产的引导。中央“十二五”规划建议提出了提高全民族文明素质、推进文化创新、繁荣发展文化事业和文化产业等重点任务。这些重点部署，都为实现文化又好又快发展提供了具体抓手，使工作更有针对性、任务更加明确。

省委九届八次全会全面贯彻落实中央决策部署，在《关于制定国民经济和社会发展第十二个五年规划的建议》中明确提出：要加快文化事业发展，加强公共文化基础设施建设，基本形成覆盖城乡、惠及全民、布局合理、运转有效的公共文化设施网络，加强文化遗产保护和传承，推动非物质文化遗产资源的合理开发和利用。要大力发展文化产业，大力开发我省丰富的历史文化、红色文化、民俗文化、民族文化及宗教文化等资源，打造特色文化品牌，培育一批多元化经营、跨地区发展的大型骨干文化企业和集团，建设一批在全国有重要影响、在西部领先的文化产业基地，提高文化产业规模化、集约化、专业化水平，增强文化产业整体实力和竞争力，把文化产业培育成我省重要的支柱性产业。要推进文化传承和创新，坚持正确的文化导向，大力扶持创作一批具有四川本土文化特色、体现时代精神的精品力作。健全文化管理体制，推进经营性文化单位转企改制，深化公益性文化单位改革，支持民营文化企业发展，增强文化发展活力。加强对外宣传和文化交流，扩大对外文化贸易，增强四川文化的竞争力和影响力。

（二）围绕主题把握主线，全力完成“十二五”文化建设各项任务。科学发展是全面建设小康社会的时代主题，也是文化长远发展、可持续发展的必由之路。推动文化建设科学发展，就是要坚持从文化自身发展实际和规律出发，正确把握好文化发展的质量与速度，在“快”的基础上，注重“好”，讲质量、讲效益、讲协调平衡。把转变文化发展方式作为主线，就是要正确认识和妥善处理涉及文化发展的各种重大关系，着力破解文化改革发展难题，使文化发展的结构和布局更加全面均衡，发展的数量、质量、效益更加协调统一，可持续发展的能力不断增强。

“十二五”时期，全省文化改革发展仍然还将面临各种问题和困难。从文化建设的外在环境看，全省经济社会发展的基本省情、基本矛盾和最大实际没有改变，人们的文化需求和利益诉求日益呈现多元多样多变趋势，文化热点难点增多，协调各方利益、满足多样化需求的紧迫性更加突出。从文化发展的内在条件看，文化发展方式有待转变，运用现代科技发展文化、创新文化、传播文化的意识和能力亟待增强，公共财政在文化事业上的支出比重亟待提高，公共文化基础设施建设任务依然繁重，文化产业距离成为战略性支柱产业的目标差距巨大，文化人才缺乏的深层次问题依然突出，文化体制改革仍然将长期面临体制机制的障碍。

全省文化系统必须深刻领会党中央国务院和省委省政府对“十二五”时期文化建设的新精神，牢牢把握社会主义先进文化的前进方向，按照“高举旗帜、围绕大局、服务人民、改革创新”的总要求，以文化科学发展为主题，以转变文化发展方式为主线，把深化文化体制改革作为解放和发展文化生产力的根本途径，把发展文化产业作为推进经济结构转型升级的战略抓手，为全面建成小康社会奠定具有决定性意义的文化基础。

“十二五”时期，全省文化发展的总体目标是：到2015年，建成覆盖城乡的公共文化服务体系，实现“一县两馆”“一乡一站”“一村一室”“一人一册”的目标，公共服务能力大幅提升。文艺创作全面繁荣，精品力作不断涌现，文化遗产保护水平全面提高。文化体制改革不断深化，特色文化产业体系基本形成，城乡文化市场繁荣发展，对外文化交流和贸易不断扩大。文化系统部门属文化产业实现跨越发展，总收入达到1 000亿元，年增速20%以上，文化消费在整个社会消费中所占比例达到8%，文化产业成为国民经济重要支柱产业。文化发展综合实力达到全国先进水平，基本建成文化强省。

要完成上述目标，必须高位起步，跳起摸高，切实推动以下重点领域实现跨越式发展。

*加快构建覆盖城乡的公共文化服务体系，保障群众基本文化权益。*一是基本建成以省级文化设施为龙头、市（州）文化设施为枢纽、县（区）文化设施为骨干、乡镇和社区为基础、流动文化服务与数字文化装备为补充，覆盖城乡、结构合理、功能健全、适用高效的五级公共文化服务设施网络。特别是“十二五”时期，要加强以市级三馆为重点的市、县公共文化设施建设。二是以农村为重点，向民族地区、革命老区和秦巴山区倾斜，继续实施重点文化惠民工程，推动公共文化服务体系示范区和“三基地一窗口”建设。“十二五”时期，国家文化部、财政部全面启动建设公共文化示范区和示范项目工作，这是系统解决公共文化服务体系建设面临的突出问题，充分发挥政府的统筹职能和主导作用的重要抓手和工作平台。望各地高度重视，创造条件，积极申报，努力创建，夯实全省公共文化服务体系和基础。三是加强艺术创作生产引导，实施舞台艺术精品工程，坚持“振兴川剧”，推进“巴蜀画派”建设。四是提高公共服务供给能力，加大政府采购力度，鼓励社会力量参与公共文化产品和服务提供，提高公共文化服务效能。五是深入开展示范性强、带动力大、影响力深的群众文化活动品牌，逐步形成符合时代要求、满足大众需要的群众文化活动体系。

*加快发展文化产业，培育文化产业成为重要支柱产业。*一是实施重点文化产业项目带动战略，培育多元化经营、跨地区发展的大型骨干文化企业和战略投资者，形成一批竞争力强的民营文化企业和集团。二是推动成渝经济区、城市群培育都市文化街区和特色产业基地，建设藏羌彝文化产业走廊，打造成都东部新城文化创意功能区产业园区等聚集区，形成以特大城市为中心、城市群为骨干的聚集发展格局。三是运用高新技术改造文化产业，推动资源整合，促进文化产业结构调整和升级，加快发展动漫游戏、网络文化、网络音乐等文化新业态。四是培育文化产品市场，开拓农村文化市场，培育文化资本、人才、信息、技术和版权等要素市场。五是加强文化市场监管，构建统一、开放、竞争、有序的现代文化市场体系。

*加强文化遗产保护，进一步弘扬民族优秀文化。*一是加强世界文化遗产、大遗址保护成都片区及茶马古道线型文化遗产、历史文化名城（街区、村镇）和文物保护单位的抢救保护。二是加强大型基本建设工程项目用地范围内的考古调查、勘探与发掘工作。三是全面提升各类博物馆的保护、展示、科研和社会教育能力，推动“博物馆之都”、博物馆小镇、博物馆聚落（村落）建设。四是健全非物质文化遗产普查、建档制度和代表性传承人认定制度，促进非遗产项目纳入社会教育。五是建设羌族文化生态保护实验区和省级非遗产保护区、生产性保护示范基地。继续实施古籍保护计划和出版工程。六是办好国际非物质文化遗产节暨博览会，促进文化遗产传承保护与产业发展良性互动。

*加快文化体制改革，提高文化建设保障能力。*一是把深化全省文艺院团改革作为全省文化系统体制改革的中心环节，作为改革的重点难点抓紧抓实，加快推进市、县级国有文艺院团转企改制，加快市级文艺院团结构调整，激

发创造活力，凝聚优秀人才。二是进一步深化公益性文化事业单位人事制度、收入分配制度和社会保障制度改革，大力推进经营性文化单位转企改制，加快推动博文集团组建工作。三是抓好政府机构改革，创新管理体制和管理方式，推动文化行政管理部门从“办文化”为主向“管文化”“服务文化”为主转变，从“管脚下”向“管天下”“服务社会”转变。四是实施“人才兴文”战略，落实四川省人才发展中长期规划任务目标，加强文化系统干部队伍、基层文化队伍建设，积极实施“领军人才提升工程”“技术人才教育工程”“经营人才行家工程”“基层紧缺人才援助工程”，夯实文化发展的人才基础。

三、以新举措谋好篇布好局，扎实做好 2011 年全省文化工作

2011 年是“十二五”发展的开局之年，也是新一轮西部大开发的开局之年。这一年承上启下，既关系到巩固“十一五”时期文化建设成就，又关系到文化建设的长远发展，更关系到全面建设小康社会大局。谋划和推动发展，关键在思路，成败在工作，开好局、起好步，至关重要。

全省文化系统要站在新的历史起点，以邓小平理论和“三个代表”重要思想为指导，深入贯彻落实科学发展观，贯彻高举旗帜、围绕大局、服务人民、改革创新的总要求，坚持贴近实际、贴近生活、贴近群众，围绕主题，把握主线，抢抓机遇，奋发有为，坚持“两加快、一提速”的基本思路，确立“高位求进、加快发展”工作基调，加快文化体制机制改革创新，加快构建公共文化服务体系，加快发展文化产业，加强对文化产品创作生产的引导，全面完成灾后文化恢复重建任务，着力营造推动科学发展、促进社会和谐的浓厚氛围，着力营造灾后恢复重建全面胜利、中国共产党成立 90 周年的浓厚氛围，为文化强省建设，实现“十二五”时期经济社会发展目标、夺取全面建设小康社会新胜利提供强大的精神动力和文化条件。

（一）全面完成灾后文化恢复重建，提高灾区文化发展能力。认真贯彻省委灾后恢复重建工作现场会精神，坚持灾后文化恢复重建的精神不松懈、力度不减弱，全力攻坚，奋力冲刺，确保灾后文化恢复重建任务全面完成。

推动灾区文化馆、图书馆、乡镇综合文化站和剧场、剧团的建设任务全面完成，抓好四川人民艺术剧院剧场恢复重建。加快灾后文化产业和文化市场恢复重建，完成 4 个文化产业恢复重建项目，灵岩山文化产业园恢复重建全面竣工。加快灾后文物抢救保护，完成 45 个不可移动文物项目，18 个博物馆、文管所修复维修保护项目，3 个少数民族物质文化遗产保护和藏羌碉楼保护项目。全力推动地震遗址遗迹保护及纪念馆建设，确保“一馆三地”基本建成开馆，完成精神家园恢复重建项目，扎实推进“三基地、一窗口”建设，全面推动《羌族文化生态保护实验区规划方案》的落实。

（二）加强公共文化服务体系建设，不断提升服务能力和水平。坚持以政府为主导，以公共财政为支撑，按照“保基本、强基础、建机制”的思路，不断加强全省公共文化服务体系建设。

加快省级重点文化工程建设，完成省川剧院、四川艺术职业学院新校区建设工程，加快省图书馆新馆、成都博物馆新馆建设，完成四川非物质文化遗产保护中心主体建设，推动四川大剧院、四川省群众文化中心（四川省文化馆）、四川人艺剧场、四川歌舞演艺有限责任公司剧场的改造和新建。推进基层文化设施建设科学化、规范化和标准化，完成 25 个文化馆、11 个图书馆改扩建，完成 2 178 个乡镇综合文化站建设，完成 750 个城市社区文化中心（文化活动室）和 2 178 个乡镇综合文化站专用设备的配送。继续实施博物馆、纪念馆免费开放，推动图书馆、文化馆免费开放。以文化信息资源共享工程为基础，开展数字化信息服务，推动

流动图书馆、自助图书馆、数字图书馆建设。加强少数民族地区公共文化设施建设和内容建设。积极申报，加强指导，典型示范，切实抓好我省公共文化服务体系建设示范区和示范项目建设。积极开展重大节庆和全省性重大群众文化活动。推动全省百县千乡“一县一品”“一乡一特色”民族民间艺术工程建设。让群众唱起来、跳起来、笑起来，让文化活起来、走起来、串起来，在丰富群众精神文化生活的同时，不断促进文化消费的多元化、分层化。

（三）推动文艺创作繁荣，打造艺术精品力作。坚持“二为”方向和“双百”方针，充分发挥文化引领社会、启迪心灵、振奋精神、凝聚力量的功能，努力创作一批思想性、艺术性和观赏性俱佳的文艺精品力作，推动全省文艺创作生产的全面繁荣。

围绕灾后重建三周年等重大主题，抓好重点剧节目创作生产。组织创作排演《川流不息》、大型话剧《大川之灵》、音乐剧《门巴将军》和《蓉城往事1911》等重点剧目。继续实施艺术创作生产滚动扶持计划和“一地一品牌”工程，围绕庆祝建党90周年和辛亥革命一百周年，开展全省“颂歌献给党——优秀剧目展演活动”和全省小戏、小品比赛，推动全省艺术创作生产全面繁荣。大力打造“巴蜀画派”，启动全省美术馆发展扶持计划、全省画院优秀创作研究扶持计划。继续开展优秀舞台剧节目下基层，鼓励各级艺术院团走进社区、部队、厂矿、学校。全年完成送戏下乡3000场。

（四）加快发展文化产业，提高对国民经济的贡献率。贯彻落实国家《文化产业振兴规划》，以文化产业重大项目带动战略为抓手，以文化产业集聚为重点，加快搭建政策支撑、公共技术和信息、投融资、贸易与合作以及人才培育五大平台。

推动特大中心城市和大城市群文化产业聚集发展，鼓励中小企业形成集聚区，增强辐射带动作用。抓好成都东部新城文化创意产业综合功能区产业园区建设，加快藏羌文化产业走廊建设，培育省级文化产业示范基地（园区），推动巴蜀文化、红色文化、大熊猫文化等优秀文化资源转化，开展文化产业合作，承接产业转移。加强规范与促进发展并重，营造统一开放竞争有序的文化市场环境。开展文化市场平安建设，提高文化市场综合执法水平，完善文化市场管理执法信息平台和娱乐场所监控平台建设。

（五）加强文化遗产保护，传承优秀民族文化。坚持国家文化遗产保护方针政策，坚持抢救性保护、着眼于整体性、生产性保护，建立文化遗产长效性保护机制，推动文化遗产保护融入经济建设、促进经济发展。

切实完成第三次全国文物普查第三阶段的工作任务。抓好世界文化遗产的申报和管理工作。以大遗址保护成都片区及茶马古道线型文化遗产保护为重点，加快推进广汉三星堆遗址、成都金沙遗址、邛崃邛窑遗址等重点大遗址保护展示建设。加快国家重点文物科研基地建设。加强博物馆和爱国主义教育基地建设。大力推动全省区域性文物中心库房、数字化博物馆建设工程。

聚全省文化系统之力，精心组织举办第三届中国成都国际非物质文化遗产节暨首届国际非物质文化遗产博览会。积极推进羌族文化生态保护实验区建设。加强对《羌年》《格萨尔》等联合国教科文组织非物质文化遗产名录项目和国家级非物质文化遗产名录重点项目的保护和管理。启动代表性传承人抢救性记录工程。加强非物质文化遗产宣传展示和信息化平台建设。做好古籍保护工作，出版《第一批四川省珍贵古籍名录》，开展第一批四川省古籍重点保护单位评选工作。

（六）深化对外文化交流与合作，推动四川文化“走出去”。创新文化交流方式，拓宽文化贸易领域，大力推动文化“走出去”，增强我省文化产品和服务的国际影响力和竞争力。

举办“天府文化印度行”“情系巴蜀——两岸文化联谊行”、开展“四川——东京文化中心年度合作计划”等大型文化交流活动。实施“一市一州一品”对外文化贸易品牌建设推广工程，着力提高艺术品、手工艺品、非遗技艺、文物创意产品、动漫游戏、节庆会展等四川文化产品和服务的国际竞争力，以艺术品和数字新媒体（网络动漫、数字音乐、艺术创意与设计等）为突破口，力争涉外演出场次、交流项目在2010基础上增长15%。

（七）加快文化体制机制创新，强化文化发展保障。按照中央提出的“十二五”时期文化改革发展的总体部署，加大力度、加快进度、巩固提高、重点突破、全面推进，着力破解文化发展难题，着力转变文化发展方式，在深化文化体制改革上迈出新步伐，促进全省文化又好又快发展。

按照中央制定的时间表、路线图和任务书，深入推进全省文艺院团体制改革，加快市县级国有文艺院团转企改制，我省院团改革由于各种原因相对滞后，今明两年要把院团转企改制、增强活力作为改革的中心环节和重点突破，确保院团改革任务的基本完成。继续推进公益性文化事业单位改革。大力推进经营性文化单位转企改制，加快推动博文集团组建工作。实施人才兴文战略，加强文化人才队伍建设。办好四川艺术职业学院，系统抓好各类文化人才的培养提高。实施“基层文化队伍培训项目”，发展省、市、县各级文化队伍培训网络。加强艺术科研工作，继续做好2011年度国家社会科学基金项目、全国艺术科学“十二五”规划重点研究项目建议选题和文化部科技创新项目的申报工作。

强化依法行政。落实行政执法责任制。修订《四川省营业性演出管理办法》，出台《四川省娱乐场所管理办法》，推动《四川省公共图书馆条例》立法进程，公布《全省文化系统行政处罚自由裁量权实施标准》，完善地方文物法规体系，做好《四川省非物质文化遗产保护条例》出台后的宣传工作。

建设学习型机关、学习型领导班子、学习型党组织。深化领导班子创“四好”活动。继续深入开展创先争优活动，扎实开展好“挂、包、帮”活动。坚决贯彻执行省委《建立健全惩治和预防腐败体系2008—2012年实施办法》，严格遵守领导干部廉洁自律各项规定。加强机关行政效能建设。加大政务信息公开力度，完善内部绩效管理机制。推进机关门户网站建设。加强文化系统宣传工作，提高文化工作的舆论占有率。

做好今年的文化工作，对于实施好“十二五”规划、建设文化强省，具有十分重要的意义和作用。为此，我再强调三点。

*一是要着眼长远和立足当前做好规划。*当前最紧迫的任务就是要制定好各地“十二五”时期文化发展规划，进一步明确未来五年的奋斗目标、重点任务和主要政策措施。要加强规划的前瞻性、战略性、指导性。要按程序、按制度，向党委政府请示、汇报，积极争取宣传部门的支持和统筹协调，加强与发展改革、财政、税务、商务、工商、金融等部门的沟通协商，反复强调中央对文化建设的重视和文化建设的重要性，争取把文化建设真正纳入经济社会发展规划，把文化设施纳入基础设施建设范畴，把文化项目当成民生工程、惠民工程来抓。要增强规划的科学性和可操作性。要有务实的态度，脚踏实地，提出的指标要有测算依据，设计的措施要切实可行。要软功硬做、虚功实作，把“十二五”规划确定的目标进一步细化分解成年度目标。明确时间表和任务书，扎扎实实加以推进，完成好每一个年度目标，让规划真正成为我们未来五年行动的指针。

*二是要推动文化建设成为硬任务。*要抓住一切机会向各级领导汇报、呼吁，积极主动地与有关部门沟通协调，使各级领导和有关部门把提升文化软实力作为一项硬任务来抓好抓实。不只是讲理论作报告不忘文化，还要议大事不忘文化，尤其是搞规划不忘文化，编预算立项目不忘文化，考察干部政绩也不忘文化，把文化改革发展纳入经济社会发展总体规划，纳入

科学发展考核评价体系，与经济建设、政治建设、社会建设一同部署、一同实施、一同推进、一同考核，相关的财力、物力、人力的投入全部到位，真正做到思想上高度重视、组织上加强领导、工作上强力推进、政策上全力支持、考核上有硬指标。

三是要进一步转变工作作风。既要增强紧迫感，时不我待、只争朝夕，又要脚踏实地、持之以恒、久久为功。要切实转变文风会风，提倡开短会、讲短话、讲管用的话，力戒空话套话，把更多的时间和精力用来调查研究，用来破解文化科学发展难题。要有创造的激情，要不安于现状、不墨守成规，不保守、不封闭、不停滞，高位起步、挑起摸高，加快发展。要树立大局意识和长远眼光，要跳出单位的、行业的、地域的狭小圈子，注重工作的长远性、连续性、系统性，树立总揽全局谋发展的意识，努力探索文化建设新路子，立大志、抓大事，出成果、见实效，不断开拓文化建设新局面，不断拓展文化发展新领域。

同志们：做好今年文化工作，对于实施“十二五”规划，推动文化强省建设意义重大。让我们高举旗帜、围绕中心、服务大局，抢抓机遇、高位求进、科学发展，改革创新、突破重点、破解难点，跳起摸高、真抓实干、强基固本，不断开创全省文化工作新局面，以优异成绩迎接中国共产党成立90周年！

专刊

ZHUANKAN

- ■ 重大活动
- ■ 重大项目
- ■ 重大工程

重大活动

第三届中国成都国际非物质文化遗产节

【概况】由文化部、四川省人民政府、联合国教科文组织共同主办，成都市人民政府、四川省文化厅、中国非物质文化遗产保护中心具体承办，成都市文化局、成都市青羊区人民政府、国际非物质文化遗产博览园协办的第三届中国成都国际非物质文化遗产节（以下简称“非遗节”）于2011年5月29日~6月11日在成都市成功举行。

“非遗节”创新思路和举措，以“弘扬人类文明·共建精神家园”为主题，与灾后文化重建成就展示相结合、与宣传四川对外文化形象相结合、与《非遗法》学习贯彻相结合，精心策划组织了7大类286项活动，9000多名国内外代表，1900多个非遗项目参加了各项活动，从规模、质量和影响等方面都呈现出一系列新面貌：国际化程度进一步提升，72个国家和地区的1200多名外宾出席有关活动。非遗传承与群众生活进一步融入，420多个展示、展演、展销项目，570万人次参与，比上届增加近10%，拉动各类消费61.5亿元，比上届增长11.8%。成都“非遗之都”的基础进一步夯实，建成开放了中国乃至世界第一个非遗主题博览园，为四川搭建了永久性的国际文化交流平台。美丽四川、感恩奋进的新形象进一步彰显，遍及全省的系列活动充分展现了四川人民“感恩奋进”、建设更加美好新家园的精神风貌，较好地完成了中共四川省委书记、省人大常委会主任刘奇葆提出的“永久落地、常办常新”的目标任务。

【创新办节理念，特色更加鲜明】本届“非遗节”是在灾后恢复重建取得决定性胜利之际、“十二五”规划开局之年、《中华人民共和国非物质文化遗产法》实施之时举办的第一个国家级文化节庆，也是联合国教科文组织第一次参与主办国际性艺术盛会，是“非遗节”落地四川、定点成都，世界第一个国际非物质文化遗产博览园建成开放的良好条件下，举办的盛大群众文化活动。联合国教科文组织总干事伊琳娜·博科娃致信祝贺并派特别代表在开幕式上宣读贺信，全国人大常务委员会副委员长陈昌智，以及文化部、四川省和成都市的主要领导出席了相关活动。

在文化部和省委省政府的高度重视下，省文化厅与成都市政府组织协调有关单位，系统梳理和总结前两届的成功经验，认真分析和把握文化发展趋势，针对非遗保护传承实际，创新办节理念和方法，统筹非遗节项目与灾后文化重建成就、统筹国际论坛与对外文化形象、统筹非遗保护成果与《非遗法》贯彻实施，统筹非遗博览园与非遗产品展示展销，全面创新了开幕式暨天府大巡游、国际论坛、非遗博览会、第25届中国戏剧梅花奖大赛、中国古琴艺术大展、主题分会场活动及系列配套活动，使本届“非遗节”呈现出持续发展、活力迸发的新面貌。

多彩文化更加彰显，大众节日更加名副其实。“非遗节”专业性更加突出。三万多名各界群众与国家领导人、国外城市代表团、驻华使节、国家有关部委领导、各地代表团一起观看“非遗节”开幕式暨天府大巡游表演。第二十五届中国戏剧梅花奖南方片区的比赛，共有20台剧目角逐梅花奖，共产生了45个梅花奖，吸引了近三万观众。汇聚全国众多一流古琴大师的古琴艺术大展，开创了专业艺术家与普通观众共同传承民族文化的新篇章。

博览园成为文化消费新场所。在新落成的博览园举行的国际非遗博览会，全面创新非遗展览方式与手段，融展览、展演和展销于一体，共有五个国家和国内、省内1 900多个非遗项目参加博览会，其中联合国教科文非遗代表作232个、国家非遗保护名录的项目1 028个，有526个项目、600多位国家级和省级代表性传承人参加了非遗产品展销会的展示展销活动，每天前往参观的市民和游客突破10万人。

分会场成为文化盛宴。在全省各市（州）和省市直属文化单位开展的26项系列活动，在成都市各区（市）县开展的7个主题分会场活动、13个配套活动，26场深入社区、学校、SOS儿童村、荣军院的慰问演出活动，使参与“非遗节”活动的民众总数逾570万人次。非遗节为文化的盛会增添了光彩，使民众的节日更加丰富。

文化交流更加深入，国际影响更加扩大。国际文化交流平台作用更加明显。“非遗节”作为国际化交流平台，在展示各国瑰丽多姿的非物质文化遗产和人类文化多样性、交流保护经验的同时，作为宣传展示的窗口，更向国际社会表明了中国政府和社会本着各国、各民族文化和而不同、多元共生、和谐发展的原则，尊重世界文化多样性，积极参与和推动非物质文化遗产保护的一贯立场，中国在非物质文化遗产保护领域的国际影响力得到进一步提升。

“非遗节”国际论坛已成为非遗节品牌。“非遗节”国际论坛形成并发表的《成都倡议》，已引起了国际社会的广泛关注与响应。联合国教科文组织总干事伊琳娜·博科娃在发给“非遗节”的贺信指出：两年一度的非遗节展示了世界丰富多彩的非物质文化遗产和国际社会特别是中国开展非遗保护的工作成果。其特别代表塞西尔·杜维勒在离开成都时留言：第三届“非遗节”是国际社会推动非遗保护事业的重要活动。澳大利亚珀斯市市长丽莎·斯嘉菲迪在写给成都市市长葛红林的感谢信中说：第三届“非遗节”是他们一生仅有的一次难忘的文化盛宴。国外代表一致认为，“非遗节”已成为展示人类文化多样性，增进各国各民族文化相互了解与沟通、促进国际间文化交流与合作的重要平台，已成为展示中华民族文化魅力、提升中华文化国际影响力的重要窗口。

非遗产品成为文化消费新时尚，“非遗节”品牌营销迈上新台阶。非遗产品拉动消费效果显著。按照“保护为主、抢救第一、合理利用、传承发展”的非物质文化遗产保护方针，本届“非遗节”举办的国际非遗博览会着力开展非遗产品展销，不但有全国各省区市参加的非遗产品展销会，而且四川省非遗大展也坚持展示、展演、展销相结合，与此同时，各主题分会场和遍及全省的系列活动，也广泛展销非遗产品。“非遗节”期间，市民既有好看的，还有好玩的、好吃的、好买的，每天前往非遗博览园参观的市民和游客突破10万人。非遗产品销售活跃，据统计部门统计，博览会每天的平均交易额达160多万元（最高的一天达300多万元），累计交易2 200多万元，使“非遗节”和博览园成为了非遗生产性保护的传承平台、载体和基地。“非遗节”期间，成都市的酒店入住率维持在85%左右，营业收入增长50%以上，餐饮行业营业额增长25%以上，拉动各类社会消费61.5亿元，有力带动了文化旅游、社会消费。

“非遗节”品牌营销效果力度进一步增大。通过在京和省内新闻发布等形式让媒体聚焦后，传承人显身展示与群众参与相结合，专访与面上宣传相结合，新闻人物与公众互动相结合，以及网络媒体、户外广告、道旗、城市绿化、公车车载广告、社区海报、手持道具等多种宣传手段并用，积极协调中央媒体强烈关注，主流媒体同时聚焦，电视媒体录播重要活动，共同营造出了浓厚的节日气氛和良好的非物质文化遗产保护宣传和舆论氛围。统计数据表明，96%的受访者认为本届“非遗节”对成都城市形象提升明显，特别是对休闲舒适、国际化、城市知名度、丰富文化遗产等城市形象提升明显，97%的受访者非常认同非遗节是成都城市品牌的代表。在整个非遗节期间，国内外各类媒体对“非遗节”进行了高密度的报道，持续时间之长、篇幅之大、频率之高创近年文化宣传之最。

全省广泛联动参与，《非遗法》宣传形成热潮。全省广泛参与协同联动。21个市（州）和省文化厅各直属单位广泛联动，积极参与了天府大巡游、博览会、主题日演出、闭幕式主题晚会等“非遗节”主体活动，组织开展了数十场演出、展览、展示活动，宣传展示了全省各市（州）丰富多彩非物质文化遗产及其灾后重建非遗保护成果，宣传展示了全省人民感恩奋进、建设美好新家园的良好精神风貌，集中彰显了天府四川这个文化资源大省的独特魅力和美好形象。各市（州）代表团展演的锦绣蜀艺、松潘藏族花灯、苗族服饰和舞蹈、北川羌韵、丹巴嘉绒锅庄等节目在天府大巡游中大放异彩，阿坝、甘孜、凉山、成都等市（州）非遗展览项目民族特色浓郁，充分展示了四川本土非物质文化遗产的独特魅力，成为“非遗节”最大的亮点和看点之一。

大力开展《非遗法》宣传。第三届“非遗节”期间，恰逢《中华人民共和国非物质文化遗产法》正式实施，宣传贯彻《非遗法》，始终贯穿在“非遗节”始终。省文化厅及时下发了《关于学习宣传贯彻〈非遗法〉的通知》，要求全省各地要以举办第三届“非遗节”为契机，集中、全面、深入地开展学习宣传《非遗法》活动，普及相关知识。通过举办丰富多彩的学习培训、展览展示活动，不断增强非遗工作者和非遗传承人依法保护非物质文化遗产的责任感和使命感，提高广大民众的非遗保护自觉性。在博览园的国际非遗博览中心，《非遗法》全文和人类非遗代表作和国家级非遗保护名录项目展览相结合，让参观者更加形象直观地了解认识了《非遗法》。全省各地围绕学习宣传贯彻《非遗法》，组织开展了专题宣讲、专家讲座、媒体宣传、图片展览、活态展示、舞台展演、传习培训、大型展览等上百场主题活动，在全省掀起了学习宣传贯彻《非遗法》的热潮。“非遗节”闭幕后，成都民众对《非遗法》的知晓率明显上升。“非遗节”成为全国学习宣传贯彻《非遗法》最生动、最鲜活的宣传载体和形式。

【总结基本经验、确保常办常新】“非遗节”是国家确定的四个国际性文化节庆之一，是国家重点打造的国际性艺术盛会和国际性文化品牌。总结第三届“非遗节”的基本经验，对于确保常办常新具有重要意义。

高度重视，加强领导是成功举办的保障。文化部党组书记、部长蔡武，中共四川省委书记、省人大常委会主任刘奇葆，中共四川省委副书记、省长蒋巨峰等领导先后就举办好本届“非遗节”作出了重要批示，提出明确要求。文化部党组成员、副部长赵少华、王文章专门听取汇报，主持召开协调会议，解决若干重要问题。中共四川省委常委、宣传部长黄新初，四川省人民政府副省长黄彦蓉，成都市委市政府领导等先后到博览园深入一线，现场办公靠前指挥。由四川省文化厅主要领导和成都市政府分管领导牵头共同成立了专门机构，安排专人联合办公。文化部各直属单位和省市相关部门和领导的高度重视，全力落实承担的各项工作，为“非遗节”的成功举办提供了有力的保障。

科学谋划，统筹协调是圆满成功的前提。从2010年8月开始，四川省文化厅和成都市文化局就着手设计总体方案，多次召开专家论证会，广泛动员，群策群力，确保了非遗节总体方案的科学性和可操作性，确保所有项目都在规划的指导之下，做到“照单抓药”、忙而不乱。文化部相关司局、中国非物质文化遗产保护中心等参与筹备工作的各单位密切配合。省文化厅多次专门召开第三届“非遗节”筹备工作协调会，进行具体安排部署。全省各市（州）高度重视、认真抓好第三届“非遗节”各项展演筹备工作，积极参与，严密组织，落实责任，在人力、物力、财力上予以充分保障，使四川各地的非物质文化遗产资源和保护成果得到了充分展示。成都市文化局和成都市青羊区人民政府抽调了大量的工作人员集中办公，相关部门和各区（市）县全力支持。市和各区县公安部门，调集了大量警力。做到每个项目有专人联系，每支队伍有专人跟随，每位大使有专人保障，每一个观摩代表团有专人接待，确保了各项工作的圆满完成。

*顺应时代、创新主题是广泛响应的关键。*本届“非遗节”作为国际社会首个以推动非物质文化遗产保护为宗旨的节会活动，准确地把握住了当今世界文化脉搏，创新“弘扬人类文明，共建精神家园”主题，明确表达了保护非物质文化遗产，尊重人类文化多样性，建设各种文化和文明平等交流，互相促进，和而不同，多元共生，和谐发展的共同心声。同时，也向世界表明了日益繁荣富强的中国人民和政府对弘扬人类文明，保护和传承人类非物质文化遗产的历史责任，从而引起国际国内的强烈共鸣、积极响应和广泛参与。

突出特色、融入生活是深受观众欢迎的根本。“非遗节”紧紧抓住非物质文化遗产的本真形态，突出原生态和活态特点，使非物质文化遗产的独特魅力得到了生动呈现。除中国戏剧梅花奖大赛由专业演员表演外，其他表演队伍基本上都是天然去雕饰的原生态。同时，为积极推动非遗节项目广泛融入群众文化生活，除了各种演出活动和展览活动全部免费外，还积极为群众参与创造条件，专门开通了前往博览园公交车。在全省各市（州）和成都市的各区（市）县组织开展的各类活动把非遗节目送到了广大人民群众的身边。

*广泛交流、积累共识是扩大国际影响的基础。*通过经验积累和创新发展，“非遗节”真正成为了具有国际影响力的非遗主题文化交流活动。各国驻华使节和专家学者各抒己见、广泛交流形成并发表的《成都倡议》，已和前两届“非遗节”的国际论坛发表的《成都宣言》《成都共识》一起，刻碑永立在国际非遗博览园，三届“非遗节”的国际论坛发表的文件，聚集了国际社会的广泛共识，并得到了国际社会积极广泛的相应。以天府大巡游、博览会等“非遗节”的主体品牌活动为牵引，一大批非遗项目和大众广泛参与的多姿多彩的活动，已形成完整的“非遗节”活动链，将有力地推动“非遗节”进一步走向世界，不断扩大国际影响力。

*政府主导、市场运作是可持续有活力的支撑。*在政府主导的前提下，注重发挥市场的资源配置作用，通过非遗博览园广泛聚集国内外非遗资源，特别是非遗技艺产品资源，丰富展示、展演和展销内容。针对非遗生产性保护实际，设立了非遗产品市场，重点推介展示优秀产品，积极扶持非遗产品生产，培育壮大非遗生产主体，搭建非遗产品生产销售的国内外、海内外市场。围绕将博览园打造成以非遗展示、展演和产品展销为文化旅游品牌目标，积极引导各类市场主体参与配套服务，奠定了文化旅游产业项目发展的坚实基础，形成政府主导与市场参与相结合的良好格局，为“非遗节”的可持续、有活力的健康发展，提供了有力的社会支撑。

【成都倡议】“第三届中国成都国际非物质文化遗产节·非物质文化遗产国际论坛”于2011年5月29日至30日在成都隆重召开，来自世界各地的政府官员、非物质文化遗产领域的专家、学者和中国相关非物质文化遗产项目代表性传承人等共计69人参加了论坛。与会代表在联合国教科文组织《保护非物质文化遗产公约》（以下简称《公约》）框架下，分享了实践《公约》的经验，各抒己见，探讨了非物质文化遗产保护的方略，并达成广泛共识，发表如下倡议：

一、进入二十一世纪，应当认识到非物质文化遗产对民族、国家和整个人类的过去、现在和未来都具有重要的认知价值和实践意义，认识到众多宝贵的非物质文化遗产项目正处于日益濒危的境地，尤其应认识到采取积极行动已经刻不容缓。

二、呼吁各国政府、社会组织、学界和广

大民众，对非物质文化遗产，给予高度关切和重视，并采取切实有效的保护措施，使能够体现文化多样性的非物质文化遗产成为全人类在发展和进步过程中的重要资源和文化创造活力，为人类的共同福祉发挥其固有的积极作用。

三、考虑到各国依据各自的社会制度特点和文化传承方式，正在逐步对非物质文化遗产开展切实有效的保护措施，并已取得了相应的保护成果，各国应在各个层面积极开展多种形式的国际合作，分享保护经验，相互借鉴，以加强保护能力，共同为非物质文化遗产的保护和人类文明的可持续发展作出贡献。

【工作大事记】2月11日，为有序推进第三届中国成都国际非物质文化遗产节（以下简称“非遗节”）和首届国家非物质文化遗产博览会筹备工作，四川省人民政府副省长黄彦蓉主持召开了第三届中国成都国际“非遗”节暨首届成都国际“非遗”博览会筹备会议，专题研究部署“一节一会”筹备工作。四川省文化厅党组书记、厅长郑晓幸，四川省文化厅党组成员、副厅长泽波，“非遗”处处长任丘；成都市人民政府副市长王忠林，副秘书长师江；成都市文化局局长朱树喜、副局长王民平；四川省非物质文化遗产保护中心主任何政军，成都市“非遗节”办公室主任刘洪，青羊区人民政府区长谢强、副区长赖石梅及成都青羊国际非物质文化遗产博览园等相关单位负责人参加了会议。

2月12日，按照省政府2011年2月11日召开的第三届中国成都国际“非遗”节总体方案专题研究会及四川省人民政府副省长黄彦蓉副指示精神，泽波、王忠林率队赴北京汇报第三届中国成都国际“非遗”节筹备工作。文化部党组成员、副部长赵少华、王文章，部办公厅副主任周广莲、外联局局长董俊新、“非遗”司司长马文辉、副司长屈盛瑞，国家“非遗”中心副主任吕品田，亚太地区“非遗”国际培训中心主任罗微；成都市文化局朱树喜，四川省“非遗”中心何政军，成都市“非遗”办刘洪，青羊区人民政府赖石梅等参加了汇报会。会议由赵少华主持。

3月10日，第三届中国成都国际非物质文化遗产节部省联席会议在北京召开。文化部党组成员、副部长赵少华，四川省人民政府副省长黄彦蓉出席会议并讲话。成都市人民政府市长葛红林，四川省文化厅党组书记、厅长郑晓幸，四川省文化厅党组成员、副厅长泽波以及成都市人民政府王忠林，成都市文化局朱树喜等参加会议。

4月8日，省政府召开厅际联席会议，审议第三批省级非物质文化遗产名录。会议由省政府副秘书长陈保明主持，四川省文化厅党组书记、厅长郑晓幸汇报了2010年非遗保护工作情况和2011年非遗工作思路，四川省文化厅党组成员、副厅长泽波汇报了第三批名录产生的程序和过程。相关厅局的负责人参加了会议。

4月14日，四川省文化厅党组书记、厅长郑晓幸，四川省文化厅党组成员、副厅长窦维平，四川省文化厅党组成员、副厅长泽波，四川省文化厅党组成员、副厅长王志平以及相关处室的主要负责人一行专程考察了正在紧张建设中的成都国际非遗博览园，听取了成都市文化局副局长王民平关于第三届“非遗节”筹备工作情况汇报和青羊区赖石梅关于非遗博览园项目建设情况及“非遗节”博览会筹备工作情况，对作好第三届“非遗节”筹备工作提出了希望和要求。

4月14日~15日，为切实做好第三届“非遗节”各项筹备工作，学习贯彻《中华人民共和国非物质文化遗产法》，推动促进四川非遗工作，省文化厅在成都金河宾馆召开了第三届“非遗节”筹备工作协调会暨《非遗法》学习辅导会。四川省文化厅党组书记、厅长郑晓幸，四川省文化厅党组成员、副厅长泽波出席会议并讲话，各市（州）文化局分管局长、相关科室负责人，厅直有关单位负责人，有关学者参加了会议。

4月15日，文化部在北京召开第三届“非遗节”新闻发布会。四川省文化厅党组成员、副厅长泽波出席新闻发布会。

5 月 10 日，四川省人民政府副省长黄彦蓉视察非遗博览园并听取第三届非遗节筹备工作汇报。四川省文化厅党组书记、厅长郑晓幸，四川省文化厅党组成员、副厅长泽波，相关处室主要负责人，成都市王忠林、师江；成都市文化局朱树喜、王民平；青羊区委书记屈建宏、区长谢强等领导陪同视察并参加了汇报会。

5 月 11 日，四川省文化厅党组书记、厅长郑晓幸在厅机关五楼电视电话会议室主持召开第三届非遗节筹备工作专题会议，研究落实第三届非遗节各项重要工作、重大活动。四川省文化厅党组成员、副厅长泽波，四川省文化厅党组成员、副厅长王志平，厅机关办公室、计财处、非遗处、产业处、外联处、宣传信息中心、省非遗中心负责人，成都市文化局王民平及非遗节执委会有关部门负责人参加了会议。

5 月 16 日，四川省人民政府副省长黄彦蓉在省政府主持召开第三届非遗节相关省级部门协调会。陈保明、省委办公厅、省政府办公厅等十余个省级部门的负责人，四川省文化厅党组书记、厅长郑晓幸，四川省文化厅党组成员、副厅长泽波和相关处室负责人，成都市王忠林、师江、朱树喜，第三届非遗节成都市执委会办公室有关部门的负责人参加了会议。

5 月 17 日，下午中共四川省委常委、宣传部长黄新初一行视察非遗博览园并听取第三届非遗节筹备情况汇报。四川省文化厅党组书记、厅长郑晓幸，四川省文化厅党组成员、副厅长泽波，相关处室主要负责人；成都市副市长王忠林，市文化局局长朱树喜、副局长王民平，青羊区区委书记屈建宏、区长谢强等陪同视察并参加了汇报会。

5 月 25 日，上午四川省文化厅党组成员、副厅长泽波做客四川省人民政府网站“在线访谈”栏目，围绕“传承珍贵文脉，重建精神家园”主题，介绍了省文化厅非遗灾后重建保护情况、第三届非遗节情况及贯彻落实《非遗法》情况。

5 月 25 日，下午黄彦蓉副省长在省政府主持召开第三届非遗节有关省级部门协调会，省政府研究室、省委常委办、省接待办、省外办等省级部门负责人，四川省文化厅党组书记、厅长郑晓幸，四川省文化厅党组成员、副厅长泽波，成都市副市长王忠林参加了会议。

5 月 26 日，四川省人民政府副省长黄彦蓉到非遗博览园检查工作，四川省文化厅党组书记、厅长郑晓幸，成都市王忠林、师江、朱树喜陪同检查。

5 月 28 日，第三届非遗节四川省人民政府、文化部会见外宾及招待宴会在成都锦江宾馆举行。四川省委、省政府主要领导和文化部领导陪同全国人大常委会陈昌智会见外宾。招待宴会由成都市葛红林主持，四川省人民政府副省长黄彦蓉致欢迎辞，文化部党组成员、副部长赵少华致祝酒辞。中共四川省委书记、省人大常委会主任刘奇葆、中共四川省委副书记、省长蒋巨峰出席了会见和招待会。

5 月 29 日，由文化部、四川省人民政府、联合国教科文组织共同主办，成都市人民政府、四川省文化厅、中国非物质文化遗产保护中心承办，成都市文化局、成都市青羊区人民政府、中国成都国际非物质文化遗产博览园协办的第三届中国成都国际非物质文化遗产节在成都国际非物质文化遗产博览园隆重开幕。陈昌智出席开幕式并宣布国际非遗节开幕。刘奇葆、赵少华出席开幕式并致辞，联合国教科文组织总干事特别代表塞西尔·杜维勒在开幕式上宣读总干事伊琳娜·博科娃的贺信。蒋巨峰主持开幕式，省政协主席陶武先出席开幕式。

“第三届中国成都国际非物质文化遗产节·非物质文化遗产国际论坛”开幕式在成都天府丽都喜来登酒店举行。论坛开幕式由四川省文化厅党组书记、厅长郑晓幸主持，文化部董俊新、联合国教科文组织非物质文化遗产处处长塞西尔·杜维勒、成都市人民政府葛红林致辞，四川省人民政府副省长黄彦蓉讲话。

文化部屈盛瑞一行在省文化厅、市文化局

非遗处负责人陪同下视察了第三届非遗节国际非遗博览会。

5月30日，第三届非遗节古琴艺术大展在成都杜甫草堂博物馆拉开帷幕。成都市文化局朱树喜主持开幕仪式，著名古琴演奏家、国家级非物质文化遗产项目古琴艺术代表性传承人、中国琴会会长龚一先生在开幕式上致辞，四川省文化厅党组书记、厅长郑晓幸致辞并宣布开幕。

6月11日，文化部党组书记、部长蔡武在四川省人民政府副省长黄彦蓉，四川省文化厅党组书记、厅长郑晓幸，成都市市长葛红林等领导陪同下参观第三届非遗节国际非遗博览会。

第三届非遗节《成都倡议》碑揭碑仪式在非遗博览园国际非遗博览中心前草坪举行。蔡武、黄彦蓉、葛红林、郑晓幸、泽波、屈建宏等出席揭碑仪式。

第三届中国成都国际非物质文化遗产节闭幕仪式暨主题晚会《天府神韵·民族记忆》在成都非遗博览园世纪舞广场举行。蔡武、刘奇葆、蒋巨峰、葛红林等出席闭幕式并观看主题晚会《天府神韵·民族记忆》。闭幕式由葛红林主持，蔡武、蒋巨峰分别在闭幕式上讲话。

四川省庆祝中国共产党成立90周年文艺晚会

6月29日，四川省庆祝中国共产党成立90周年文艺晚会《感恩共产党》在四川省体育馆隆重举行。中共四川省委书记、省人大常委会主任刘奇葆，成都军区司令员李世明、政委田修思，中共四川省委副书记、省长蒋巨峰，省政协主席陶武先等出席观看了文艺晚会。

黑夜中点燃一盏灯，闪烁着微弱的光芒，这光亮在激昂的音乐中蔓延扩散，如星火燎原，逐渐点亮全场，形成一片灯火的红色海洋。开场舞蹈以独特的创意和震撼的效果，形象描述了中国共产党的诞生给中国带来希望、生机与光明，浓墨重彩地烘托出中国共产党的领导是历史的选择、人民的选择这一深刻主题。

整台晚会气势恢弘、振奋人心，以“开天辟地、红旗漫卷、走向复兴”三个篇章为主线，艺术再现了以毛泽东思想、邓小平理论、“三个代表”重要思想和科学发展观为指导，紧紧围绕中国共产党九十年来“从南湖红船、遵义会议到红军长征；从抗战胜利、解放全中国到新中国成立；从伟大社会主义建设、改革开放走进新时代；从抗震救灾伟大胜利、辉煌跨越到领导民族伟大复兴”等等，一座座丰碑铸就的光辉历程，表达“感恩共产党，我们站起来”“感恩共产党，我们富起来”“感恩共产党，我们强起来”的主题。以《南湖的船，党的摇篮》《遵义会议放光辉》《延安颂》《共产党来了苦变甜》《春天的故事》《走进新时代》《情系人民》《在灿烂阳光下》《走向复兴》等一批具有典型意义表现中国共产党光辉历程的代表性歌曲为切入点，唱响共产党好，社会主义好，改革开放好的恢弘主旋律；通过交响音乐，情景诗画，童声、混声、千人合唱等形式，结合生动、丰富、鲜活的LED视频及背景板块构成的画面语言和大气磅礴的诗化解说，再现共产党人艰苦卓绝、前赴后继领导中国革命和社会主义建设波澜壮阔的历史画卷；讴歌共产党为中国人民谋幸福，引领民族伟大复兴的丰功伟绩；铭记巴蜀大地的红色记忆，展现四川发展跨越的辉煌业绩，给观众呈现了一部写实与写意并重的雄浑交响。八十多分钟的演出精彩纷呈，高潮迭起，全场不时响起热烈的掌声。晚会即将结束时，全体演员和观众放声高唱《没有共产党就没有新中国》，用铿锵有力、激越豪迈的歌声献上九千万四川儿女对党的感恩情怀和对党九十岁生日的热切礼赞！

感恩祖国——四川纪念“5·12”汶川特大地震三周年特别节目

2011年5月10日20:00，由中共四川省委、四川省人民政府主办，省委宣传部、省文化厅和四川广播电视台承办的“感恩祖国——四川省纪念“5·12”汶川特大地震三周年特别节目”隆重上演。四川卫视、18个对口援建省（市）和天津、内蒙古、海南等全国22家省级卫视和深圳卫视并机直播了特别节目，国际频道、康巴卫视，省内21个市（州）电视台、广播文艺频率，以及中国新闻网、新浪网、搜狐网、腾讯网、四川在线等对特别节目进行了同步直播。成都军区政委田修思，中共四川省委副书记、省长蒋巨峰，省政协主席陶武先，省委副书记、省人大常委会副主任、党组书记李崇禧等领导，四川各界人士，18个对口援建省（市）的援建指挥长、英模在现场观看了演出。

特别节目以“感恩祖国、感恩人民、感恩奋进”为结构主线，全面展示了三年来四川穿越灾难、超越悲壮、走向豪迈的辉煌历程。特别节目分为故事讲述、诗歌朗诵、歌曲演出三部分，节目大部分来自震后的“四川原创”，表达“感恩·奋进”的真挚情怀。如歌曲《因为有你》表达了从悲壮走向豪迈的四川人民对党、对祖国的感恩之情，对全国人民、特别是18个援建省（市）无疆大爱、无私奉献的感谢之意；歌曲《四川依然美丽》和配乐诗朗诵《感恩祖国》，展现了四川人民自强不息建设美好新家园的精神风貌；藏族歌手容中尔甲等演唱的歌曲《多谢了》，深情地唱出了藏羌儿女对各地援建者的诚挚谢意和对伟大祖国、对全国人民的感恩之情。

节目单如下：

1. 主题导引片
2. 主持人
3. 歌曲《祖国不会忘记》
4. 讲述1《历史的瞬间》
5. 插片《感恩心语1》
6. 歌曲《因为有你》
7. 讲述2《大地上的丰碑》
8. 主题宣传片1《中国式援建》
9. 歌曲《援建者之歌》
10. 讲述3《两地书——秦旭晨的故事》
11. 歌曲《心连心》
12. 讲述4《山东爸爸——崔学选的故事》
13. 歌曲《多谢了》
14. 讲述5《兄弟——国庆国强的故事》
15. 歌曲《铭记》
16. 讲述6《桃李芬芳——陈芬芳的故事》
17. 歌曲《我祝愿》
18. 插片《感恩心语2》
19. 主持人
20. 主题宣传片2《四川报告》
21. 讲述7《我们的新家园》
22. 歌曲《四川依然美丽》
23. 配乐诗朗诵《感恩祖国》
24. 歌曲《我和我的祖国》
25. 主持人（结束语）
26. 谢幕歌曲《歌唱祖国》

四川省第十三届戏剧小品（小戏）比赛

四川省第十三届戏剧小品（小戏）比赛由中共四川省委宣传部、四川省文化厅、中共南充市委、南充市人民政府主办，四川省文化厅剧目工作室、中共南充市委宣传部、南充市文化体育局承办。全省18个市（州）代表队、2个省直或部队专业文艺单位、1所艺术类大专院校的36个剧目参加了比赛，比赛历时4天。

本届小品分为剧场比赛和广场展演两部分。36个剧目组合成5台比赛。9月6日~7日下午和晚上分别进行了第二、三、四、五台比赛演出。同时间段，在5日、6日、7日晚上，参赛剧目走进南充北湖广场，开展广场展演，把四川近年在小戏小品创作生产上取得的丰硕成果呈现给南充人民。

经评委会专家认真评议，民主公正投票，共颁发14个优秀剧目奖、21个剧目奖、16个优秀编剧奖、19个编剧奖以及导演、表演、音乐创作（设计）奖等。

附：

获奖剧目、单位、人员

一、剧目奖（按演出次序排列）

（一）优秀剧目奖

话剧小品《爱情戏》 南充市文化馆
灯戏《狗不咬干部》 南充市川剧团
方言小品《调解》 达州市文化馆
话剧小品《找爸爸》 四川省曲艺团
话剧小品《约会》
成都市艺术剧院曲艺团
音乐小剧《七彩云朵》 绵阳市艺术剧院
话剧小品《军嫂》
广元市艺术剧院 解放军78638部队
小品《麻将人生》 自贡市曲艺剧团
话剧小品《梦断AB门》
武警四川总队政治部文工团
话剧小品《心魔》 眉山市仁寿县文体局
情景短剧《偶像》 四川艺术职业学院
金钱板小品《HZ的烦恼》 四川省曲艺团
无言小品《这么近那么远》
乐山市川剧团
小型音乐剧《天堂里有没有车来车往》
攀枝花市艺术剧院

（二）剧目奖

情景剧《青春从这里出发》
南充市嘉陵区文体局
话剧小品《亲家买鸡》 南充市歌舞剧院
喜剧小品《棒棒》
泸州市泸县文体广电局
话剧小品《又见山花开》
绵阳市安县文化旅游局
话剧小品《缘建》 广元市艺术剧院
歌舞小品《灾后明天更美好》
达州市文化馆 达州市艺术剧院
话剧小品《大树作证》 达州市艺术剧院
川剧小品《脸》 眉山市东坡区川剧团
话剧小品《相依》
成都市艺术剧院话剧团
音乐小品《脐橙情》
广安市邻水县川剧团
话剧小品《金不换》
泸州市江阳区文化体育局
方言小品《传伞》
遂宁市戏剧家协会遂宁市川剧团
方言小品《钉子》 巴中市南江县文体局
方言小品《缘来是你》
资阳市戏剧曲艺杂技家协会雁城艺术团
方言小品《城管与小贩》
宜宾市兴文县文广体局
川剧小品《山乡欢歌》
攀枝花市艺术剧院
话剧小品《胆大胆小》 乐山市川剧团
音乐小品《我们约会吧》
内江市川剧团 内江市文化馆
方言小品《接待》
德阳市中江县文体广电旅游局 中江县文化馆
方言小品《有困难，找党员》
达州市大竹县艺术团
曲艺小品《尼玛参军》 甘孜州文联

二、编剧奖（按演出次序排列）

（一）优秀编剧奖

小品《爱情戏》
舒婷婷 皮 敏（改编）
灯戏《狗不咬干部》 李 诚
方言小品《调解》 谭仕海
话剧小品《缘建》
廖天楷 杨 谦 张继汇
话剧小品《约会》 李 多等
音乐小剧《七彩云朵》 唐 虎
话剧小品《大树作证》 唐荣健
川剧小品《脸》 唐稚明
话剧小品《军嫂》
唐 琳 周 道 蔡心良
小品《麻将人生》 严西秀

话剧小品《梦断 AB 门》　王　迅　程家元
话剧小品《心魔》　唐寿彬　王晋川
情景短剧《偶像》　孙　洪　昊　天
金钱板小品《HZ 的烦恼》　张　徐
无言小品《这么近那么远》　黄　平
小型音乐剧《天堂里有没有车来车往》　杜　林

（二）编剧奖

情景剧《青春从这里出发》　林　解
喜剧小品《亲家买鸡》　王丹丹（改编）
喜剧小品《棒棒》　严西秀　刘　军　熊小田
话剧小品《又见山花开》　唐　虎
话剧小品《找爸爸》　关大心
歌舞小品《灾后明天更美好》　谭仕海　谢开君
话剧小品《相依》　王爱飞
音乐小品《脐橙情》　罗建明
话剧小品《金不换》　袁洁丁　刘　频　伍　琼
方言小品《传伞》　黄小翠　杨　相
方言小品《钉子》　余登科
方言小品《缘来是你》　赖　秀
方言小品《城管与小贩》　梁雪梅
川剧小品《山乡欢歌》　于映时
话剧小品《胆大胆小》　黄　平
音乐小品《我们约会吧》　张　韵　孟　琼
方言小品《接待》　谢扬功
方言小品《有困难找共产党员》　张尚全
曲艺小品《尼玛参军》　文光裕

三、导演奖（按演出次序排列）

（一）优秀导演奖

情景剧《青春从这里出发》　孙中刚
话剧小品《亲家买鸡》　王丹丹
话剧小品《爱情戏》　李　磊　舒婷婷
灯戏《狗不咬干部》　李　翎
方言小品《调解》　谭仕海
话剧小品《找爸爸》　关大心
音乐小剧《七彩云朵》　唐方军
话剧小品《军嫂》　杨　谦　黄　珊
小品《麻将人生》　汤碧清
话剧小品《梦断 AB 门》　袁永恒　李向东
情景短剧《偶像》　孙　奇
话剧小品《金不换》　丁以群
方言小品《传伞》　王永昌
金钱板小品《HZ 的烦恼》　查丽芳
音乐小品《我们约会吧》　余学林
小型音乐剧《天堂里有没有车来车往》　伍　越（执行）杜　林　杨　柳

（二）导演奖

喜剧小品《棒棒》　金乃凡　袁永恒
话剧小品《又见山花开》　唐　虎
话剧小品《约会》　袁永桓
歌舞小品《灾后明天更美好》　谭仕海　杨思思
话剧小品《大树作证》　刘功英
川剧小品《脸》　唐稚明
话剧小品《缘建》　关大心　杨　谦
话剧小品《心魔》　唐寿彬　王晋川
话剧小品《相依》　高　颂
音乐小品《脐橙情》　罗建明
方言小品《钉子》　李　辉　吴　强
方言小品《缘来是你》　李志彬
方言小品《城管与小贩》　李庆红
川剧小品《山乡欢歌》　伍　越　何雨恬
话剧小品《胆大胆小》　黄　平
方言小品《接待》　谢扬功
方言小品《有困难，找党员》　张尚全
曲艺小品《尼玛参军》　文光裕
无言小品《这么近那么远》　黄　平

四、表演奖（按演出次序排列）

（一）优秀表演奖

情景剧《青春从这里出发》　王勤牛

话剧小品《亲家买鸡》李静
王丁一　冯婧雅
话剧小品《爱情戏》
刘　洋　李　磊　张　勇　李存
灯戏《狗不咬干部》
胡瑜斌　莫　涛　周　鸿　赵斌
喜剧小品《棒棒》　张德高
话剧小品《又见山花开》
杨　波　廖小萍　邓　红　刘　红
方言小品《调解》
谭仕海　谢开君　王宝荣
话剧小品《缘建》　杜青芮
话剧小品《找爸爸》
廖　建　钟燕平　冯　艺
话剧小品《约会》　张　玺　高振璐
音乐小剧《七彩云朵》　周　婉
话剧小品《大树作证》　何　佳　徐小辉
川剧小品《脸》　谭　斌　陈　红
话剧小品《军嫂》
孟　霞　王　鹏　刘　行
小品《麻将人生》
陈孝智　林　萍　缪德龙　徐　崧
话剧小品《梦断 AB 门》
徐晓辉　王　迅　韩中轩
话剧小品《心魔》　帅大勇　李秀萍
话剧小品《相依》
胡　楠　何　敏　刘　洁
话剧小品《金不换》　刘　丹
方言小品《传伞》　龚　明　冯乔民
戏剧小品《钉子》　蒋红英
方言小品《城管与小贩》
先　兵　梁雪梅
金钱板小品《HZ 的烦恼》
张　徐　林小东　谢赤非
话剧小品《胆大胆小》　刘观海　赵勇刚
音乐小品《我们约会吧》
刘　琼　何建平
方言小品《有困难，找党员》
张尚全　周泽容　杨崇光

曲艺小品《尼玛参军》　文光裕
无言小品《这么近那么远》
朱彦燕　程艳琳
小型音乐剧《天堂里有没有车来车往》
刘玖玲

（二）表演奖

情景剧《青春从这里出发》
李　磊　陈媛媛　王　浩
灯戏《狗不咬干部》
任　明　刘海燕　张南川　张　艳
喜剧小品《棒棒》　张　玺
话剧小品《缘建》
李兴红　李彦博　梁宝月
话剧小品《约会》　练　卓　曹　婧
音乐小剧《七彩云朵》　魏　兵　霍　然
歌舞小品《灾后明天更美好》
谭仕海　谢开君　徐晓辉　邓晓月等
话剧小品《大树作证》　谢光明
情景短剧《偶像》
石　微　隗佳妮　张灵枫
王艺静　但红英　向　晴　张倩云
音乐小品《脐橙情》
罗建明　伍亚菲　柴钰峰
甘　璇　熊　娟等
话剧小品《金不换》
李俊宏　周　欢　伍　琼
廖　英　曾艺程　谢常清　吴　燕
方言小品《传伞》　雷飞霞
戏剧小品《钉子》　况　忠　张金成
方言小品《缘来是你》
黄成林　赖　秀　傅兰英　傅能清
方言小品《城管与小贩》
李庆红　谢　杰
川剧小品《山乡欢歌》　赵　果　杨　阳
音乐小品《我们约会吧》
董珊珊　廖文君　朱　玉　黄　静
方言小品《接待》
谢扬功　钟翔飞卜小瑞　姚　凤
小型音乐剧《天堂里有没有车来车往》
曹建文　宋文心　陆欧阳　彭　静　江梦舒

五、音乐创作（设计）奖

灯戏《狗不咬干部》　岳　亚

音乐小剧《七彩云朵》

夏　李　周海淘　曹　刚　周有益

音乐小品《脐橙情》　黄永勤

小型音乐剧《天堂里有没有车来车往》

王　勇

六、组织奖

（一）优秀组织奖：

南充市文化体育局

（二）组织奖（排名不分先后）：

成都市文化局

攀枝花市文化和新闻出版局

乐山市文化体育新闻出版局

绵阳市文化新闻出版局

巴中市文化新闻出版局

广安市文化体育局

达州市文化和广播影视局

眉山市文体影视新闻出版局

遂宁市文化广播电影电视局

甘孜藏族自治州文化局

自贡市文化新闻出版局

内江市文化和新闻出版局

泸州市文化新闻出版局

资阳市文化局

宜宾市文化广播影视新闻出版局

德阳市文化局

广元市文化体育和新闻出版局

武警四川总队政治部文工团

四川省曲艺团

四川省艺术职业学院

2011 年四川省舞蹈新作比赛

由四川省文化厅主办、省音乐舞蹈研究所、省舞蹈家协会承办的“颂歌献给党——2011 年四川省舞蹈新作比赛”于 6 月 30 日结束。本届舞蹈新作比赛是由政府主办的全省专业舞蹈的最高赛事，共收到来自全省各市（州）、艺术高校、专业艺术院团等单位的 79 件作品，其中 36 件进入决赛，共计 1 000 余人参与演出。本届舞蹈新作比赛深入挖掘巴蜀文化资源，题材丰富多样，作品充分体现了现实性和时代性的特点，思想内涵深刻，凸显了创作者坚持与时代同步，与人民同心，紧密贴近时代脉搏的创作情怀。

经过专家委员会认真的评审，共评选出创作一等奖 3 个，创作二等奖 9 个，创作三等奖 10 个，创作优秀奖 12 个；表演一等奖 4 个，表演二等奖 9 个，表演三等奖 10 个，表演优秀奖 11 个；优秀作曲奖 9 个。优秀服装设计奖 9 个；特别节目奖 1 个，特邀节目奖 1 个。

附：

获奖剧目、作者、单位

一、创作奖

创作一等奖：

《凤悲鸣》　王舸、李崇敏

成都市文化艺术学校

《手・重生》　何川　乐山市歌舞剧团

《拨动你的心弦》　马琳、周全莉

乐山市歌舞剧团

创作二等奖：

《雪山箭歌》　杨向东、高宾、李延浩

四川大学艺术学院

《我从山中来》　路耀武、念云华、陈驰

西华大学艺术学院舞蹈系

《诺苏角诺》　姜小平、陈林

四川师范大学舞蹈学院

《你是一首歌》　李楠

四川音乐学院舞蹈系

《背山》　马东风、廖敏　南充市歌舞剧院

《春到百合开》　苏冬梅、王娟

四川艺术职业学院

《口弦》　何川　乐山市歌舞剧团

《节日的天空》　马琳　凉山州歌舞团
《托起生命》　杨向东、高宾、李延浩
四川大学艺术学院

创作三等奖：
《走出大山的爱恋》　黎莉、向严严
四川艺术职业学院
《妈妈的羊皮袄》　何川
四川青年艺术剧团
《博》　牟世旭　成都体育学院
《阿若依勒》　刘金桥
阿坝州民族歌舞团
《废墟下的灯光》　李楠
四川音乐学院舞蹈系
《对襟》　石胜、杨俊、饶晓路
西南科技大学学生艺术团
《心声》　王娟　四川艺术职业学院
《泉边的彩虹》　黄石　凉山州歌舞团
《蜀绣》　高洋、张巧
绵阳艺术学校成都校区
《红旗颂》　哲他、范巍巍、董明超
西南民族大学艺术学院

创作优秀奖：
《心中的花儿纳吉》　陈蕾
四川大学艺术学院
《同桌的你》　范巍巍、桑斯儿、哲他
西南民族大学艺术学院
《思乡》　桑斯儿、哲他、范巍巍
西南民族大学艺术学院
《远牧场的歌》　王文芳
阿坝州民族歌舞团
《春逝》　刘欣　成都体育学院
《心网》　张瑾、吕吟　成都体育学院
《情别》　胡藤腾　内江市人民艺术剧院
《广阔天地》　陈蕾、周雯
四川大学艺术学院
《春韵》　杨柳　攀枝花市艺术剧院
《恰同学少年》　曾焯
西华大学艺术学院舞蹈系
《那一个推鸡公车的人》　刘为
自贡市歌舞团
《扇妖》　魏文跃　自贡市歌舞剧院

二、表演奖

表演一等奖：
群舞《凤悲鸣》　成都市文化艺术学校
群舞《手・重生》　乐山市歌舞剧团
群舞《你是一首歌》
四川音乐学院舞蹈系
群舞《春到百合开》　四川艺术职业学院

表演二等奖：
群舞《诺苏角诺》
四川师范大学舞蹈学院
群舞《走出大山的爱恋》
四川艺术职业学院
群舞《拨动你的心弦》　乐山市歌舞剧团
群舞《背山》　南充市歌舞剧院
群舞《托起生命》　四川大学艺术学院
群舞《雪山箭歌》　四川大学艺术学院
群舞《口弦》　乐山市歌舞剧团
独舞《思乡》　桑斯儿
西南民族大学艺术学院
群舞《妈妈的羊皮袄》
四川青年艺术剧团

表演三等奖：
群舞《节日的天空》　凉山州歌舞团
群舞《心声》　四川艺术职业学院
群舞《我从山中来》
西华大学艺术学院舞蹈系
群舞《废墟下的灯光》
四川音乐学院舞蹈系
三人舞《泉边的彩虹》
吴曌、吴云梅、孙婷　凉山州歌舞团
群舞《阿若依勒》　阿坝州民族歌舞团
三人舞《心中的花儿纳吉》

吴蝶、杨心怡、贺夏　四川大学艺术学院
群舞《博》　成都体育学院
群舞《红旗颂》　西南民族大学艺术学院
群舞《远牧场的歌》　阿坝州民族歌舞团

表演优秀奖：
群舞《蜀绣》　绵阳艺术学校成都校区
独舞《情别》　胡藤腾
内江市人民艺术剧院
双人舞《同桌的你》　陈智、卓玛草
西南民族大学艺术学院
双人舞《春逝》　佘飞翔、谢佳丽
成都体育学院
独舞《那一个推鸡公车的人》　闵捷
自贡市歌舞团
群舞《恰同学少年》
西华大学艺术学院舞蹈系
群舞《心网》　成都体育学院
群舞《广阔天地》　四川大学艺术学院
群舞《对襟》
西南科技大学大学生艺术团
三人舞《春韵》陈程、陆欧阳、马晓霜
攀枝花市艺术剧院
群舞《扇妖》　自贡市歌舞剧院

三、优秀作曲奖

林戈尔《走出大山的爱恋》
程　远《凤悲鸣》
张　骁《手・重生》
彭　涛《背山》
吉古夫铁、阿尔伊合《节日的天空》
刘　灿《雪山箭歌》
左　佐《你是一首歌》
胡晓流《心声》
段永生《诺苏角诺》

四、优秀服装设计奖

魏文跃、曾崇孝《扇妖》
王丽祥《雪山箭歌》
崔炳华《手・重生》
赵纯福《我从山中来》
晁冬梅《诺苏角诺》
沈　龙《心灵的声音》
崔炳华《凤悲鸣》
崔炳华《心声》
沈　龙《泉边的彩虹》

五、特别节目奖

《心灵的声音》乐山市特殊学校

六、特邀节目奖

《大山里的歌》成都郫县老年艺术团

《百年之路》——纪念辛亥革命暨四川保路运动 100 周年文艺晚会

10 月 9 日晚，由四川省政协主办的“《百年之路》——四川省纪念辛亥革命暨保路运动 100 周年文艺晚会”在成都锦城艺术宫隆重上演。整台晚会由《百年之路》、觉醒之路、探索之路、胜利之路、复兴之路 5 个部分组成，包括朗诵《革命先声》、舞蹈《见太阳》等节目，全面呈现百年前辛亥革命及四川保路运动的点点滴滴。晚会由文艺表演、专题短片等相结合，汇集了音乐剧、交响诗、舞蹈、金钱板等多种表演形式。《觉醒之路》中，四川保路运动的历史意义、爱国精神让观众历历在目；《探索之路》中，演员们精心塑造的秋瑾、邹容、喻培伦、龙鸣剑、吴玉章等一个个革命先驱形象，让观众看到了革命志士为民族复兴的献身精神；《胜利之路》展现了中国共产党人继承孙中山先生的伟大革命精神，不断实现和发展了孙中山先生和辛亥革命先驱的伟大抱负。整场晚会气势恢弘、震撼人心，赢得现场观众阵阵热烈掌声。在《走向复兴》的嘹亮歌声中，晚会落下帷幕。

外国友人
看汶川地震灾后重建主题摄影展
暨全球展系列活动启动仪式

由文化部和四川省人民政府主办的外国友人看汶川地震灾后重建主题摄影展暨全球展系列活动活动11月10日正式启动。系列活动展旨在通过世界著名摄影家独特的镜头，向世界推广四川地震灾后重建的巨大成就和人类面临灾难抗灾救灾的独特经验，介绍中国西部大开发中四川改革、开放、建设、发展，参与世界经济，融入世界经济大潮的科学探索和生动实践，推介21世纪新兴的最具成长性的区域经济体成渝经济区的活力和生机，介绍四川独有的秀美山川、自然生态和民族文化，介绍四川人民在推动经济社会发展中，文化创造和文化传承的丰硕成果和有益经验，特别是四川在保护、传承人类文化多样性方面的独特贡献。

活动内容主要包括实地拍摄、作品征集、全球巡展、编辑出版四大部分。11月，美国、法国、英国、德国、日本、澳大利亚、意大利、俄罗斯、西班牙、埃及、韩国等国家的11位世界知名摄影大师和艺术家将来到四川，分赴地震灾区、大熊猫自然生态保护区、高科技产业集中发展区等地进行为期十天的创作拍摄。活动还将面向外国友人征集2008年以来在四川拍摄的反映四川灾后重建、经济建设、社会生活、传统文化的各种类型的优秀摄影作品。

情系巴蜀——两岸文化联谊行

由文化部和国务院台办担任指导单位，中华文化联谊会与四川省人民政府共同主办，四川省文化厅与四川省人民政府台湾事务办公室承办的“情系巴蜀——两岸文化联谊行”大型文化交流活动7月11日在成都开幕。文化部部长助理、中华文化联谊会顾问高树勋，四川省人民政府副省长黄彦蓉，台湾嘉宾代表、访问团团长、前海基会副董事长焦仁和出席开幕式并致辞。来自台湾的95位嘉宾参加了开幕式。

自2001年以来，文化部与地方政府合作，已先后成功举办了8届“情系”系列两岸文化联谊活动。该活动已成为两岸文化交流的知名品牌。“情系巴蜀”是“情系”系列活动首次在四川举办，分为“文化交流”“文化参访”“文化联谊”三部分。在为期10天的行程中，来自台湾的文化、教育界人士将与四川文化界代表一起感受巴蜀文化的璀璨多姿。

高树勋在致辞中讲到：素有“天府之国”美誉的四川不仅有秀丽的风光，更是人文荟萃之地，民俗独特、英才辈出。相信通过“情系巴蜀”的参访活动，各位嘉宾一定能够感受到巴蜀文化的绚丽多彩。争取在每一次“情系”活动中给嘉宾们留下难忘的文化体验，是中华文化联谊会一贯的追求。中华文化联谊会将一如既往地为两岸各界朋友搭建交流的平台，使每一次“情系”活动都能让台湾同胞感受到悠久灿烂、丰富多元的中华文化，留下深刻而美好的记忆。

四川省人民政府副省长黄彦蓉在致辞中：川台两地文化相融、经济相通，交流合作十分密切。四川历史文化悠久、文化资源富集，特别是灾后文化恢复重建，实现了文化基础设施和文化遗产保护的跨越式发展，为川台文化交流与合作创造了更好的条件。近年来，川台两地文化交流蓬勃发展，今年5月成都举办的第七届“两岸经贸文化论坛”达成了推动两岸文化交流与合作的系列共识，本次“情系巴蜀——两岸文化联谊行”活动正是深化论坛成果的重要项目。她还对台湾各界在汶川地震灾后重建的无私援助表示衷心的感谢。

焦仁和在致辞中：中华文化联谊会举办的“情系”系列活动不仅促进了两岸文化界人士的相互交流，也促进了台湾文化、教育界人士之间的交流，这显示出中华文化联谊会举办活动时的细心和远见。台湾访问团一定会好好把握这次机会，深入交流、深入学习、深入理解，争取今后能够为两岸，尤其是为川台各方面的交流做出更多、更具体的贡献。

第十七届自贡国际恐龙灯会经贸交易会

【概况】本届灯贸会在省委、省政府和省文化厅、省商务厅、省旅游局的关心和帮助下，在市委、市人大、市政府、市政协的直接领导和指挥下，全市各区县、各单位、各部门鼎力参与，举全市之力，集各方智慧，圆满完成了第十七届灯贸会总体方案确定的各项任务，使“神州山水绣四川、最美灯会在自贡”的主题得到了精彩的演绎，实现了“平安有序、特色鲜明、喜庆和谐”的目标。

【领导重视，精心策划】灯贸会自筹备以来，得到了省委、省政府的大力关怀和指导。省委、省政府领导要求自贡灯会要把传统文化和现代科技相结合，做到年年有新意、届届有特色。省文化厅、省商务厅主要领导多次听取本届灯贸会的筹备工作情况汇报，帮助解决办会中的难题。省旅游局把本届灯贸会列为全省冬季旅游的重头戏向全国推荐。

为确保本届灯贸会有续推进，市委、市政府于2010年12月专门制定并印发了《第十七届自贡国际恐龙灯会经贸交易会工作方案》（即自委办〔2010〕79号文件），成立了以原市委书记王海林，市委书记、市长雷洪金担任顾问，市委常委、市政府常务副市长陈吉明担任主任，市相关领导担任副主任，36个市级单位为组委会成员单位的本届灯贸会组委会。组委会下设自贡国际恐龙灯会指挥部，负责具体实施本届灯会的具体工作。高规格机构的建立，为本届灯贸会提供了强有力的组织保证。在近10个月的紧张筹备工作中，原市委书记王海林，市委书记、市长雷洪金，市政协主席梁国定，市人大党组书记高先敏等市四大班子主要领导亲自听取灯贸会筹备工作和灯组设计方案汇报，并作出了许多重要指示。他们还亲临施工展出现场，为灯贸会把脉。吉明常务副市长先后13次到灯会指挥部现场办公，及时协调解决本届灯贸会的诸多问题，并两次带队亲赴成、渝两地召开灯贸会新闻发布会和旅游推介会。12月3日，市政府召开了本届灯贸会动员大会，分解落实了25个大项、72个子项的工作责任目标。

在各级领导的高度重视下，全市上下思想统一，齐心协力，把办好本届灯贸会作为我市岁末年初的重要工作来抓。各单位、各部门都制定了相应的工作方案，主要领导亲自抓，专门人员具体办，各项措施落实到位。组委会办公室从市商务局、市公安局、市安监局、市财政局、市审计局等市级机关抽调工作人员到灯会指挥部现场办公，具体负责综合协调及联络服务等工作，使筹备工作高效、有序地推进。

【经贸唱戏，社会参与】在筹备之初，市委、市政府就确定了以灯为媒，广泛在全市开展经贸交易活动的原则。为此，组委会充分利用自贡灯会带来的人流、物流、资金流、信息流的优势，在全市组织开展了项目招商、商品促销、产品定货、客户联谊、产业对接、文化娱乐和体育健身等十大经贸和文体活动。各责任单位积极采取措施，加大宣传动员力度，进一步提高了市内外各界人士支持和参与十大经贸和文体活动的主动性、积极性。灯贸会期间，市商务局组织了“百姓乐·万家欢”迎春购物月系列活动1 000多场（次），举办的“合作共赢自贡行”自贡市第一届跨国采购暨外商投资恳谈会迎来了包括世界500强企业在内的代表，“尝遍天·自贡鲜”第二届盐帮美食节共接待市内外消费者100万人次。市经济和信息化委围绕节能环保装备制造业优势开展了“绿色经济，互利共赢”主题系列活动。市投资促进局承办了有83户国内重点企业参会的“携手灯城，龙聚盐都”大型招商活动。市外事侨务旅游局组织开展了以成渝滇黔旅游区域合作高峰论坛为重头戏的“神奇盐都·灯城自贡”2011自贡新年旅游系列活动。市文化新闻出版局组织开展了500多场以各类文化活动为核心的“古韵新风家园秀”系列活动。市体育局组织开展了59项“快乐参与·健康你我”系列体育活动。灯会指挥部开展了有210幅书画精品参展的“翰墨缘·自贡情”全国知名书画家自贡灯会现场作画暨作品联展系列活动。

灯贸会期间，市各级部门纷纷邀请对口的上级部门到自贡检查指导，借助上力和外力的支持，谋求自贡发展契机。20余个国家级、省级会议选点自贡召开。工信部环保装备“十二五”发展规划座谈会、川西南九区（市、县）政协工作第十四次联席会议、四川公安交通管理暨规范化建设现场研讨会、四川养老保险工作座谈会、川渝滇黔旅游线路推广研讨会、首届川南经济区文化交流与合作发展联系会、川南经济区商务工作与发展研讨会、全省邮政储蓄研讨会等大型会议均在灯贸会期间召开。以灯为媒，以灯借力，本届灯贸会组织开展的经贸文体活动的内容更加丰富、参与面更广、针对性更强。

【统筹安排，合力办会】本届灯贸会自始至终遵循“总体策划，分块操作，责任到人、企业参与、社会联动”的基本原则，体现了全市上下一盘棋的思想。在组委会的统一安排下，做到了分工不分家，积极参与，协调配合。特别是承担本届灯贸会筹备工作任务较重的市委宣传部、市发改委、市经济和信息化委、市公安局、市消防支队、市交警支队、市武警支队、市城乡建设住房保障局、市交通运输局、市商务局、市文化新闻出版局、市体育局、市外事侨务旅游局、市城乡管理执法局、市安监局、市国资委、市投资促进局、市接待办、高新区管委会、市灯贸委、自贡电业局、自流井区政府、贡井区政府、大安区政府、沿滩区政府、荣县县政府、富顺县政府、自贡质监局、市文联、自贡日报社、自贡广播电视台、自贡晚报社、中国彩灯博物馆等部门和单位，坚持以大局为重，乐于奉献，正确处理好日常业务与灯贸会工作的关系，采取多种措施，加大工作力度，抓主抓重，高质量地完成了灯贸会重点工作任务。他们不讲条件，不讲困难，主要领导亲自抓，积极完成目标任务，表现出了良好的大局意识。

同时，灯会指挥部在时间紧、任务重、工作人员少的情况下，发扬敢打硬仗、知难而进的工作作风，节假日从不休息，加班加点工作，把灯会筹备工作做得扎实细致，保证了灯会的圆满成功。全市广大企业、金融单位积极参与各类灯贸交易活动和灯组冠名活动，各级社区组织主动开展送灯参展、灯会大舞台文艺演出等活动。

【灯会搭台，异彩纷呈】灯贸会的核心是灯会，只有灯会出彩，灯贸会的平台才更加稳固、更富效益。2010年4月，市成立了本届灯会策划创意小组，策划了“神州山水绣四川、最美灯会在自贡”的灯会主题，规划了以“新科技、新光源、新工艺、新产品”为最大看点的8大主景灯区、60个灯景点的灯会规模，制定了高水准的设计制作标准，确定了本届灯会创新、节能的理念，确定了本届灯会新光源使用率达到80%、电力总负荷不超过1200千瓦小时的指标，明确了举办一届极具震撼力、整体效果超过往届灯会的总体目标。灯会指挥部从2010年10月下旬开始，组织了全市近500人的制灯精英入场制作安装灯组，将高科技、新光源与传统灯文化有机结合，使本届灯会具有灯组大型震撼、创意艺术新潮、满园五光十色、场景演绎逼真、活动丰富多彩等特点，打造出了一届文化创意灯会、低碳节能灯会、高新科技灯会。如视觉震撼力极强、灯组体量和捆扎工艺水平创历届灯会新高的超大型瓷器彩灯《万象更新》，首次推出的大型场景式演绎灯组《嫦娥奔月》、竹编工艺和LED灯组完美结合的灯组《花开灯城》，均被评为“大世界基尼斯之最”，受到市内外观众的一致好评并口碑相传。在1月24日~3月25日本届灯会在自贡彩灯公园举办的60天中，其异彩纷呈的展出和灯组新亮点，不断吸引大批外地观众来市观灯。在春节期间的四川各市（州），形成了到自贡看灯的旅游度假热。

【美化亮化，满城出彩】为树立满城彩灯满城景的南国灯城形象，为本届灯贸会营造喜庆、欢乐的城市特色文化，组委会于2010年底对南国灯城灯饰亮化工程工作进行了任务安排。以自贡特色文化符号为主，新增20组光雕造型灯组。全市22条主要街道及54个节点装饰一新，在重点范围的街道上做到一条街一个景观、一个节点一个特色，满天星灯饰、LED灯树、雪花、月亮、中国结等装饰物，把市区营造出浓厚的节日氛围，主要的一些标志性彩灯景观如《龙凤抱柱》《巨型宫灯》《自贡神韵》《古盐场》《四季花船》《釜溪人家》《上桥龙船》等焕然一新，汇川路、丹桂大街、汇东路观灯快速通道上的交通标线、标志和旅游观光指示牌规范而优美，使外地观灯客一进入自贡，就感受到了南国灯城的迷人魅力。

【保障服务，力求完美】举办灯贸会是一个复杂的系统工程，保障工作必须万无一失，力求完美。在组委会的统一部署下，为本届灯贸会提供保障服务的部门和单位按照“保障有力，不出差错，来宾满意”的原则，精心做好了各项保障工作。市接待办严格按照“接待工作无小事”的要求，克服接待能力不足的压力，精细安排、精心实施、精益求精地完成了整个灯贸会期间市级邀请客人172批，1 342人次的接待工作；市委宣传部精心制定了本届灯贸会总体宣传工作方案，组织了“中省媒体自贡灯会采风”活动，在成渝两地成功举办了新闻发布会和推介会，实施了灯会开幕式卫星电视现场直播，营造了灯贸会良好的舆论氛围；市公安局周密部署了本届灯贸会、灯会开幕式的安全保卫工作以及灯会期间全市社会治安综合治理工作，保障了灯会期间的社会稳定；市交警支队针对自驾游观灯客激增的情况，实施相应的疏导预案，并在城区主要入口设立了交警服务点和电台咨询服务，较好地缓解了车流人流拥堵的矛盾；市消防支队加强重点区域的监控，并派员派设备入住灯会现场，保障了灯会的安全运行；市武警部队积极承担维持灯会秩序的重任，为灯贸会圆满成功做出了贡献；市公安局经济犯罪侦察局组织专门力量，打击制售假票的犯罪活动，为灯会举办维持了良好秩序；市安监局落实专人对园内外灯饰、灯组、彩灯公园周边环境进行安全检查，抽调了中层干部派驻灯会指挥部对灯组及其制作现场进行安全监督指导，依照安全工作“三同时”的原则，层层落实安全责任，加强管理，为灯贸会营造了良好的安全环境；市交通运输局精心组织调配运力，延长了运营时间，开通了自贡至荣县、富顺、内江、威远、宜宾、泸州的灯会观灯专线车，为市内外观灯群众提供了良好的观灯交通服务；市城乡管理执法局加强了城乡执法管理，强化了城区大商场、广场门前、彩灯公园大门周边及主要街道的环境整治专项工作，配合市公安局规划设定了容量较为充足的观灯车辆临时停车场；市经济和信息化委积极争取省上对我市用电的支持和帮助；自贡电业局精心设计本届灯贸会期间供、用电方案，检修、调配用电线路，做好了本届灯会和城区景观照明用电增容工作，确保了正常、安全供电；市卫生局加强了灯贸会期间的卫生防疫工作，确保了本届灯贸会无重大疫情发生；自流井区政府、贡井区政府、大安区政府、沿滩区政府、荣县县政府、富顺县政府、高新区管委会在组织实施园外灯饰工程的同时，加强了市政道路维护管理，修复更换缺损市政设施，整治辖区内城市园林风貌；市气象局积极主动地做好灯贸会期间的气象服务工作，工商、物价等部门认真做好公共安全、市场监管等各项工作；灯会指挥部积极完善园内的旅游基础设施，培训了专门的灯会礼仪接待队伍，票务服务质量得到改进，观灯旅游团队的接待服务水平有所提高。

【综合效益再创新高】利用灯会平台，全市在灯贸会期间的经济社会发展硕果累累。

招商引资成果显著。据统计，全市各区县、市级相关部门充分利用灯贸会平台，广泛开展项目招商、产品定货、客户联谊、产业对接等活动，使我市招商引资工作呈现上升势头。全市灯贸会招商项目促成签约18个招商引资项目，总投资额83亿元。全市有50户企业与外地客商集中签约金额达13.93亿元的25个项目工业产品购销合同，与外商签署了10亿美元的外贸、外经协议，比上年同期增长53%。

经贸洽谈效果明显。全市工业系统邀请了1000多位各地客商来市观灯并洽谈经贸合作，签订各类销售合同达60.5亿元。

第三产业蓬勃发展。本届灯贸会带动了以服务业为核心的第三产业蓬勃发展，第一季度全市社会商品零售总额达71亿元，同比增长17.1%。灯贸会期间，全市各批发零售企业销售总额达20亿元以上，同比增长18%以上；以盐帮美食为主的餐饮业的销售额达6亿元，同比增长30%以上。春节黄金周期间，市内星级宾馆（饭店）平均客房出租率达110.47%，比上年同期增长2.7%。汇东大酒店、雄飞假日酒店、檀木林城市名人酒店和主要街道的宾馆、饭店全部客满。全市各旅游景点共接待游客90.87万人次，实现旅游收入4.53亿元，分别比上年同期增长43.73%和25.14%。灯贸会期间，全市公路运输累计开行客运班车30.4万余车（次），疏运旅客1040万人次，客运量比上年增长8.2%。

灯会会节效益凸现。灯贸会期间，自贡灯会共接待中外观灯游客130万人次，总收入1400多万元，其中票房收入1147万元，实现了自贡灯会观灯人次和票房收入两个突破，综合效益再创新高。

【提升了知名度和美誉度】自贡灯会已经成为自贡一张闪亮的城市名片。灯会开幕，嘉宾云集，好评如潮。据不完全统计，本届灯贸会期间，接待中外各界嘉宾近550批次，1.3万余人次。来宾普遍赞叹自贡人民的友好与热情，赞叹灯组的震撼与创新，认为自贡人民用勤劳智慧，创造了一个个彩灯奇葩，充分反映了自贡改革开放以来经济发展的成果。

广大观灯游客对自贡的特色彩灯文化赞不绝口，对自贡以灯会为契机推进城市环境大改善、丰富市民节日文化生活表示钦佩和敬意。尤其是本届灯会继续推出的四川地震重灾区观众免费观灯活动，赢得了灾区群众对自贡的好感和称赞。来自省内40个地震重灾区的观众共计30余万，其中，约80%的观众都是第二次到自贡观灯。他们亲身体验到了党和政府的温暖，一睹了“天下第一灯”的风采，感受了南国灯城的魅力，对自贡情有独钟。在灯会后期开展的“市民凭身份证优惠观灯活动”和两会代表、先进模范、困难群体代表免费观灯专场活动，受到社会各界和广大市民的一致好评。

自贡灯会一直受到国内外媒体的高度关注。新华社、中新社、中央电视台、中央人民广播电台、四川人民广播电台、四川电视台、成都电视台、《四川日报》《华西都市报》《重庆晚报》等中央和省级媒体在本届灯会期间聚焦自贡，大篇幅报道灯会盛况。开幕式当天，中央人民广播电台华夏之声、中国广播网、FM90.8文化旅游广播联合推出了《魅力中国之自贡灯会》大型直播节目。灯会开幕式的盛况分别在中央电视台《新闻联播》《晚间新闻》播出。四川卫视再度对灯会开幕式进行了约30分钟的全球卫星电视直播。2月19日、20日在中央电视台旅游卫视《文明中华行》栏目连续播出了《灯醉乾坤》（上、下集），收到极大的宣传效果。由中央4套和香港凤凰卫视联合拍摄的《中国地名故事》栏目，到灯贸会现场拍摄了自贡灯会专集。《中国人文地理》《中国文化年鉴》《中国旅游年鉴》《中国旅游商务画册》《中国手工杂志》《中国自驾游》等均刊发了本届灯会盛况。自贡灯会网、自贡旅游网、自贡市人民政府公众信息网、自贡网、自贡广电网、远方网自助游网络、四川新闻网、四川经济网自贡分频道、自贡在线等网络媒体均开设网上灯会专栏重点推介，及时介绍、宣传自贡灯会，发布相关信息，吸引了众多网民的关注。此外，自贡于1月11日和12日在成渝两地分别举办了本届灯贸会的新闻发布会和推介会，中央驻川媒体和省市媒体记者应邀出席。第十七届自贡国际恐龙灯会在《四川日报》进行了整版广告宣传，在《华西都市报》《重庆晚报》连续刊登了两个整版、两个半版本届灯贸会形象宣传广告。制作了第十七届自贡国际恐龙灯会 5 分钟形象宣传片和 20 秒钟形象宣传短片，分别在省内 20 个市州电视台和云南昭通电视台进行了集中宣传报道和播放；在成渝高速公路和市内主要路段设置了本届灯贸会大型城市户外公益广告牌。据初步统计，灯贸会期间，有 300 余名中外记者入园采访，在国家、省、市各类媒体和网络发布灯会的报道、专访、消息等 1 200 条（次）。这些来自领导、群众和媒体的声音，极大地提升了自贡的知名度和美誉度。

【群众文化生活极大丰富】坚持以人为本、雅俗共赏的办节理念。通过灯会的举办，丰富群众的节日文化生活。自贡灯会本身就是春节上演的文化大戏，让广大群众充分享受节日的愉悦，饱食一道丰盛精美的精神文化大餐。灯贸会期间开展的 15 场中国杂技团特邀演出，44 场由市内专业团体演出的歌舞、曲艺、川剧、杂技演出，54 场由市内 30 余个社区、单位业余文艺表演团队灯会演出专场，省第十一届运动会大型摄影作品展，210 余幅全国中国画名家作品展，征稿达1 000多篇的《我心中的自贡灯会》征文大赛以及观灯猜谜、趣味涂鸦、吉祥娃拜年等活动，增添了灯会的乐趣和热闹。而在春节灯会期间，全市还配套开展了丰富多彩的文化活动，中外音乐会、大型广场文艺演出、民间工艺产品展示、乡镇庙会等一系列活动，异彩纷呈，特色浓郁。市文化新闻出版局组织开展了“古韵新风家园秀”系列活动。市专业和业余文艺团体在春华广场上演歌舞、小品、曲艺、川剧、杂技等精彩的文艺节目和各类文化活动 524 场，观众达 110 万余人次。市体育局组织了“快乐参与·健康你我”系列体育活动。共推出迎春长跑、健身展示、太极拳、大众广播操、羽毛球、网球等 59 项全民健身活动，参与活动人数达 40 多万人次。高新区和四区两县也组织开展了一系列特色鲜明的文体活动。这些文体活动，重点展示了自贡特色文化，营造了全市喜庆的节日气氛，丰富了市民的节日文化生活，提高了广大市民的文明素质和修养。

【非遗文化和灯会品牌不断提升】自贡灯会已被列为国家级非物质文化遗产，成功举办好每一届自贡灯会，就是对彩灯文化的传承和弘扬，是对灯会品牌极大的提升。灯贸会期间，自贡灯会荣获经国家商务部批准的“2010 年度中国十佳品牌活动”殊荣；本届灯贸会推出的 3 个灯组再次被评为上海“大世界基尼斯之最”。自贡灯会屡创新高的成就，日益受到社会各界的重视。自贡灯会和彩灯产业首次纳入市“十二五”国民经济和社会发展纲要，以彩灯文化为核心的“中国彩灯创意园”项目正式被列为 2011 年四川省和自贡市重大项目。自贡灯会的品牌效应，推动自贡彩灯产业日新月异的发展。本届灯贸会期间，慕名前来自贡观灯考察的投资商、文化专家络绎不绝，寻求与市彩灯企业的合作，签订彩灯产品订单，为彩灯产业发展提供了广阔的市场。

首届全国新农村文化艺术展演

【概况】11 月 18 日～20 日，达州市成功举办了首届全国新农村文化艺术展演——和谐大舞台·幸福新农村系列文化活动（以下简称“展演活动”）。展演活动是在全市深入贯彻落实党的十七届六中全会、省委九届九次全会精神，奋力推动文化大发展大繁荣的重要时刻，在加快建设全国新农村文化艺术展演基地、全国公共文化服务体系示范区和川渝鄂陕结合部区域文化中心的新形势下举办的具有重要意义和重大影响的全国性群众文化活动，是达州文化建设史上一座新的里程碑。

活动期间，举行了开幕式暨首场文艺演出、和谐新村、幸福家园、闭幕式及“欢乐乡村行”

广场群众文化活动等15场文艺演出；举行了音乐舞蹈史诗《巴山魂》、大型巴蜀歌舞《大美四川》、曲艺专场等3场“巴风蜀韵”优秀剧目展演；组织300多家知名出版社、600多个品种的新农村题材图书进行展销，共销售图书10万册，码洋60万元，让利群众10万元；举行了新农村题材电影展映启动仪式，全市共放映新农村题材电影957场，观影人数达10万人次；举办“三农风采”全国农民摄影大展，共有200余件全国农民摄影精品参加展出，观展群众一万余人次；举办民族民间文化艺术展示和特色农产品展览展销，共有17个国家、省、市级优秀非物质文化遗产项目和23个企业120余种特色农产品进行了集中展示、展览和展销。

【展演活动的主要亮点】活动主题突出。展演活动以“和谐大舞台·幸福新农村”为主题，寓义非常深刻。这既是全市上下深入贯彻落实党的十七届六中全会、省委九届九次全会和达州市第三次党代会精神、奋力推动文化大发展大繁荣的具体体现，也是达州市委、市政府关注民生，加快新农村一体化建设，实现城乡文化建设协调发展，着力丰富群众精神文化生活，保障人民群众文化权益均等化的实际行动。展演活动坚持了“立足达州、面向四川、放眼全国”的原则，突出了“离乡土最近才有生命力，离农民最近才有亲和力，离农村最近才有感染力”的理念，全方向、多角度、深层次集中展现了全国新农村建设的新业绩、新成就、新气象，用全新的艺术形式生动演绎了新农村文化独特魅力，是一曲达州680万人民同700余名省内外文艺工作者同台献艺，共唱“和谐大舞台·幸福新农村”的交响乐章。文化特色鲜明。展演活动内容丰富、特色鲜明，既融合了时代主旋律和现代流行，又展示了原生态雏形和地域风情等多种文化元素。开幕式暨首场文艺演出规模宏大、隆重热烈、欢乐祥和；和谐新村、幸福家园、欢乐乡村行文艺演出等活动坚持走进农村，贴近基层、贴近生活、贴近群众；音乐舞蹈史诗《巴山魂》、大型巴蜀歌舞《大美四川》等优秀剧目展演，展示了近年来达州和四川优秀的艺术成果，是舞台艺术的精品力作；在人民广场举行的曲艺专场演出，雅俗共赏，深受群众喜爱；在闭幕式上演出的《安塞腰鼓》《老腔》《雨坛彩龙》等节目均属国家级非物质文化遗产保护名录；新农村图书展销、达州市民族民间文化展示暨特色农产品展览、新农村题材电影展映、全国农民摄影大展等活动同样内容丰富、精彩纷呈。

辐射效应明显。活动首开全国新农村文化艺术集中展演的先河，全国21个省（市、自治区）和四川省内五个市（州）积极参与，共700余名文艺工作者相聚达州，同台献艺，是目前国内规模最大的一次新农村文化艺术展演。展演活动内容丰富多彩，形式灵活多样，院团文艺与群众文化交相辉映，阳春白雪与下里巴人各放异彩，广场展示与剧场演出各具情态，城市潮流与乡村淳朴深度融合，对加快新农村建设、培育新农村文化、倡导新农村文明、丰富农民文化生活、推动农村基层文化事业建设具有十分重要的意义。活动期间，近30万群众直接参与或观看了文艺演出、新农村题材电影展映、新农村题材图书展销等活动，让广大群众享受到了一系列文化大餐，切实丰富了广大群众的精神文化生活，在全省及至全国都具有良好的示范带动作用。影响切实提升。展演活动立意高远、创新性强，切实提升了达州的影响力。全国数百家媒体对展演活动进行了全方位的宣传报道，特别是成都、北京、长沙新闻发布会的召开，把展演活动推向了全省、全国，起到了展示达州、宣传达州、推介达州的作用。本次展演活动的开展，对实现文化事业与文化产业协调发也具有极大的推动作用。文化传媒大王阿里巴巴公司已派高层管理人员赴达州考察，发出投资意向，这进一步坚定了“文化搭台、经济唱戏”的信心和决心。

【成功举办展演活动的措施】领导重视。展演活动的成功举办，首先是市委、市政府加强领导。市成立了活动组委会、组委会办公室及六个工作小组，全体市级领导都积极主动地参与到了活动中来。特别是市委书记焦伟侠，市委副书记、市长何健多次召集会议，研究方案，听取汇报，推进督查。焦伟侠还亲自到成都向省委、省人大常委会、省政府领导汇报工作，与省委宣传部、省文化厅、省文联等部门进行沟通，亲自参加成都、北京新闻发布会。市人大常委会主任胥健、市政协主席康莲英十分关心并出席了展演活动。市委副书记王川红，市委常委、常务副市长何平，市委常委、副市长黄平林，市委常委、宣传部长杨娟，市委常委、政法委书记古正举，市委常委、市国资委党组书记、达州经济开发区党工委书记吴立岩，市委常委、秘书长李天满，市人大常委会副主任杨佳鹏，副市长徐承、吴应刚，市政协副主席郝德恒等市领导多次组织召开专题会议，亲自审定《活动方案》、审查演出节目、向上汇报工作、参加新闻发布会、抓好环境治理和安全维稳等各项工作。展演活动还自始至终得到了省政府副省长黄彦蓉，文化部原副部长常克仁，四川省文化厅党组书记、厅长郑晓幸，四川省文化厅党组成员、副厅长李兆权，文化部社文司副司长李宏、社团管理办公室主任王吉，中国群众文化学会会长郭沫勤等领导的重视、关心和支持。各级领导的高度重视，为展演活动的成功举办提供了坚强的组织保证。部门配合。展演活动项目多、涉及范围广、筹备时间紧、工作要求高，强化协调配合、形成工作合力是确保展演圆满成功的保障。加强协调，市级成员单位和各县（市、区）顾全大局、通力合作，有条不紊地推进各项工作。根据《市委办公室、市政府办公室关于印发〈全国新农村文化艺术展演——和谐大舞台·幸福新农村活动方案〉的通知》精神，市委宣传部、市文广影视局、市商务局、市文联等市级部门和宣汉县、通川区、大竹县等县（市、区）分别制定了切实可行、可操作性很强的《实施方案》和《工作预案》。市文广影视局接到市委焦书记电话指示后，立即策划《活动方案》到活动圆满落幕，做到了任务、时间、人员、责任“四落实”。局领导和全体干部职工及直属各单位更是长期加班加点，以办公室为家，兢兢业业做好方案策划、工作汇报、节目选择、演员遴选、场景布置、路线设计等各个环节的工作，把握细节，精益求精，充分体现了高度的政治责任感、强烈的事业心和务实高效的工作作风。坚持和发扬敢闯敢拼的精神。举办首届全国新农村文化艺术展演既是达州市各级党委和政府深入贯彻落实党的十七届六中全会精神的生动实践，更是达州文化发展史上的一次伟大创举，首开了全国新农村文化艺术集中展演的先河。这次活动高规格、大规模、范围广、内容多、时间紧、任务重。在以前无任何经验可循与实例可仿的形势面前，全市上下敢闯敢干、不断创新，焦伟侠、杨娟、李天满、吴应刚等市领导亲自带领市委宣传部、市文广影视局、市艺术剧院、市文化馆等单位的领导和业务干部到北京、成都等地向文化部、省委、省人大、省政府领导汇报工作，争取项目，加强与省文化厅、省文联等单位的沟通，取得工作支持与配合，在三个多月的时间里，从来没有一天休息，大部分时间每天加班到晚上一两点，通过艰辛努力，最终破解了举旗正名、节目组织、后勤接待等一个又一个难题，确保了展演活动的如期举办和圆满成功，争取到全国 21 个省（市、自治区）和省内 5 个市（州）积极参与，成为国内规模最大的一次新农村文化艺术展演，达到了院团文艺与群众文化交相辉映、阳春白雪与下里巴人各放异彩、广场展示与剧场演出各具情态、城市潮流与乡村淳朴深度融合的目的。强化保障。组委会成员单位各司其职、各负其责，各项工作措施到位、组织有序、推进有力，确保了展演活动的顺利开展。各县（市、区）以举办展演活动为契机，不断加大新农村综合体建设力度，着力打造了一批基础设施。特别是宣汉县在时间紧、任务重、要求高的情况下，倒排工期，加班加点，顺利完成了洋烈新村建设及周边环境整治工作。后勤接待组精心细化方案，全力做好贵宾和外地演职人员接待工作，得到广泛好评；合理组织运输车辆运送演职人员和观众近10万人次；出动组织医务人员、卫生监督人员和救护车辆，强化现场医疗救护和食品卫生监管工作。安全、信访、维稳组出动精干警力，分赴各活动场所维护治安秩序，加强活动沿线交通管制，确保了活动安全。活动组织组、宣传报道氛围营造组、城乡环境综合整治组等工作也有条不紊地开展。

重大项目

四川省文化厅、工商银行签订支持文化产业发展战略合作框架协议

1 月 12 日上午，四川省文化厅与中国工商银行四川省分行在省博物院举行《支持文化产业发展战略合作协议》签约仪式。省文化厅厅领导、全省各市（州）文化局长、扩权强县文化局长和工行各部门、各市（州）支行负责人参加了签约仪式，四川省文化厅党组书记、厅长郑晓幸，中国工商银行四川省分行行长陈焕祥出席了签约仪式并代表签约双方致辞。

《支持文化产业发展战略合作框架协议》的签订标志着四川省文化厅同中国工商银行四川分行正式建立战略合作关系。这是立足四川文化产业发展实际，贯彻落实关于金融支持文化产业振兴和发展繁荣的指导意见》的具体行动，是四川金融支持文化产业、为文化企业营造良好融资环境的重要举措。通过文化部门与金融机构的深度合作，共同推动文化产业更好更快发展。

“十一五”以来，全省文化市场业态繁荣，文化产业发展势头强劲，丰富了人民群众精神文化生活、满足了多样化文化需求，提高了生活质量水平。文化产业的发展，为提升经济发展的文化内涵，推动西部经济发展高地建设提供了新支撑，为促进经济发展方式转变、优化经济结构和产业结构、扩大就业和创业奠定了基础，还为加快灾后文化恢复重建，推动灾区产业转型和升级增添了新途径，成为四川经济增长的新亮点。截至目前，全省文化产业共有 69 个投资过亿元项目，268 个投资 5 000 万元以上项目，文化产业项目集聚发展格局初步形成。

作为中国工商银行在西部地区的一级分行，中国工商银行四川省分行具有高水平的经营管理水平、强劲的同行业竞争力和良好的企业社会形象。“十一五”期间，工行四川省分行成绩突出，各项业务实现了飞速发展，其中存、贷款规模实现了翻番，利润取得了两位数倍增的骄人业绩。截至 2010 年末，工行四川省分行各项存款达 4 130 亿元，各项贷款达 2 381 亿元。

在接下来的合作中，省文化厅与中国工商银行四川省分行将本着“长期合作、优势互补、共谋发展”的原则，将对方作为最重要的战略合作伙伴，建立长期稳定的战略合作关系。双方将充分发挥各自资源优势，在法律法规等允许的范围内，简化业务手续，优化操作流程，更好地支持四川文化企业做强做大，更好地推进“十二五”规划中四川省重大文化产业项目、示范园区、重点企业等建设。未来五年内，工行四川分行将向全省文化产业提供 100 亿元以上的融资支持，积极配合省文化厅扶持打造一批国家级、省级重点文化企业，并全力支持文化企业“走出去”，全面提升全省文化产业的竞争力和影响力。

省文化厅与电信四川省公司签订《四川文化系统信息化战略合作协议》

11 月 2 日，为以实际行动贯彻落实党的十七届六中全会精神，四川省文化厅与中国电信股份有限公司四川分公司在成都签订了《四川省文化系统信息化战略合作协议》，为推动文化与科技结合，提高文化建设科学化水平，提供了创新实践。

四川省文化厅始终努力推动文化信息化水平，按照整合文化资源、繁荣文化市场、壮大文化产业、促进文化跨越发展的总体思路，推进网络文化建设，努力构建以信息化技术为手段，揭示四川文化资源、展示四川文化风采、繁荣网络文化市场、壮大四川文化产业、覆盖全省服务全国的网络文化建设和服务体系，政府信息化服务保障能力显著增强。省文化厅政府网站在55个省级政府部门中名列12位，位列省政府社会事业部门网站第一名，文化市场信息化综合管理系统建设国内领先。公共文化服务信息化水平不断提高，已建成文化共享工程各级服务网点15 562个，服务人群已超过910．1万人次。

四川省文化厅与中国电信四川公司决定在新的起点上，继续深化合作，共同成立四川文化行业信息化领导小组，作为双方合作的日常办事机构，统筹规划全省文化行业信息化建设运行管理，推动信息化应用的开发和推广工作。同时，进一步明确了包括政务管理信息化、社会服务与管理信息化等方面的合作内容及权利义务。

康定格萨尔旅游文化园

8月29日，以藏族史诗英雄格萨尔为主题的旅游文化园在甘孜州康定县开工建设。中共四川省委常委、宣传部长黄新初，省政协副主席、州委书记刘道平，省文化厅党组书记、厅长郑晓幸，甘孜州人大常委会主任足麦，甘孜州委副书记、州长李昌平，省委宣传部副部长朱丹枫等领导及嘉宾出席开工仪式并为项目奠基。该项目总投资超过八亿元，预计2015年建成，届时康定将拥有全国第一个格萨尔旅游文化园区。

甘孜州是藏族史诗英雄格萨尔的故乡。康定格萨尔旅游文化园由康定县政府和大吉集团康定大吉香巴拉文化发展有限公司合作开发，它是以世界非物质文化遗产《格萨尔王》为主线，集景区观光、文化体验、博物馆、休闲度假、文化交流、健康养生、餐饮购物等于一体的大型综合性项目。项目位于康定新城对岸，项目包括318国道上下两部分，国道以上部分将建一座格萨尔王青铜塑像、康巴藏文化博物馆群落、非遗文化及康巴民俗文化展示及体验区、格萨尔林卡和一个综合服务区；国道以下建设精品文化主题酒店、温泉、文化交流中心、藏医药体验中心等。项目集中展示康藏文化，形成一个具有鲜明康巴文化特点、功能齐备的文化旅游园区，园区将把文化遗产的保护、非物质文化遗产的传承、特色文化产业的展示融为一体，以“多元的面孔”“丰富的表情”和“鲜明的特征”，成为全国乃至海外旅游者了解、品读康巴文化最精彩的窗口。项目总建筑面积约八万平方米，总投资超过八亿元人民币。

重大工程

国际非物质文化遗产博览园

国际非物质文化遗产博览园（以下简称“博览园”），位于中国最佳旅游城市——成都市青羊区光华大道与绕城高速（四环）交汇处，距离市中心天府广场约12千米，交通便捷，区位优越，是世界上唯一以非物质文化遗产为主题的大型博览园。博览园总面积逾3.1平方千米。

博览园旅游资源十分丰富。参照《旅游资源分类、调查与评价》标准（GB/T18792-2003），博览园主要旅游资源有5个主类、13个亚类和30个基本类型。其中，五级旅游资源有国际非物质文化遗产节；四级旅游资源有国际非遗博览中心和朝比木琴音乐、巴兰基亚狂欢节、古琴艺术、蜀绣等国际国内千余种“非遗文化”的展示及表演；三级有西城事特色建筑群、世纪塔、多功能剧场、“非遗”庆典娱乐空间、农业生态园等近20个单体旅游资源。

整个博览园旅游资源特色鲜明，极具品位。

人文景观荟萃。博览园是两年一届的国际非物质文化遗产节的举办地，汇集了世界非物质文化遗产资源的精髓，其中非遗博览中心是全球首个以“非物质文化遗产”为主题的综合性博览馆，仅第三届国际非物质文化遗产节就展出100多个国家的人类非物质文化遗产代表作和中国1000多项国家级非物质文化遗产名录项目，是世界文化多样性的生动展现。博览园不定期的节庆表演活动和博览园内各具特色的主题餐厅及美食街，将全世界的音乐艺术、舞蹈、戏曲曲艺、杂技竞技、各地餐饮美食及其制作技艺的互动性表演融为一体，极大地丰富了博览园“非遗”文化资源。在博览园，游客不仅能享受“非遗文化”的魅力，更能直面“非遗”传承人，与世界各地的“非遗”研究者和爱好者交流，博览园不仅是非物质文化遗产的聚集地，更是非物质文化遗产展示、保护、传承的世界平台。由于非物质文化遗产是各民族文化根脉，因岁月的推移而变得特别脆弱，加之许多“非遗”传承人年事已高，“非遗”项目濒临失传的危险边缘，其珍稀程度可见一斑。

建筑风格独特。博览园立足于全人类“非遗文化”的传承和保护，以“记忆、传承、欢乐、和谐”为宗旨。非遗文化体验片区的五洲情、世纪舞、百味戏、西城事、时空旅五大组团，承载了不同“非遗文化”，不同的建筑形式更是让人耳目一新。特别是博览园标志性建筑世纪塔，高约60米，钢架结构，俯瞰全园壮美景色。西城事八个新现代中式院落和一个以福建土楼为原型而设计建造的多功能剧场，不仅体现了中国传统建筑文化魅力，更是与现代技术、审美等完美融合，成为了摄影爱好者的新宠。

展示方式新奇。博览园突破了传统文化展示的方式，创新地采用了动态展示和活化展示的方式。特别是非遗博览中心，不仅通过图片、影片和实物将“非遗”奇美和珍贵展现的淋漓尽致，更是采用多种展览方式和高科技互动方式，营造出浓厚的独具特色的文化氛围。如游客在高科技的帮助下完成虚拟的川剧变脸的绝技，可以拨动展区内放大的琴弦，聆听悦耳的琴音及和声的效果，甚至可以向竹编大师学习竹编工艺等。将枯燥单调的“非遗文化”旅程变得趣味十足和充满激情。

田园风光优美。博览园绿树成荫、河流蜿蜒而过，绿道、游步道穿行在田园之间，形成一幅和谐秀美的城市绿洲画面。博览园以“世界现代田园城市”理念精心打造了占地约25万平方米的农业生态园，萃取农业结构美学，以川西坝子的传统地形、风貌为原型，将“田”

与“园”有机结合，集教育、生产、科研、互动体验、休闲旅游等多功能于一体，使项目文化性、互动性完美融合，形成“人在园中，园在田中，田园相融”的景象，挥洒出田园城市的和谐格局。博览园中生态园结合了“天时、地利、人和”中的典型元素，打造出了“农耕区”和“现代农业观光生态区”两大区域，将中国传统的农耕文化、易经文化、诗词文化融入其中，将“非遗精神”与绿色自然紧密结合。博览园打造了全长8.3千米的“城市田园绿道”，将成都主城区和离主城区较远得温江区的绿道连成一体，拉近了城市与乡村的距离，满足了现代都市人群追求自然生态和纯美的人居环境的需求。将人文关怀与现代主义生活模式融入其中，满足现代城市人追求精神至尚、健康休闲的人生心灵家园的需求。

商务会展优地。博览园建有五星级会议度假酒店，并委托国际知名酒店管理机构全权经营管理，拥有约430间客房、高端圈层风尚会所，引入米其林星级餐厅及特色SPA，契合喜爱惬意与大胆创新人士的渴求。在酒店的南侧规划了约两万平方米的会展中心，每两年一届的非遗论坛和其它各种国际论坛、高端峰会及专题艺术展等活动，都将在此举办。这是让世界文化融入中国，让中国文化走向世界的文化平台。

对于博览园资源和环境的保护，从博览园开建到开园办节，当地各级党委政府都非常重视。把资源环境保护和安全列入重要议事日程，作为头等大事来抓；把景区资源环境保护纳入了景区总体规划，制定和落实了各种保护措施；建立了保护机构和队伍；坚持安排和落实了专项保护经费；正确处理开发和保护的关系，坚持在保护的前提下进行开发、利用和建设；实行严格的博览园资源、环境保护责任制。通过狠抓以上保护措施和制度落实，确保了博览园珍贵的人文旅游资源和自然生态资源得到有效保护，使博览园景观质量和环境质量得到了不断的提升。

四川艺术职业学院新校区

四川艺术职业学院新校区位于温江区和盛镇的“成都国际科教艺术城”内（成都—青城山快速通道旁），占地300余亩，一期工程计划投资2.5亿元，建筑面积约10万平方米，建成后在校生规模将达到5 000人。新校区功能配套完善，教学楼、剧场、学术交流中心、阶梯教室、排练厅、琴房、食堂、运动场、图书馆、医务室、画室、展厅、制作室、后期编辑机房等一应俱全，现有专门的基础教学楼、美术动漫教学楼、音乐舞蹈戏剧教学楼、中专教学部及成人教育中心等，包括多媒体教室32间，琴房300余间、舞蹈教室40余间、戏剧表演教室10余间，网络教室5间，学术报告厅3个，宿舍1 000余间且间间通热水，高空杂技教室、篮球场、足球场、网球场和400米标准田径跑道的运动场齐备，图书馆可藏书近30万册，2个大剧场有专业要求极高的舞台设施，均可同时容纳近1 000名观众。学院以“打造全国一流园林式文明校园”作为校园环境建设目标，修建大型地下车库，实施无车化校园管理，校内碧树葱郁，绿茵环绕，各式乔木错落有致，各种灌木交相辉映，校园绿化面积高达60%——力争打造为全国一流高职园林式校园。

四川省非物质文化遗产保护中心

四川省非物质文化遗产保护中心工程建设项目是省级重点公益性文化设施项目，也是四川实现文化跨越，构建公共文化服务体系，建设文化强省的重要标志性工程。项目处于位于成都市青羊区非物质文化遗产国际博览园内，北接光华大道，南临江安河，紧邻绕城高速外侧，距离市中心13公里，交通便利，景观视野良好。项目用地面积为6 696.96平方米（约10亩），总建筑面积12 000平方米，总投资

6 600多万元。

该项目是全国第一个省级非物质文化遗产保护中心建设项目。项目建成后，不仅采用高科技现代手段展现非物质文化遗产这一无形的文化，还将积极进行非物质文化遗产活态展示，组织现场演示或演出。项目建成后，将免费对外开放。

四川省图书馆新馆

四川省图书馆是四川省总书库、中国国家数字图书馆四川分馆、全国文化信息资源共享工程四川省分中心、四川省古籍保护中心、四川省联合编目中心，也是国际图联成员馆和世界银行资料存放馆。

四川省图书馆藏书量500余万册，居全国前列，其中最具特色的隋唐时代手写经卷，唐、宋、元、明、清五朝著名文人诗词集，历代四川方志古医书、古农书，近代文化名人手稿，民国暨抗战等珍贵文献近70余万册。

四川省图书馆新馆位于成都市天府广场西侧、人民西路4号，地总面积11 333平方米（17亩），总建筑面积5. 1万平方米（总高38米，地上8层，地下2层），项目总投资4. 9亿元，计划2013年竣工。

新馆落成后，将拥有近600万册藏书和海量数字资源存储服务能力，设各类阅览室27个、各类功能厅室11个、展厅2个，座位3 900余个，可同时接待读者6 000余人。

新馆将提供历史与现代文献，实现多维的空间、现代的阅读、科学的管理，成为获取文献信息、传承文化、教育交流的骨干平台。将是西部领先、国内一流、与国际接轨的综合性、开放型、研究性、多功能、信息化的大型公共文化服务载体，成为覆盖四川、辐射西部的文献资源保障中心、公共信息导航中心、公共文化培训中心、阅读指导与服务教育中心、图书馆事业发展协调指导中心。

四川省川剧院新剧场

四川省川剧院剧场坐落于成都市中心，地处盐市口商圈。是由政府出资修建的以戏曲演出为主的综合性文化场所。剧场总面积约5 000平方米，座位386个，配备升降舞台、乐池，进口音响、灯光以及专业舞美团队。可承办、接待各类专业、业余团体的中小型演出。同时适合举办各类报告、表彰、培训、总结、学术报告等会议。剧场外墙银灰色，铝质的褶皱外观。在剧场外墙正面，是从北京量身定制的“六面翻”剧照墙，高16米、长18米，可以不断‘变’出《巴山秀才》《白蛇传》等经典川剧剧照。剧院里，拥有一个可升降收缩的大型舞台，高25米、长近20米，在这有限的空间中，每一个观众都能享受到贵宾席一样的观看感受。一楼大厅，有一个500平方米的商业区，可用于开发川剧脸谱、卡通玩偶、戏剧音乐等系列产品，打造川剧产业链。楼顶的天台，则用于成立一个大型的戏剧文化俱乐部，定期举办戏剧沙龙、传统戏剧演出。

桃坪羌寨抢救保护工程

桃坪羌寨位于四川省阿坝藏族羌族自治州理县桃坪乡，始建于公元111年，羌族碉楼与村寨是我国西南地区规模最宏大、状况最完整、文化内涵最丰富、遗产环境最优美的文化遗产之一，它生动地记录了羌族人民迁徙、文化交流、建筑技艺等方面的历史信息，真实体现了羌族人民坚韧不屈的勇气和伟大的民族精神。桃坪羌寨是我国珍贵的少数民族建筑遗产，也是古羌族建筑群落的杰出代表，被誉为“人类生活的活化石”“东方古堡”。桃坪羌寨是全国重点文物保护单位，2007年列入《中国世界文化遗产预备名单》。

桃坪羌寨在“5·12”汶川地震中，受到严重损坏。为此，国家文物局委托中国建筑设计研究院建筑历史研究所承担"桃坪羌寨抢救维修保护规划及保护工程"项目，以抢救在地震中遭到严重破坏的桃坪羌寨及相关环境。2008年7月15日，桃坪羌寨灾后文物抢救保护工程启动。在历时3年多的文物抢救保护中，文物修复设计方针对羌寨建筑的不同特点，编制了不同的修复方案，组织培训当地传统工匠并参与文物修复，使藏羌碉楼和村寨建造传统工艺得以有效传承，为全国文物保护树立了典范。

全部工程已于2011年5月竣工。此项工程的特点在于探讨以价值优先为原则的抢险修缮策略；创新性地尝试村民自救抗灾、以工代赈的工程组织形式，寻求灾后重建阶段有效保护和传承少数民族建筑遗产的最佳模式；研究、总结传统建筑抗震构造特征，运用传统工艺，传承乡土建筑的价值内涵；引入专业的工程组织和实施管理模式，保证抢救保护工程的有效实施。

保护和抢救羌族碉楼和村寨，对于保护与传承民族地区文化遗产，对于保护与发展中华民族文化多样性，加强民族团结、促进各民族共同繁荣具有特殊而重要的意义。桃坪羌寨灾后文物抢救保护工程入选2011年度“全国十大文物维修工程”。

广元千佛崖保护工程

10月12日，规划投资近四亿的广元千佛崖石窟保护工程开工。文化部党组成员、国家文物局党组书记、局长单霁翔，国家文物局文保司副司长许言；四川省政协常务副主席晏永和，省文化厅党组书记、厅长郑晓幸，四川省文化厅党组成员、省文物局局长王琼，广元市委书记罗强、市人大常委会主任李茂森、市政协主席王振会出席千佛崖石窟保护工程开工仪式。广元市委副书记、市长马华主持开工仪式。

四川是文化遗产大省，文化遗产达到65 000处，位居全国第二。千佛崖是全国第一批国务院公布的重点文物保护单位，是我国文物保护单位中精品中的精品，上乘中的上乘。千佛崖像古沙漠绿洲丝绸之路上的敦煌一样，它就是古蜀道上无可替代、最灿烂的一颗明珠。千佛崖和其下面的蜀道，在一个地点上两项全国重点文物保护单位，在全国重点文物保护单位的公布历史上也是绝无仅有的。

千佛崖位于广元市城北四公里，嘉陵江东岸，石窟始凿于北魏晚期，初、盛唐时期造像最为兴盛，晚唐、五代、宋、元、明、清多为游人题刻和粧銮佛像之举。佛崖全长近400米，最高处距地面45米，佛龛层叠分布，密如蜂巢，为四川规模最大、历史最久、龛窟最多的最为宏伟的石窟群。现存造像1 200余龛，7 000余尊，1961年为国务院公布的第一批全国重点文物保护单位之一。历史上连接中原和四川的交通要道——金牛古道从崖前穿过，石崖南侧为古道上著名的栈阁——石柜阁之所在。

文化部党组书记、部长蔡武，四川省人民政府副省长黄彦蓉，
成都市人民政府市长葛红林，四川省文化厅党组书记、厅长郑晓幸出席
第三届中国成都国际非物质文化遗产节非物质文化遗产国际论坛成都倡议揭碑仪式

1921
四川省庆祝中国共产党

四川省庆祝中国共产党成立90周年文艺晚会盛况

第三届中国成都国际
闭 幕

第三届中国成都国际非物质文化遗产节闭幕式盛况

2011年5月10日四川省纪念
“5·12”汶川特大地震三周年特别节目在成都锦城艺术宫上演
(华西都市报记者陈羽啸摄)

情景短剧《偶像》

谐剧小品 《麻将人生》

音乐小品《我们约会吧》

话剧小品 《爱情戏》

金钱板小品《Hz的烦恼》

话剧小品 《胆大胆小》

话剧小品 《军嫂》

情景短剧《青春从这里出发》　话剧小品　《梦断AB门》　灯戏小品　《狗不咬干部》

2011年四川省舞蹈新作比赛

凤悲鸣

你是一首歌

春到百合开

手 · 重生

起兵造反反朝纲
挥师

纪念辛亥革命暨四川保路运动100周年晚会——《百年之路》

外国友人看汶川地震灾后
The Reconstruction After Wenchuan
Event Photography an
启动
Launchin
主办单位：中华人民共和国文化部　四川省人民政府
承办单位：文化部外联局　四川省文化厅　四川省人民政府新
协办单位：四川省文化馆　四川省艺术摄影协会

外国友人看灾后重建主题摄影启动仪式

情系巴蜀——两岸文化联谊行开幕式

情系巴蜀——两岸文化联谊行闭幕式

第十七届自贡
开
主办：自贡市
四川省
四川省
四川省
承办：自贡国
协办：中国·

第十七届自贡国际恐龙灯会

全国新
和谐大

全国新农村文艺展演

文化产业发
四川省文化厅

四川省文化厅与工商银行四川分行 签订未来5年100亿元以上融资战略合作协议

康定格萨尔旅游文化产业园奠基现场

康定格萨尔旅游文化产业园效果图

成都非物质文化遗产博览园

四川艺术职业学院新校区

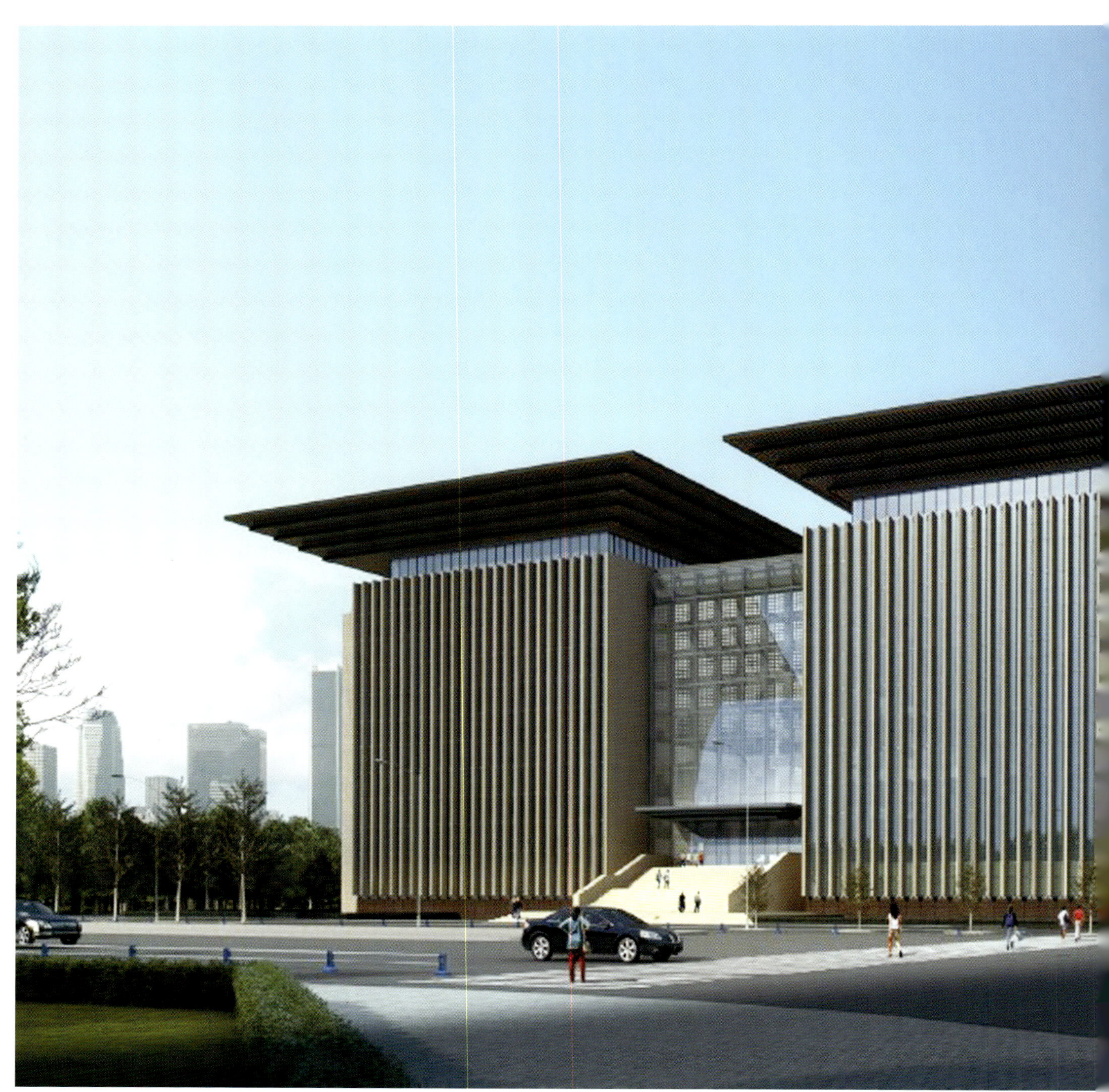

建设中的四川省图书馆新馆

大型经典川剧《巴
第十届中宣部“五个一工程
第八届中国戏剧节优秀剧目
文化部优秀新剧目奖

四川省川剧院

广元千佛崖保护工程开工仪式

广元千佛崖

建设中的四川省非物质文化遗产保护中心

SICHUANWENHUANIANJIAN

文化工作综述

WENHUGONGZUOZONGSU

- 文艺创作
- 公共文化服务
- 文化产业
- 文物事业
- 非物质文化遗产保护
- 文化市场
- 对外文化交流
- 文化人才队伍建设
- 文化体制改革
- 灾后文化重建

文艺创作

【**舞台艺术**】2011年，是“5·12”汶川特大地震灾后恢复重建三周年、中国共产党成立90周年、辛亥革命胜利100周年，也是全面实施“十二五”规划的开端之年。在这样一个重要的历史节点，根据省委省政府工作要求和文化厅党组统一部署，围绕年初确定的三大主题狠抓艺术创作生产，一大批优秀剧（节）目涌现出来，一批文艺人才脱颖而出，全省艺术创作呈现出蓬勃发展的良好态势。

实施创作滚动计划，一批优秀舞台艺术精品脱颖而出。省歌舞剧院有限责任公司的舞剧《红军花》荣获2010～2011年度文化部国家舞台艺术精品工程资助剧目。京剧《魂系油气田》、舞剧《红军花》、话剧《大川之灵》参加文化部举办的2011年全国现代戏优秀剧目展演。省豫剧团的豫剧《娘》参加全国第二届豫剧节荣获“参演剧目奖”，主要演员获优秀表演奖。成都市艺术剧院京剧团的京剧《魂系油气田》获得全国京剧节二等奖。在第十二届中国戏剧节上，自贡市的川剧《夕照祁山》、四川人艺与西藏军区文工团的音乐剧《燃烧的雪野》、成都市的京剧《魂系油气田》获得第十二届中国戏剧节优秀剧目奖、优秀表演奖，省川剧院的《尘埃落定》获得剧目奖。四川艺术职业学院的歌剧《娥加美》获得“首届中国歌剧节”剧目奖、最佳表演奖及作曲奖。一大批优秀节目涌现出来，成都市艺术学校的舞蹈《凤悲鸣》、乐山市歌舞团的舞蹈《手·重生》、四川艺术职业学院的舞蹈《春到百合开》、四川音乐学院的舞蹈《你是一首歌》、西南民族大学的舞蹈《珞惹月》等在第九届全国舞蹈比赛上取得一金二银二铜三优的优秀成绩，并摘得全国地方院团的唯一金奖。省曲艺团《找爸爸》等三个曲艺节目荣获第六届中国曲艺节优秀节目奖（中国曲协最高奖）。四川省遂宁市杂技团的节目《双人倒立技巧》摘得第五届莫斯科国际马戏节金奖。

紧扣时代主题，把握历史节点，贴近现实生活，坚持以现实题材引领主旋律创作。围绕灾后重建、庆祝中国共产党成立90周年和纪念辛亥革命100周年等主题，四川先后有二十余台艺术作品次第登台，包括大型曲艺《美好新家园》，金钱板音乐剧《车耀先》，川剧《槐花几时开》《杨汉秀》，话剧《槐花大院》，曲艺音乐剧《锦娘》，综艺歌舞《大美四川》，器乐音画《情歌中国》，大型露天诗歌朗诵会《四川开满鲜花》，大型音乐舞蹈诗《因为有了共产党·爱在汶川》，大型情景歌舞剧《展读青川》，文艺晚会《汶川奇迹》，主题文艺晚会《共饮一江水》等剧（节）目。这批剧（节）目以多种舞台形式和不同角度展示了四川在民族解放斗争和社会主义建设历程中的革命史、创业史和奋斗史，唱响了共产党好、社会主义好、改革开放好、伟大祖国好和人民群众好的时代最强音。

坚持一地一品牌战略，全省文艺舞台异彩纷呈。成都市的京剧《魂系油气田》，南充市的大型民俗风情剧《蜀红》，甘孜州的歌舞《高原风》，乐山市的歌舞《天下峨嵋》，宜宾市的川剧《槐花几时开》，自贡市的杂技舞蹈情景剧《天上街市》以及都江堰放水节开幕式等剧（节）目充分彰显了市（州）文化创作实力。同时，通过四川戏剧文华奖的评选活动，为全省广大文艺工作者提供了展示才华的机遇，一批优秀中青年文艺人才涌现出来。“二度梅”成都市川剧院陈巧茹，“一度梅”成都市川剧院王玉梅，南充市川剧团胡瑜斌等优秀人才涌现，优化了四川文艺人才梯次发展结构。

【**文化惠民**】围绕灾后重建、庆祝中国共产党成立90周年和纪念辛亥革命100周年等主题，省文化厅组织承办了大型特别节目“《感恩祖国》——四川省纪念‘5·12’汶川特大地震三周年特别节目”“感恩共产党——四川省庆祝中国共产党成立90周年文艺晚会”“四川省纪念辛亥革命暨保路运动100周年《百年之路》专场文艺晚会”等。“感恩”系列综艺晚会，得到社会各界高度评价。积极开展送文化下乡活动，组织文化部艺术家小分队深入灾区基层，开展慰问演出。鼓励各级艺术院团走进社区、部队、厂矿、学校，全年采购优秀剧目20余个，组织文化列车“同心艺术团”赴基层演出。全省全年共开展送文化下乡3981场。

重大赛事和艺术活动交相辉映。先后成功举办了“颂歌献给党——四川省庆祝中国共产党成立90周年新剧目展演”、2011年全省舞蹈新作比赛、四川省第十三届戏剧小品（小戏）比赛、全国新农村艺术节文艺展演、“冷茂弘艺术生涯60年庆典”等重大活动。

坚持深入推进四川美术工作。组织“巴蜀画派”“十二五”专项规划讨论座谈会，在京举办《四川更加美丽》——四川美术书法名家优秀作品展，“百名画家进灾区、笔绘龙门新面貌”活动及大型画展，展出70余位画家的写生作品约260幅，抒发了四川书画家热爱四川家乡和感恩奋进的真挚情怀。

【全省新剧目展演】5月24日~10月13日，由中共四川省委宣传部、四川省文化厅联合主办的“颂歌献给党——四川省庆祝中国共产党成立90周年新剧目展演”历时五个多月，取得圆满成功。

此次展演共有来自省、市、县三级专业院团和民营职业剧团及群文系统的45家演艺单位参演。活动期间，在锦城艺术宫、川剧艺术中心、四川省歌舞大剧院、西南剧场、各高校剧场等多个场地展演了包括川剧、话剧、京剧、舞剧、音乐剧、曲艺剧以及歌舞剧、民俗剧、音画诗等形式在内的21个剧（节）目。它们是：《红军花》《情歌中国》（四川省歌舞剧院有限责任公司）、《大川之灵》《燃烧的雪野》（四川人民艺术剧院演出）、《锦娘》（四川省曲艺团演出）、《车耀先》（成都艺术剧院曲艺团演出）、《槐花大院》（成都艺术剧院话剧团演出）、《魂系油气田》（成都市京剧团演出）、《情满玉树》（成都市艺术剧院和成都军区战旗文工团演出）、《巴山魂》（达州市艺术剧院演出）、《槐花几时开》（宜宾市酒都艺术研究院演出）、《蜀红》（蓬安县歌舞剧团演出）、《杨汉秀》（广安市文体局演出）、《江姐》（四川师范大学音乐学院演出）、《天上街市》（自贡市杂技团演出）、《少年先锋颂》（自贡市文化艺术学校演出）等，观众逾10万之众。本次展演是四川舞台艺术创作生产成果的一次大检阅、大展示，在很大程度上代表着四川文艺院团创演能力的最新水平，生动鲜活地展现了新时代的跃动脉搏和蓬勃朝气，为中国共产党90周年华诞献上了一份隆重的厚礼，营造出激情、热烈、祥和、欢快的氛围。

【参加全国现代戏优秀剧目展演】6月25日~7月26日，由文化部主办的2011年全国现代戏优秀剧目展演在北京隆重举行。展演汇集了不同艺术品种的32台优秀剧目。参演剧目主题鲜明、题材广泛，艺术表现形式丰富多彩，涵盖了话剧、京剧、舞剧、地方戏等多个艺术品种。四川人民艺术剧院创排的话剧《大川之灵》、四川歌舞演艺有限责任公司创排的舞剧《红军花》、成都艺术剧院京剧团创排的京剧《魂系油气田》三台优秀剧目于7月19日~26日接连亮相首都舞台。

此次赴京展演活动受到各级领导高度关注。在京演出期间，全国政协副主席、中国文联主席孙家正，文化部党组书记、部长蔡武、副部长王文章，国家民族事务委员会副主任吴仕民等出席观看演出，给予剧目高度评价和激励。赴京演出前，省委常委、常务副省长魏宏，中共四川省委常委、宣传部长黄新初，四川省人民政府副省长黄彦蓉审看了这三台戏。展演期间，四川省人民政府副省长黄彦蓉、四川省文化厅党组书记、厅长郑晓幸，省委宣传部副部长朱丹枫专程赴京观看了演出。

首都新闻界高度聚焦此次展演活动。《人民日报》、新华通讯社、中央电视台、中央人民广播电台、《中国文化报》《中国艺术报》《文艺报》《北京青年报》《新京报》《北京晚报》《北京晨报》等多家媒体记者观看了演出，并发表了近百篇新闻报道。新浪网、中红网、四川文明网等网站也发表了相关报道，这些文章并被其他网站、报社多次转载，三台戏的相关搜索词条达到40余万条，网络论坛里三台戏的讨论成为热贴。四川电视台、成都市电视台和《四川日报》《成都日报》派遣专人随展演队伍奔赴北京，进行三台剧目展演的跟踪报道。

演出社会反响强烈。首都文艺界著名专家、学者、评论家，如中国剧协主席季国平，中国舞蹈家协会副主席、分党组书记冯双白，原八一电影制片厂厂长郑振铎将军等人观看了演出，并对剧目的成功上演表示了肯定和祝贺。

【感恩共产党文艺晚会】6月29日，由中共四川省委、省人民政府主办，省委宣传部、省文化厅、省广播电视台共同承办的“感恩共产党——四川省庆祝中国共产党成立90周年文艺晚会”在省体育馆隆重举行。整台晚会唱响了时代主旋律，表演场面气势恢宏、艺术表达方式新颖独特，唱出了只有共产党才能让我们站起来，只有共产党才能让我们富起来、只有共产党才能让我们强起来的深刻主题，表达了全川9 000万儿女在中国共产党的领导下从悲壮走向豪迈，从豪迈走向复兴，从复兴走向辉煌的坚定信念。中共四川省委书记、省人大常委会主任刘奇葆，成都军区司令员李世明、政委田修思，中共四川省委副书记、省长蒋巨峰，省政协主席陶武先等领导出席并观看本次晚会并做出充分肯定。

【四川省舞蹈新作比赛】6月30日~7月1日，由省文化厅主办，省音乐舞蹈研究所、省舞蹈家协会承办的“颂歌献给党——2011年四川省舞蹈新作比赛”在成都举行。本届比赛是由政府主办的全省专业舞蹈的最高赛事，共收到来自全省各个市（州）、艺术高校、专业艺术院团等单位的79件作品，其中36件进入决赛，共计1 000余人参与演出。经过激烈角逐，成都市文化艺术学校的《凤悲鸣》、乐山市歌舞团的《拨动你的心弦》《手·重生》获得创作一等奖，四川音乐学院舞蹈系的《你是一首歌》、四川艺术职业学院的《春到百合开》以及《凤悲鸣》《手·重生》荣获表演一等奖。《凤悲鸣》和《手·重生》在本届大赛上备受关注。此外，大赛还专门设立一个特别节目奖，授予乐山特殊教育学校选送的群舞《心灵的声音》。此次舞蹈比赛呈现出参赛团队多，入选作品数量多，艺术水平高的特点。艺术院校的入选作品精彩纷呈，质量上乘，显示了艺术院校正逐步成为全省艺术创作生产的生力军和骨干力量。

【第九届全国舞蹈比赛载誉而归】8月25日~30日，由文化部、宁夏回族自治区人民政府主办，文化部艺术司、宁夏回族自治区文化厅承办的第九届全国舞蹈比赛，在宁夏首府银川市隆重举办。此次赛事共有来自全国各省、区、市、部队系统、中直艺术院团及香港、澳门特别行政区和台湾地区的694个作品报名参赛，入围决赛的作品共有174个，共1 700余名演员。

四川入选的8个节目7个获奖。成都市文化艺术学校编创的群舞《凤悲鸣》荣获创作一等奖，乐山市歌舞剧团编创的群舞《手·重生》荣获创作二等奖，四川艺术职业学院编创的群舞《春到百合开》荣获表演二等奖，四川大学编创的群舞《托起生命》和三人舞《心中的花儿纳吉》荣获优秀表演奖，四川音乐学院编创的群舞《你是一首歌》荣获创作三等奖，西南民族大学编创的群舞《珞惹月》荣获表演三等奖。

【四川省第十三届戏剧小品（小戏）比赛】9月5日~9日，由中共四川省委宣传部、四川省文化厅和南充市人民政府主办，四川省文化厅剧目工作室、中共南充市委宣传部、南充市文体局承办的四川省第十三届戏剧小品（小戏）比赛在南充举行。18 个市（州）代表队、2 个省直和部队专业文艺单位、1 所艺术类大专院校的 36 个剧目参加了比赛。

5 日晚，开幕式暨首场比赛演出在南充大剧院隆重举行。开幕式由省委宣传部副部长朱丹枫主持。中共南充市委书记、市人大常委会主任刘宏建致欢迎词，四川省文化厅党组书记、厅长郑晓幸致开幕词并宣布四川省第十三届戏剧小品（小戏）比赛开幕。四川省文化厅党组成员、副厅长李兆权，南充市人民政府市长高先海、市人大副主任傅伦佳、市政府副市长朱家媛、市政协副主席冯庆煜等领导出席开幕式并观看了首场比赛演出。

本届小品分为剧场比赛和广场展演两部分，把全省近年在小戏小品创作生产上取得的丰硕成果呈现给南充人民，实践了厅党组开门办赛事的要求，达到了文化惠民、文化乐民和文化娱民的目的。

在紧张有序的比赛过程中，一批优秀剧目如南充市川剧团表演的灯戏小品《狗不咬干部》、南充市文化馆表演的话剧小品《爱情戏》、达州市文化馆表演的方言小品《调解》、武警四川总队政治部文工团表演的话剧小品《梦断 AB 门》、自贡市曲艺团表演的方言小品《麻将人生》、广元市艺术剧院表演的话剧小品《军嫂》、四川省曲艺团表演的金钱板小品《HZ 的烦恼》等，赢得了专家评委的一致赞赏和观众的热烈掌声。

公共文化服务

【公共文化服务体系建设】根据文化部、财政部2011年实施的国家公共文化服务体系示范区（项目），成都市成功入选示范区创建资格，攀枝花大地书香新农村家园工程、泸州市泸县农民演艺网成功入选示范项目创建资格，加上2010年四川承担的两个国家级公共文化服务体系建设制度设计研究课题，四川在制度设计课题和示范区（项目）数量上均名列全国第一，明四川公共文化制度设计和实践基地已跻身全国前列。成都完成制定了惠及民生的“百千万工程”，初步形成了“15分钟文化圈”。泸县农民演艺网实施文化富民、文化品牌、文化播种、文化带动、“文化110”五大计划，被文化部列为国家公共文化服务体系建设典范，在全国公共文化服务体系示范项目工作会议上作了经验交流发言。第一批创建工作的顺利开展，充分调动了各地党委政府加强公共文化服务体系建设的积极性，全省掀起了创建公共文化服务示范区（项目）的热潮。

【两馆一站免费开放经费管理机制全国首创】为确保四川公共图书馆、文化馆（站）在免费开放后正常运转并提供基本公共文化服务，省文化厅厅领导、社文处、计财处分赴各市州调研，多次召开座谈会，听取专家学者、政府部门和基层单位的意见，经与省财政厅沟通衔接，下发了《关于推进全省美术馆、公共图书馆、文化馆（站）免费开放工作的意见》（川文办发〔2011〕139号）。同时在全省建立了免费开放协调联动制度、公示制度、经费保障制度、组织管理制度、群众监督制度等五大保障体系，明确提出乡镇文化站公共文化服务经费由县财政部门、文化部门根据乡镇工作情况据实安排。文化部社文司副司长张永新在四川评估检查时指出，四川两馆一站免费经费管理方式全国创新：对乡镇文化站公共文化服务经费实施“县落实安排、站用实用好”，专款专用，切实发挥经费的最大效应，确保了最基层的农民享受到免费开放服务。新华社作专访，四川日报专题报道，免费开放成为热点焦点关键词，受到全社会的极大关注。

2011年，中央在四川共投入免费开放资金2.39亿（占全国免费开放总经费13%），省、市、县财政配套资金5968万元，为两馆一站免费服务提供了有力保障。全省各地图书馆、文化馆（站）免费开放工作从完善制度入手，优化服务环境，着力提高服务效率，现有的全部场地免费对公众开放，并向市民广泛征集“金点子”，按群众需求烹饪“免费服务大餐”，增设多个文化服务项目，满足了群众多样性的文化需求；全省图书馆开展“图书馆免费服务走进党代会”活动，获得党代表们的一致称赞；全省文化馆把文化辅导员队伍、文化志愿者队伍、文艺家协会骨干队伍、业余文艺团队队伍以及文化馆站自身的业务队伍这五支队伍积聚起来，建立了一个覆盖全域的文化馆免费开放服务网络；“公益学校”“四级辅导”“市民讲座”“网络文化馆”“体验田园新文化——文化馆馆长邀你体验公共文化”等10大免费公益项目亮点使亿万城乡群众享受到了丰富多彩的文化免费大餐，搞活了阵地，丰富了生活。经文化部推荐，中央电视台对四川免费开放经费“据实拨付”新政实施绩效专题报道，在中央电视台新闻联播播出。

【图书馆事业迈向全新领域】图书馆服务能力大幅提高。《四川省公共图书馆条例》经过充分论证已列入2012年立法计划，完成起草工作。“2011年度图书馆服务宣传周系列活动”极大提升了图书馆免费开放的影响力和社会效应。

“国家数字图书馆服务专区”的开辟为读者直接访问国家数字图书馆丰富的数字资源提供了极大便利。流动图书馆、自助图书馆、手机图书馆等全新服务模式全省推广。“一卡通”实现了一人持卡多馆借还、一馆藏书多馆利用。一“卡”阅遍万卷书，把原有的图书资源利用效率放大了上百倍，实现了公共图书资源的高度共享。关注灾区行动继续开展。2011 年向都江堰灾区捐赠图书达 20 万册。国家图书馆还对四川灾区图书馆工作者开展集中培训，取得良好效果，增强了灾区文化造血能力。文化信息资源共享工程覆盖全省。全省建成村基层服务站五万多个、社区服务站 759 个，基本实现“县县有支中心、村村有基层服务点”的网点建设目标，初步形成了覆盖省、市（州）、县（市、区）、乡镇（街道）、村（社区）五级文化共享工程服务网络，累计服务群众 1 154 万人次，共享工程基层点数量居全国前列。围绕“巴蜀文化”这一主题，完成了绵竹年画、四川文化艺术精品、四川文化旅游、农村实用技术等 9 个文化共享工程专题数据库。四川率先推广数字化文化工程。作为国家数字化图书馆推广项目的试点地区，四川在 2011 年率先获得国家资助。成都、攀枝花、绵阳、泸州四个市级图书馆获数字图书馆经费 480 万元，数量和经费居全国第一。数字化图书馆以公共、高校、科研单位的龙头图书馆为基础，搭建起覆盖省市、县、乡镇的网络图书馆，从而消除地域、行业等利用图书馆资源的障碍。四川公共图书馆建设速度加快，内江、雅安、南充、资阳、宜宾、巴中图书馆和米易县规模宏大的图书馆新馆落成并投入使用；公共图书馆的计算机配置大幅度增加，全部实现计算机采、编，文献建设更趋规范化和标准化；灾后重建中，一批县乡图书馆和乡镇阅览室完善了基础设施，为数字化图书馆的建设打下了良好的基础。2011 年，投入 2 489 万元为全省公共电子阅览室配备设施设备，为广大人民群众特别是青少年提供了健康方便快捷的“绿色网吧”。

【群众文化活动协调联动高潮迭起】全省群众文化活动逐步走向品牌化、常态化。“文化暖冬——我们一起过年”赴四川灾区慰问演出活动给九个地震灾区和贫困地区县区近 10 万群众带去冬日最温暖的问候和祝福。“我们在一起——走进聚源玉树民族中学”等大型公益文化慰问系列活动为聚源玉树民族中学的师生送图书送食物送药品送演出，不仅代表了四川人民向青海灾区人民奉献大爱，也成为鼓舞青少年以责任和爱心创造美好新生活的感恩教育活动。在建党九十周年之际，全省围绕“凝聚各方力量、共建幸福四川”这一中心，以“忆党史、铭党恩，强党性、促党建，肃党纪、正党风”为重点，以“感恩奋进、建设美好新家园”为主题，组织多样化舞台文艺样式专题创作、演出和群众文化专场活动：上万场文化艺术展演、电影展映送到田间地头、灾区和贫困山区，数千场农村文艺活动、科普讲座、培训在广大农村全面展开，使活动成为全川人民群众感恩奋进的重大文化品牌和加强灾后精神家园重建的有效载体。重阳节关爱老人系列活动的各类演出及展览抒发了全省老年人对美好生活的赞美，展示了他们壮心不已、继续为和谐社会建设奉献力量的豪迈情怀。全省点面结合、上下联动的群众文化活动架构体系初步形成，“巴蜀讲坛”“百姓讲坛”“全民读书卡”“数字美术馆”“数字剧场”“万卷书画进农家”“千家万户读书征文”等品牌活动已成为四川一张张闪亮“名片”。以“送演出、送图书、送展览、建活动室、建图书室”等五项活动为主要内容，为老人、残疾人、妇女儿童、农民工等群众提供文化服务，促进文化服务均等化，省文化厅获省政府妇女儿童工作先进集体殊荣。

【重大节庆赛事展现群文大省实力】广元市文化馆创排的舞蹈《老妈妈》斩获全国首届中老年艺术节、全国农民艺术节多项金奖。在中央电视台“我要上春晚”栏目名列前茅，并在央视 2012 春晚中闪亮登场，赢得了现场及电视机前亿万观众的热烈欢迎，展示了群文大省的地位和实力。乐山市青衣江老年合唱团还在世界艺术的最高殿堂——维也纳金色大厅激情唱响，斩获“岁月如歌——金色大厅国际中老年合唱艺术节”杰出创意奖、最佳指挥奖、优秀演唱奖和优秀组织奖等四项大奖。成都双流棠湖小学少儿合唱团远赴世界顶级艺术殿堂悉尼歌剧院内倾情演绎、感动全场，成为了音乐会最耀眼的明星。在由文化部主办的中国西部花儿（民歌）歌手邀请赛上，四川代表团央金卓玛等选手一举获得七项大奖，总成绩名列全国第二，是除东道主甘肃外获奖最多的省份，充分展示了四川作为群文大省的深厚底蕴，展现了四川民间文化传承工作的可喜成就。

以“感恩奋进、绽放生命”为主题的四川省首届残疾人文化艺术节在绵阳九州体育馆隆重开幕。中国残联主席张海迪出席开幕式并致辞，中共四川省委副书记、省长蒋巨峰宣布四川省首届残疾人文化艺术节开幕，副省长、省残联主席张作哈出席开幕式并讲话。1 400 多名残疾人用自己的文化艺术成就展现怒放的生命之歌，奉献极具感染力的特艺大餐。经省政府批准，四川将每四年举办一届残疾人文化艺术节，以全面展现残疾人事业发展成就和全省残疾人自强不息、挑战自我、自尊自信自强的精神风貌，展示残疾人文化艺术方面取得的累累硕果。

【基层文化队伍培训效应日渐显现】 四川省首期“全省文化局长、社文科（处）长、两馆馆长培训会”的召开，打响了全面落实“十二五”规划，加快建设四川省公共文化服务体系，培养四川高素质的公共文化人才队伍的第一炮。中国动漫集团公司监事会主席徐世丕、文化部文化艺术中心副主任刘波、云南省文化厅副厅长花泽飞等领导和专家授课，就如何形成常态性、成效性、制度性的公共文化服务运行机制进行指导，探讨了“两馆一站”如何开展惠及全民的公共文化长效机制。“第三期全省县以上文化馆馆长培训班”“全省基层图书馆馆长培训班”的相继开办，搭建了一个让全省文化、图书馆长学习交流的平台，提高了学员的服务能力，对大力提升群众文化服务水平，加快数字图书馆推广工程进度，保障基层群众更高的文化需求起到了巨大的作用。文化馆员、图书馆馆员、乡镇综合文化站长、共享工程技术骨干、群众文化创编人员、社区辅导员、大学生村官等数十个专题培训班悉数登场，让基层文化细胞更加丰富，从而打造了一批素质精良的基层文化队伍。四川首创的免费市民文化学校在全省各地推广培植，免费培训了上千名持证上岗的文化艺术骨干辅导员；通过专业培训、落实补贴、统一佩证、成绩考核、表彰激励等措施，发展上万名文化志愿者队伍，实现了市县各类公共文化服务设施都有文化志愿者服务队伍。市民文化学校在提高老百姓文化艺术修养的同时也为文化队伍储备输送大量的人才。在群众文化领域，已形成了文化馆、艺术团、市民艺术学校三位一体、相互支撑的格局。在成都召开的全国基层文化队伍培训联络工作会议上，四川作为全国唯一先进典型作经验交流发言。中央文化管理干部学院院长张旭表示，四川基层文化队伍培训工作的“三大体系”“五级培训”“六个结合”等主要做法值得全国学习和借鉴。文化部国家公共文化服务体系建设专家委员会副主任、北京大学教授李国新认为，四川基层文化队伍培训从健全工作机制、丰富教学方式、创新服务模式等方面入手，为公共文化服务体系建设培养和造就了大批高素质基层文化人才。

【公共文化设施设备升级换挡】 北川县图书馆新馆正式开馆成为四川公共文化灾后重建胜利的完成的一大标志。北川图书馆新馆占地面积 2 500 平方米，是地震前老馆的 3 倍，馆藏图书量达到 20 万册，成为北川新县城文化灾后重建的“标杆”。巴中市“两馆”正式向市民免费开放，从而填补了该市无市级群众文化场馆的空白，其面积都在4 000平方米以上，设施设备一流，成为当地一张城市“名片”。德阳市、广元市、甘孜藏族自治州、雅安市文化馆等灾后重建项目竣工面对公众免费开放。这些文化设施让群众享受快乐时光，带去党和政府的温暖。

眉山市东坡区复兴乡党委、政府广泛发动群众，自筹460万元，群众投工投劳建成面积6 000平方米的标志性综合文化活动广场和建筑面积500平方米的综合文化站，给场镇及周边近万名村民提供了一个休闲、娱乐的好去处。宜宾筹资340多万元，在全国率先为10个县区艺术团体统一配备文化惠民流动舞台车，同时为每辆车配备全套灯光、音响专业设备，实现了“一馆一团一车一品”——一个文化馆组建一个不占编制的演出团体，一辆流动舞台车，一台群众文化精品演出。全市各县区公益演出团体下乡镇、进田间，为大众送去精神文化食粮，创建了一支摩托化文艺下乡服务队，让百姓足不出户就能享受到丰盛的“文化大餐”。

【民族文化建设取得突破性进展】 四川省藏区牧民定居行动计划，文化系统独创的牧民定居点文化室建设成为一大亮点，省文化厅分两次为农牧民定居文化室配送了价值700万元的乐器、音响、电脑等文化设备共206套，全面实现“家家有固定房、户户有新帐篷、村村有活动中心”。随着牧民定居点文化室配套设施的日益完善，结束了农牧民单调、孤独、贫乏的精神生活状况。牧民定居文化室成为落地生根的文化“帐篷”，成为农牧民群众增长知识的“智慧库”、发展经济的“致富库”和沟通感情的“和谐库”。若尔盖县达扎书院在全国首先建立了文化共享工程基层服务站，开创了文化进寺庙的全新服务模式，深受广大僧侣和群众的欢迎和喜爱，成为广大僧侣、农牧民“充电”“加油”的好去处。同时，通过文化进寺庙活动，将宗教教规教义与学习宣传国家法律法规结合起来，对维护藏区稳定起到了重要的作用。作为民族工作的优秀典型，省文化厅还获得了省政府“四川省民族团结进步模范集体”殊荣。民族新政策、文化新工程、服务新模式，揭开了民族文化崭新的篇章。

【文化馆评估上等级数量全国第一】 在全国第三次文化馆评估工作中，四川出台的文化馆评估定级与文明城市、财政经费等挂钩的创新政策发挥了调控作用，有效地调动了地方以评促建积极性，获得文化部领导高度评价。文化部社文司副司长张永新指出：四川省文化馆评估工作走在了全国前列，一是文化馆参评率创新高。由2007年的180个参评馆跃至今年的203个馆全部参评。二是升级馆数量创新高。上次评估时四川仅有79个文化馆被评为等级馆，此次评估上等级馆数量较上次提升了86%，增幅位居全国前列。经文化部公示，四川147个文化馆上等级数量居全国首位。在评估中，一馆一品牌一特色的发展模式得到了文化部专家评估组的高度重视，认为在全国具有典型性、代表性。人民日报、光明日报等各大主流媒体纷纷以《文化滋养百姓幸福生活——四川文化走出特色品牌之路》为题宣传报道了近年来四川公共文化服务体系建设的可喜成就和四川文化人感恩奋进的精神风貌。

【民间文化艺术之乡数量全国第二】 在2011年~2013年度“中国民间文化艺术之乡”评选中，四川32个县乡被命名为“中国民间文化艺术之乡”，数量居全国第二，系全国三个拥有30个以上中国民间艺术之乡的省份之一。四川独具特色的黄龙溪火龙、泸县雨坛彩龙、青神竹编、康定情歌、丹棱唢呐、安岳石刻、色达藏戏等民间文化艺术之乡已走出乡村，走向全国，登上国际大舞台，成为地域特有的文化标志，产生了广泛的影响。文化部专家组通过在四川验收检查“中国民间文化艺术之乡”时认为：四川各级党委、政府把创建“民间文化艺术之乡”纳入“四位一体”战略统筹发展，重视本地历史民间文化资源挖掘，注重优秀民间文化艺术的传承与创新，制定了专项规划，常年有经费投入，活动开展常态化，形成了“历史悠久、保护有方、传承有序、保障有力”良性发展机制，有力促进了优秀的民间文化繁荣发展。甘孜藏族自治州“巴塘弦子”、绵竹市“木板年画”、成都市锦江区“糖画”作为四川代表参加了文化部举办的“中国民间文化艺术之乡”系列展示活动。

附 1：

文化部、财政部关于公布第一批创建国家公共文化服务体系示范区（项目）名单的通知

文社文发〔2011〕26 号

各省（自治区、直辖市）文化厅（局）、财政厅（局），新疆生产建设兵团文化广播电视局、财政局：

为加快推进我国公共文化服务体系建设科学发展，根据《文化部 财政部关于开展国家公共文化服务体系示范区（项目）创建工作的通知》（文社文发〔2010〕49 号）要求，在省（自治区、直辖市）人民政府和文化行政部门推荐、各地市（区）人民政府和文化行政部门积极申报的基础上，经国家公共文化服务体系建设专家委员会评审、公示并报国家公共文化服务体系示范区（项目）创建工作领导小组批准同意，现将第一批创建国家公共文化服务体系示范区（项目）名单予以公布（名单详见附件）。

请各省、自治区、直辖市文化行政部门和相关地市（区）人民政府，认真落实《文化部 财政部关于开展国家公共文化服务体系示范区（项目）创建工作的通知》（文社文发〔2010〕49 号）精神，按照国家公共文化服务体系示范区（项目）创建标准，科学制定规划，切实加强对创建工作的组织领导，提供人力、物力、财力保障，动员社会力量和广大人民群众积极参与，确保按要求、按进度完成创建示范区（项目）的各项任务，为全面推动当地公共文化服务体系建设科学发展做出新的更大贡献。

特此通知。

文化部　　财政部

二〇一一年五月二十八日

附注：

成都市为第一批创建国家公共文化服务体系示范区市

攀枝花市大地书香新农村家园工程、泸州市泸县农民演艺网为第一批创建国家公共文化服务体系示范项目

附 2：

文化部关于命名 2011——2013 年度“中国民间文化艺术之乡”的决定

各省、自治区、直辖市文化厅（局），新疆生产建设兵团文化广播电视局：

为进一步推动我国民间文化艺术的发展和繁荣，充分发挥其在公共文化服务体系建设中的重要作用，文化部 2011 年组织开展了 2011——2013 年度“中国民间文化艺术之乡”评审命名工作。根据《文化部办公厅关于组织开展 2011——2013 年度“中国民间文化艺术之乡”评审命名工作的通知》（办社文函〔2011〕131 号）要求，在有关单位申报的基础上，经各省、自治区、直辖市文化厅（局）推荐，专家组评审和实地抽查，并报请文化部领导批准，现决定：命名北京市西城区广安门内街道等 528 个符合条件的县（县级市、区）、乡镇（街道）为“中国民间文化艺术之乡”。

希望各地文化行政部门深入贯彻落实十七届六中全会精神，将民间文化艺术之乡创建和发展作为促进公共文化服务体系建设、保障人民群众基本文化权益的一项重要内容，认真总结和探索民间文化艺术之乡创建的好经验和新途径，培育和发展具有鲜明地域特色的文化资源，充分发挥民间文化艺术之乡在促进当地政治、经济、文化、社会全面发展方面的积极作用，为推动社会主义文化大发展大繁荣做出更大贡献。

2011 年 11 月 10 日

附注：

四川省被命名32个：

宝兴县	尧蹟民歌
泸州市纳溪区	民歌
富顺县	唢呐
威远县	山歌
康定县	情歌
丹棱县	唢呐
壤塘县	梵音
阆中市	巴象鼓舞
会理县	歌舞
巴塘县	弦子
巴中市巴州区	皮影
色达县	藏剧
蓬溪县	书法
射洪县	诗画
成都市青羊区	书画
绵竹市	年画
成都市金牛区	摄影
成都市锦江区	糖画
崇州市	竹编
安岳县	石刻
沐川县	草龙
夹江县	书画纸
昭觉县	彝族服饰
青神县	竹编
江安县	竹簧
剑阁县	花灯
成都市龙泉驿区	水龙
双流县黄龙溪	火龙
北川羌族自治县	羌族文化
兴文县	高桩
泸县	龙舞
绵阳市涪城区金峰镇	雄狮

附三：

文化部关于命名一、二、三级文化馆的决定

各省、自治区、直辖市文化厅（局），新疆生产建设兵团文化广播电视局：

为进一步加强对文化馆事业的管理，充分发挥文化馆在公共文化服务体系建设中的重要作用，根据《文化部办公厅关于开展第三次全国文化馆评估定级工作的通知》（办社文函〔2011〕19号）精神，文化部于2011年在全国开展了第三次县级以上文化馆的评估定级工作。在各地文化行政部门和各级文化馆的共同努力下，评估工作现已圆满结束。

依据文化馆定级标准，确定2 028个文化馆达到三级馆以上文化馆标准。现决定如下：

命名北京市东城区第一文化馆等740个文化馆为“一级文化馆”，颁发“一级文化馆”标牌；

命名天津市红桥区文化馆等583个文化馆为“二级文化馆”，颁发“二级文化馆”标牌；

命名河北省行唐县文化馆等705个文化馆为“三级文化馆”，颁发“三级文化馆”标牌。

对尚未达到定级标准的文化馆，各级文化行政部门要根据评估情况制定出切实可行的整改方案，并加强对整改工作的监督和检查。

希望各地文化行政部门贯彻落实党的十七届六中全会精神和党中央、国务院关于构建公共文化服务体系的决策部署，认真总结经验，深化改革，增加投入，加强管理，发挥文化馆职能作用，提高管理水平和服务能力，增强活力，努力开创文化馆事业新局面，为促进社会主义文化大发展大繁荣做出更大贡献。

二〇一一年十一月十一日

附注：

四川省共147文化馆获命名。其中一级馆35个，二级馆60个，三级馆52个。分别是：

一级馆（35 个）

1. 四川省文化馆
2. 四川省成都市文化馆
3. 四川省成都市锦江区文化馆
4. 四川省成都市青羊区文化馆
5. 四川省成都市金牛区文化馆
6. 四川省成都市温江区文化馆
7. 四川省郫县文化馆
8. 四川省都江堰市文化馆
9. 四川省彭州市文化馆
10. 四川省富顺县文化馆
11. 四川省攀枝花市文化馆
12. 四川省米易县文化馆
13. 四川省泸州市文化馆
14. 四川省泸县文化馆
15. 四川省合江县文化馆
16. 四川省广汉市文化馆
17. 四川省什邡市文化馆
18. 四川省绵竹市文化馆
19. 四川省绵阳市文化馆
20. 四川省三台县文化馆
21. 四川省安县文化馆
22. 四川省广元市文化馆
23. 四川省遂宁市文化馆
24. 四川省乐山市文化馆
25. 四川省峨眉山市文化馆
26. 四川省南部县文化馆
27. 四川省江安县文化馆
28. 四川省广安市文化馆
29. 四川省大竹县文化馆
30. 四川省万源市文化馆
31. 四川省石棉县文化馆
32. 四川省芦山县文化馆
33. 四川省南江县文化馆
34. 四川省安岳县文化馆
35. 四川省简阳市文化馆

二级馆（60 个）

1. 四川省成都市武侯区文化馆
2. 四川省成都市成华区文化馆
3. 四川省成都市龙泉驿区文化馆
4. 四川省成都市青白江区文化馆
5. 四川省成都市新都区文化馆
6. 四川省邛崃市文化馆
7. 四川省崇州市文化馆
8. 四川省双流县文化馆
9. 四川省大邑县文化馆
10. 四川省新津县文化馆
11. 四川省自贡市文化馆
12. 四川省荣县文化馆
13. 四川省攀枝花市东区文化馆
14. 四川省攀枝花市西区文化馆
15. 四川省盐边县文化馆
16. 四川省泸州市江阳区文化馆
17. 四川省泸州市纳溪区文化馆
18. 四川省泸州市龙马潭区文化馆
19. 四川省叙永县文化馆
20. 四川省中江县文化馆
21. 四川省罗江县文化馆
22. 四川省绵阳市涪城区文化馆
23. 四川省梓潼县文化馆
24. 四川省旺苍县文化馆
25. 四川省青川县文化馆
26. 四川省剑阁县文化馆
27. 四川省苍溪县文化馆
28、四川省大英县文化馆
29. 四川省射洪县文化馆
30. 四川省蓬溪县文化馆
31. 四川省内江市市中区文化馆
32. 四川省威远县文化馆
33. 四川省隆昌县文化馆
34. 四川省乐山市沙湾区文化馆
35. 四川省乐山市五通桥区文化馆
36. 四川省井研县文化馆
37. 四川省夹江县文化馆
38. 四川省峨边彝族自治县文化馆
39. 四川省南充市高坪区文化馆
40. 四川省营山县文化馆

41. 四川省阆中市文化馆
42. 四川省宜宾县文化馆
43. 四川省长宁县文化馆
44. 四川省珙县文化馆
45. 四川省兴文县文化馆
46. 四川省广安市广安区文化馆
47. 四川省岳池县文化馆
48. 四川省武胜县文化馆
49. 四川省邻水县文化馆
50. 四川省华蓥市文化馆
51. 四川省宣汉县文化馆
52. 四川省雅安市文化馆
53. 四川省雅安市雨城区文化馆
54. 四川省汉源县文化馆
55. 四川省巴中市文化馆
56. 四川省平昌县文化馆
57. 四川省资阳市文化馆
58. 四川省资阳市雁江区文化馆
59. 四川省甘孜州文化馆
60. 四川省德昌县文化馆

三级馆（52 个）

1. 四川省金堂县文化馆
2. 四川省蒲江县文化馆
3. 四川省自贡市贡井区文化馆
4. 四川省自贡市大安区文化馆
5. 四川省攀枝花市仁和区文化馆
6. 四川省古蔺县文化馆
7. 四川省德阳市文化馆
8. 四川省德阳市旌阳区文化馆
9. 四川省盐亭县文化馆
10. 四川省北川羌族自治县文化馆
11. 四川省平武县文化馆
12. 四川省广元市利州区文化馆
13. 四川省广元市元坝区文化馆
14. 四川省广元市朝天区文化馆
15. 四川省遂宁市船山区文化馆
16. 四川省遂宁市安居区文化馆
17. 四川省内江市文化馆
18. 四川省内江市东兴区文化馆
19. 四川省乐山市市中区文化馆
20. 四川省乐山市金口河区文化馆
21. 四川省犍为县文化馆
22. 四川省沐川县文化馆
23. 四川省马边彝族自治县文化馆
24. 四川省南充市文化馆
25. 四川省南充市顺庆区文化馆
26. 四川省南充市嘉陵区文化馆
27. 四川省蓬安县文化馆
28. 四川省仪陇县文化馆
29. 四川省西充县文化馆
30. 四川省眉山市东坡区文化馆
31. 四川省仁寿县文化馆
32. 四川省宜宾市文化馆
33. 四川省宜宾市翠屏区文化馆
34. 四川省南溪县文化馆
35. 四川省高县文化馆
36. 四川省渠县文化馆
37. 四川省名山县文化馆
38. 四川省荥经县文化馆
39. 四川省天全县文化馆
40. 四川省宝兴县文化馆
41. 四川省巴中市巴州区文化馆
42. 四川省通江县文化馆
43. 四川省乐至县文化馆
44. 四川省阿坝藏族羌族自治州文化馆
45. 四川省九寨沟县文化馆
46. 四川省小金县文化馆
47. 四川省若尔盖县文化馆
48. 四川省道孚县文化馆
49. 四川省炉霍县文化馆
50. 四川省西昌市文化馆
51. 四川省会理县文化馆
52. 四川省普格县文化馆

文化产业

【基地（园区）建设】为大力推动全省文化产业集聚发展，提高文化产业规模化、集约化、专业化水平，“十二五”期间四川规划了一批文化含量高、规模效益好、示范引导辐射作用强的文化产业基地（园区），在引导全省各市、州充分利用区域特色文化资源的同时，深度挖掘文化项目内涵，整合项目资源，优化项目结构，提升项目品位，完善充实园区子项目，形成以园区项目为统领，各子项目向园区集中的文化产业聚集发展态势。依托成都文化旅游发展有限公司、成都青羊城乡建设发展有限公司、四川工艺美术发展有限公司、四川新天府文化有限公司等大型龙头企业，重点策划建设了藏羌文化产业走廊、成都东部新城文化创意产业园、成都国际非物质文化遗产博览园、四川工艺美术博览园、四川（仁寿）文化产业园、四川白马关三国文化产业园等每个平均投资过50亿元的重大文化产业园区项目。形成以大企业、大项目带动中小企业和项目，推动文化产业大发展大繁荣的局面。

为贯彻落实《文化部关于加强文化产业园区基地管理、促进文化产业健康发展的通知》，根据《国家级文化产业示范园区管理办法（试行）》和《省级文化产业示范园区管理办法（试行）》，四川以打造具有地域特色的重大文化产业项目与文化品牌为目标，大力推进文化产业集聚发展，促进文化产业基地、园区建设，对文化产业示范基地、园区给予高度重视和大力支持。省文化厅指导和督促全省35家国家级、省级文化产业示范基地认真完成了自检报告和《国家文化产业示范基地发展绩效汇总表》，进一步规范了文化产业示范基地管理，为提高发展水平，形成具有较强带动效应的区域文化产业发展态势打好了基础。

为扩大四川文化产业示范基地影响，引导文化产业示范基地加快发展、力争一流，省文化厅组织推荐成都文化旅游发展集团有限责任公司（原成都市兴文投资发展有限公司）、凉山文化广播电影电视传媒有限公司积极参加文化部举办的“国家文化产业示范基地影响力评价”，以期进入全国领先地位，更好地发挥示范带动作用。

为树立行业典型，进一步促进全省文化产业示范基地（园区）壮大发展，根据文化部《国家文化产业示范基地评选命名管理办法》（办产发〔2006〕5号）和《四川省文化产业示范基地评选命名管理办法》（川文产〔2008〕35号），开展了第三批省级文化产业示范基地命名工作，命名成都东区音乐公园等10家社会效益和经济效益突出、成长性高、发展前景好、具有引领和示范作用的单位为第三批四川省文化产业示范基地。

【金融扶持】为贯彻落实国家九部委《关于金融支持文化产业振兴和发展繁荣的指导意见》，促使文化产业与金融更好结合，切实解决文化企业的融资问题，省文化厅与工行四川省分行多次磋商，于2011年1月12日签署了四川省文化厅和中国工商银行四川省分行《支持文化产业发展战略合作协议》。双方本着“长期合作、优势互补、共谋发展”的原则，在全省文化产业领域建立长期稳定的战略合作关系，从而更好地推进“十二五”规划中四川省重大文化产业项目、示范园区、重点企业等建设，特别是满足总投资5 000万元以上文化产业项目金融需求。为进一步落实《支持文化产业发展战略合作协议》，2月，省文化厅与中国工商银行四川省分行联合下发了《关于加强金融文化领域合作的通知》（川文办发〔2011〕31号），要求各市、州文化主管部门和当地工商银行分支机构加强合作，增强沟通，通过签订合作协议、定期会晤等多种方式搭建信息共享平台，有效整合双方在政策、文化、金融等方面的资源，有效拓宽文化企业融资渠道，共同推进四川省文化产业繁荣发展。截至 11 月底，四川省工行累计向文化产业领域投放贷款 33 亿元，贷款余额 25 亿元。其中 2011 年向成都文化旅游发展集团有限责任公司、都江堰兴市旅游发展有限公司、成都青羊城乡开发建设有限公司等企业投入新增贷款 5.5 亿元，增幅达 28.21%。

为充分利用四川文化优势资源，建设一批重大文化产业项目，促进骨干文化企事业单位健康发展，切实推动文化产业加快发展，省文化厅根据《财政部关于印发〈文化产业发展专项资金管理暂行办法〉的通知》（财教〔2010〕81 号）要求，积极组织开展了 2011 年文化产业发展专项资金申报工作。获得国家文化产业发展专项资金 1 050 万元，其中四川歌舞演艺有限责任公司获 500 万元，成都市锦里公司获 450 万元贷款贴息，自贡市灯贸委管理委员会获 100 万元。

为培育具有四川特色的优势文化产业品牌，切实加强扶持力度，增强文化产业品牌项目的影响力和竞争力，省文化厅组织开展了扶持文化产业品牌资金申请及专家评审工作，共收到申请扶持文化产业品牌资金项目 204 项，通过评审的项目共 42 个，安排扶持资金共 750 万元。扶持资金在项目安排上重点支持较为成熟，并具有发展潜力和前瞻性的优质文化产业品牌项目，对推动文化产业发展、打造特色文化产业和文化品牌企业起到了重要作用。

【转变发展方式】以广元、成都、遂宁、阿坝、自贡、乐山、南充等市州为代表的全省各地努力探索文化资源有效转化途径，大力推动特色文化产业聚集，初步形成以成都为产业集聚中心、大城市产业园区为集聚基础，辐射带动中小城市特色文化街区和产业项目集聚发展的格局。全省区域文化产业发展特色更加鲜明，文化资源转化成效显著。

5 月 4 日 ~5 日，四川省区域特色文化产业发展现场会在广元市召开，四川省人民政府副省长黄彦蓉、文化部产业司司长刘玉珠、省政府副秘书长陈保明，四川省文化厅党组书记、厅长郑晓幸，四川省文化厅党组成员、副厅长窦维平，各市州分管文化产业工作副市州长，绵竹市、北川县领导，各市州文化局长、产业科（处）长共 120 人参加会议。会议总结了“十一五”期间，特别是灾后恢复重建以来，四川区域特色文化产业的成就和经验，推广了文化产业发展的广元经验，分析了全省文化产业面临的挑战和问题，从加强组织领导、加快体制改革、加大政策扶持力度等方面提出了推动全省区域文化产业加快发展的新任务、新思路、新要求。并从新的举措、保障区域文化产业科学发展、重点完善资源保护利用规划、搭建产业公共服务平台、完善文化市场体系、加强人才资源开发、落实文化产业政策等方面作了全面部署。

【招商引资】2011 年，面向全省征集文化产业 5 000万元以上项目 119 个，建立了 2011 年四川省文化产业投融资项目库，编印了《2011 年四川省文化产业招商引资项目推荐册》，并配合文化部编印了《中国文化产业 2011 投融资项目手册》，将编印的项目导入全国项目服务工程的项目资源库，切实做好了文化产业项目资源库建设和管理工作。

为贯彻落实《中共四川省委办公厅四川省人民政府办公厅关于进一步加强重大产业发展项目引进和推动实施工作的通知》（川委厅〔2011〕12 号）文件精神，抓住新一轮西部大开发和国际国内产业加快转移等重大机遇，大力实施充分开放合作战略，着力引进一批省（境）外投资重大文化产业发展项目，省文化厅严格落实责任，细化工作安排，精心组织实施。经过分析比较和项目对接，确定在“十二五”期间，拟培育成都国际非物质文化博览园为国家级文化产业试验园区。

积极参加文化会展。第七届深圳（国际）文化产业博览会四川代表团以“美好新家园，天府新篇章”为主题，全面展示了四川文化艺术、新闻出版、广播影视等文化产业核心层的优秀文化产品，以成都东村文化创意区为亮点，重点宣传推介中央政治局常委李长春高度重视并亲自推动的“三基地一窗口”建设，为积极推进文化产业重要项目招商引资搭建了对外宣传、交流与合作平台。

第十二届中国西部国际博览会四川文化以“四川文化艺术创意设计”为主题，采取展销结合的方式，展示了近年来全省文化艺术创意设计取得的新成果，推出了喜德县彝族漆器、与环境建筑结合的绵竹年画、泸州油纸伞、“雅道清心”原创高端艺术品系列等富有创意和创新理念的项目，给观众留下了深刻印象。

【加强政府引导】四川中小文化企业数量众多，发展迅速，在创造经济价值、增强产业实力、提供就业机会、培养文化人才等方面发挥着支撑作用。2010 年，全省文化系统文化企业13 000多个，收入 530 亿元，实现增加值186. 9亿元，从业人员 49. 2 万人，其中中小文化企业 12 500多个，收入 372 多亿元、实现增加值 105. 6 亿元，从业人员约 40 万人，分别占整个文化系统文化产业的 96. 2%、69. 3%、57. 1%和 81. 3%。

切实加强政府引导职能，鼓励和推动中小文化企业快速成长、壮大实力、创新发展。省文化厅大力支持茂县羌寨绣庄、泸州市江阳区毕六福伞业有限公司、四川新概念青铜时代艺术品有限责任公司、广元苍溪县歧坪丝毯厂、康定大吉香巴拉文化发展有限公司、成都恒风动漫制作有限公司、成都牧鹰数码艺术设计有限公司等中小文化企业发展，积极培育文化市场主体，为中小文化企业发展创造良好的政策环境和平等竞争机会。引导各地中小文化企业整合资源、树立品牌、集聚发展，形成了绵竹年画村、泸县农民演艺中心、攀枝花仁和区苴却砚文化产业园、红星路 35 号等以当地中小文化企业为主体集聚发展而来的文化产业园区。地中小文化企业扩大了规模效益和市场份额，增强了总体实力，提高了抵御风险能力，实现规模化、集约化发展。

【文化产业统计工作】按照四川省文化体制改革和文化产业发展领导小组《关于在全省开展文化产业统计工作的通知》（川文改〔2011〕1号）文件的统一部署，采取有力措施，大力推动全省文化系统文化产业统计工作，按时超额完成文化产业统计任务，取得显著成效。2 月15 日召开了全省文化产业工作会，将文化产业统计工作列为全年文化产业工作的重中之重。2月 17 日，省文化厅印发了《四川省文化系统文化产业统计实施方案》，进一步明确了文化产业统计工作的范围、组织领导、统计体系、工作程序和时间进度及工作要求。省文化厅协调省质量技术监督局联合下发了《关于共同推动全省文化系统文化产业统计工作的通知》（川文办发〔2011〕32 号），顺利推进了文化产业法人名录核查工作。为学习借鉴省外文化产业统计有益经验，省文化厅与省统计局赴安徽学习考察文化产业统计工作，在此基础上，完成了文化系统文化产业统计制度设计，制定了《四川省文化系统文化产业统计报表制度》。4 月 27日，省文化厅转发了《中共四川省委宣传部四川省统计局关于加强文化产业统计有关工作的通知》（川统计〔2011〕19 号），提出全面推进文化产业统计培训和数据采集工作，确保文化系统统计报表培训率达 100%和统计数据填报率达 100%的工作要求。全省文化系统克服统计对象数量多、分布广、门类杂、时间紧、任务重等困难，动员一切力量搞好统计报表培训和数据采集的催、审、核、报工作。截至 5 月底，全省文化系统组织文化产业法人报表培训达9 827户，组织法人单位数据上报 11 357 户，培训率和上报率分别达到和超过工作目标，圆满完成统计工作任务。

文物事业

【**概况**】2011 年，四川文化遗产事业顺利推进，繁荣发展，实现了“十二五”良好开局。灾后文物抢救保护成就辉煌，39 个重灾县 245 项灾后文物抢救保护项目基本完成。第三次全国文物普查成果丰硕，共调查登记不可移动文物 65 231处，其中新发现 51 836 处，数量排名全国第三。文物基础工作成绩突出，《四川省文物博物馆事业发展“十二五”规划》编制发布，项目储备和资金申报工作扎实推进，文物法制建设继续加强，人才队伍建设持续开展。不可移动文物保护工作成绩显著，大遗址保护成都片区各项工作稳步推进，申报《中国世界文化遗产预备名单》工作顺利进行，基本建设中的文物抢救保护工作卓有成效，文物维修保护工程有序开展，第八批省级文物保护单位遴选工作圆满完成，会理县被国务院公布为国家历史文化名城。博物馆体系日臻完善，全省博物馆纪念馆总数达 227 座。博物馆纪念馆免费开放再掀高潮，全省免费开放博物馆纪念馆数量达 89 座，全年接待观众 1 653 万人次（未成年人约 680 余万人次）。可移动文物保护科技水平逐步提升，社会文物管理和文物鉴定工作不断加强。文物安全工作深入推进，全省文博系统安全大检查、大整治工作扎实开展。“四川省公安机关和文物行政管理部门打击防范文物违法犯罪工作机制”及时建立，“2011 打击文物犯罪专项行动”收效明显。文物宣传渠道日益拓展，各种围绕重点工作开展的宣传活动异彩纷呈。

【**法规建设**】为推动大遗址保护成都片区保护利用工作顺利有序开展，四川省加快推动《四川省成都片区大遗址保护管理办法》立法进程。11 月，该《办法》已入选四川省人民政府法制办汇集的《拟列入省政府 2012 年立法计划的项目》，四川文物法制体系有望得到进一步完善。

【**执法督察与安全保卫**】1 月，文物行政执法与安全监管情况公告制度开始实行。截至 12 月底，各市（州）文物行政部门对省级以上文物保护单位（共 706 处）开展文物执法巡查 2 507 次，对文物收藏单位（共 305 家）开展文物执法巡查 426 次；对省级以上文物保护单位开展安全检查 5 406 次，发现安全隐患 329 项，整改 297 项，整改率达 90.3%；对文物收藏单位开展安全检查 1 352 次，发现安全隐患 13 项，整改 11 项，整改率为 84.6%。文物行政执法与安全监管情况公告制度的实行，有力地推动了全省文物安全巡查、执法督察工作的开展，对保障文物安全发挥了重要作用。

12 月 14 日～16 日，由国家文物局督察司和中国气象局联合组成的国保单位防雷安全工作督察组对梓潼县七曲山大庙、广元千佛崖摩崖造像、皇泽寺摩崖造像、罗江庞统祠、三星堆遗址、成都武侯祠、杜甫草堂、金沙遗址共 11 处全国重点文物保护单位进行了防雷安全督察。督察组对四川文物安全工作给予了充分肯定，同时也针对检查中部分文物保护单位存在的问题，提出了整改要求。此次督察调研活动的开展，对于进一步加强四川文物安全和防雷工作起到了积极的作用。

按照公安部、国家文物局“2011 年打击文物犯罪专项行动动员部署会议”精神，四川省各级公安机关和文物部门密切配合，通力协作，立即出台了《四川省公安机关和文物行政管理部门打击防范文物违法犯罪工作机制》，及时启动和开展了“2011 打击文物犯罪专项行动”。截至 12 月底，全省立案总数 69 起，其中省公安厅挂牌督办案 2 起，重点案件 8 起；破获文物犯罪案件 74 起，抓获犯罪嫌疑人 52 名，捣毁文物犯罪团伙 5 个，追缴文物 80 余件，打击文物犯罪专项行动取得了辉煌战果，有效遏制了田野文物被盗现象的发生。

【不可移动文物的保护和管理】 截至12月31日，全省共有全国重点文物保护单位128处，省级文物保护单位578处。

不可移动文物灾后抢救保护工作成就辉煌。1月，国家文物局童明康副局长检查指导理县桃坪羌寨灾后文物抢救保护工程；4月，“都江堰伏龙观古建筑群灾后抢救保护工程”被联合国教科文组织授予“2010年亚太地区文化遗产保护优秀奖”；4月21日，理县桃坪羌寨一、二期修缮工程通过竣工验收；5月6日~8日，国家文物局在成都市召开全国文物系统“5·12”汶川地震灾后抢救保护工作总结大会，四川省文物管理局被国家文物局授予“文物系统汶川地震灾后文物抢救保护工作突出贡献奖”；6月，“都江堰二王庙古建筑群灾后抢救保护工程”和“七曲山大庙古建筑群灾后抢险维修壁画彩绘保护修复工程”获得“全国2010年度十大文物维修工程”殊荣；12月，汶川县萝卜寨灾后抢救保护修复工程通过竣工验收。截至12月底，四川列入国家灾后规划的153处不可移动文物得到及时有效抢救保护，四川文物保护向党和人民交上了一份满意的答卷。

第三次全国文物普查工作成果丰硕。7月5日~6日，四川省文物管理局在成都召开“2011年四川省第三次全国文物普查第三阶段工作会议”；9月，四川省顺利完成第三次全国文物普查实地文物调查数据误差率抽样检测；12月23日，九寨沟县阿梢脑遗址、犍为县清溪古建筑群、通江县佛尔岩塬石窟寺、安岳县灵游院石窟寺、梓潼县中国工程物理研究院旧址共5处新发现不可移动文物成功入选“第三次全国文物普查百大新发现”；12月29日，四川省召开第三次全国文物普查工作电视电话会议，四川省第三次全国文物普查领导小组办公室主任王琼汇报了四川省第三次全国文物普查的开展情况，四川省第三次全国文物普查领导小组组长、四川省人民政府副省长黄彦蓉作重要讲话，对四川省第三次全国文物普查工作进行了全面回顾，并对下一步工作提出了具体要求。截至12月底，全省共调查登记不可移动文物65 231处，新发现51 836处，复查13 395处；其中古遗址3 652处，古墓葬30 548处，古建筑17 465处，石窟寺及石刻3 609处，近现代重要史迹及代表性建筑8 454处，其他类1 503处。至此，四川圆满完成了“三普”工作，四川的第三次文物普查没有因地震而耽误。

同时，启动了第八批省级文物保护单位遴选、初审工作。会理县被国务院公布为国家历史文化名城，全省国家级历史文化名城数量达到8座。此外，省文物管理局还联合省住房和城乡建设厅对成都、自贡、泸州、宜宾、乐山、阆中等国家级历史名城进行了专项检查。

大遗址保护。2011年，四川省人民政府与国家文物局共同下发了《关于成立大遗址保护成都片区共建合作委员会的通知》（川府函〔2011〕271号），中共四川省委副书记、省长蒋巨峰，文化部党组成员、国家文物局党组书记、局长单霁翔担任共建委员会主任，黄彦蓉、童明康担任副主任，国家文物局各司室及四川省各有关厅局的主要负责人担任委员。这充分体现了四川省人民政府对大遗址保护工作的高度重视。此外，成都市、广汉市和邛崃市也相继成立大遗址保护地方领导机构，并建立了大遗址保护相关机制。

截至2011年底，《大遗址保护成都片区保护规划纲要》雏形基本形成，《三星堆遗址保护规划》《金沙遗址文物保护规划》正由专业资质单位进行修编，《邛窑遗址保护规划》经过几次修改已经上报国家文物局待批，《宝墩遗址保护规划》《朱悦濂墓保护规划》和《鱼凫古城保护规划》编制工作已基本完成。与此同时，根据批复同意的《三星堆遗址保护展示方案》和《三星堆遗址重点遗迹保护展示实施方案》，三星堆国家考古遗址公园建设和遗址保护展示工作正全力推进；《三星堆遗址2011~2015年度考古工作规划》获得国家文物局批复同意，遗址航拍、测绘、调查等工作已经开始；邛窑遗址河堤加固工程已经完成，本体保护、展示、环境整治工作稳步推进；成都古蜀船棺遗址出土大型船棺、漆木器正进行脱水防护保护和技术性修复；金沙遗址及博物馆的安全防护和展示服务设施建设、文物保护中心建设正逐步完善。

全国重点文物保护单位。全年共开展28项全国重点文物保护单位维修保护工程，包括红军强渡大渡河遗址、平武报恩寺、杜甫草堂、卓克基土司官寨、广元千佛崖摩崖造像、富顺文庙、泸定桥、庞统祠墓、况场朱德旧居、直波碉楼、木门寺、领报修院、彭州佛塔、张桓侯祠、阆中永安寺、五龙庙文昌阁、平武报恩寺、云岩寺、塔梁子崖墓群、茂县三元桥、黑水县沙窝会议会址、芦花会议会址、小金县红一、四方面军会师遗址、两河口会议会址、布瓦村寨及碉楼、黑虎村寨及碉楼、营盘山遗址、武侯祠。

全年共完成17处全国重点文物保护单位的保护规划编制和审核报批工作，包括资中文庙和武庙、开江陶牌坊、觉苑寺、塔梁子崖墓群、木门寺、白利寺、大邑刘氏庄园、犍为文庙、邛窑遗址、罗家坝遗址、况场朱德旧居、庞统祠墓、燊海井、巴中西龛摩崖造像、巴中北龛摩崖造像、安岳石窟华严洞、安岳石窟圆觉洞。

10月12日，广元千佛崖石窟保护工程正式开工。文化部党组成员、国家文物局党组书记、局长单霁翔，四川省政协副主席晏永，四川省文化厅党组书记、厅长郑晓幸，四川省文化厅党组成员、省文物局局长王琼，广元市委书记罗强等有关领导参加开工仪式。单霁翔要求广元市委市政府和文物部门以此次工程为契机，将千佛崖石窟保护工程做成国家文物保护修缮工程的典范，让文物保护更好地融入经济社会发展并惠及民生。

世界文化遗产。

都江堰——青城山。1月14日，都江堰二王庙古建筑群灾后抢救保护工程竣工。3月25日，二王庙文物区水电、消防工程竣工。4月25日，二王庙正式对外开放。5月6日，都江堰秦堰楼维修工程竣工。

峨眉山——乐山大佛。3月6日，“乐山大佛保护维修工程研讨会”成功召开。6月，乐山大佛三维激光扫描工作由中国铁科院西南勘察院顺利实施，并编制《乐山大佛三维激光扫描报告》。8月，《乐山大佛景区地质灾害调查评价报告》《乐山大佛窟洞天危岩加固工程立项建议书》编制完成。同时，《乐山大佛文物保护规划》《峨眉山古建筑群文物保护规划》正加紧编制，《峨眉山万年寺保护修缮设计方案》已经完成。

全国政协“蜀道”文化线路保护和“申遗”专题调研。9月7日~11日，全国政协副主席、民盟中央第一副主席张梅颖率全国政协专题调研组，在四川就“蜀道”文化线路保护和“申遗”问题进行考察。张梅颖一行先后到广元、绵阳、德阳、成都等地，实地考察“蜀道”沿线的遗存遗迹。9月8日，调研组在广元举行“蜀道”文化线路保护和“申遗”研讨会，与会代表和专家学者达成《广元共识》。9月11日上午，调研组在成都举行“蜀道”文化线路保护与“申遗”座谈会，黄彦蓉代表省政府就四川“蜀道”文化线路的保护和“申遗”的步骤及下一步工作思路作了汇报；文化部党组成员、国家文物局党组书记、局长单霁翔代表调研组作总结讲话。此次全国政协“蜀道文化线路保护与申遗”专题调研意义重大，对“蜀道”文化线路保护和“申遗”工作具有积极的推动作用。

茶马古道文化遗产保护（雅安）研讨会。8月21日，由雅安市人民政府和省文物管理局共同主办的“茶马古道文化遗产保护（雅安）研讨会”在雅安市召开。文化部党组成员、国家文物局党组书记、局长单霁翔作《保护千年古道 传承中华文明》的主题演讲，来自全国各地的专家学者纷纷发言，研讨会形成并一致通过了“茶马古道文化遗产保护（雅安）共识”。会议期间，单霁翔对雅安博物馆和雅安茶马古道文化遗产保护工作进行了考察。11月，雅安市文物局正式委托四川省文物考古研究院承担《茶马古道（雅安段）保护规划》编制任务。11 月 17 日，四川省文物考古研究院对此工作进行专题研究，就“茶马古道”的时代界限、文化内涵、前期田野考古勘探及规划文本编制等问题进行了界定，并立即着手开展规划编制相关工作。

四川省《中国世界文化遗产预备名单》更新暨大遗址保护培训工作会。11 月 15 日 ~17 日，省文物管理局组织召开《中国世界文化遗产预备名单》更新暨大遗址保护培训工作会议。四川省文化厅党组成员、省文物局局长王琼出席会议并讲话，对四川“申遗”和大遗址保护工作形势进行了深入分析，并针对下阶段工作提出了明确要求。国家文物局文物保护与考古司司长关强和中国古迹遗址保护协会秘书处处长郑军受邀专程赴川授课。本次培训会具有较强的指导性，对于深入推进四川“申遗”及大遗址保护工作具有重要意义。

【考古发掘】四川省文物考古研究院全年共完成60余项基本建设项目考古调查勘探工作，发现各类文物点110余处，勘探面积超过10万平方米；发掘面积近5万平方米，发现墓葬、灰坑、房址等遗迹1150余座（个），出土文物2800余件（套），各类标本数万件。成都市文物考古研究所全年共完成考古勘探和发掘305个，发现各类文物点157处，出土文物2000余件（套），勘探面积超过3万平方米，并编辑出版《四川邛崃龙兴寺考古发掘报告》《成都考古发现2009》等书籍。

重要考古项目。

宜宾石柱地遗址。石柱地遗址位于宜宾市屏山县楼东乡田坝村，地处金沙江北岸。为配合向家坝水电站建设，2010 年 5 月 ~2011 年 12 月，四川省文物考古研究院对其进行了考古发掘。发掘面积8000平方米，清理各时期遗迹近190个，主要为新石器、商周时期灰坑、房址等，出土铜器、陶器、玉器、铁器、石器等500余件。

该遗址的发掘对于研究蜀文化的南迁提供了重要资料，而其新石器遗存是继叫化岩遗址发掘后的又一重大收获，对于研究金沙江流域新石器文化及源流有着重要意义。

宜宾槽坊头遗址。位于宜宾市宜宾县喜捷镇红楼梦村，遗址面积约3000平方米，分为东区和西区。本次发掘主要集中在西区，发掘面积450多平方米。清理出房屋基址、酒窖等遗迹，从出土遗物和遗迹判断，此处应是明代晚期废弃的一处酿酒作坊遗址。

该遗址是川东南地区白酒金三角发现的要素最全、时代最早、保存最好的一处酿酒作坊遗址，为明代酿酒工业的研究提供了难得的实物资料。

盐源县八家村墓地。位于凉山彝族自治州盐源县梅雨镇八家村三组，面积约 1.2 万平方米。2 月 ~3 月，四川省考古研究院联合凉山州博物馆、盐源县文管所对墓地进行了抢救性发掘清理，发掘面积 300 平方米，共发现墓葬 28 座，出土器物有青铜器、陶器、铜铁合制品、骨器、绿松石、玛瑙珠等。

八家村墓地所反映的文化面貌具有突出的地域特征，又与北方系青铜文化和川西高原的石棺葬有着某些相似的文化特征和相近似的文化因素，对于横断山区的古文化研究及民族学研究具有重要意义。

三星堆遗址周边遗存调查。2011 年度，四川省文物考古研究院开展了对三星堆遗址以西，地跨广汉、什邡两市的鸭子河北岸的新平、西高、四平、南泉、马祖五个镇（乡）约 30 平方千米区域的考古调查工作。共发现 10 处商周时期遗址，且分布密集（尤以广汉境内甚），面积大多在10000平方米左右，文化堆积保存较好。

这批遗址的文化面貌与三星堆遗址第三、四期相同，它们的发现为三星堆遗址群聚落特征和聚落关系的研究提供了极为重要的线索。

宝墩遗址。2011 年，成都文物考古研究所会同新津县文管所对宝墩古城外城进行了大规模钻探和发掘，钻探面积近 200 万平方米。钻探结果显示，在外城区域均有宝墩文化时期的文化堆积，主要分布于外城的西北部和东南部。同时，在宝墩城址的内城中心偏北位置进行了较大规模的发掘，收获颇丰。发掘区内地层堆积较厚，文化遗存丰富，包含有宝墩文化一、二期遗存。

尤为重要的是，在鼓墩子北侧揭露出一组大型建筑基址，年代相当于宝墩文化一期 2 段，布局严谨，主次分明，且规模较大，规格较高，可能为宝墩文化的一座大型公共礼仪性建筑。

十二桥遗址新一村地点商周至隋唐时期遗址。位于成都市青羊区十二桥路以南。2011 年度，为配合成都市内环线（通惠门——青羊上街）道路工程建设，在紧邻 1995 年发掘区的南面布方发掘，发掘面积共计 1 900 平方米，主体文化堆积为宝墩时期至隋唐时期文化层。

宝墩时期遗物在十二桥遗址及 1995 年新一村地点的发掘中均未发现，而本次在新一村地点则发现了一批遗存，这是一个重大突破，为探讨宝墩文化的发展演变提供了进一步的证据，也有利于进一步推进十二桥文化的文化性质、年代下限、聚落功能等研究的深度拓展。

后蜀宋王赵廷隐墓。位于成都市龙泉驿区十陵镇青龙村一组，据墓志，墓主人为后蜀宋王赵廷隐。墓葬原为一近圆形封土包，直径约 40 米，现存高度约 4 米。墓葬由墓道、封面墙、墓门、甬道、主室及南、北、西三耳室构成，总体呈中字形。墓葬出土器物主要包括陶瓷器和陶俑，另含少量金属器，皆出自琉璃场窑。

该墓葬的发掘对研究五代时期该区域墓葬制度、宗教思想、音乐绘画以及区域间文化交流都有极高价值。

【博物馆】 四川省全年新增博物馆 19 家，博物馆总数达 227 家。“5·12”抗震救灾纪念馆、绵竹市博物馆、江油李白纪念馆、汶川县博物馆、青川地震博物馆等完成建设并向公众开放；北川地震纪念馆、茂县羌族博物馆、北川羌族民俗博物馆等主体建筑封顶，进入陈列布展阶段。全省免费开放博物馆纪念馆数量达 89 座，全年接待观众 1 653 万人次（未成年人约 680 余万人次），大中小学生及农民工、城镇低收入群体参观人数明显上升。

博物馆间的交流与合作。国家文物局委托的“国有博物馆对口帮扶民办博物馆”试点工作顺利完成。2011 年，四川省文物管理局会同成都市文物局组织开展了成都武侯祠博物馆对口帮扶成都华通博物馆开放服务提升试点项目。通过帮扶，成都华通博物馆教育服务、开放管理和工作制度得到优化，社会活动能力得以提高，博物馆功能进一步发挥。同时，此项试点工作的顺利完成，也为国家文物局在全国推广国有博物馆对口帮扶民办博物馆积累了经验。

四川博物院与地震灾区新建博物馆共建帮扶工作积极开展。5 月 4 日，四川博物院与绵阳市博物馆、北川羌族民俗博物馆、安县博物馆、茂县羌族博物馆、青川县博物馆正式签订《共建协议》，四川博物院与五家地震灾区博物馆在陈列展览、人员培训、博物馆基础建设等方面开展了广泛的合作，为进一步加强相互间文化文物交流奠定了基础。

重要文物陈列展览。1～2 月，四川博物院与成都武侯祠博物馆联合举办“雪域高原的神佛世界——四川博物院唐卡展”；5～10 月，“5·12 灾后文物抢救保护成果展”在四川博物院成功举行，单霁翔、郑晓幸、王琼等领导出席展览开幕仪式并作重要讲话。展览分“山崩地裂·国宝濒危”“众志成城·转危为安”“妙手回春·文物重光”“奋进崛起·走向豪迈”四个部分，全面回顾和展示了四川和全国文物系统的灾后文物抢救保护工作和成果；8～12 月，湖北荆州博物馆与成都华通博物馆联合举办“楚风汉韵——荆州出土楚汉文物精品展”；10～12 月，四川博物院与首都博物馆合作举办“张大千的艺术人生和艺术魅力展”；10 月 22 日，由广汉三星堆博物馆、成都金沙遗址博物馆承办的“神秘的古蜀王国——三星堆、金沙出土文物珍宝展”巡回展览圆满结束。此次巡展自 2009 年 4 月启动以来，先后在深圳博物馆、广州南越王博物馆、山西博物院、辽宁博物院、天津博物馆、苏州博物馆、良渚博物院、无锡博物院等八个省（市）级博物馆展出，累计观众人数超过80万人次。

此外，重要的展览还有：四川博物院主办的“共和之光——纪念辛亥四川保路运动100周年展”“珍宝蕴含的情怀与哲理——台湾艺术大师许伯夷作品展”“意大利皮埃蒙特大区摄影和油画展”“龙佑天府——龙文化展”以及成都武侯祠博物馆举办的“馆藏庙堂画展”等。

【可移动文物保护】 四川共有藏品总数1 534万余件（套），其中珍贵文物155 158件（套），一级文物4 385件（套）。

全年评审各类方案17个，其中形式设计方案4个，馆藏文物保护修复方案12个，革命文物征集方案1个；初审馆藏文物保护修复、文物保存环境和预防性保护方案48个。顺利完成都江堰、新津、中江、三台、苍溪、宝兴、茂县等地的可移动文物修复工作，修复可移动文物1 600余件。全面完成“5·12”灾后地震文物征集工作，全省13个文物收藏单位共征集地震文物46万件（套、张），其中实物资料15万件（套），图片资料31万张，征集有关音、视频资料4万余分钟。及时启动地震遗址遗迹数字化工程，如期完成招投标及有关方案编制工作。

12月23日，四川文物保护研究中心正式成立。中心由“四川文物保护研究中心川博工作站、四川文物保护研究中心省考古研究院工作站、四川文物保护研究中心华通工作站”三方组成，这标志着省内三家文博单位打破传统体制，整合优势资源，开辟了探索国有文博单位与民办博物馆通力合作的一条新路。此外，中法合作建设的成都金沙遗址博物馆文物保护中心局部建成并投入使用；四川省文物考古研究院文物保护中心作为主要参与单位的安岳圆觉洞石刻保护项目的现场封护加固和修复试验工作顺利完成。

【社会文物管理】 全年办理文物临时进境审核2次，办理文物临时出境审核4次。新增取得国家文物局《文物拍卖许可证》的拍卖企业2家，四川取得《文物拍卖许可证》的企业达到5家。全年举办艺术品拍卖会5场，鉴定拍卖标的908件。

2月23日，四川省文物拍卖管理工作座谈会在成都召开。会议传达了宋新潮在《全国文物拍卖管理工作座谈会》上的讲话精神，对文物拍卖标的备案复核程序、文物拍卖标的审核范围和重点、文物拍卖专业人员资格认定等问题进行了详细说明。五家拍卖行的负责人在认真学习《文物拍卖企业资质年审管理办法》后分别介绍了各自的工作经验，并对当前文物拍卖中的一些热点、难点问题进行了探讨与交流。

9月19日～23日，中编办、文化部、国家文物局联合组成调研组赴四川调研文物进出境审核机构管理工作。四川省编办、成都海关、四川省文物管理局、国家文物进出境审核四川管理处等相关单位负责同志参加调研。调研组在听取四川省文物管理局工作汇报后，对四川近年来文物进出境审核机构管理工作和国家文物进出境审核四川管理处所取得的成绩给予了充分肯定，并希望四川在下阶段工作中加大机构建设和人才培养力度，加强与成都海关的沟通协作，更好地履行文物进出境审核职责。

【科技与信息】 国家文物局文化遗产保护领域科学和技术研究课题申报工作顺利完成，其中4项课题通过初审；四川博物院“文物技术保护与修复能力提升项目”获国家文物局正式立项；成都杜甫草堂博物馆申报并获得国家文物局颁发的可移动文物保护设计乙级和修复二级资质。同时，数字化测绘、三维成像、物探技术、激光无损技术、空间信息技术、遥感技术、激光清洗技术等现代科技在四川文物保护领域中得到更加广泛的应用。

【文博教育与培训】 5月22日～26日，四川藏羌地区第四期传统建筑维修保护技术培训班在理县木卡羌寨举办。来自理县维州城遗址、沙吉五屯藏族民居、蒲溪古羌民居、广柔县城址、木卡羌寨等文物保护工程的项目管理人员和传统工匠共60余名学员参加培训。四川省文化厅党组成员、省文物局局长王琼作《新形势下的文化遗产保护事业》专题讲座，并为学员颁发了结业证书。

9 月 1 日 ~2 日，四川省文物管理局举办四川省第一期文物保护工程资质单位培训班，全省取得文物保护工程勘察设计、施工及监理资质的 38 家单位，共计 90 余名代表参加培训。四川省文化厅党组成员、省文物局局长王琼出席开班仪式，并作《加强文物保护工程资质单位管理》的主题讲座，第二批通过审核的 25 家新增文物保护工程资质单位领取了相应的资质证书。

10 月 7 日 ~12 日，四川省市州级文博管理干部培训班在四川大学历史文化学院举办，来自全省 21 个市（州）文物部门和“国保”单位管理机构负责人共计 150 余人参加培训。国家文物局人事司副司长黄元，四川省文化厅党组成员、省文物局局长王琼等有关领导出席开班仪式。王琼为学员们作《当前文化遗产保护发展新趋势与四川文物工作基本情况》的讲座，单霁翔专程为学员和川大师生作了题为《中国文化遗产保护现状》的专题报告。参训学员经考试合格领取了国家文物局颁发的“地市文博管理干部”和“全国重点文物保护单位管理机构负责人”上岗资格培训证书。

10 月 11 日，国家文物局与四川大学在成都签署“国家文物局、四川大学考古与博物馆学科共建协议”。文化部党组成员、国家文物局党组书记、局长单霁翔，四川大学校长谢和平，国家文物局副局长董保华，四川省文化厅党组成员、省文物局局长王琼等领导出席签字仪式。《协议》的共建重点是通过五年努力，力争将四川大学历史文化学院建成我国西南地区高校文博培训中心和中国藏区文博人才培育基地；将四川大学博物馆建成具有一定规模且具有较高展示研究和社会服务水平的综合性高校博物馆。

11 月 29 日 ~12 月 4 日，首届全国民办博物馆馆长培训班在四川大学举办。董保华、王琼、四川大学历史文化学院院长霍巍等有关领导出席开班仪式，来自全国 28 个省（自治区、直辖市）的民办博物馆馆长共计 50 余人参加培训。此次培训是国家文物局在全国范围内首次举办的专门针对民营博物馆的人才培训，聘请了南开大学、浙江大学、中国人民大学、四川大学等相关学科的教师为学员授课。

12 月 1 日 ~12 月 4 日，四川省博物馆纪念馆馆长培训班在成都举办，省内 62 家博物馆纪念馆和灾后新建、恢复重建博物馆的馆长参加培训。培训班邀请了首都博物馆、陕西历史博物馆、云南省博物馆、浙江大学、四川博物院等单位的专家，为学员讲授了《博物馆藏品管理》《博物馆规划与运营管理》《博物馆展览策划与设计》《文物保养与保护修复》等课程。

【文博宣传与出版】文物宣传渠道日益拓展。电视、电台、广播、网络、书籍、报纸、专题讲坛等各种宣传媒介的作用进一步发挥，各种新闻宣传稿件和简报数量大幅增加。四川省文物管理局全年累计上报《中国文物报》、国家文物局网站稿件 600 余篇，除 1 月和 10 月稿件采用量在全国各省（自治区、直辖市）中名列第二外，其余月份均为第一名。同时，网络宣传力度进一步加大，四川省文物管理局门户网站及子网点击率超过 20 万次。

文物宣传活动异彩纷呈。四川博物院华灯博物馆于 5 月正式启动，“大篷车”流动博物馆赴全省展览 20 余次；四川省文物考古研究院举办的“三星堆进校园”大型公益讲座活动于 6 月 11 日圆满结束，活动遍及四川省 21 个市（州）102 所大中小学及幼儿园，听众人数达 2.2 万人；成都金沙遗址博物馆成功举办第三届“成都金沙太阳节”“金沙记忆——金沙遗址发掘十周年图片展”等活动；成都武侯祠博物馆成功举办“2011 成都大庙会”，参观人数 120 余万；成都杜甫草堂博物馆举办“中国（成都）诗圣文化节”“夜游草堂”“文化名人走进草堂”等文化活动，成功策划“‘仰止堂’青少年诗歌教育基地项目”；广汉三星堆博物馆与成都传媒集团时代教育报刊社联合开展“2011‘我们去春游——春约三星堆，梦回古蜀国’主题征文、摄影、小报、书画作品大赛暨三星堆

2011年社会实践活动"，与广安市教育局、广播电影电视局联合举办"我爱三星堆小小讲解员大赛"。

文博系统发表论文150余篇，出版文献专著十余部。主要著作有：《川藏南线民族考古综合考察》《三星堆进校园一项公众考古新纪录的诞生过程》《寻踪五尺道》《博物馆学刊》（第一辑）、《西行壮歌川陕革命根据地斗争史》《四川博物院藏百品珍赏》《中国聚落考古的理论与实践（第一辑）—纪念新砦遗址发掘30周年学术研讨会论文集》《行走在三江上游地区的石棺浅议三江上游地区秦汉时期的族群》《历史源流与民族文化"三江并流地区考古暨民族关系研究学术研讨会"论文集》《诸葛亮三国文化（四）》《成都通史》卷二（秦汉三国时期）、《关公　一骑当千的中国战神》《自贡恐龙》《泸县龙桥》等。

【文物交流与合作】5月20日~22日，成都武侯祠博物馆"2011高雄——四川·成都大庙会"在台湾高雄市文化中心广场成功举办。活动集中展示了四川悠久的传统文化、独特的风土人情，高雄民众踊跃参与，对庙会策划组织、内容形式等给予了高度赞誉。

7月12日~7月20日，应中共四川省委书记、省人大常委会主任刘奇葆邀请，98名台湾师生赴川开展第二届台湾学生天府夏令营。参加本届夏令营活动的台湾师生分别来自云林县、南投县和苗栗县，其中有20余名为经历过"9·21大地震"的大学生。夏令营期间，台湾师生参观了四川博物院、成都武侯祠博物馆、成都金沙遗址博物馆和都江堰等博物馆和文物景点，领略了四川悠久的历史、灿烂的文化，增强了对四川的认知和对中华民族的认同感。

8月6日~9月6日，经香港中国文化艺术传播有限公司推介，自贡盐业历史博物馆在香港将军澳中心举办全港首个中国盐展。此次展览共展出该馆井盐开采工具模型、盐业契约和"岩口簿"仿制品等三十余件，展示了恢宏的井盐发展历史以及井盐科技在人类科技史上的重大贡献，成为宣传中国井盐文化的又一平台。

12月20日，四川文物赴台湾展览在金沙遗址博物馆举行隆重的文物赴台启运仪式，台湾东森电视台、省内各主要媒体约30名记者赴现场对活动进行了追踪报道。

此外，自贡恐龙博物馆与德国波恩大学的Hayashi博士签订"剑龙剑板和尾刺形态功能的研究"合作项目，并开展了标本观察和采样工作。同时，自贡恐龙博物馆还与加拿大阿尔伯塔皇家梯雷尔古生物博物馆和美国杨伯翰大学开展了"自贡和新疆地区恐龙化石年代测定"合作研究，并进行了测试样品采样工作。

非物质文化遗产保护

【概况】 2011 年，是《中华人民共和国非物质文化遗产法》（以下简称《非遗法》）正式颁布实施之年，是第三届中国成都国际非物质文化遗产节（“非遗节”）在蓉成功举办之年。四川省非物质文化遗产保护中心在全国推进文化大发展大繁荣战略和四川建设文化强省的关键时期，按照文化厅党组的总体工作部署，在厅各相关处室和厅直单位的支持协作下，克服无阵地设施、人员少、力量薄弱等困难，超常规地完成了各项工作任务，大力推动了非遗各项工作向纵深发展，谱写了非遗工作全面发展的新篇章，开启了“十二五”时期非遗事业跨越发展的新局面。

【中心工程建设】 为建成与四川经济社会发展水平和“国际非物质文化遗产节”永久落户四川（成都）相适应，与全省公共文化事业建设成果和文化实力相协调，经省政府2010 年6 月20 日的第60 次常务会审准，同意“四川省非物质文化遗产保护中心”立项修建。2010 年 7 月 30 日，四川省发改委以川发改社会〔2010〕594 号文批复同意《四川省非物质文化遗产保护中心建设项目可行性研究报告书》，项目估算总投资6617 万元，总建筑面积9800 平米，主要包括展示（演示）厅3602 平方米，羌族文化展示馆等942 平米，讲习报告及资料库房1032 平方米，科研用房及小会议室 900 平方米、虚拟体验中心1352 平方米，停车场及附属设施等1972 平方米。2011 年 7 月 12 日，省住建厅以川建〔2011〕176 号文批复同意省非物质文化遗产保护中心项目建设初步设计；10 月中旬，施工图技术审查工作顺利通过；11 月 24 日 9 时 18 分，四川省非物质文化遗产保护中心项目建设工程在成都青羊国际“非遗”博览园区破土动工，工期预计 14 个月。

【羌族文化生态保护区建设】 省非遗保护中心以灾后重建两大项目为支撑，有力推动了四川国家级羌族文化生态保护区建设。着力完成“羌族文化抢救工程”各项工作。完成了羌族非遗实物资料征集工作和《羌族非遗名录项目资料汇编》《羌族非遗传承人资料汇编》《羌族文化研究成果集》编辑工作及羌族文化宣传片的摄制工作。扎实推进羌族文化生态保护区其他项目工作。省非遗保护中心历时三个多月（5 月 26 日～8 月 19 日）在羌区 7 个县圆满完成了“羌族文化生态保护区非遗普查·保护成果巡展”的宣传展示工作；至年底，顺利完成羌族文化生态保护区“非遗”数据库建设一期著录工作；积极参与并形成了《四川省国家级羌族文化生态保护实验区总体规划》基础文本。

【非遗宣传展示活动】 以传统节日为时机，积极开展“非遗”宣传展示活动。春节期间，省非遗保护中心分别与四川博物院、成都非遗保护中心联合举办了 2011“迎新接福，一纸万象——传统年画珍赏”展览及非遗活态展示活动和“携手传统文化，共度欢乐元宵——2011 年非物质文化遗产主题文化活动”。以第三届“非遗节”为契机，切实加强全省“非遗”重点项目的宣传展示。在第三届“非遗节”工作中，省非遗保护中心积极配合、协助“非遗节”筹备工作，并与绵竹市人民政府联合举办了“多彩四川·魅力年画”——第三届中国·成都国际非遗节系列活动”“中国绵竹木版年画活态传承暨代表作品展”；与成都市文化局、民宗局，阿坝州文化局等单位联办了“中国四川巨幅唐卡”展示活动；省非遗保护中心两项活动的组织实施工作及取得的成效得到了各级各界的充分肯定，荣获第三届国际“非遗节”“太阳神鸟”双银奖。以对外展示交流为平台，推动四川“非遗”精品项目宣传展示。2011“中国（浙江）非物质文化遗产博览会”于2011年4月在浙江义乌国际博览中心隆重举行。省非遗保护中心受文化厅委托，组织三个“川酒”国家级“非遗”项目宜宾五粮液、泸州老窖、绵竹剑南春传统酿制技艺参加博览，并全部荣获“非遗”传统技艺类奖项。其中，宜宾五粮液获金奖、泸州老窖获银奖、绵竹剑南春获优秀奖，我省获得优秀组织奖，为四川争得了荣誉。

【名录体系建设】上半年，省非遗保护中心积极配合省文化厅做好了四川第三批“非遗”名录和第一、二批省级“非遗”扩展项目名录的专家复审会和厅际联席会的组织、协调工作。6月13日，四川省人民政府公布了第三批非遗名录和第一、二批省级非遗扩展项目名录，至此四川已有120项国家级非遗项目，460项省级非遗项目。下半年，省“非遗”中心承担了“第四批国家级非物质文化遗产项目代表性传承人申报材料”的收集、登记和前期审核工作。10月11日～14日，协助省文化厅组织召开了“推荐第四批国家级非遗项目代表性传承人专家评审会”，并在会后圆满完成了申报资料的整理、完善及报送工作。2011年，省非遗保护中心加快了“四川省非遗普查成果数据库建设”的收集、整理工作。

【《非遗法》宣讲】2月25日，《非遗法》由第十一届全国人大常务委员会第十九次会议通过，于6月1日起《非遗法》施行。省非遗保护中心迅速反应，4月以来先后组织省“非遗”专家和相关人员赴遂宁、宜宾、德阳（绵竹）、绵阳（安县）、双流、泸州（合江）、北川等市（县）开展《非遗法》宣讲活动，在全省迅速掀起学习贯彻热潮。

【理论研究及成果】上半年，省非遗保护中心与省社科院联袂组织全省非遗工作者开展非遗理论课题研究，编选37篇论文刊登在全国中文核心期刊《中华文化论坛》2011年3～4期，其中中心同志发表了4篇。10月23日，与四川民族文化艺术研究会联合主办了“首届四川少数民族非物质文化遗产论坛”，来自各方面的专家学者及学会会员等近百人参加了论坛，开展了一系列学术交流活动。中心同志的两篇研究文章编入《首届四川少数民族非物质文化遗产论坛论文集》。

省非遗保护中心在成果编辑出版方面硕果累累。与省音乐舞蹈研究所共同编选出版了《四川扬琴六十年创作曲集》和《四川扬琴经典唱段选》DVD之一、之二；编辑出版了《四川民间文学艺术集录》第二部（上、下卷）、四川非物质文化遗产《川北灯戏》及《天府记忆——四川省第五个文化遗产日非遗系列活动》资料册；完成了《天府之魅——羌族文化生态保护区非遗普查保护成果展览·集萃》编辑工作；《四川“非遗”大典》编辑工作有序进行。

【人才培训】9月16日～20日，省非遗保护中心精心组织，成功举办了“四川省非物质文化遗产保护工作业务干部培训班”。来自全省各市（州）、扩权县和省直文化单位及相关方面的150余名非遗工作者参加了培训。此次培训班是四川自2004年正式开展非遗保护工作以来，举办的规模最大、规格最高、效果最好的一次培训班。通过培训，初步形成了一支业务能力强、创新层次高的非遗业务骨干人才队伍。

【工作措施及特点】一手抓硬件建设，一手抓软件建设，双管齐下夯实基础。省非遗保护中心自2010年初开始正式运行工作以来，一手抓工程建设，一手抓业务工作，两手抓、两手都毫不松懈。硬件和软件建设都取得显著成效，圆满完成了各年度工作任务，受到省文化厅党组的充分肯定和表扬。一手抓公益性事业，一手抓经营性产业，齐头并进加快发展。省非遗保护中心认真把握文化“魂”与“体”的辩证关系，一手抓公益性非遗保护事业，一手抓经营性非遗产业；一手努力提高公共文化服务能力和水平，一手勇于探索非遗有效保护、合理利用之路、繁荣文化市场。积极推动传统技艺、传统美术、传统音乐、民俗类等非遗项目的生产性保护示范基地建设，在上级有关领导和部门的指导下，积极主动向上级部门推荐申报项目。10 月 31 日，文化部公布了第一批国家级非遗生产性保护示范基地，四川共有三家非遗企业（四川省成都市蜀锦织绣有限责任公司《蜀锦织造技艺》、四川省绵竹年画社《绵竹木版年画》、四川省雅安市友谊茶叶有限公司《黑茶制作技艺·南路边茶制作技艺》）榜上有名，四川成为基地最多的省份之一。一手抓制度建设，一手抓思想建设，提供纪律和政治保障。先后制定印发了“中心”《党建工作责任制实施办法》《党员管理制度》《民主评议党员制度》《2011 年“中心”党风廉政建设和反腐败工作任务分工表》等党建制度。11 月，“中心”建立了工会委员会，进一步健全了中心工会群团组织。“中心”以建党 90 周年为契机，积极推动创先争优和“四好”活动建设，评选出优秀党员和党务工作者共三名，受到中心表彰；开展了“唱响时代主旋律、重温建党光辉历程、体验社会主义优越性”为主题系列纪念庆祝活动。同时组织党员参加厅机关党委、省直机关工委开展的“感恩·奋进”读书征文活动，荣获优秀奖一名；中心两名党员同志分别评为省直机关工委和文化厅表彰的创先争优示范星。

附：

国务院关于公布第三批国家级非物质文化遗产名录的通知

国发〔2011〕14 号

各省、自治区、直辖市人民政府，国务院各部委、各直属机构：

国务院批准文化部确定的第三批国家级非物质文化遗产名录（共计 191 项）和国家级非物质文化遗产名录扩展项目名录（共计 164 项），现予公布。

各地区、各部门要按照《国务院关于加强文化遗产保护的通知》（国发〔2005〕42 号）和《国务院办公厅关于加强我国非物质文化遗产保护工作的意见》（国办发〔2005〕18 号）要求，认真贯彻落实“保护为主、抢救第一、合理利用、传承发展”的工作方针，坚持科学的保护理念，扎实做好非物质文化遗产名录项目的保护、传承和管理工作，努力推动非物质文化遗产保护迈上新的台阶，为构建完备的、有中国特色的非物质文化遗产保护制度，推动文化大发展大繁荣，建设中华民族共有精神家园，满足人民群众日益增长的精神文化需求，作出积极的贡献。

国务院

二〇一一年五月二十三日

附注：

四川入选第三批国家级非物质文化遗产名录的单位和项目

民间文学：汶川县、北川羌族自治县的禹的传说；汶川县羌戈大战

传统舞蹈：平武县跳曹盖

传统美术棕编：成都市新都区新繁棕编、阿坝藏族羌族自治州藏族编织、挑花刺绣工艺

民　俗：凉山彝族自治州彝族年、美姑县彝族传统婚俗

四川入选国家级非物质文化遗产扩展项目名录的单位和项目

传统音乐：冕宁县藏族民歌（藏族赶马调）、北川羌族自治县口弦音乐、壤塘县佛教音乐（觉囊梵音）

传统美术：四川省盆景艺术家协会盆景技艺（川派盆景技艺）

传统技艺：珙县蜡染技艺（苗族蜡染技艺）、汶川县和茂县碉楼营造技艺（羌族碉楼营造技艺）

文化市场

【概况】2011年，四川文化市场发展以网络文化、演艺、艺术品和娱乐四大重点行业为突破，不断发展壮大文化市场主体队伍，以规模化、连锁化、品牌化发展为重点，以营造公平、公正的市场环境，促进文化资源合理配置，为社会提供丰富的文化产品和优质的服务为目的，着力构建统一开放、竞争有序的现代文化市场体系。全省文化市场经营总额为269亿元，比上年增长28.7%；经营户数达1.7万户，比上年增长6%；网吧计算机、电子游艺游戏机98万台，比上年增长8.8%；就业人数约为24.3万人，比上年增加5.6%，文化市场规模效应初步显现。

【法制建设】3月2日，省人民政府第77次常务会议通过了新修订的《四川省娱乐场所管理办法》，并以四川省人民政府令第253号予以发布。新修订《四川省娱乐场所管理办法》于7月1日正式颁布施行。新修订《办法》体现了创新、细化、操作性强的特点，解决了与国务院《娱乐场所管理条例》和文化部相关政策规定的衔接，并把娱乐场所设立明确规定为筹建制，解决了行政审批时限要求和先设立后申报的问题。同时，新修订《办法》对娱乐场所技术监管平台和设立条件、标准进行了具体细化，为全省娱乐市场规范发展和市场监管提供了法律依据。

【娱乐设备产业转移】坚持以市场发展换产业链的规模聚集。5月20日~22日，成功举办“2011中国成都电子游艺游戏设备博览会”和全国娱乐发展新趋势与管理创新座谈会。博览会汇聚了全国90多家一线生产厂商，展示其自主研发的游戏游艺设备及文化部准入的机型机种共500余类，直接交易金额达6 000余万元，签订购销合同百余份，意向交易金额3亿元。通过系列活动，促进了全国知名研发、制造企业在川的技术交流，推动了相关企业在川落户工作。

【市场信息化技术管理平台建设】完成四川省文化市场管理和执法信息化工作平台一期研发、培训和试点工作，并向全省推广使用。四川被文化部批准为全国文化市场管理技术监管系统试点省份，获得文化部试点经费50万元。

【网络游戏业拓展海外市场】原创研发产品日趋丰富。2011年新增产品12款，企业年收入上亿元的有2家，年收入上1 000万元的企业达到12家，比上年增加了7家。除游戏研发团队继续受到风投公司的关注外，具有地方色彩和国际元素的原创游戏作品和项目层出不穷，受到海外市场青睐，产品和项目出口从往年的港澳台和新加坡、越南等东南亚国家和地区扩展到了英国、德国、俄罗斯等欧洲国家，出口额超过2 000万元人民币。

【艺术品市场多元化发展】通过开展“四川诚信画廊”评选和艺术品拍卖专项整治活动规范艺术品一级、二级市场，促进四川艺术品市场繁荣发展。“四川油画”历来在全国举足轻重，成都更是有“中国当代艺术第四城”之称。传统书画拍卖精品迭出，当代艺术展览多彩纷呈，中国当代艺术30年艺术个案系列展和成都第五届双年展、“百年丹青——巴蜀画派已故名家书画艺术精品”拍卖系列和“诗婢家珍品之夜”拍卖会等接连举办。四川艺术品市场已呈现多元化发展趋势。

【演出市场全方位多元化发展】成都演出市场对全省的辐射力进一步增强，绵阳、宜宾、自贡、攀枝花、西昌、达州、乐山、泸州等二级城市演出市场发展势头良好。演出内容和形式丰富多样，通俗与高雅共存，民族的与世界的争艳，极大地满足了人民群众多元化、多层次的观赏需求。值得一提的是，像张学友个人演唱会这种高水平、大制作、市场号召力强的项目，除了在成都举办外，还深入绵阳、自贡、宜宾、达州、攀枝花等地举办，全年 9 场演出均取得良好的市场效果，观众满足度极高，引起全国轰动。

【扩大文化消费助力经济社会发展】 鼓励、引导社会资本进入文化市场，推进文化市场规模化、品牌化、连锁化发展，将培育文化消费新的增长点、增加文化产品供给力、满足人民群众日益增长的文化需求作为文化市场管理工作的出发点和落脚点。举办四川文化消费节，实现销售收入突破 40 亿元，丰富了元旦春节群众文化生活，有力促进文化消费；指导艺术品经营机构举办了中国当代艺术 30 年艺术个案系列展、21 世纪东方表现主义油画展、成都第五届双年展等展览会和“百年丹青——巴蜀画派已故名家书画艺术精品”拍卖会、“诗婢家珍品之夜”拍卖会等，以成都为中心的四川当代艺术地位进一步提升，为巴蜀画派进入市场搭建了平台。深入泸州、宜宾、资阳、眉山等地调研，推动四川省演出展览公司和成都演艺集团公司与市州剧场合作，盘活现有剧场资源，拓展二级城市演出市场，促进演艺院线建设。坚持以市场发展换产业链的规模聚集，打造中国成都电子游艺游戏设备会展品牌，主动承接游戏娱乐产业转移，引进广东游戏游艺研发企业和生产制造企业落户四川，从消费市场向生产上游环节延升管理。2011 年，全省共举办艺术品展览会和拍卖会约1 200场，成交额约 12 亿元，均比上年增长 20%；全年举办营业性演出 4 万余场（其中涉外涉港澳台演出3 400余场），收入近 5 亿元，收入比上年增长 25%，居全国前列、西部之首；娱乐市场经营收入 105 亿，比上年增长 34.6%；全省网吧连锁率达 61%；比全国平均数高 20%，全省网吧计算机终端数 73 万台，比上年增加 4 万台；网吧市场经营收入 40 亿元，比上年增长 33.3%。全省文化市场发展态势良好，文化消费大幅提升。

【主动作为鼓励原创】 加强了以企业为主体、市场为导向、产学研相结合的文化技术创新体系建设，对拥有核心技术、具备自主研发能力的网络文化企业予以了品牌资金扶持，着力培育一批特色鲜明、创新能力强的文化企业。搭建交流合作平台，实施走出去战略，组织动漫游戏企业组团参加了全国知名国际动漫展。2011 年，全省除新增 12 款原创网络游戏产品，不断开拓国际市场外，动漫作品的原创和生产取得较大进展，6 部原创动漫作品即将完成。在全国 600 个企业上报的上千件参评作品中，四川 2 个动漫作品和 1 个动漫教育机构入围中国文化艺术政府奖——首届动漫奖。

【以管理促发展】 坚持“一手抓管理，一手抓繁荣”，以服务群众、繁荣发展文化市场为己任，通过召开全省文化市场管理综合执法工作会，不断解放思想，开拓创新，促进由管理转向服务与管理相结合，由重点规范市场秩序转向以规范促繁荣发展，由被动应对转向主动推动，由就市场管市场转向以市场推进产业发展的转变。根据市场形势及时调整相关政策，顺应市场发展和管理要求，修订《四川省娱乐场所管理办法》。加强管理信息化建设，开通四川省文化市场管理信息化工作平台，提高文化市场管理工作科技水平。在全省开展艺术品市场专项整治行动和“四川诚信画廊”推荐评选活动，加强市场环境整治，树立诚信经营的四川画廊行业形象。加强市场预警，及时转发《文化部办公厅关于转发<浙江省文化厅关于“中国仙源湖第二届桂花节”违规涉外演出情况的通报>的通知》，要求各地结合《四川省人民政府办公厅转发文化厅关于进一步加强营业性演出管理工作的通知的通知》（川办函〔2010〕166 号），加强对演出活动，尤其是节庆演出活动的监督管理，严肃查处未经审批擅自举办和参加营业性演出活动等违规行为，营造良好的文化市场生态环境。

【农村文化市场】 加大培育农村文化市场主体的力度，引导连锁网吧和娱乐企业在乡镇合理规划布点，大力扶持民营文艺表演团体发展。支持演艺团体深入基层和农村演出，探索建立政府采购、补贴演出节目的农村演出服务体系，促进城乡文化市场协调发展。完成《关于音乐节等大型演出活动调研的报告》和《关于全省农村文化市场监管工作的调研报告》，总结基层演出市场发展经验。调研成都市金牛区、华蓥市、三台县、泸县、合江县等地农村文化市场管理情况，完成《关于全省农村文化市场监管工作的调研报告》，为省文化厅制定推动农村文化市场发展的政策奠定了基础。不断探索农村文化市场管理机制，总结经验，推出了以成都市金牛区、华蓥市为代表的农村文化市场管理先进地区，其先进经验在全国农村文化市场管理工作经验交流会上推向全国。2011 年，全省农村文化市场经营单位达 4 652 家，其中农村民营表演团体占全省总数的 60% 以上，农村娱乐经营场所占全省总数的 30% 以上，农村网吧经营场所占全省总数的 44.6%，农村文化市场发展空间广阔。

【存在的问题】 经营单位体量小，缺乏全国性品牌企业和产品。四川文化市场经营单位规模较小，设施设备较差，自主创新能力有待加强，从全国范围来看，缺乏影响力极强的知名企业和产品品牌；地区发展不平衡。成都作为四川的中心城市，其文化市场总量占全省的近一半，其他地区有待进一步开发；政府扶持力度有待加强。文化市场经营主体大多数为民营经济成分，政府应制定具有操作性的资金、税收、人才等扶持政策，建立面向民营经济的专项扶持、补贴采购资金；行政管理效能有待提高。新兴市场的发展，信息化建设和需要，法律政策的修订以及行政管理人员的流动，都需要不断加强培训和学习，提高行政管理效能。

对外文化交流

【概况】 2011 年，在文化部和省委、省政府的领导下，全省文化系统围绕“两个加快”，大力推动和实施四川文化“走出去”战略，广泛传播中华优秀文化，积极展示四川灾后文化重建成果，以“政府为主导、民间为主体、市场为杠杆、创新为动力、国际合作为平台”的原则，努力推进对外文化交流。全省审核审批对外和对港澳台文化交流项目 215 项，参与文化交流人数为 3 566 人。

【央地合作宣传灾后重建成果】 7 月，四川省人民政府和文化部联合举办“情系巴蜀——两岸文化联谊行”，邀请百名台湾人士 10 天参访成都、广元、绵阳、德阳、乐山、眉山 6 个市州，集中介绍灾后重建和文化重建成果，人民日报海外版、新华网、中国台湾网、中国文化网等跟踪报道。活动得到文化部和国务院台办高度评价，为下一步台湾和四川两地深化合作打下了良好基础。

11 月，“外国友人看汶川地震灾后重建主题摄影及全球巡展”正式启动，省、部联合邀请 15 位国际著名摄影师来川拍摄。2012 年春节期间，专题摄影图片在英、美、意、澳 4 国 8 个使领馆和法国巴黎中国文化中心 9 地联展，并在外交部网站、中国文化网和中国驻 100 多个国家地区的使领馆 394 个网站实现专栏联展。

【以重大演展活动促进四川对外开放】 由国务院新闻办、四川省人民政府、中国驻印度大使馆共同举办的“感知中国：印度行——四川周”暨《多彩四川》文艺演出吸引印度政要和民众 3 000 人观看，彰显了两国睦邻友好，更体现了省委、省政府“突出南向”开放合作战略构想，促进了四川与印度以及南亚国家的经贸与文化的合作与交流。由国务院侨办和四川省人民政府共同举办的“文化中国·锦绣四川”欧洲行大型文艺演出，传递出四川人民对国际友人和海外侨胞援助四川抗震救灾和恢复重建的感激之情。“2011 高雄—四川·成都大庙会”活动吸引 20 万台湾民众热情参与，对两岸文化交流尤其是四川和台湾两地交流做出了积极贡献。

【以一市一州一品为品牌扩大四川文化海外影响】 市州文化交流品牌成为文化交流主力。2011 年春节期间，（南充）四川大木偶艺术剧院、遂宁川剧团等 8 个演出分队分赴智利、泰国等地，参加文化部海外“欢乐春节”品牌活动。四川交响乐团“天姿国乐”、成都艺术剧院木偶皮影、省川剧院《火焰山》等剧目成功参演肯尼迪“中国文化月”、新西兰“彩灯节”“西雅图国际少儿艺术节”等重大文化节庆活动。绵阳文化馆专业编导、四川艺术职业学院舞蹈教师应邀赴非洲和美国执教，成都蜀绣传承人、茶艺演员参加文化部在美国“中国文化节”现场展示。成都艺术剧院、自贡杂技团等签订半年或一年海外演出合同。自贡彩灯在美国、韩国长期展出。全年全省在境外举办 1 825 场（天）展演活动，观众覆盖面达 169 万人次。

【以扶持引导和服务支持促进文化贸易大幅增长】 2011 年，全省文化产品出口额突破 3 亿美元，同比增长 15%。歌舞《藏谜》、川剧《火焰山》、杂技《飞翔》等 7 个优秀演艺产品列入 2011 年编纂的《中国优秀演艺项目精粹》，在地方省市入选项目数中仅次于北京、广东，名列第三。乐山歌舞团与澳大利亚墨尔本艺术节共同出资的现代舞编导合作列入文化部和省厅赴澳大利亚、新西兰 2012 ~ 2013 巡演计划。省文化厅与商务厅通过文化产业品牌扶持经费和服务贸易资金为优秀出口项目提供支持，德阳杂技团、成都恒风动漫等十家企业或单位获得扶持资金 153 万元。

组织国家动漫游戏产业（四川）振兴基地及省内优秀本土动漫游戏企业参加中国国际动漫节、中国国际动漫游戏博览会（上海），推广企业和产品。鼓励和支持企业参加国际知名动漫节，开展国际营销。组织企业参加中国国际动漫节、中国国际动漫游戏博览会（上海），四川游戏研发团队继续得到风投公司的关注，出口模式包括服务外包、自主产品海外落地和出售版权等多种形式，出口地区从往年的港澳台地区和东南亚国家扩展到了英国、德国、俄罗斯、美国等欧美国家。文化产品、服务进出口企业数据纳入全省文化产业统计，统计工作向规范化与系统化迈进。

文化人才队伍建设

【概况】2011 年，四川省文化厅干部人事工作坚持以科学人才观为指导，紧紧围绕中央文化战略部署和省委省政府建设与西部经济发展高地相适应的文化强省的工作大局，以文化人才领域“1573”工程为抓手，以造就高层次领军人物和高素质文化艺术人才队伍为核心，加强文化人才培养和专业技术队伍建设，加强文化干部队伍的使用和管理，为建设文化强省提供人才支撑。

【干部人事制度建设】以党的十七届六中全会精神为指导，认真贯彻落实全国和省人才工作会议精神，积极推进全省文化系统人才队伍建设。注重理论和实际相结合，逐步建立了符合四川文化系统特色的人事管理制度和全省文化人才发展中长期规划。根据省文化厅和厅直干部队伍实际情况，研究制定《四川省文化厅“十二五”文化人才发展规划纲要》《2011～2015 全省文化系统干部教育培训规划》等文件，让干部选拔、培养、管理等逐步走向规范化和正规化。

认真贯彻中组部关于《党政工作部门领导班子和领导干部综合考核评价办法（试行）》和《党政领导班子和领导干部年度考核办法（试行）》等规范性文件精神，加强和完善厅直单位领导班子和领导干部考核评价工作，加强对干部队伍的监督管理工作，调研起草了《四川省文化厅干部选拔任用工作规程》《四川省文化厅干部交流工作暂行办法》。

研究制定后备干部的培养、选拔工作，加强了对厅直单位选拔任用中层干部的指导和监督工作，建立了县处级干部重要事项报告以及常规请示报告工作的制度。

【干部选拔任用】从大局和当前工作着眼，以营造培养、使用干部公开、公正、公平环境为前提，坚持通过民主推荐、竞争择优等方式，加快文化人才的选拔培养工作进度，扎实推进干部成长机制，努力拓宽人才成长渠道，及时补充厅机关各处室、厅直单位领导班子职位。全年共选拔副处级或以上干部 4 名，考核考察干部 5 人，交流任职 6 人；为激发机关活力，对厅人事处、市场处、非遗处、外联处的主要负责人及机关党委副书记进行了交流，配备了厅办公室副主任。

根据省委编委批复，省图书馆馆长、四川博物院院长高配为副厅级，并经省委组织部、宣传部考察，分别任命李忠昊为四川省图书馆馆长、盛建武为四川博物院院长。

为了完善厅直系统基层单位领导班子，促进单位全面发展，在厅党组的领导下，结合基层单位实际，在全面考察考核的基础上，对四川博物院、四川省歌舞剧院有限责任公司等 3 个单位的班子进行了调整充实，增强了单位集体领导力量。

建立和完善后备干部的推荐和考察工作制度，从厅机关、文物局和稽查总队评选出优秀公务员 11 名，厅直属事业单位推荐了 39 名后备干部。

【干部交流】大力推进干部上挂下派工作，促进干部易地交流，多岗位锻炼使文化系统干部成长环境得到进一步优化，进一步激发了干部奋发有为、开拓进取的良好工作态势。全年厅机关、厅直系统共选派 23 名干部上挂下派，成为促进年轻干部成长的重要举措。

做好省委省政府关于千名干部下基层挂职、千名干部上机关锻炼的“双千工程”任务的落实。按照省委“双千工程”的统一安排，在省委组织部统一部署下，上半年协助考察 2 名在省文化厅机关上挂锻炼的处级干部；完成 1 名省文化厅下派遂宁市大英县挂职干部的考察工作；继续完成省委组织部“双千工程”工作任务，推荐1名处级干部到广安市岳池县挂任副县长，接收1名广安处级干部到厅市场处挂任副处长。推荐1名干部到泸州叙永县履行“挂包帮”工作。

做好省委省政府干部援藏工作。2011年，省文化厅派出的7名援藏干部扎根藏区，积极工作，为藏区各项事业的发展做出了积极的贡献。援藏干部王颖杰，在2011年不仅被汶川县委县政府评为“2011年度优秀援藏干部”，还被阿坝州评为“全州优秀援藏干部人才”；援藏干部彭孝辉获得甘孜州“援州干部先进个人”“突出贡献个人奖”等，充分展示了文化人才援藏的风采。

做好干部招聘选调工作。进一步规范和完善厅机关公务员选调和直属文化事业单位面向社会公开招聘工作人员工作，完成了8名公务员（含参公人员）公开招聘的考察、体检和文件报送、人员报名工作以及40名厅属事业单位人员面试、考察、体检、文件报送和人员报名工作；办理干部流动调配16名，其中调入12名，调出4名；接收安置军转干部2人，其中副师职1名，副团职1名；归口安置军队复退士兵3人。

完成省文化厅及厅直系统干部因公因私出国（境）政审47批，共计350人次。

【职称评审】在省职改领导小组领导下，稳慎推进全省文化系统专业技术职称评定工作，进一步规范本系统专业技术人员管理工作。通过个人申报、单位审查、文化厅初审、专家评审、省职改工作领导小组审核等程序，完成了2011年度文化艺术、图书（资料）、文博、群文四个高、中级专业技术职务职称资格的评审工作。全年共评审了336人高、中级专业技术职称，其中艺术类181人，图书类78人，群文类45人，文博类32人。有274人申请评审副高及以上专业技术人员职称，经评审并报送省职改办公示核准，39名同志晋升正高职务，130名同志晋升副高职务。同时，积极配合国家实施文化名家工程、全省“百人计划”“双千工程”等重大工作，阳光作业，做好相关推荐选拔工作。

【培训工作】探索符合四川文化系统实际的干部培训制度，统筹协调，加大干部选学、人员培训工作力度。

抓好规划，确保系统性、针对性。制发《四川省文化厅关于印发2011年全省文化系统干部教育培训工作计划》，统筹布置全省文化干部人才培训工作，突出民族地区、革命老区、贫困地区等重点区域和基层文化业务骨干、艺术编导、可移动文物普查、文化产业等重点领域设置了不同的专题培训班。根据文化部、省委组织部和省人社厅的安排，选调17人（次）干部参加各级各类培训；组织1名厅级干部赴上海浦东学院学习，按要求选送13人到四川省委党校学习；选送2人参加文化部第21期文化局长培训班；选送2人参加文化部第2期少数民族文化管理干部培训班；选送1人参加文化部第2期培训管理者培训班。

抓好文化人才队伍培训基地建设，启动四川艺术职业学院文化干部人才基地。4月份，完成全省文化馆长、图书馆长培训班的相关培训工作。共培训两馆干部近290人左右；12月份，组织厅直事业单位技术工人、技师考试的申报和审核工作共36人，其中技术工人33人，技师3人；12月份，组织文化类技工考试4人，其中文物修复2人、舞台灯光1人、装饰美工1人。

抓好干部人事业务培训。7月份，组织承办文化部全国文化干部培训班四川省文化系统人事干部培训班，培训为期6天，共有厅直系统文化人事干部和市州文化局人事科（处）长83人参加，培训采取集中授课和参观教学方式，培训以职称评定、公开招聘、干部选拔任用、干部调配交流、人事档案管理、工资管理为主要内容，文化厅人事处承担主要授课任务，并聘请省委组织部、省人社厅职能部门处室负责人对相关内容进行讲解。这次培训受到厅直各单位和各市（州）文化系统的普遍欢迎，据培训结束后的调查了解情况表明，通过这次系统的业务培训，全省文化系统干部人事业务工作的效率和质量有了明显提高。

抓了干部选学工作。组织厅机关干部参加社会化专题选学课程，紧密联系当前形势和机关实际，学习了《当前中国问题与社会管理》《领导干部应对媒体能力的提高》等；组织厅机关、稽查总队、文物局全体干部参加“社会保险法”学习及考试。考试合格率达到100%，其中10人取得100分，考试成绩较上一年度普遍提高。

【人事业务统计】 5月份，根据省委宣传部的布置，对“宣传文化人才资源”进行了统计。12月份，为提高干部管理信息化、自动化水平，进一步完善了“公务员登记信息系统”数据库，进行了厅直机关和事业单位职位情况统计、人员工资统计、人员数量统计分析。截止12月31日，公务员及参公人员共74名（厅局级10名，县处级41名，乡科级17名，试用期6名；少数民族5名，中共党员70名，女干部23名，研究生学历15名，本科学历14名）；事业单位在职人员1 828名，其中管理人员339名（副厅级7人，正处级24人，副处级41人），专业技术人员1 279名，工勤人员193名。事业单位退休人员共有949名。

【工资福利】 年初，根据省委组织部、省人社厅、省财政厅《关于公务员按年度考核结果晋升级别的通知》（川人社办发〔2011〕64号）精神，对符合条件的机关干部自1月1日起，晋升一个工资级别。

7月份，按照省统一部署，组织22个厅直事业单位（参公单位和后勤中心除外）对2009年以来省自建和单位自建的津贴补贴进行了认真清理核查，为实行绩效工资奠定了基础。

8月份，根据四川省人社厅、省财政厅《关于印发四川省其他事业单位绩效工资的实施意见的通知》（川人社发〔2011〕29号）文件精神，全面部署厅直事业单位绩效工资实施工作，并于年底印发了《事业单位绩效工资基准线及退休人员补贴标准》的通知，厅直事业单位依据该标准，研究制定绩效工资实施方案和发放细则。

【人才建设】 为积极推进全省文化人才队伍建设，文化厅党组研究确立了文化人才建设的“1573”工程。实施“1573”人才发展战略，着眼于培养造就更多文化领域人才，积极争创四川文化人才优先发展试验区；实施四川文化名家工程、四川文化英才工程、基层文化队伍建设工程、文化人才继续教育工程、四川文化人才信息化建设管理工程；建设一支政治坚定、勇于创新、勤政廉洁、求真务实、奋发有为，能够推动文化事业科学发展的高素质党政人才队伍，一支宏大的高素质文化艺术专业技术人才队伍，一支职业化、专业化的公共文化服务人才队伍，一支门类齐全、技艺精湛的高技能文化人才队伍，一支熟悉市场、具有先进管理水平的优秀文化产业经营管理人才队伍，一支掌握现代高新技术、善于运用科技手段推动文化发展的文化科技人才队伍，一支年龄结构合理、专业面广、沟通交流能力强的复合型文化交流人才队伍；建设高层次文化人才培养基地、基层文化队伍培养基地、文化人才创新实践基地。以此为总体构想，建立健全了四个系列评委会专家库的工作；进一步修订完善文化系统四个系列评审条件；建立完善全省高级专业技术人员数据库工作；加强各级专业技术人员的继续学习培训；按照省委省政府统一部署，研究四川文化系统人才优先发展试验区的选点考察与工作规划；按照单位推荐、个人自荐、组织审查、优中选优的程序和原则，在全省范围内通过层层筛选，向省委人才办推选申报四川省川剧院陈智林、四川省文物考古研究院高大伦、四川省图书馆王嘉陵、四川博物院盛建武4名同志为“第六届四川杰出创新人才奖”人选；四川省诗书画院一级美术师戴卫、何应辉、四川省川剧院一级演员陈智林、四川省文物考古院研究馆员高大伦被评为“第九批四川省学术技术带头人”；四川艺术职业学院院长、一级作曲林戈尔被被评为“四川省有突出贡献优秀专家”；四川省川剧院院长、一级演员陈智林被中宣部评为“四个一批”人才；四川艺术职业学院一级演员肖德美、四川省文物考古研究院研究馆员姚军被批准为“第九批四川省学术技术带头人后备人选”。

附：

获奖情况及2011年省文化系统援藏人员情况

获四川省人民政府颁发“四川省民族团结进步模范集体”奖。

证明材料：《四川省人民政府关于表彰全省民族团结进步模范集体和模范个人的决定》（川府发〔2011〕33号）

获国家文物局颁发“文物系统汶川地震灾后文物抢救保护工作突出贡献奖”。

证明材料：《国家文物局关于表彰文物系统汶川地震灾后文物抢救保护工作先进集体、先进个人的决定》（文物人发〔2011〕7号）

获省委办公厅、省政府办公厅“工作中作出突出贡献”表扬。

证明材料：《中共四川省委办公厅四川省人民政府办公厅关于表扬为第十二届中国西部国际博览会成功举办作出突出贡献单位的通报》（川委厅〔2011〕47号）

获省政府政务服务中心“2011年度政务服务效能考核优秀部门窗口二等”奖。

证明材料：《四川省人民政府政务服务中心关于2011年度政务服务效能考核结果的通报》（川政中心〔2011〕53号）

2011年省文化系统援藏人员情况

姓名	性别	原单位	挂职单位及职务
张艺潇	男	四川省文化厅文化稽查总队	甘孜州白玉县副县长
彭孝辉	男	四川艺术职业学院	甘孜州文化局党组成员、副局长
向　葵	女	四川省音乐舞蹈研究所	阿坝州文化局局长助理
王颖杰	男	四川省歌舞剧院	阿坝州汶川县文体局副局长
王俊伟	男	四川省川剧院	阿坝州茂县文体局副局长
黄梁宇	男	四川人民艺术剧院	阿坝州理县文化体育局副局长
王　纲	男	四川省图书馆	甘孜州泸定县文化局副局长

文化体制改革

【概况】 2011 年，文化厅把国有文艺院团体制改革工作作为贯彻党的十七届六中全会和省委九届九次全会精神、建设与西部经济发展高地相适应的文化强省的重要举措。在省委、省政府的领导下，在省委宣传部的指导下，按照“加大力度、加快进度、巩固提高、重点突破、全面推进”的总要求和“区别对待、分类指导”的原则，抓住机遇，解放思想，破解难题，狠抓落实，推动了省级国有文艺院团体制改革向纵深推进。重点开展了以下三个方面的工作。

【省级国有文艺院团改革】 按照中央和省委省政府关于完成好国有文艺院团改革工作要求。完成了事业资产向公司资产的划转，办理了四川歌舞剧院事业资产的核销登记和企业国有资产产权登记，办理完结原四川省歌舞剧院事业法人注销登记，公司与受聘职工全面签订了企业劳动合同，在成都市社保局建立了企业养老保险关系；展开对四川人民艺术剧院转企改制工作，制订工作方案，并加强与相关职能部门的衔接联系；对四川省川剧院转换职能、深化内部机制改革，进行了部署。

【事业单位实行岗位聘用制改革】 按照中央和省政府关于实施事业单位岗位设置管理的要求，完成了所属事业单位岗位设置管理工作的方案设置，推行了事业单位人员全员聘任制和人员绩效工资制度，指导厅直单位按照岗位设置方案批复进行人员首次聘用及全员竞聘上岗工作。截至年底，厅属 22 个单位，除厅后勤服务中心外，其他 21 个单位完成了岗位设置和首次聘用工作。有 13 名人员被省人社厅核准为二级岗位，占全省首批专业技术二级岗位总数的 16%。

【厅直单位编制体制调整】 完成厅属 24 个事业单位和厅机关的机构编制实名制登记。按照中央和省委省政府事业单位改革的相关文件精神，对包含省文物管理局、省文化市场稽查总队在内的 24 个厅属事业单位进行了认真的清理规范，基本摸清其机构人员底数，为下一步规范和改革打下了基础。2011 年 10 月 21 日下午，四川省文化厅党组书记、厅长郑晓幸，四川省文化厅党组成员、副厅长泽波带队专程到省委编办，就厅直文化系统的机构、编制执行情况和下一步工作打算与省委编办领导及相关进行沟通，为下一步扎实推进事业单位清理规范工作奠定了基础。

灾后文化重建

【概况】 截至2011年3月底，全省有1 053个公共文化设施重建项目开工，占项目规划数的97%，完成投资20亿元，占规划总投资的76%。通过灾后恢复重建，灾区公共文化设施的硬件建设一举跨越20年。有了市、县、乡、村四级文化馆（站、室），百姓的文化生活更加丰富多彩。按照《四川省汶川地震灾后恢复重建规划项目实施计划（中期调整本）》，四川省列入生产力布局与产业结构调整的文化产业项目共计62个，规划项目总投资18.8亿元。62个项目全部开工，已完工42个；完成总投资15.5亿元，占总投资的81.9%。列入国家《汶川地震灾后恢复重建公共服务设施建设专项规划》的不可移动文物抢救保护工程，博物馆、文管所维修，少数民族村寨工程等245个项目全部开工，完成和即将完成的共208项。

“三基地一窗口”和地震遗址“一馆三地”建设积极推进，北川、映秀、汉旺地震遗址纪念地实现局部开放。世界文化遗产都江堰古建筑群伏龙观、二王庙抢救保护工程竣工等。

编制完成了《四川省羌族文化生态保护区建设规划实施方案》，启动了39个建设项目。

【阿坝藏族羌族自治州】 “三基地一窗口”建设，是弘扬伟大抗震救灾精神的实质载体，是开展核心价值体系教育的生动课堂，是展示中国社会主义制度强大政治力量的重要平台。阿坝州依托与围绕这一平台，规划建设了汶川县水磨镇、映秀震中纪念馆、汶川博物馆、三江水乡藏寨、绵池三官庙村、汶川一中、茂县县城、羌族博物馆、坪头村、牟托村、杨柳村、理县县城、桃坪羌寨、甘堡藏寨、黑水县城、色尔古藏寨、芦花会议会址、七一维古小学、松潘县城、红军长征纪念碑碑园、解放村、小金县城、沃日土司官寨、两河口会议遗址、九寨沟县城、芝麻家村、芝麻南岸村、勿角阳山村、金川县城等27个抗震救灾和恢复重建成就展、纪念地等，以8条精品参观线路作串联，初步形成了以学校、医院、工厂和社区陈列室“一馆三地”为重点和基础的展示教育设施格局，“三基地一窗口”在汶川地震三周年之际全面建成开放，向世人呈上一张张感天动地的“文化名片”。在“三基地一窗口”建设中修建的一个个抗震救灾和恢复重建陈列室内，人们都会被当地伟大的抗震救灾精神所鼓舞。

【德阳市】 经过三年重建，德阳发生了翻天覆地的变化，“震后德阳依然美丽”“2011中国四川国际文化旅游节”成功举办，不仅是旅游产业的亮相，更是四川灾后新面貌的亮相，还是中国向世界的亮相！

德阳旅游文化的重生，离不开援建省市的借智借力和倾力支持。汉旺镇东汽厂地震遗址被列为国家四大地震遗址地，江苏省无锡市倾力援建；江苏省牵头，绵竹沿山乡村旅游带快速恢复；绵竹沿山乡村旅游带上，国际玫瑰博览园项目和麓棠山温泉休闲度假旅游区已开放迎客；什邡的13个特色村落，北京援建部门“点石成金”，形成了文化符号显著、产业关联带动的灾后新村，沿山专用旅游公路的恢复重建和穿心店地震遗址等工程，为什邡旅游的发展奠定了坚实基础。

灾后新农村产业转型。遵道镇棚花村、马祖镇马祖村、调元镇百花村等一批设施完善、特色鲜明的新型农村社区点缀在青山绿水之中，绵竹沿山乡村旅游带、孝德年画村、什邡马祖、红豆村等乡村旅游产品已经成为德阳旅游新亮点。看援建带来的文化融合的魅力，无论是京城气度，还是苏州园林，一个个文化符号都为德阳增添了新的色彩。现代乡村旅游业态渐成品牌。3 月 24 日，“2011 四川绵竹第十三届梨花节”在绵竹市九龙镇开幕。绵竹九龙、广济、汉旺等沿山镇以花为媒、以节会友，迎接八方来客，绵竹震后的美丽展现无遗。

最后一个重建项目启动。“随着三星堆国家考古遗址公园灾后修复及国家考古遗址公园建设启动，广汉所有灾后重建项目都已经全面启动。”3 月 1 日，广汉市成立三星堆遗址保护工作领导小组，统筹协调三星堆遗址保护、灾后修复及国家考古遗址公园建设和“申遗”工作，这标志着广汉灾后重建最后一个项目启动。

文物保护有着它的特殊性，作为该项目业主单位，省文物研究院对三星堆国家考古遗址公园格外重视，目标将其打造为精品工程、示范工程。2010 年 11 月，省政府与国家文物局签署了《大遗址保护成都片区共建协议书》，三星堆遗址被正式列入其中。在省文物局的帮助支持下，领导小组已经与清华大学文化遗产研究所展开合作，启动了三星堆国家考古遗址公园规划设计工作。

【广元市】广元灾后恢复重建三年间，在文化产业重大项目带动下，深厚的文化资源正逐步转化成为文化资本。2006 年，文化产业增加值 1.45 亿元；2010 年的 7.5 亿元。四年来，广元文化产业创造的增加值保持着年均 30% 以上的增速。文化产业已成为广元绿色长效 GDP 增长点。

在广元市区利州广场南有几十亩地，市里坚持，拿出来办文化，给老百姓享用。建成了广元市文化艺术中心，大剧院、博物馆、文化馆、图书馆、青少年活动馆在这里集体落户。在广元“建设川陕甘经济文化生态强市”发展定位中，“文化”一词提得颇重。“拿出最好的口岸给文化安家”成为广元各县区发展区域经济中的一项常规任务。利州区的科兴园、朝天区的大中坝、青川县的高家院、旺苍县的白马寺、剑阁县的修城坝等，都将黄金地段拿来给群众办文化。

广元是四川的连片贫困地区，是李白“蜀道之难难于上青天”的“核心区”，同时属“5·12”汶川特大地震极重灾区，又是四川的文化富集区，蜀道文化、三国文化、女性文化、红色文化等文化资源汇聚于此。按照省委、省政府“加快资源转化建设文化强省”的战略部署要求，广元市先后作出了《加快文化产业发展的发展规划》和《建设川陕甘经济文化生态强市》的新战略。在各县区加大文化产业园区和 A 级旅游景区建设，把开发文化旅游资源、促进资源转化、列入各级党委和政府工作目标。

“5·12”汶川特大地震中，剑门关景区遭受了一定破坏。以灾后恢复重建为契机，当地整合中央灾后重建资金、对口援建资金、中央扩大内需资金、民间资金共计 3.5 亿元，投入景区开发重建。突出“三国蜀道雄关”主题，挖掘和展示三国文化、蜀道文化、红军文化，重建了因 1935 年修川陕路被拆的关楼，迁建姜维墓，复建点将台，新建红军纪念馆等文化旅游景点，景区文化旅游资源实现跨越式整合发展。

以广元为圆点，向上向下、向左向右，呈现出文化辐射的多条半径。

北出广元到陕西，千佛崖引领角逐省外市场。抗战时期，在四川考察古建筑的梁思成来到千佛崖，在为遗留的建筑惊叹之时，也为川陕路修建破坏的栈道扼腕叹息。70 多年过去了，千佛崖下川流不息的川陕路终于完成历史使命，一条新的公路和隧道绕过千佛崖。灾后重建中，公路两次为“国保”让路。广元是连接成渝经济区和关中——天水经济区的纽带。境内宝成铁路、绵广高速、国道 108 线纵贯南北，广巴铁路、广巴高速公路、国道 212 线连接东西，广元机场直航北京、杭州，广陕、广甘、广南高速公路及兰渝铁路、成都至西安城际铁路、广元港正加快建设，一个连接西南西北、可通江达海的次级综合交通枢纽正加速形成。在古代，广元是巴蜀文化与中原文化的交汇点，对文化的输出与输入起着重要作用。随着广元作为川北交通枢纽作用的突显，三国文化、蜀道文化对周边省市的辐射力也在增强。

【雅安市】雅安市文化灾后恢复重建项目规划 184 个，估算总投资 29 126 万元。经过三年的苦战，公共文化基础设施、文化精品工程等方面取得显著成绩。

覆盖城乡文化基础设施网络基本建成。基本建立了以“两馆”（文化馆、图书馆）为重点和龙头，以乡镇综合文化站为基础的公共文化活动网络。新建市级文化馆1个，县级文化馆6个，图书馆6个，县级博物馆（含非遗博物馆、民俗博物馆）8个，乡镇综合文化站128个。重建任务全部完成后，基本达到县县有功能齐备、设备完善的文化馆、图书馆、博物馆，乡乡有文化站。

实施打捆建设重建模式，文化精品工程拔地而起。雅安地处山区，土地资源有限，市委、市政府提出“统一规划、突出质量、资源整合、功能集成”的重建原则，形成了打捆建设重建模式。文化重建中充分体现了这一点，将文化、广电项目打捆建设，提升项目规模和档次，打造精品工程。

汉源县文化大厦：湖北援建的交钥匙工程，该大厦集广电中心、图书馆、博物馆、文化馆为一体，是极具艺术构想力的文化大厦工程。工程总建筑面积16 847平方米，用地面积19 500平方米，总投资约为6 000万元，已成为汉源县标志性建筑。

芦山县“五馆一基地”：该项目将文化馆、博物馆、图书馆、非物质文化博物馆、民俗博物馆、文化馆培训基地打捆建设。“五馆一基地”项目的设计广泛运用芦山汉代文化符号，将古朴的汉代文化符号巧妙地与现代设计相结合，古为今用，形成了充满古朴气息的现代化建筑、芦山县新城区的标志性建筑。平面功能布置按照“五馆合一”的设计思路，将三个不同的建筑功能个体在平面上分开布置，用内庭院作为交通枢纽，整合功能，做到既互不干扰又密切联系。

石棉县文化中心：将图书馆、文化馆基础培训项目、非物质文化遗产博物馆、新棉镇文化站、精神家园等重建项目全部打捆纳入石棉县文化中心建设。文化中心规划及建筑设计方案规划用地面积约29 000平方米，规划总建筑面积12 100平方米，成为石棉县城市建设又一新亮点。

宝兴县文化影视中心和文化广电业务大楼：宝兴县文化影视中心将文化馆、影剧院、有线电视前端机房打捆建设，总投资1 525万元，建筑面积6 000平方米；宝兴县文化广电业务大楼由广播电视台、文管所、图书馆、博物馆、非物质博物馆打捆建设，总投资1 443万元，建筑面积5 000平方米。

【北川县】全县灾后重建的重大文化项目共计94个，总计投入53 616万元。其中，精神家园项目6个，总投资11 588万元；文化市场项目1个，总投资530万元；文化产业项目2个，总投资1 920万元；文化遗产项目3个，总投资22 700万元；新闻出版项目70个，总投资758万元；公共文化项目12个，总投资16 120万元。94个项目100%开工，完成投资额达20 880万元，竣工投入使用项目达57个。

按照“三年重建任务两年基本完成”的要求，全县已建成县级文化馆1个，馆舍面积3 008平方米；县级公共图书馆1个，馆舍面积3 288平方米；县级民俗博物馆1个，馆舍面积8 000平方米；县级非物质文化遗产保护中心1个，馆舍面积3 000平方米；县级艺术中心（包括剧场、电影院、川剧团、歌舞团、艺术培训学校）1个，建筑面积9 650平方米；羌族特色文化商品一条街，总体面积20 000平方米；乡镇综合文化站22个，建筑面积9 034平方米。全县4个非物质文化遗产传习所、10个文物保护单位抢救工程等，均将于年底前建成。

大范围抢救濒危古羌文化遗产。在新北川文化建设“十二五”规划中，抢救羌文化成为“重中之重”任务，为此采取了系列重大措施：深入开展羌文化遗产普查，已发现重要线索和项目73个，已成功申报国际级非遗项目1个、国家级4个、省级12个、市级39个；征集羌族民俗文物、实物2 000余件，积极筹建北川县羌族民俗博物馆；组建羌族民间艺术团、羌族歌舞团等，开办口弦、羌笛及原生态歌舞培训学校及组织巡省演出；创办羌绣文化产业培训班，完成“北川羌绣”注册商标。

大规模壮大品牌文化旅游产业。为科学化、网络化、规范化、集团化发展北川品牌文化旅游产业，北川县文化旅游局一举打出几张响当当的大牌：组建“北川文化旅游集团有限责任公司”，吸引高素质人才投资兴业，共同打造北川区域文化特色品牌；整合历史文化资源和现在国有资产，整体包装打造“羌族特色文化产品商业街”，大力开发羌绣、文化创意作品等特色文化旅游产品；创建“北川文化旅游产品电子商务交易中心”，带动全县相关产业联动发展，推动北川文化产业、产品向海内外延伸辐射；加快全县文化旅游园区重大项目建设，包括寻龙山扩建工程、云朵羌寨、西羌故园、古羌茶博园、玉皇山、小寨子沟自然景区、《大北川》实景演艺基地等配套设施建设，打造一批民族风情旅游文化集镇和乡村民俗文化旅游接待站；开发九黄环线、新老县城及唐家山堰塞湖、治水英雄大禹故里和小寨子沟等 3 条精品旅游线路；做好灾后新建的药王谷、北川新县城、维斯特农业产业园、吉娜羌寨等景区的 A 级景区申报工作；培育、开发一批体现北川古人类遗迹文化、羌族文化、大禹文化、红色文化、地震文化、宗教文化等特色的文化旅游产品，树立新北川新形象。

惠民乐民公共文化服务体系建设。为将公共文化服务体系建设和综合服务水平整体推上一个新台阶，县上提出了“十二五”期间大发展大繁荣北川公共文化服务体系的举措：全县县、乡、村三级网络进一步健全，文化馆、图书馆要配齐相关设备，非物质文化遗产传习所和重点文物保护单位的抢救工程抓紧实施，行政村要建成群众文化活动室；推进文化旅游富民惠民工程，完善永安、擂鼓、曲山、禹里等重点旅游集镇规划，加快推进城镇旅游功能完善和公共文化旅游服务设施建设；县文化馆、图书馆、博物馆充实内容、完善功能、免费开放，提高综合服务能力；乡镇整合农村宣传、文化、广电、体育、科技、教育等文化资源，建成集图书馆阅读、广电影视、宣传教育、文化活动、科技推广、科普培训、体育活动和青少年校外活动等于一体的综合性文化站；进一步落实文化进村入户和进社区工程、农家书屋工程、全民健身工程、农村电影放映“2131”工程，大力发展“文化中心户”“文化大院”“农家书屋”“文化示范户”，引导农民成为农村文化建设的主体；加快“羌族文化生态保护试验区”建设，重视保护试验区的统筹规划问题；加大“北川地震纪念馆”建设的投资力度，鼓舞和教育广大北川人发扬抗震救灾伟大精神，扩大北川影响力。

【都江堰市】作为世界文化自然遗产、国家首批 5A 级旅游景区的青城山——都江堰，在汶川地震中遭受了不同程度的损坏，直接经济损失约 30 亿元。其中都江堰景区伏龙观、二王庙古建筑群、青城山景区老君阁以及青城后山受损最为严重。为了抢救二王庙古建筑群，中国当代“顶尖”文保机构云集都江堰，2008 年 6 月正式启动都江堰二王庙灾后文物抢救保护工程。经过近三年的震后封闭修复，都江堰二王庙景点于 2011 年 4 月 21 日正式对游客开放。二王庙古建筑群修旧如旧，70% 零件是原配。大殿下的青石板路铺得整整齐齐，四周建筑散发出古色古香的气息。不管是主殿还是戏楼、厢房、52 级梯步、照壁、三官殿、观澜亭、疏江亭等从外貌上看，和地震前几乎没有区别。

DIFANGWENHUA

地方文化

■ 成都市

■ 自贡市

■ 攀枝花市

■ 泸州市

■ 德阳市

■ 绵阳市

■ 广元市

■ 遂宁市

■ 内江市

■ 乐山市

■ 南充市

■ 宜宾市

■ 广安市

■ 达州市

■ 巴中市

■ 雅安市

■ 眉山市

■ 资阳市

■ 阿坝藏族羌族自治州

■ 甘孜藏族自治州

■ 凉山彝族自治州

成都市

【文化产业】 2011 年，成都市文化局改革文化体制，采取创新投融资机制、提高产业服务水平等举措，以品牌为亮点，以项目为龙头，以政策为契机，通过文化设施载体建设，举办各类文化节庆活动，促进演艺娱乐、艺术品原创等文化产业提升，实现文化产业又快又好发展，成为成都市新兴产业中吸纳就业能力最强的产业之一，同时也为实现《中共成都市委关于深化文化体制改革加快建设文化强市的意见》关于建设中西部最具影响力、全国一流和国际知名的“文化之都”长期战略目标打下坚实基础。

文化设施项目规划。成都市加快推进创意产业载体建设，积极推进各项文化设施建设，在建的主要项目有成都博物馆、新声剧场、永陵博物馆新馆、洛带文化艺术村。成都市文化局会同市规划局启动《成都市中心城区公共文化基础设施布点规划》的修编工作，将集中落实综合性、标志性文化基础设施规划建设点位，以及市级、区级文化中心规划点位；完善基层文化设施规划布局点位，实现 10 分钟文化圈；重点突出重大文化产业园区及项目的科学合理规划布点，优化文化产业空间布局，为成都市文化产业的发展提供科学规划策略和依据。

文博旅游业发展。成都市成功举办为期 14 天的第三届成都国际非遗节，共举行七大类 286 项活动，有来自 72 个国家和地区的 1 200 名国际嘉宾和表演人士参与，展示上千个非遗项目，吸引 570 万名市民和国内外游客的参与，直接拉动全市各类消费 61.5 亿元，创历届非遗节新高，极大地提升了成都城市形象和知名度。成都市民办博物馆事业取得明显进步，截至 12 月数量已达到 62 座，其中“5·12”抗震救灾纪念馆于 5 月 11 日对外开馆，成为全市地震灾后文化产业恢复重建的新亮点。成都市依托文博资源举办的节会活动内容丰富，在武侯祠博物馆举办的 2011 成都大庙会，丰富了成都市民和中外游客的节日文化生活，21 天共接待中外游客 120 万人，总收入达 1 600 万元，同比增长 9%，并积极拓展境外市场，于 5 月在台湾高雄成功举办“成都大庙会”，进一步扩大了成都文化的影响力和知名度；在金沙遗址博物馆举办的第三届“成都金沙太阳节”活动，共接待中外游客 65 万人次，实现门票及相关产业收入 505 万元；在杜甫草堂博物馆于春节期间举办“成都诗圣文化节”，并于夏季持续举办“夜游草堂”，成为全市重要文化活动品牌。

演艺娱乐业发展。成都市川剧院创新机制，引进社会力量重点打造的川剧特色旅游剧《川剧秀·传奇变脸》，获得观众的一致好评。成都市对《金沙》音乐剧的运营公司进行股份重组；积极扶持实景演出《道解都江堰》、杂技剧《神话金沙》、民族歌舞剧《天地吉祥》等项目。其中，杂技剧《神话金沙》已连续在北京驻场演出 2 000 场，为成都市演艺剧目在北京演艺市场占据一席之地。成都市在春节期间组织文艺院团赴台北参加“2011 年慈惠文化季·两岸宗教艺术观光节文艺义演”活动，在积极推动两岸文化交流的同时，拓展海外演艺市场。第 25 届中国戏剧梅花奖大赛在成都成功举办，市川剧院在此次大赛中获得“一度梅”1 个、“二度梅”1 个，为演艺产业提供强有力的人才支撑。2011 成都双年展精品剧（节）目展演活动在成都市成功举办，促进了演艺产业人才的沟通交流。

艺术品原创业发展。成都市通过举办各类艺术展览，搭建艺术品原创交流沟通的平台。成都画院利用艺术资源优势，组织开展“燃烧的冰淇淋——王民平油画作品展”“泸州老窖·醉翁之意·当代艺术邀请展”“墨迹——将军书法家王康作品展”“花间情韵——2011 成都花鸟画作品展”“画院论画”等各类展览和艺术公益讲座50次，促进成都市艺术品原创产业的发展。成都市依托政府相关艺术奖项和产业资金，对成都美术馆、许燎原设计博物馆、蓝顶美术馆等专业突出、运行规范的艺术品经营机构给予重点扶持，为成都美术馆创建全国重点美术馆奠定坚实基础，对许燎原设计博物馆、蓝顶美术馆稳固和提升艺术原创力量，起到积极推动作用，带动艺术品原创和交易业规范、规模发展。

文化产业示范基地（园区）申报。成都市文化局经过积极争取，促进成都东区音乐公园、成都国际非物质文化遗产博览园被省文化厅命名为第三批四川省文化产业示范基地。截至年底，成都市共有6个国家文化产业示范基地、9个省级文化产业示范基地。成都市文化局还启动非遗博览园申报国家级文化产业示范园区、成都东区音乐公园申报国家级文化产业示范基地的相关工作。

【专业文艺】2011 年是成都文化改革发展史上具有标志性意义的一年，也是全市艺术创作生产浓墨重彩的一年。全市文化系统和广大文化工作者按照“二为”方向、“双百”方针和“三贴近”的要求，坚持唱响主旋律、实施精品战略，坚持机制创新、手段创新、形式创新，多元共生，措施得力，推动全市文艺门类剧种的发展，取得显著成效。10 月，成都市委宣传部、成都市文化局出台《关于促进我市川剧发展的意见》，是成都市振兴川剧的有力举措，也是川剧事业发展的里程碑，对川剧这一非物质文化遗产的传承和保护起到积极的推动作用。

文艺创作。2011 年是“5·12”汶川大地震灾后恢复重建取得决定性胜利三周年、中国共产党成立90周年、辛亥革命100周年。全市文化系统和广大文化工作者围绕这些历史节点，结合国家和四川省的重大艺术活动开展，狠抓主题作品和其他作品的创作，创作了京剧《魂系油气田》、话剧《槐花大院》、金钱板剧《车耀先》、舞蹈《凤悲鸣》等重点剧（节）目，创作了旅游剧《道解都江堰》《天府蜀韵》《川剧秀·传奇变脸》《川西典藏》《青城》《传奇·凤凰湖》及电视连续剧《在那桃花盛开的地方》，创作了50个包括舞蹈、声乐、小品（小戏）、曲艺、木偶皮影等艺术形式的节目，复排了20个京川折子戏。这些剧（节）目、电视剧，以不同形式、从不同角度展示了成都的革命史、创业史和奋斗史，回顾和重温了党的丰功伟绩，塑造了生动鲜活的舞台形象，唱响了时代主旋律和最强音。

文艺作品获奖。成都市舞台艺术文艺作品硕果累累，和往年推出的作品在国家和四川省艺术大赛中崭获不断，并参加国际国内重要艺术活动。成都艺术剧院京剧团创作演出的京剧《魂系油气田》作为四川省仅有的2台剧目参加文化部庆祝建党90周年全国现代戏优秀剧目展演活动，获得中国文联和中国剧协举行的第12届中国戏剧奖优秀剧目奖、文化部主办的第6届中国京剧节二等奖。成都市文化艺术学校创作的舞蹈《凤悲鸣》获得第9届全国舞蹈比赛创作一等奖，成为成都市首次问鼎中国舞蹈专业领域最高赛事金奖的舞蹈。成都艺术剧院木偶皮影剧团创作的人偶剧《马小跳——巨人的城堡》获中国文化艺术政府奖首届动漫奖入围奖。成都艺术剧院创作的话剧《槐花大院》、金钱板剧《车耀先》以及京剧《魂系油气田》获第二届四川文华奖最佳剧目奖，话剧《情满玉树》获第二届四川文华奖优秀剧目奖，小品《约会》《相依》获第13届四川省戏剧小品小戏比赛优秀剧目奖，川剧《红梅记》获第五届巴黎中国传统戏剧节中国戏曲塞纳奖，音乐剧《青城》应爱丁堡国际艺术节理事会邀请参加爱丁堡边缘艺术节开幕演出，著名旅美青年作曲家胡小鸥与成都金沙遗址博物馆联合打造的现代音乐作品《金沙·找魂》参演新加坡国际艺术节。音乐、曲艺、声乐的创作演出也有不少令人鼓舞的收获。

文艺演出活动。成都市各级各类文化演出

机构在抓好作品创作的同时，认真开展各类演出活动，极大地丰富了全市人民的文化生活。成都市川剧院与德阳杂技团有限公司合作编创的《川剧秀·传奇变脸》全年演出近300场。成都华侨城集团创作生产的大型原创音舞诗画《天府蜀韵》，全年演出230场。青白江区组织策划创作的音乐剧《传奇·凤凰湖》从首演开始已演出56场。活跃在区（市）县的熊家班艺术团、梅花川剧艺术中心、四川大马戏团、成都前进歌舞团、四川虹宇艺术团、哈哈曲艺社等民营院团（演出机构）实施各类演出1 200场。成都艺术剧院、成都金沙遗址博物馆、成都民族歌舞团、青白江区、都江堰市等单位和地区，坚持抓好当年和往年推出的音乐剧《金沙》、杂技剧《神话金沙》、话剧《情满玉树》、川剧《马前泼水》、旅游剧《芙蓉国粹》《锦城云乐》《川西典藏》剧目，驻演、巡演、对外交流演出场次累计达1 300场，在丰富城市文化生活、展现城市文化内涵上发挥积极作用，并取得良好的经济效益。都江堰市策划组织创作的旅游剧《青城》、成都金沙演艺文化有限公司推出的《金沙找魂》、成都艺术剧院杂技团部分节目远赴英国、法国、新加坡、南美等国家和地区交流演出，传播中国艺术，增强成都文化在全世界的影响，受到各地人民的热情赞誉。第三届中国成都国际非物质文化遗产节、2011成都双年展、第三届中国戏剧奖·梅花表演奖大赛（第25届中国戏剧梅花奖大赛）组委会和执委会在承办大型活动期间，为成都市民引进包括17个艺术种类的舞台精品（优秀）剧目25台，演出30场，吸引5万名观众。成都市市属国办文艺院团还深入开展优秀剧节目下基层活动，开展三下乡、四进社区文化演出达2 000场。

文艺人才培养。成都市川剧院优秀青年演员陈巧茹、王玉梅在第三届中国戏剧奖·梅花表演奖大赛上夺得“二度梅”和“一度梅”。成都市有35名各类人员获得四川省第二届文化个人奖和第十三届四川省小品小戏比赛个人奖项。成都市举办了第四届成都市艺术团体中青年演员表演大赛，吸引全社会1 200名、7个艺术门类的表演人员的广泛关注，初赛人员超过历届，参赛作品达400个。此外，成都市还组织全市艺术工作者的培训工作，组织全市艺术工作管理者外出采风，在学习、借鉴的同时，激励和启发艺术创造力。各区（市）县、全市专业文艺院团、社会文化组织开展的艺术人才培养工作也收到显著成效。成都市文化艺术学校圆满完成招生任务。成都市川剧院通过项目申报，有效推动2012年川剧少年班的项目立项和启动工作。

【社会文化】2011年，成都市实现市、县、乡、村四级公共文化阵地达标全覆盖。全市40个文化馆、图书馆全部达到国家三级馆以上标准。其中一级馆18个、二级馆16个；按照统一规划设计、统一风格标识、统一招标建设、统一设备配置的标准化建设要求，在全市315个乡镇（街道）均建成面积最小500平方米、最大2 000平方米、平均面积800平方米的综合文化站，平原地区乡镇还配套建设了不低于2 000平方米的群众文化广场，都江堰市、彭州市、崇州市、大邑县4个地震重灾区的文化馆、图书馆、文化站的建筑面积和设施设备通过灾后重建实现跃升；在全市3 341个村（社区）以共建共享方式落实综合文化活动室。区（市）县均完成文化信息资源共享工程县级支中心建设。全市315个乡镇（街道）和除4个“5·12”大地震重灾市县外的村（社区），均建成开通了全国文化信息资源共享工程基层服务点。

基层文化阵地建设。成都市委、市政府于2009年4月出台的《关于进一步加强基层文化建设的意见》，一揽子解决保障城乡公共文化发展的经费、人员、管理等政策性问题，实现历史性的突破；至2011年配备乡镇（街道）的专职文化站长享受乡镇（街道）中层干部待遇、事业编制，并按照中心城区、二圈层、三圈层常住人口每人每年10元、8元、6元的标准落实乡镇（街道）文化站常年公共文化服务经费，使城乡公共文化发展长效机制建设取得突破。全市城乡群众基本公共文化权益得到有效保障，市、县、乡、村四级公共文化阵地常年免费对社会开放，公益性、日常性的服务项目和服务活动不断丰富，一大批公益性文化服务项目实现品牌化，每两年举办的“中国成都国际非物质文化遗产节”已成为国内知名的国际文化盛会；以“民俗闹春、音乐消夏、欢歌庆秋、劲舞暖冬”为主题的“成都文化四季风”系列群众文化活动覆盖城乡、贯穿全年；春节期间的“成都大庙会”“诗圣文化节”“金沙太阳节”已成为城乡群众广泛参与的春节文化活动；“我们的节日”“金沙讲坛”“市民文化艺术学校”“周末音乐会”“阳光课堂”“文化金牛大擂台”“武侯闹春”“锦江之夜”“琴台放歌”等品牌群众文化活动，已成为丰富城乡群众文化生活、保障基本文化权益的舞台。

公共文化服务体系建设。成都市在文化部组织四年一次的文化馆评估定级中，有 8 个文化馆成为国家一级馆、10 个文化馆成为二级馆、2 个文化馆成为三级馆；二级以上文化馆达到全市文化馆总数的 90%，位列全省第一位；共有 40 个文图两馆，其中国家一级馆 18 个、二级馆 17 个、三级馆 5 个，二级以上等级馆比例为 87.5%，远高于国家示范区验收达到 80% 部颁三级以上标准的要求；高标准完成省、市文化民生工程目标任务，为 28 个街道文化活动中心、161 个乡镇综合文化站、117 个社区文化活动室共配备 2 209 万元的文化设备。成都市按照国家统一部署，进一步强化文化设施免费开放的制度化、常态化建设，进一步拓展文化场馆免费服务的项目内容，推行服务公开承诺兑现，成都美术馆、全市“两馆一站室”实现 365 天无障碍零门槛全免费深度开放，其中公共图书馆每周开放平均时间达到 80 小时以上；“画院论画”“讲艺堂”“成都故事百家谈”“文化艺术培训大家来”“锦江讲堂”“少儿阳光课堂”等基于“两馆一站”的众多免费服务项目已成为在全市甚至全国有影响的公共文化服务品牌。成都市制定下发《成都市乡镇（街道）综合文化活动站（中心）等级评定标准》，启动“全市乡镇综合文化站等级评定”工作，经过实地复查、资料复核、专家评审、公示批准等程序，在申报的 139 个乡镇（街道）综合文化站（活动中心）评审出全市首批乡镇（街道）综合文化站（活动中心）一级站 56 个，带动和提升全市乡镇（街道）文化站的全面建设。成都市按照“市调控，县组织，乡流转，村管理”的原则，建立县域公共图书总分馆流转运行机制，自 2011 年起实施县级公共图书馆负责每季度组织乡镇（街道）公共图书流转一次，乡镇（街道）综合文化站（活动中心）负责组织村（社区）综合文化活动室每月到中继站更换一次流转公共图书；一级分馆用于流转的公共图书不低于 5 000 册，二级分馆用于流转的公共图书不低于 500 册；有条件的区（市）县逐步建立农村公共图书流转计算机管理系统，实现覆盖本区（市）县境域内乡镇（街道）、村（社区）图书室的“一卡通”借阅和流通。成都市以遍布城乡的 600 个文化广场为活动场地，以市、县、乡、村文化阵地为依托，以城乡群众为主体人群，以“民俗闹春、音乐消夏、欢歌庆秋、劲舞暖冬”为季节性活动主题，由下至上，在全市持续深入组织开展“成都文化四季风”系列群众文化活动，截至 11 月 30 日共开展 100 场集中示范性活动、1 万场广场小型文化活动，广场民俗表演、音乐鉴赏、合唱比赛、舞蹈竞技已成为城乡群众活动广泛参与的经常性活动，共计吸引 300 万人次直接参与四季主题活动。

成都市文化馆。成都市文化馆坚持全域观念的更新，发挥引领和统筹作用，立足“局部向全市、点上向面上”两个转变，通过运用“前期抓策划、中期抓指导、后期抓成效”的“三段式”方法，重点工作取得多项突破，全馆整体工作全面推进，带动全市基层文化建设和群众文化工作的新发展。市文化馆从更新思想观念着眼，树立“全域”观念，在基层文化阵地建设中把握“重在指导、督促、检查”，在群众文化活动中“重在策划、引领和支持”，在群众文化队伍打造中“重在特色、影响和提高”，在艺术辅导培训中“重在多级辅导网络和联动”的工作方向，提出“全社会都是文化阵地”“建没有围墙的文化馆”“公益文化也需要营销”“媒体传播也是群众文化活动”新的思维和观点。市文化馆采取全面督查与重点跟进相结合的方式，周周有汇报，月月有总结，对全市的基层文化阵地开放、队伍建设、活动开展等情况作持续有效的督查；指导各区（市）县做好基层文化阵地和公共文化服务的长效发展，基本完成10项措施；完成315个乡镇（街道）综合文化站（活动中心）一级站评选，评选出56个乡镇（街道）综合文化站（活动中心）示范站；对全市14个郊区（市）县的28个村（社区）综合文化活动室进行现场调研，采集全市村（社区）公共文化服务建设的现状、面临问题的数据，并在此基础上形成成都市村（社区）文化活动室的调研报告。市文化馆继续开办市民公益艺术培训学校，增加20个培训班、660名学员，全年共开设公益性艺术培训春秋2期，60个班次，学员人数达到5000人，平均每天开课10个班；建立“成都市市民公益艺术培训学校”都江堰市和彭州市等分校，组织老师到部分区县进行定点巡回教学；初步建立覆盖全市的市、区（市）县、街道乡镇和社区“金字塔”型四级辅导员网络，在册登记人数达到1.2万名，全年辅导人数达到80万人次；组织“成都故事·百家谈”市民公益讲座进社区巡讲12场，带动社区市民文化讲座的兴起。市文化馆圆满完成第三届中国成都国际非物质文化遗产节“天府大巡游”的组织工作；承担“成都文化四季风”“民俗闹春”“音乐消夏”“欢歌庆秋”和“劲舞暖冬”系列群众文化活动的组织；完成市委宣传部布置的“四大基础工程”和“特色文艺”全市巡演50场；举办“第七届天府艺术大行动”摄影展，共展出群众摄影作品500幅，全年组织（承办）全市性群众文化活动19场次，指导区县活动60场次，参与群众20万人次。市文化馆对成都高新区及19个区（市）县的非遗资源进行调研和工作指导；开展第四批国家级、第五批四川省级非物质文化遗产项目代表性传承人的申报评审工作；审定和推荐第三批成都市级44个项目的70名代表性传承人；组织“非遗进校园”“非遗体验游”活动，在四川师范大学建立非物质文化遗产保护自愿者社团，在成华区小学开设国家级非遗项目——川剧特色学习和传承项目第二课堂；与中国地质大学等高校开展暑期非遗调查社会实践。市文化馆在迎接文化部组织的第三次全国文化馆评估检查中，被评为国家一级文化馆；指导各区（市）县迎检，使全市二级馆率达到90%，列全省第一。

成都图书馆。成都图书馆全面推动公共图书馆服务集群化、均等化、标准化、科学化发展，充分发挥规划的先导作用，在认真调研全市公共图书馆现状的基础上，拟定《全市公共图书馆开展“幸福成都·美好家园”文化行动（2011～2015）暨创建国家公共文化服务体系示范区（2011～2012）工作实施方案》《全市公共图书馆“总分馆制”工作实施方案》；进一步加强对区（市）县图书馆工作的指导、培训与交流，赴区（市）县公共图书馆馆进行新馆建设、数字图书馆建设、读者活动、讲座宣传、乡镇图书室管理等方面业务指导20次，对区（市）县公共图书馆新馆建设、图书流转、基层图书室建设及管理等重点工作进行6次专题调研，举办全市公共图书馆馆长暨业务骨干培训、区（市）县图书馆70人参加的培训；根据文化部、财政部下发《关于实施“数字图书馆”推广工程的通知》，制定《成都市“数字图书馆推广工程”实施方案》，在国家数字图书馆与省级数字图书馆的统一构建和规划下，2011～2012年为基础构建阶段，2013～2015年为全面推广阶段，以成都数字图书馆资源建设、资源共享、全面服务为重点，同时建设完成县级数字图书馆，并向基层群众提供免费服务，实现全国、全省、全市分级覆盖式的数字图书馆服务体系。2月，成都图书馆在新浪网和腾讯网开通官方微博，增加图书馆更直接有效的宣传、推广平台，至年底已发布微博6135条，日平均发布微博 17 条，日转发和评论量平均在 40 次以上，原创率达到99%，官方微博粉丝已达 4.5 万名，形成良好的运行机制和品牌效应，在国内开通官方微博的公共图书馆中排名第四位。5 月 28 日 ~6 月 1 日，成都图书馆圆满完成以“非物质文化遗产的保护与发展”为主题的第三届“非遗节”国际论坛工作，是成都图书馆第三次承办国际论坛，获得联合国教科文组织、驻华大使、国内外专家高度赞誉。11 月 1 日，成都图书馆推出首个刊物《喜阅》，是一本以阅读分享为主的微型刊物，通过访谈、荐书、心得、预告等方式将图书馆最有价值的服务信息生动推送给读者，建立一个引领全民阅读的长期的有效载体，为读者提供文化交流与心灵碰撞的平台，进一步提升公共图书馆市民大书房的亲和力和影响力。成都图书馆全年举办“锦城讲堂”69 期，成为本土优秀文化品牌，被广大市民誉为成都的“百家讲坛”；接待读者 125 万人次，书刊借阅流通 232 万册次、数字图书馆资源总量突破 7000万篇（册），实现网上借阅 151 万篇（册次）、网站浏览量 80 万人次；举办展览 19 次、各类公益讲座 114 场、“少儿阳光课堂”64 期，参与青少年 1 万人次；举办家长沙龙 45 场，听众 3395 人次；举办寒假科普电影展映 12 场；举办迎新春书展、寒暑假书展和高考新书展等各类主题书展 10 期，展出图书 1 万册；在全市社区、街道、农村等建立馆外分馆 68 个，接待读者 50 万人次。

锦城讲堂。成都图书馆于2004 年 2 月开办的公益讲座，至 2011 年底共举办 600 期，已成为成都市优秀文化品牌，免费为公众提供优质精神大餐。2011 年，成都图书馆公益讲座正式命名为“锦城讲堂”，邀请名家坐堂，以“名家读名著”“国学经典”“艺术欣赏”“乡土课堂”等系列为主题，以传承文明、传播文化为宗旨，全年共举办 69 场，深受广大听众喜爱和欢迎，参与听众 2 万人次。为了满足不能及时到馆听讲座读者的需求，成都图书馆还将讲座的精粹部分制作成视频放在网站上供读者免费在线观看。

成都诗圣文化节。1 月 30 日 ~2 月 9 日，成都市人民政府主办，成都市文化局、青羊区人民政府承办，成都杜甫草堂博物馆、青羊区文体旅局执行的第二届“成都诗圣文化节”——辛卯年“人日游草堂”系列活动在杜甫草堂博物馆举行。活动在继承和发扬优秀传统文化的基础上，继续以诗歌文化为主线，民俗活动为辅线，以诗圣祭拜仪式为核心，通过诵诗、唱诗、舞蹈、杂技、绘画、展览、巡游、游戏、情景再现等多种形式，展开一系列精彩纷呈的文化活动，让广大市民在游览杜甫草堂美景的过程中，亲身参与老少皆宜的互动活动，观看来自民间的非遗展演，品尝风味独特的美食佳肴，体验诗歌文化的独特魅力，感受新春佳节热闹祥和的气氛，共接待游客 5 万人次。

成都大庙会。1 月 31 日 ~2 月 20 日，成都市人民政府主办，成都市文化局、武侯区人民政府承办，成都武侯祠博物馆协办的“2011 成都大庙会”在成都武侯祠博物馆举行。这届大庙会以“成都大庙会，玩转大三国”为主题，依托三国文化及民俗文化，充分挖掘传统文化的当代价值，通过文艺表演、展览、灯展等形式，营造和谐热烈的节日氛围，使广大市民和中外游客畅享欢乐，感受成都的文化创想力和最佳旅游城市的独特魅力，共接待游客 120 万人次，同比增长 9%，总收入同比增长 31%，创历史新高。根据省、市政府统一部署和安排，5 月 20 日 ~22 日，在中共四川省委副书记、省长蒋巨峰、市长葛红林率团赴台参加“台湾·四川活动周”期间，“2011 高雄—四川·成都大庙会”在高雄市文化中心广场顺利举办，有 26 万人次的岛内民众参与庙会系列活动，深入接触天府四川的历史文化和民俗风情，亲身体验原汁原味的“四川·成都大庙会”。

成都金沙太阳节。1 月 29 日 ~2 月 20 日，成都市人民政府主办，成都市文化局、青羊区人民政府、金牛区人民政府共同承办，成都博物院金沙遗址博物馆协办的第三届“成都金沙太阳节”在金沙遗址博物馆举行。以“温暖阳光·和谐家园”为主题的第三届“成都金沙太阳节”延续了古蜀文明、金沙文化和世界范围内太阳崇拜的主线，并结合辛卯兔年的民俗传统，增添时下最新的时尚元素，推出集主题灯会、特色表演、面具派对、祈福巡游、金沙灯市、民俗展示、亲子游戏、缤纷焰火、风情美食等为一体的独具金沙文化特色的大型节庆活动，让市民游客在丰富多彩的节日体验中感受温暖祥和的新春佳节，为着力打造金沙文化品牌、弘扬古蜀文明起到推动作用。活动期间，金沙遗址博物馆共接待游客65万人次。

【文化市场】2011年，成都市文化市场管理工作紧紧围绕文化市场平安建设、推进网吧连锁整合、实施文化市场总量布局规划以及文化综合执法总队建设等工作重点，积极探索文化市场管理新措施、开拓创新、务实进取，坚持抓科学规划、规范管理，积极稳妥地开展各项工作，取得显著成效。

文化市场总量布局规划。成都市文化局按照“城乡统筹、宏观调控、合理布局、有序发展”的原则，继续实施文化市场总量布局规划，适当增加田园城市示范线、富士康生活区、农民集中居住区的网吧、电子游艺、歌舞娱乐场所总量布局，逐步达到城乡文化经营场所布局的合理与均衡；结合温江区、武侯区等地“文化超市”试点建设，在促进城乡文化市场协调发展的同时，加强城乡文化市场的集约经营和规范管理。市文化局坚持抓建设、谋长远，不断提高办事效率，高质量、高标准地成各项工作任务；全面落实审批事项的联合办理、集中办理等措施；建立快捷审批“绿色通道”，增加延时服务、上门服务、网上服务等方法，有力保障全市网吧总量布局规划和网吧连锁整合工作的顺利实施，全年审批事项办结率继续保持100%，市文化局政务服务窗口连年被评为优秀窗口。

文化市场专项整治行动。成都市文化局紧紧围绕创建“平安文化市场”工作重心，突出工作重点，充分发挥执法优势，切实加大市场监管力度，开展一系列文化市场专项整治行动。市文化局加强对出版物市场、印刷复制企业、音像制品经营场所、网吧及歌舞娱乐、电子游艺场所、互联网上非法出版和侵权盗版行为，以及广播影视节目播出机构、有限网络公司传输、卫星地面接收设施、互联网视听视频等方面的监管和查处，坚持依法行政、规范执法，严厉打击各类违法违规文化经营活动。全年出动执法人员4 300人次，开展执法检查720次，组织、参加全市集中行动26次；检查网吧9 730家（次）、出版物经营单位（店、摊）5 850家（次）、印刷复制企业220家（次）、广电播出机构160家（次），监控视听节目1 000家（次）；共取缔无证照网吧110家、歌舞厅72家、电子游艺室130家、音像制品经营店64家，捣毁非法出版物窝点17个，查缴非法出版物70万册（张），没收接收机等设备5台；查处案件23件（含移交公安机关查处案件6件），其中查处接纳未成年人案件3件、破获网络游戏虚拟货币交易服务商案件6件、非法出版和侵权盗版案件10件、非法接收传送境外卫星电视节目案件1件。成都市通过持续不断的文化市场专项整治行动和高强度的执法检查，网吧、电子游艺室违规接纳未成年人现象逐步减少，出版物市场经营秩序明显改观，广播影视正常播出秩序进一步规范，有力地维护了全市文化市场平稳有序、健康和谐发展。

文化行政效能建设。成都市文化局将所有年检事项集中在市政务服务中心文化窗口集中办理，大力推行“一网、一表、一门、一次”24小时申报网上年检，进一步简化企业年检程序，切实方便企业办事；采取明查暗访、随机抽查等方式，加大对机关处室和政务服务中心文化窗口落实首问责任制、服务承诺制、限时办结制、AB岗工作制及优化办事流程、提高服务效率等情况的督查力度，对存在推诿扯皮、服务态度差、办事效率低的问题进行严格问责。全年清理27项（小项）行政审批事项的前置审查事项和审查条件，所有前置审查事项和审查条件均符合国家法律法规；对文化类民办非企业单位登记前置审批、文化类社会团体设立前置审批等行政审批前置审查事项，优化办事流程，简化办事手续，明确办理时限和服务标准。市文化局深入推进政务服务中心文化窗口规范化建设，加大对政务中心窗口日常管理和巡查力度，加强窗口工作人员政务服务礼仪和业务知识培训，完善网上政务大厅功能，提升网上政务运行水平；全面清理与市民生活密切相关的服务事项，全面优化服务流程，减少办事环节，按照统一标准、统一管理的原则，进一步推进集中办公，切实为市民提供规范、高效、便捷的服务，并配合牵头部门完善网上政务大厅管理机制，明确责任，做到网上政务大厅公开的信息及时更新、提供的服务及时便捷。市文化局以公众需求为导向，以制度和标准建设为保障，深入推进政务公开，有针对性地公开公众关心的、与其利益密切相关的信息，并强化重大政策和重要信息的宣传解读，提高公众的知晓度和满意度；在市图书馆等窗口单位，大力推进政府信息公开查询点标准化建设，并加快基层公开服务平台试点建设，为群众提供信息查询和在线办事“一站式”服务，同时配合相关部门完善网上政务大厅功能，不断推进行政审批事项网上办理，达到预审批率大于20%、审批率大于5%的工作目标；配合相关部门完善网上政务大厅在线即时咨询系统，安排专人值守，确保即时响应。

互联网上网服务营业场所管理。成都市文化局继续加大网吧市场监管力度，依法从严从重处罚违规接纳未成年人行为，不断探索行之有效的管理手段，通过整治，成效明显：整合文化、教育、公安等部门优势，强化网吧接纳未成年人的取证工作，破解违规取证难题；完善网吧智能监控平台作用，推行网吧视频监控系统及网吧第二代身份证刷卡系统建设，有效地对国家明令禁止网络游戏实施封堵，较好地遏制了未成年人进入网吧等问题；及时修订《成都市网吧处罚量化标准》，提高网吧接纳未成年人的处罚标准，加大违规处罚力度；构建协管网络，继续推进市、区（市）县、乡镇（街道）三级监管网底建设，较好地发挥了乡镇（街道）综合文化站（文化中心）对文化市场的协管作用。

网吧连锁整合。成都市文化局根据中央领导关于“整合组建连锁网吧”“向体制要秩序”的精神和市政府办公厅《关于转发市文化局等部门关于全市推进网吧连锁工作实施意见的通知》工作部署，从2010年9月起用两年时间对全市存量网吧进行连锁整合。全市通过近两年的努力，网吧连锁整合审批绿色通道及各项优惠政策得到进一步完善和落实，截至2011年底已有2 290家单体网吧实行连锁经营管理，占全市网吧总数的97.2%，初步形成“连得起、锁得住”的局面。市文化局积极推进连锁网吧“四统一”建设，争取政府70万元专项资金支持，开展全市“网吧连锁经营管理示范门店规范工程”建设，通过统一连锁网吧的标识、着装、工作牌和规章制度，提升全市连锁网吧形象和规范管理水平；积极协调公安、消防、工商等部门开通连锁网吧门店变更审批绿色通道，做到在推进网吧连锁经营管理的同时不影响网吧门店的正常经营，截至年底基本完成全市2 290家单体网吧变更《网络文化经营许可证》工作。市公安局出台减少新设连锁网吧直营门店“网络安全管理系统”建设维护费用的支持政策，市地税局落实网吧连锁的税收优惠政策，电信、联通对连锁网吧门店实行资费优惠。市文化局根据文化部《关于开展网吧从业人员岗位培训的通知》，联合市人力资源和社会保障局、市财政局开展“成都市网吧管理从业人员特别培训就业行动计划”，对全市网吧从业人员实施免费培训，全年完成5 000人的培训计划，并建立起法律法规、政策、业务和管理知识等电子课程教材集，适时开展业主警示教育；探索网吧连锁企业参与乡镇公共文化服务体系建设，在分清权责利的前提下，由网吧连锁企业

提供多种社会文化服务，政府适当补贴，既保证了老百姓基本的公共文化权益，又满足了多样化的文化需求，已在郫县、金堂县展开试点工作。

中国成都电子游艺游戏设备博览会。5月20日~22日，文化部市场司、四川省文化厅指导，成都市文化局、中国软件协会游戏软件分会、四川省演出娱乐行业协会、成都市游艺娱乐行业协会主办，广州市会展服务中心承办的以“阳光娱乐，健康游戏”为主题的“2011中国成都电子游艺游戏设备博览会”在成都新国际会展中心举办。此次博览会展馆面积达1万平方米，汇聚全国90家一线生产厂商展示其自主研发的游戏游艺设备及文化部准入的机型机种共500类，吸引省内众多游戏游艺场所经营者及12个西部省市的从业者前来采购，共接待买家及代理商等共计2826人次，接待游艺游戏相关行业从业人员及游艺游戏爱好者共计2563人次，其中四川省内的客户占所有客户群的70%以上。展会期间，射击类、竞速类、音乐类、格斗类、礼品类、益智类、冒险类、彩票类、大型游艺游戏设备受到买家青睐，共交易机台1800台，签订购销合同100份；参展商家带来的展示机台成交率达90%，厂商对本次展会满意及基本满意度达62%。

【文物保护与考古发掘】2011年，成都市文物保护与考古发掘工作可谓是百花齐放、硕果累累。成都市全面完成第三次全国文物普查工作之后，率先建立不可移动文物数据库系统。成都市文物管理办公室在2010年底成立之后，继续管理全市文物和博物馆事业，承担全市文物保护、考古等重大项目的指导和管理工作。在大遗址保护方面，成都片区被纳入国家文物博物馆事业发展“十二五”规划，成立“大遗址保护成都片区共建合作委员会”与“大遗址保护推进工作办公室”，制定《成都市大遗址保护管理办法》，各项规划编制继续进行，各项保护工作稳步推进。在文物保护型修复方面，成都市全面推进地震灾后文物恢复重建工作，并推动并组织国家级、省级文保单位的维修及申报等工作方案的编制。成都市博物馆（纪念馆）发展水平稳居全国前列，有4家博物馆（纪念馆）对外免费开放；“5·12抗震救灾纪念馆”开馆，中国白酒金三角·成都水井坊酒坊遗址博物馆开工建设；举行首届民办博物馆馆长培训班。

文物普查。国务院第三次全国文物普查领导小组办公室、国家文物局下发《关于核定四川省第三次全国文物普查登记不可移动文物的函》，成都市的普查数据顺利通过国家文物局普查办验收。至此，成都市全面完成长达5年的第三次全国文物普查工作，取得可喜成绩。通过文物普查，成都市摸清了不可移动文物的家底，掌握了历史文化遗产资源的现状和基础信息，加强了地方文物保护管理机构建设，培养了一大批基层专业人员，进一步巩固了成都文物大市的地位，极大地提高了成都市文化遗产保护的社会关注度和吸引力，为成都市文化遗产事业大发展大繁荣创造了更为有利的基础条件。在普查工作中，成都市不可移动文物调查总量共计7413处，位居全省的首位，不仅包含传统意义上的文化类型，还囊括传统民居、工业遗产、农业遗产、老字号遗产、红色遗产、二十世纪遗产等文化遗产新类型，完整地展示了四千多年来成都市的发展年轮，是广大民众对城市尊严、乡土情感、历史厚度进行认识与再认识的最为重要的实物资源，星罗棋布分布在成都平原上，成为构建成都世界生态田园城市的文化亮点。在完成普查数据报送后，成都市普查办积极组织人员，在全省率先建立基于地理信息系统平台的不可移动文物数据库系统，进一步突出和展示成都市“三普”的丰硕成果，为全面完成第三次全国文物普查工作画上圆满句号。在12月省政府召开的“四川省第三次全国文物普查电视电话会议”上，成都市“三普”工作得到四川省第三次全国文物普查领导小组的充分肯定。

文物管理。成都市在2010年底机构改革

时，将原成都市文物保护管理委员会办公室（成都市文化局文物处）更名为成都市文物管理办公室，并赋予继续管理全市文物和博物馆事业，承担全市文物保护、考古等重大项目的指导和管理工作，文物考古和全市博物馆的审批工作；承办各级文物保护单位、历史文化名城（镇、村、街）及文化遗产保护规划、维修方案的审核报批工作，协调处理城市建设与文物保护事务；指导全市博物馆建设、科研、馆际交流及人才培训工作；负责组织馆藏及社会文物的鉴定工作；编制文物保护和考古发掘等事业经费预算；监督管理文物商品市场，开展文物安全督察工作，配合公安部门查处文物违法犯罪活动。2011 年，成都市在 19 个区（市）县共设立文物管理局 2 个（即都江堰市文物局、邛崃市文物管理局）、文物保护管理所 14 个（即新津县、金堂县、崇州市、彭州市、温江区、青羊区文物保护管理所、金牛区、龙泉驿区、新都区、蒲江县、大邑县、双流县、青白江区、郫县文物保护管理所）、文化文物科 3 个（即武侯区文化体育旅游局文化文物科、成华区文化和旅游局文化文物科、锦江区文化广播电视和新闻出版局文化科）。成都市全年投入市级文物保护经费 1 000 万元，主要对文物保护单位进行保护维修，其中重大项目有彭州镇国寺塔维修、新繁东湖九处古建筑维修、宝光寺“三防”、十方堂邛窑遗址保护加固等工程。截至年底，全市有文博工作人员 409 人。

文物保护性修复。成都市文物局加大工作力度，采取有效措施，全面推进地震灾后文物恢复重建工作，完成中央资金投资项目 17 项、市级资金投资项目 20 项；组织专家实地勘察，核准通过 18 处国家级和省级文物保护单位保护维修方案，评审通过 9 处市级及区（市）县级文物保护单位保护维修方案，加快推进文物保护维修工作；为文物保护工作积极申请专项补助经费，共计申请省级经费 1 456 万元、市级经费 260 万元。市文物局推动拟公布的第七批全国文物保护单位中 32 处保护维修工程项目，包括基础工作、保护维修方案编制；按照四川省文物局关于开展第八批四川省文物保护单位申报工作的要求，组织编制 38 处不可移动文物单位申报材料，并完成上报工作。市文物局配合市规划局对四川天府新区规划项目中成都分区范围内文物保护发展提出建议；按照市政府关于世界生态田园城市示范线建设的要求，提出示范线上历史文化建设的目标、重点和支持措施的意见。

博物馆（纪念馆）建设。国家文物局和成都市委、市政府均提出将成都市打造为全国民办博物馆建设示范城市的目标定位。成都市博物馆（纪念馆）文化事业发展较快，其发展水平位于全国同类城市前列，特别是民办博物馆建设发展较快。5 月 12 日，中宣部、解放军总政治部、国家发改委主办、省委宣传部和成都市委承办的全国唯一的抗震救灾专题纪念馆——“5·12 抗震救灾纪念馆”正式开馆，截至年底接待观众 100 万人次。11 月 29 日，国家文物局主办，四川省文物局、成都市文物局承办的首届全国民办博物馆馆长培训班在四川大学举办，是国家文物局在全国范围内首次举办的专门针对民营博物馆的人才培训，培训时间为一周，培训班聘请南开大学、浙江大学、中国人民大学、四川大学等相关学科的教师授课，对进一步规范民办博物馆管理，提高民办博物馆办馆水平将起到积极的促进作用，有来自全国 28 个省、自治区、直辖市的民办博物馆馆长共计 50 人参加培训。截至年底，全市各级各类博物馆（纪念馆）已登记注册 98 座（国有博物馆和纪念馆 36 座、民办博物馆陈列馆和纪念馆有 62 座），其中 2011 年新增国有行业博物馆 1 座、民办博物馆 12 座；国家一级博物馆 2 座分别为成都武侯祠博物馆和成都杜甫草堂博物馆。全市有 4 家博物馆（纪念馆）对外免费开放，即四川省博物馆、郫县博物馆、龙泉驿区博物馆、彭州市博物馆。

大遗址保护。国家文物局与四川省人民政府签署《大遗址保护成都片区共建协议书》之后，大遗址保护成都片区被纳入国家文物博物馆事业发展“十二五”规划，通过对大遗址保护成都片区众多大遗址的保护、研究、展示，全面提升成都市文化遗产保护管理水平，为实现将成都片区建设成为中国南方大遗址保护重要示范区之一的目标创造了条件。在机构建设方面，国家文物局与四川省人民政府于12月共同成立“大遗址保护成都片区共建合作委员会”；为加快推进大遗址保护成都片区各项工作，成都市文物局率先成立大遗址保护推进工作办公室，并发文要求涉及该项目工作的各区（市）县文化（文物）行政主管部门和相关单位积极配合市大遗址保护推进工作办公室科学、规范、有序地推动大遗址保护成都片区项目，做好机构设置、人员配备、资料收集整理等前期相关准备。在法律法规建设方面，成都市政府将制定大遗址保护管理办法列入2011年政府工作目标；成都市文物局积极调研，认真谋划，加快制定《成都市大遗址保护管理办法》，明确了大遗址保护的法律地位。在规划编制方面，《大遗址保护成都片区保护规划纲要》雏形基本形成，《金沙遗址文物保护规划》正在进行修编，《邛窑遗址保护规划》已经上报国家文物局待批，《宝墩遗址保护规划》《朱悦濂墓保护规划》《鱼凫古城保护规划》编制工作已经完成，首批遗址保护和展示方案正在制定。在保护工作方面，成都市文物局按照邛窑遗址公园分年实施计划和相关要求，依据《十方堂邛窑遗址保护总体规划》《邛窑十方堂遗址防护加固工程设计方案》，已经完成邛窑遗址河堤加固工程，稳步推进其本体保护、展示、环境整治工作；正进行成都古蜀船棺遗址出土大型船棺、漆木器脱水防护保护和技术性修复；正逐步完善金沙遗址及博物馆的安全防护和展示服务设施、文物保护中心建设。

新津宝墩遗址发掘。宝墩古城外城墙。在中华文明探源工程第三阶段前期调查中，成都文物考古研究所组织考古调查队在新津宝墩遗址发现古城的外城城墙，已确定这座新石器时代的古城面积为276万平方米，是国内发现的龙山时代第三大古城，为探讨中华文明起源提供了全新的资料。此前已经确认新发现的外城墙的修筑年代当为宝墩文化第二期初，上限或可至一期2段末，使用年代在宝墩文化第二期，外城墙的修筑时间当晚于内城墙，但内外城墙曾同时使用过。

宝墩文化大型建筑基址。宝墩城址的内城中心偏北鼓墩子北侧揭露出一组大型建筑基址，仅保留有柱坑和局部垫土，年代相当于宝墩文化一期2段；结构以长方形主体房屋为中心，南北两侧为厢房；南北长约20米，东西宽约10.5米，面积约210平方米；保留有柱坑28个，四围柱坑排列有序，间距呈平行相；在房屋内部有2处鹅卵石面，平面形状为方形；南北两侧厢房直接在生土面上起建，没有垫土，但地面较平坦；初步认为该建筑基址为地面式的多间复合式建筑，是宝墩城址内已发现面积最大的建筑基址，可能为宝墩文化的一座大型公共礼仪性建筑。

宝墩古城罗林盘宝墩文化遗迹。宝墩古城外城南部的罗林盘发现较多圆形灰坑，出土陶器和石器两类，时代大致在宝墩文化一期2段至二期；采集土样进行定量浮选和植硅石研究，为植物考古和史前环境的研究提供宝贵的材料。

宝墩遗址2009年度浮选结果发表。新津宝墩遗址2009年度考古浮选提取到的炭化植物种子数量为1430粒，种类比较丰富，食物类有水稻、粟、薏苡属、野豌豆属和豇豆属，杂草类有莎草科、飘拂草属、蔗草属。在所有的炭化植物种子中，稻谷种子的数量为643粒，占45.0%，并且几乎在所有时期的地层和遗迹单位中都有发现；粟的数量为23粒，占1.6%，且集中出现在宝墩一期的地层和遗迹单位中；薏苡属种子总苞片为18片，占1.3%，且仅出现在宝墩一期的地层和遗迹单位中；野生物种及杂草种子中，野豌豆58粒，占4.1%，其他种子共688粒占48.1%。由此观之，宝墩遗址的农作形态可能为：无论是宝墩文化阶段，还是到汉代，此处都以水稻的种植为主；而粟的种植，在宝墩文化一期占有少量比例，到后期逐渐趋向绝迹；随着农田管理水平的提高，田间杂草到汉代已经得到很好控制。在正式发表的材料中，四川境内发现有水稻的遗存，尚未有早于宝墩遗址的，因此宝墩遗址应是西南地区最早发现有水稻的遗址之一。

十二桥遗址新一村地点发掘。十二桥新一村遗址，位于青羊区十二桥路以南，东临西郊河，于2010年12月开始发掘，至2011年发掘面积共计1 900平方米。遗址主体文化堆积为宝墩时期至隋唐时期文化层，可分为12层三组。第一组器物为宝墩文化遗物，陶器质地为泥质黑皮陶，可辨器形有喇叭口高领罐、尊形器等，纹饰以刻划纹、水波纹为主。在十二桥遗址及1995年新一村地点的发掘中均没有发现，而本次在新一村地点发现一批遗存。这是一个重大突破，为探讨宝墩文化的发展演变提供了进一步的证据。第二组为十二桥文化时期遗存，遗迹有木构建筑1座、灰坑7个、坑3个、灰沟2条。木构建筑平面形状为弧形，西南－东北走向，残长约31米、最宽处约5.2米，由木桩和竹骨构筑而成，可见屋顶焚烧后倒塌残迹，其功能不明；另发现一段地梁。该时期遗物以陶器为主，另有少量铜器、玉器、石器和骨器。此外还出土有一定数量的卜甲，多为龟腹甲。第三组器物为新一村时期器物，出土器物夹砂灰褐陶为主，器形主要有簋形器、釜、盆、尖底盏、瓮形器等。该组器物的下限为春秋，这可推测商周时期文化堆积的形成时期下限为春秋。战国时期遗迹有土坑墓1座、瓮棺葬3座、灰坑5个、灰沟1条、陶井1个。2011年度发掘春秋时期地层中典型楚式鬲足的出土，为此前成都平原青铜时代遗存中所不见，对于春秋时期楚文化与川西地区文化交流提供重要的线索。玉戈、石琮、卜甲、石壁以及漆绘和彩绘陶器等礼仪用器的出土，进一步突出该遗址的特殊功能，应当是同金沙遗址一样的特殊遗存。

新都区褚家太平界牌三村遗址发掘。新都区褚家村遗址，位于新都区新都镇龙虎社区褚家村，东临龙虎大道。成都文物考古研究所于2008年2月～4月对该遗址进行第一次勘探发掘，确认此为一处重要先秦遗址；2011年3月～5月与新都区文物管理所在工地东南部开展发掘工作，发掘面积450平方米，揭露的主体文化为商周时期遗存，并发现一批重要的宋代遗存，包括水井1口、排水沟1条和灰坑1个，出土大量瓷器、陶器、钱币等遗物。发掘区内遗址的地层堆积共分9层，其中第7、8、9层为先秦时期文化层。商周时期遗存包括4座墓葬、1条灰沟和35个灰坑。这些墓葬规格较小，平面呈长方形，均为竖穴式土坑墓。出土遗物以夹砂陶和泥质陶器残片为主，结合2008年的发掘情况，充分证明该遗址是当时成都平原腹地一处规模较大、人口较密集的生活聚落。

新都区褚家村遗址的宋代遗存，包括1条排水沟、1口水井和2个灰坑。排水沟叠压于第3层下，平面呈长条形，西北—东南走向，揭露部分长22.8米、宽0.9～1.0米、深0.3～0.4米，沟内出土大量的白釉、青釉、酱釉和绿釉瓷器及泥质灰陶容器残片，器形以碗、盘、盏、罐、盆比较常见，均为当时居民的生活遗物。

新都区太平村遗址，位于成都市外北新繁镇南。2011年3月，为配合新都区新繁镇“锦绣香江”家具产业项目修建，成都文物考古研究所、新都区文物管理所对该工地进行地下文物勘探，发现工地的西南部存在有较厚的先秦文化堆积，确认为一处较重要的古遗址，其平面分布范围略成长方形，总面积近6 000平方米；发掘面积128平方米，清理灰坑6个。出土遗物只有陶器和石器两种。根据出土陶器的陶质陶色比例和形制特征，太平村遗址年代在殷墟四期至西周初期。太平村遗址与水观音遗址相距不远，年代相当。

新都区界牌村汉代遗址，位于新都区清流镇界牌村三组，属于为配合成德绵高速公路复线（成都段）建设工作，是成都文物考古研究所对成都段沿线进行的文物考古调查所发现的

16 个重要文物点之一；发掘共布方探方 16 个，发掘面积 400 平方米，出土大量汉代陶片和砖瓦，呈坡状堆积；第 3 层为主体文化层，出土的陶器质地较为坚硬，火候比西汉中期之前的一般陶器明显较高，可知界牌村遗址第 3 层时代大致为东汉中晚期；第 4 层未出土遗物，但应不晚于东汉中晚期。该遗址发掘面积较小，出土器物不多，对遗址的认识不够全面，但由于成都地区汉代遗址资料较少，此遗址对于研究成都地区汉代考古学文化显得比较重要。

彭州市梅花泉及米筛泉遗址发掘。彭州市梅花泉遗址，位于彭州市致和镇梅花村六组卢家碾台地上。遗址面积 1 500 平方米，平面形状近三角形，实际发掘面积 288 平方米，主要为汉代和商周时期的遗存，发现灰坑 14 个，遗物有陶器、石器，以商周时期居多，汉代较少。陶器可辨器形有小平底罐、高领罐，表现出十二桥文化的特征。

彭州市米筛泉遗址，位于彭州市致和镇万家村。遗址平面近椭圆形，面积2 000平方米，发掘面积 525 平方米，发现商周时期灰坑 8 个、活动面 1 个，出土大量遗物。该遗址保存较好，文化层堆积较厚，出土遗物以商周时期陶片和石器最多。总体来说，出土器物群特征与十二桥遗址的 12、13 层较为接近。发掘者将十二桥遗址的 12、13 层定为早期，大致相当于殷墟 3、4 期，所以米筛泉遗址的这两层也大致属于这个时期。说明在商周时期，该地域人类活动频繁，可能存在一个较大的聚落，由于发掘面积有限，聚落性质还有待进一步发掘和研究。

青白江区包家梁子汉墓群发掘。青白江区包家梁子汉墓群，位于青白江区城厢镇十八湾村、万柳村与大同镇界牌村交界处。2011 年 6 月，为配合青白江大道广汉连接段二标段（城厢段）的施工，同时为保护和抢救项目可能涉及的地下文物，成都文物考古研究所与青白江区文物保护管理所联合，对路线将要穿越的包家梁子汉代墓地开展地下文物勘探工作，截至 6 月 29 日在钻探范围内共发现古墓葬 137 座，其中 95% 以上属于汉代墓葬，包括砖室墓和土坑墓两种类型，有 62 座为砖室墓、75 座为土坑墓。通过此次近一个月的考古调查，可以确认包家梁子墓地是成都平原一处重要的汉代墓葬区。这些汉代墓葬分布十分密集，且在空间分布上呈现出一定的规律，即年代较早的土坑墓大多集中于山梁顶部两侧地势较高的开阔地带，而年代稍晚的砖室墓则主要分布于南面的缓坡地带；唐宋时期的墓葬数量较零星，主要分布于山梁北面缓坡与平坝的缓冲地带。值得注意的另一个现象是，在包家梁子的顶部和南面缓坡带，后者的墓葬密集程度又明显高于前者，可见南面缓坡是墓葬最集中分布的区域；但由于正式的发掘工作尚未展开，关于路线范围内墓葬的具体年代、文化面貌及详细的组群分布规律等方面情况还需要进一步明确。包家梁子汉代墓地的发现及下一步的考古发掘工作具有极其重要的意义，其对于研究汉代城厢一带的建制与沿革、社会生活及物质文化面貌等方面问题都将起到巨大推动作用。

双流县华阳镇崖墓群发掘。双流县华阳镇“其士楼盘”崖墓群，位于广福村庙儿山上。为配合其士房产有限公司建设工作，成都文物考古研究所、双流文物保护管理所对该区域进考古勘探和发掘工作，经过详细勘探发现94 座墓葬，已经清理89 座，出土大量器物。这批墓葬以崖墓居多，有87 座，均为中小型墓葬，形制有单室墓和多室墓两种。其中，M87 为带侧室的墓葬，入门处西壁有一奔马，马后是一处房子，房子上部为带滴水、筒瓦的屋檐，下面用柱子撑起，柱子中间有刻画有熊、鱼等图像，房屋底部镂空，房屋上部饰黑色；盗墓者在房屋上图像刻有现代简体字，应是两个人的名字；房屋后面是原岩石灶；在侧室和正室之间有刻画一单阙，阙上部施黑色、中部涂朱，雕刻技法成熟，图像精致。这批墓葬形制简单、规模小，呈现出早期崖墓的形态，出土器物基本表现出东汉早中期的形态；特别是出土的钱币，王莽钱较多，五铢钱也基本为西汉晚期和东汉早中期的，所以这批崖墓的时代为东

汉早中期。整个墓群时代偏早，而以往早期崖墓发现较少，对于补充崖墓早段资料、建立起一个完整的四川崖墓考古学序列有重要的意义。

双流县华阳镇广福村崖墓群，位于广福村。2011 年 3 月 ~7 月，成都文物考古研究所为配合基建，在该墓地清理 78 座崖墓，发掘面积 3 000平方米，出土大量的器物。崖墓多由墓道、排水沟、封门、墓室等几部分组成，有些带壁龛、石灶，墓道长短不一，总体来说墓道越长墓室规模越大；几乎所有墓室都有排水沟，个别有两条。根据墓室的多少可以分成多室和单室墓两类，单室墓数量最多，多分布于山上，构造比较简单，墓室较为狭小，长度约 3 米左右，有的在墓室内棺台，墓内几乎不见装饰；多室墓多分布于山脚下，有前后室和一条长通道带侧室两类，墓内空间较大，墓室较多，此处墓葬侧室一般都开在左侧，是一个有意思的习俗。墓中出土大量器物，有陶器、铜器、铁器、瓷器。此次发掘的墓葬从山下到山上，由大变小，由早变晚。以往成都地区少见魏晋时期崖墓和墓葬，此次发现有明确提及的晋墓，具有重要价值。

大邑县安仁镇汉代遗迹及墓群发掘。大邑县安仁镇五星村汉代遗迹，位于五星村。为配合凌志置业圣索亚酒店项目建设工作，2011 年 1 月 5 日，成都文物考古研究所、大邑县文管所对该项目二期进行勘探工作，发现汉代遗址和墓地各一处。汉代遗址发掘面积 1 100 平方米。墓葬区发现墓葬 6 座，遗址区发现汉代灰坑 10 个、灰沟 3 条、灶 1 个、窑址 1 个，出土大量器物。墓葬均为砖室墓，有汉墓 5 座、宋墓 1 座。这批墓葬多被扰乱，出土器物很少，有陶俑、水田模型、罐、钵等残片，还有带钩和少量的五铢钱。遗址区堆积可分 5 层，出土有大量汉代陶片，器形有盆、罐、碗、钵、瓮、瓦；发现多个柱洞，开口于 3 层下，排列较有规律，平面组成长方形，可能是一座汉代房屋建筑，但中间部分破坏过于严重。由于发掘还未完成，性质还有待最后确认。此次发掘面积虽然不大，但是在一个较小的区域内发现灰坑、沟、墓葬、窑址、灶、似房屋等遗迹，可见在汉代该区域范围内有一个较为完善的聚落，而之前在成都地区并未见，所以其学术和历史价值非常重要。

大邑县安仁镇五星村响台山墓群，位于五星村。为配合大邑县安仁镇新河小区的建设工作，成都文物考古研究所、大邑县文物保护管理所对响台山墓地进行抢救性发掘。考古发掘时间从 2010 年 10 月 ~2011 年 1 月 15 日，发掘面积 1 000 平方米，清理 20 座墓葬（含施工方机器破坏的 3 座），出土大批器物，复原了该墓地的形成过程，共有汉墓 12 座。其中，砖室墓 8 座，墓葬时代差别较大；土坑墓 4 座，平面基本成凸字形，前接斜坡墓道，其修筑过程是先夯筑一个长方形平台，平台夯筑较紧密，每一层 5 ~ 10 厘米，呈水平堆积，夯层表面留有密密麻麻的夯窝，然后在平台上下挖墓圹，葬入死者、葬具和随葬品，墓葬上面再封土，封土也是逐层夯筑，但是堆积不再水平，中间厚、高，四周薄、低；墓葬出土较多的器物以陶器为主，另有少量铁器、铜器、漆器，多腐朽。从出土器物和钱币来看，土坑墓的时代为西汉中晚期。此次最为重要的发现复原汉代墓地形成过程，墓地实际上有 7 次大的修筑行为。通过此次发掘发现多座墓葬，进一步补充汉唐墓葬资料，更重要的是复原该墓地的建造过程，对于了解成都平原汉代墓地的形成具有重要的意义。

大邑县安仁镇响台山唐宋时期墓葬均为砖室墓，有双室夫妻合葬墓，也有很小的火化墓。M20 位于响台山北约 100 米，为双室夫妻合葬墓，各自有墓道、素面砖铺地，有多个壁龛、券顶，两墓室之间有一方形通道。墓内出土多件俑和一块墓志，墓志已残碎。该时期的墓葬出土器物以瓷器为主，器形有罐、盏、碗、俑，有些墓内出土有石质墓志。

都江堰市聚源镇大合村唐墓发掘。都江堰市聚源镇大合村唐墓。2011 年 6 月 13 日，为配合都江堰市聚源镇大合村安置点项目建设，成都文物考古研究所及都江堰市文物局对该区域进行勘探，发现一座已遭破坏的唐代砖室墓，出土四系罐、饼足碗等文物3件及钱币3枚。该墓葬为砖室墓，坐北朝南，墓顶和墓葬南部已被施工方机械破坏。墓葬平面呈长方形，残长2.8米、宽1.2米、残高0.96米。铜钱正面书“开元通宝”四字。从墓葬形制和出土器物来看，该墓时代为唐。该墓葬虽然已被破坏，但墓葬形制基本清晰，为了解该区域的唐代墓葬形制、丧葬习俗提供了重要的线索。

龙泉驿区十陵镇后蜀宋王墓发掘。龙泉驿区十陵镇青龙村后蜀宋王赵廷隐墓，位于十陵镇青龙村。为配合龙泉十陵文化产业园区项目工程，从2010年11月底~2011年4月15日，成都文物考古研究所在进行文物勘探过程中发现该墓，基本弄清墓葬的结构、年代、墓主人身份，出土上百件重要文物。墓葬残存封土直径40米，相对周边地面高度4米。墓葬由夯土、封土、墓道、封门墙、墓门、甬道、墓室等部分组成。墓葬出土器物上百件，其中陶瓷器40件，器型有四系大口罐、提梁壶、饼足碗、盏、碟等，另发现少量匣钵和支钉；陶俑50件，大小不一，高0.5~1.4米不等，多施彩描金，有文官俑、武士俑、伎乐俑、神怪俑；陶质庭院一组，长1.2米、宽1米、高0.3米，有近10件高约12厘米的侍立俑和墓主人座像，回廊及门框部分施彩描金；在主室与甬道台阶处出土墓志，在甬道左侧壁龛下出土买地券；棺台附近及南耳室内还出土少量金属扣件、牌饰和铃铛。通过对墓志的识读，可以确定墓主人为后蜀宋王赵廷隐，在后蜀位列三公，地位极高，后因“风疾”去世，后蜀皇帝孟昶以“极恩礼”葬之。墓志记述内容与史籍基本吻合，有关主人出生地、经历及生卒年等可以补史载之不足。四川地区已发现有明确纪年的五代墓不足10座，赵廷隐墓葬是继前蜀王建墓、后蜀孟知祥墓之后四川五代墓葬考古的又一重大发现。

文博研究。成都市文博研究工作总体状况较好，完成并发表相关论文上百篇，其中《成都市新津县大云山东汉崖墓的清理》，刊登在《考古》2011年第5期；《成都青白江区明教寺觉皇殿调查报告》，刊登在《四川文物》2011年第5期；《关于理县佳山石棺墓葬群的两个问题》，刊登在《江汉考古》2011年第1期。文博调研报告或项目完成20项，例如《成都近现代工业遗产调研报告》《宝墩遗址生态景观保护利用初探》《成都茶马古道》《成都汉代崖墓》《成都近现代工业建筑》《南丝绸之路——成都段等专题调查报告》《成都市“三普”名录》《成都市第三次全国文物普查工作报告》《成都市第三次全国文物普查重要新发现》。文博研究性书籍完成8本（套），例如《成都馆藏文物精品选》《青羊史迹——青羊区第三次全国文物普查实录》《金堂文物》《李宗昉集北朝隋唐碑拓》《鱼凫文化论（首届温江鱼凫文化高端论坛文集）》，正在进行的有《成都市青羊区古建筑白蚁危害调查总结报告》《龙泉驿区馆藏族谱》等项目。

成都水井坊酒坊遗址博物馆开建。为使水井街酒坊遗址的价值得到有效的保护和利用，《水井街酒坊遗址博物馆建筑设计方案》于2010年8月获得国家文物局批准。2011年6月3日，中国白酒金三角·成都水井坊酒坊遗址博物馆正式破土动工建设。博物馆总占地面积18.5亩，包括酒坊遗址1700平方米、新建建筑面积6915平方米；整体项目包括建筑工程建设及展示陈列设计两大部分。建筑工程建设项目方面，水井坊博物馆拟于2012年12月底博物馆整体项目试运行，2013年3月正式向社会开放。展示陈列设计方面，拟按照三大核心内容展开，即水井街酒坊遗址的保护性展示、水井坊传统酿酒技艺的传承和发展、水井坊酒文化及帝亚吉欧酒文化的品味与体验中心。

文化遗产日活动。2011年6月11日是中国第六个文化遗产日。成都市围绕“文化遗产与美好生活”的活动主题，加强策划组织，丰富文化遗产日活动的内容与形式，增进广大公众对文化遗产的认知，营造全社会共同关注文化遗产保护的良好氛围，把文化遗产日办成与全民生活密不可分，让全民切身体验文化遗产、积极参与文化遗产保护、共享文化遗产保护成果、增强文化遗产保护意识的文化节日。市文物局在金沙遗址博物馆举行成都天府广场汉碑发现保护表彰会，表彰奖励对文物保护事业作出贡献的单位及个人，使文化遗产保护增强了社会影响力，更有力地推动了爱护、保护文化遗产氛围的形成。杜甫草堂博物馆在南、北大门新设置“保护文化遗产，传承中华文明”大型宣传展板；在景区内将固定宣传点与流动宣传结合起来，组织讲解员和志愿者向广大游客和市民宣讲文化遗产知识，发送宣传资料；随机开展游客访问和问卷调查，充分调动群众了解、参与文化遗产保护的积极性；组织职工集体收看中央电视台科教频道“中国记忆”文化遗产日直播节目，增强广大员工文化遗产保护意识。武侯祠博物馆结合第三届成都国际非遗节，推出一系列宣传及互动活动，重点宣传6月1日正式施行的《中华人民共和国非物质文化遗产法》，在孔明苑和锦里分别举办“木牛流马”模型展、宋代石刻展和非物质文化遗产展销活动。永陵博物馆在展馆维修改造的同时，积极向公众普及博物馆及文化遗产保护知识。成华区在麻石烟云广场组织开展以文化遗产为主题的大型摄影展，在图书馆开展题为“文化遗产保护与发展”讲座，并将现有文物保护单位现状进行展出，增加公众对文物的认知度和公众的文物保护意识。邛崃市在文君广场宣传点展出宣传内容，发放资料8 000份；向市民免费开放邛窑博物馆、民俗馆、文君井、回澜塔，共接待3 000人。郫县组织电视、报刊等媒体开展多种形式的宣传和专题报道，在各乡镇进行巡回宣传，使文化遗产知识得到普及，提高广大群众对保护文化遗产重要性的认识，并举办腰鼓表演、望丛民歌演唱预选赛、免费文物鉴定等活动，通过吸引群众亲身参与，拉近广大群众与文化遗产的距离。青白江区组织当地社区居民现场参观正在进行中的“大扬·公园世家”考古发掘现场，争取民众对文化遗产保护事业的了解、支持。新都区组织中小学生到杨升庵及桂湖参观，组织进行免费讲解，为学生们提供系统全面了解新都历史文化的机会。

【非物质遗产文化保护】2011年，成都市文化局深入贯彻实施《中华人民共和国非物质文化遗产法》，成功举办第三届中国成都国际非物质文化遗产节，积极开展全市非物质文化遗产普查、非物质文化遗产项目及传承人的申报工作。成都市有蜀绣、蜀锦织造技艺、成都漆艺、成都糖画、成都银花丝制作技艺、水井坊酒传统酿造技艺、郫县豆瓣传统制作技艺，以及四川扬琴、四川清音、四川金钱板、成都道教音乐等国家级非物质文化遗产代表性名录项目19项；省级非物质文化遗产代表性名录项目66项；市级非物质文化遗产代表性名录项目104项。

《非物质文化遗产法》贯彻实施。《中华人民共和国非物质文化遗产法》于2月25日经全国人大常委会审议通过，并于6月1日起正式施行。成都市文化局及时组织召开全市非遗系统工作人员培训会，邀请省社科院、川大、川师大的专家教授进行辅导，认真学习和准确把握《非物质文化遗产法》的法理精神、实质内涵和规定条文，同时结合成都市非遗工作实际，研究制定成都市具体实施办法，编印《成都市非物质文化遗产保护工作手册》，建立科学规范的非遗保护工作机制，为开创全市非遗保护工作新局面提供了有力支持。

*中国成都国际非物质文化遗产节。*5月29日~6月11日，文化部、四川省人民政府、联合国教科文组织共同主办，成都市人民政府、四川省文化厅、中国非物质文化遗产保护中心具体承办，成都市文化局、成都市青羊区人民政府、国际非物质文化遗产博览园协办的“第三届中国成都国际非物质文化遗产节”（以下简称“非遗节”）在成都市成功举行。本届“非遗节”创新思路和举措，以“弘扬人类文明·共建精神家园”为主题，与灾后文化重建成就展示相结合、

与宣传成都文化和城市形象相结合、与《非物质文化遗产法》学习贯彻相结合，精心策划组织七大类286项活动，有9 000名国内外代表、1 900个非遗项目参加各项活动，从规模、质量和影响等方面都呈现出一系列新面貌：国际化程度进一步提升，72个国家和地区的1 200名外宾出席有关活动；非遗传承与群众生活进一步互动相融，570万人次参与，比上届增加近10%，拉动各类消费61.5亿元，比上届增长11.8%；成都“非遗之都”的基础进一步夯实，建成开放了中国乃至世界第一个非遗主题博览园——国际非物质文化遗产博览园（以下简称“博览园”），搭建了持续举办非遗节的平台；美丽四川、感恩奋进的新形象进一步彰显，遍及全省的系列活动充分展现了四川人民“感恩奋进”、建设更加美好新家园的精神风貌，较好地完成了中共四川省委书记、省人大常委会主任刘奇葆提出的“永久落地、常办常新”的目标任务。

非物质文化遗产普查。成都市文化局对全市非遗资源进行全面普查，成立2个督查小组，分别对成都高新区及19个区（市）县的非物质文化遗产工作进行调研，收集整理非遗普查方面的各类资料。截至年底，以纸质和电子版两种形式全部完成全市所有名录条目及代表性传承人小传的撰写任务，共采集全市104个名录项目高清晰度图片各3幅、220名代表性传承人开展传习活动，及其工艺流程、艺术表现特征等高清晰照片各6张，完善成都市非物质文化遗产普查成果数据库。

非物质文化遗产申报。成都市文化局积极开展第四批国家级非遗项目代表性传承人推荐申报工作，重点对成都市国家级名录中还没有申报国家级传承人的项目进行推荐，并对已有国家级传承人的项目进行适当增补，共推荐15个项目的26名省级传承人申报国家级非遗项目代表性传承人；积极申报第五批省级非物质文化遗产项目代表性传承人，共推荐上报30个项目的56名市级非物质文化遗产项目代表性传承人作为候选人。为有效保护和传承成都市的非物质文化遗产、鼓励和支持市级非物质文化遗产项目代表性传承人开展传习活动，市文化局组织开展成都市第三批市级非物质文化遗产项目代表性传承人推荐工作，经各地推荐、专家评审、社会公示和征求成都市非物质文化遗产保护工作局际联席会议成员单位意见后，认定并公布成都市第三批市级非物质文化遗产项目代表性传承人，共计70名。

非物质文化遗产保护措施。成都市在建立完善四级名录体系的基础上共命名3批市级非物质文化遗产项目代表性传承人，共计222名，其中86名被命名为省级传承人、14名被命名为国家级传承人。8月，四川省财政拨付四川省级非物质文化遗产项目代表性传承人补助经费，成都市有73名省级项目代表性传承人得到每人4 000元的补助经费。12月，中央财政拨付2011年国家级代表性传承人的补助经费每人每年1万元，成都市14名国家级项目代表性传承人均得到此笔经费。成都市除发放传承经费、建立传承人档案、设立传习所和传习基地外，还鼓励传承人开展各项传习活动，支持并推荐传承人到高校授课任教、积极参与国内外非物质文化遗产宣传展示活动，通过学校教育和社会公益活动，使成都市非物质文化遗产的传承和保护后继有人。

【对外文化交流】2011年，成都市开展对外文化交流活动33项，共计568人。其中，出国（境）团组13个（审批批数），人员合计316人；接待国（境）外政府和民间来蓉团组20个，外宾合计252人。成都市将对外文化交流工作积极融入到其他对外工作中，在全市进行对外经贸、旅游、科教等工作的同时，努力推介成都优秀文化，加深与各国和地区之间的友谊，开创“和谐共进”的对外文化交流新局面。

“非遗节”邀请国外演出团队参加。在5月29日~6月11日举办的第三届中国成都国际非物质文化遗产节期间，成都市共邀请国外演出团队19支，人数达393人次，接待成都国外友城团组133人，进一步提升了此次非遗节的国际性，国外演出队伍在开幕式和各分会场的演出受到联合国代表及中央、省市各级领导的赞赏和人民群众的热烈欢迎。

文化代表团赴法国访问。9 月 15 日 ~20 日，应国际木偶戏友好城市联盟（以下简称国际木联）总部所在城市——法国沙勒维尔市政府的邀请，成都市人民政府副市长王忠林带队，由文化部外联局和非遗司、成都市文化局和市非遗办有关同志组成的代表团，赴法国进行为期 6 天的访问，成果显著。代表团拜访了联合国教科文组织，就双方如何进一步加强合作，共同举办中国成都国际非物质文化遗产节等事宜进行探讨，同时提议将联合国《保护人类非物质文化遗产公约》颁布十周年庆祝活动纳入第四届非遗节活动，得到 UNESCO 的同意和支持。代表团还出席了在沙勒维尔市召开的国际木联执委会会议，向全体执委通报了 2012 中国成都第 21 届国际木联大会暨国际木偶艺术节的筹备情况，听取了执委们的意见和建议；拜会了沙勒维尔市市长克劳丁·勒杜，并就市长邀请成都市加入国际木联进行咨询了解和友好交流。代表团还参观了国际木偶艺术研究院培训中心，达成口头意向性合作协议，对方表示愿意为成都市培训木偶艺术专业人才。

成都大庙会赴台湾举办。5 月 20 日 ~22 日，2011·四川成都大庙会在台湾高雄举办。此次大庙会分为川灯、川音、川艺、川味、川景、川茶、川酒七大主题，以两岸同胞喜闻乐见的形式，展示灿烂的蜀文化精华，加强了台湾高雄和四川成都两地文化交流，同时也借此表达四川成都人民对给予四川无私援助的台湾同胞的殷殷感激之情。

民俗演出团赴台湾义演。1 月 31 日 ~2 月 15 日，再次应台湾中华道统慈惠协会、台北松山慈惠堂邀请，成都市文化局、成都对外文化交流中心组织 46 人的民俗演出团赴台湾台北地区参加“2011 年慈惠文化季·两岸宗教艺术观光节文艺义演”活动，并取得圆满成功，进一步向台湾民众展示了成都传统文化，对提升成都对外形象、增进成都与台湾地区以及普通民众之间的友谊、加强两岸民间文化交流合作打下良好的基础，对扩大对台文化的宣传攻势、推动文化入岛工作作出努力。

杂技团赴委内瑞拉巡演。1 月 17 日 ~7 月 17 日，成都艺术剧院杂技团一行 30 人应委内瑞拉演艺中心集团公司邀请，赴委内瑞拉及拉美国家进行为期 6 个月的商业巡演活动。此次商演得到中华人民共和国文化部和中国驻委内瑞拉大使馆的高度重视和大力支持，也得到侨界的热情帮助和热烈欢迎。外交部副部长佩德罗·卡尔迪亚携全家、文化部、高教部、议会、军界等政府要员，以及使馆政务参赞陈平、文化处负责人朱晓燕等出席 1 月 22 日晚上开幕式的演出。演员们精湛的表演和高超的杂技技巧深受观众欢迎，中国杂技艺术的魅力同时征服了在场的每一位观众，在观众热情的掌声中演出取得圆满成功，给委内瑞拉民众和广大侨胞带来无比的快乐和喜悦，为中、委两国间的文化交流和友谊作出积极贡献。这也是委内瑞拉历史上接待的最大的一个杂技商演团队。

木偶皮影剧团赴新西兰文化交流。应新西兰亚洲基金会的邀请，以及文化部、四川省文化厅的派遣，成都艺术剧院木偶皮影剧团一行 15 人于 2 月 16 日启程前往新西兰，参加奥克兰元宵灯节和克赖斯特彻奇（基督城）元宵灯节演出。此次活动被列入文化部“欢乐春节”品牌活动。2 月 18 日，奥克兰元宵灯节开幕，中国驻新西兰大使馆大使徐建国、文化参赞王欧加，驻奥克兰领事馆文化领事龙雁萍及奥克兰市市长，新西兰各党派政要和各族民众数万人参加开幕式。在灯节的主舞台上，来自国内的演出团体和新西兰的华人社团演出了精彩纷呈的节目，赢得新西兰观众热烈的掌声和欢呼声；由成都木偶艺术代表团演出的节目更是受到热烈的欢迎，被誉为“本届灯节最受欢迎的节目”。新西兰方组委会向成都代表团每位成员颁发了感谢状，感谢大家在此次文化交流活动中作出的贡献。

艺术团赴世界华商大会文艺演出。10 月 3 日 ~8 日，成都艺术团赴新加坡参加“第十一届世界华商大会”闭幕晚会文艺演出活动，成都市人民政府副市长王忠林率成都艺术团一行42人赴新加坡参加第十一届世界华商大会会旗交接仪式暨闭幕晚会文艺演出。艺术团为到场的4 000多名世界华商及新加坡的电视观众们呈现了25分钟的精彩文艺表演，其中有代表成都地域元素的舞蹈节目《俏花旦》、特色情景表演《快乐熊猫》、川剧绝技表演《天府奇葩》、成都美食美女文化汇于一体的舞蹈《锦江春色》、新创中国气派舞蹈《中国红》《成都欢迎你》等综艺节目，每个节目之间衔接紧凑自然，赢得现场一阵阵热烈掌声，艺术地展示了成都魅力，形象地宣传了成都。

川剧院赴巴黎中国戏曲节演出。成都市川剧院应“巴黎中国文化中心”邀请，组织优秀川剧演员一行28人，于11月赴法国参加第五届巴黎中国戏曲节。市川剧院精品剧目《红梅记》独获“赛纳奖”。该奖是本届戏曲节分量最重的最高奖项，颁奖仪式由中国文化中心主任、第五届中国戏曲节中方主席殷福主持，由中国驻法国大使孔泉为川剧《红梅记》颁奖。“川剧的演出为中国民族优秀文化传播作出了贡献”孔泉对此次川剧的演出大加赞赏。此次演出进一步宣传了川剧艺术，让更多的法国人民通过川剧艺术了解成都文化。

【文化体制改革】2011年，根据中央、省、市关于深化国有文艺院团体制改革工作的部署和要求，成都市积极稳妥地推进市属国有文艺院团体制改革。按照市委书记黄新初在中共四川省委办公厅、四川省人民政府办公厅《关于进一步加快文化体制改革确保在党的十八大前完成阶段性任务的通知》(川委厅〔2012〕35号)文件上的批示要求，为加强对市属国有文艺院团体制改革的领导，顺利推进改革工作，市文化局成立了以党组书记、局长朱树喜为组长，相关同志为成员的文化体制改革领导小组，坚持领导小组例会制度，研究落实市属文艺院团体制改革工作，及时解决协调在改革过程中出现的重点、难点问题。改制单位也成立了相应的改革领导机构，在人员划转、资产清理等方面都设置了对应的工作小组，进一步建立健全了市属国有文艺院团体制改革的领导体制和工作机制。按照相关改革的要求和规定，根据现有市属国有文艺院团不同性质和功能，按照“区别对待、分类指导”的原则和“转制一批，划转一批”的工作要求，一是将成都艺术剧院院部及所属的歌舞、话剧、杂技三个院团进行转企改革，组建“成都艺术剧院有限责任公司”。二是将成都艺术剧院所属的曲艺、木偶皮影、民乐、交响乐四个文艺院团连同人员、编制和经费整体划入从市文化馆分立新设的“成都市非物质文化遗产保护中心”，主要从事研究、保护、传承和文化惠民演出。三是将成都市川剧院调整更名为“成都市川剧研究院”，主要从事川剧艺术的研究、保护、传承和展演。四将成都市京剧团调整更名为“成都市京剧研究院”，主要从事京剧艺术的研究、保护、传承和展演。五是成立“成都市文化艺术人才中心”，负责转企改制院团离退休人员的日常管理和转企前在编在职人员的身份和档案管理，按时圆满地完成了改革任务。

【文化知识版权维权行动】成都市文化局深入开展知识产权维权工作，在市级相关部门的密切配合下，切实加大版权行政执法力度，一是重点开展打击侵犯知识产权和制售假冒伪劣商品专项行动，在文明城市复查迎检、全国版权重点工作专题会议、第22届中美商贸联委会会议等重大事件期间，共查缴侵权盗版出版物28万册（盘）；二是加强计算机预装软件监管，重点针对电脑操作系统和常用办公软件预装情况开展专项检查，检查计算机经销商179家、计算机851台，责令删除非法预装软件165件；三是按照省文化厅《关于深入推进文化市场知识产权保护专项执法行动通知》工作部署，组织开展专项治理行动，重点查处卡拉OK歌库、网吧影视服务器节目侵权行为，保持打击侵权假冒违法犯罪的高压态势；四是加强对广播电视播出机构的节目监督检查，确保所播出的电视剧、电影类等节目来源合法，并通过一系列执法检查工作，有力遏制各类侵权盗版行为，巩固全国首个版权示范城市创建成果。在保护知识产权、打击侵权盗版宣传工作方面，市文化局联合省文化厅、市产权办分别于 3 月 18 日、4 月 23 日举办“12318”文化市场举报体系集中宣传活动和盗版出版物集中销毁活动；通过设立展板、发放宣传单、接受群众现场咨询、再次公布“12318”文化市场举报电话及文化市场管理网站、开展集中销毁仪式，提高广大群众的知识产权保护意识。

自贡市

【概况】 2011年，自贡市文化新闻出版局在自贡市委、市政府和上级主管部门的领导下，深入贯彻实践科学发展观，牢牢把握“两大一新”发展战略和全市工作总体取向，以繁荣发展为出发点，以改革创新为动力，以建设区域文化高地为目标，文化事业不断繁荣，文化产业不断壮大，各项目标任务全面完成。

【艺术创作】 全年新创作舞蹈36个、小品42个、歌曲21首、文学作品2 000件，书法、美术作品1 000件，剧（节）目获省级以上奖励25项。大型杂技舞蹈情景剧《天上街市》、大型舞台剧《少年先锋颂》参加四川省庆祝建党90周年新剧目展演并荣获四川省第二届文华奖优秀剧目奖、集体表演奖。大型川剧《夕照祁山》参加第十二届中国戏剧节展演荣获最高奖优秀剧目奖，名列全国32台参演剧目前茅，受到社会各界的广泛赞誉。小品《麻将人生》参加四川省第十三届戏剧小品比赛，获优秀剧目奖、优秀编剧奖、优秀导演奖、优秀表演奖。舞蹈《妈妈的羊皮袄》获四川省舞蹈新作比赛创作三等奖、表演二等奖；舞蹈《那一个推鸡公车的人》《扇妖》获2011年四川省舞蹈新作比赛创作优秀奖、表演优秀奖。舞蹈《阳光社区》获全省第二届社区优秀文艺节目展演一等奖。

【艺术活动】 组织了历时4个多月的自贡市第十三届文化艺术节，共举办仪式、演艺、比赛、展览、庆祝等五大类103项重大文化活动，5万余人参与演出，观众达80余万人次，成为艺术节举办以来规模最大、演出场次最多、群众参与面最广、社会影响最大、艺术成果最为丰富、活动周期最长的一届艺术节。组织了庆祝建党90周年“与太阳同行”系列重大活动，开展“颂歌献给党”万人红歌会等文化活动87场次。承办了首届川南经济区文化交流与合作联席会议和首届川南文化艺术节，举办了文艺展演、川南诗会、首届川南五市非遗展、歌手大赛、街舞比赛等文化活动，观众达10万人次。

【文艺演出】 主办或参与承办了省委省政府、市委市政府迎春团拜会文艺演出、2012盐都新年音乐晚会、第十七届自贡国际恐龙灯贸交易会文化活动系列专场文艺演出44场，围绕纪念“5·12”抗震救灾三周年，开展了“感恩·奋进”系列文化活动20余场。组织了2011年全市“走基层、暖民心”群众工作月活动专场文艺演出，自贡市庆祝建军84周年双拥文艺晚会，自贡市“情满盐都”文化科技卫生三下乡启动仪式文艺演出，“温暖你我”交响乐团大型公益演出等专场文艺活动。市属各专业艺术团体全年演出1 100场，其中，下乡和公益性演出379场。

【群众文化】 元旦、春节、“五一”等节假日期间，自贡市专业剧团和各区县群众文艺队伍在各大广场、公园、农村院坝开展了音乐歌舞、曲艺、秧歌、腰鼓等群众喜闻乐见的各种活动，丰富了城乡人民精神文化生活。全市举办各类群众文化活动1 200场，观众156万人次，其中，广场文艺演出336场，观众达132万人次。开展“三下乡”送书送科教片到基层活动30余次，赠送资料、图书1万余册，光盘20多盘。举办各类公益性讲座8次，公益性主题展览9次，青少年读书活动15次；举办音乐、舞蹈、文学、民俗等各类培训班885场次，培训业余文艺骨干8万人次。

【公共文化服务】 投入资金398万元，完成了26个乡镇综合文化站和95个农家书屋建设，实现了全覆盖。投入资金1 138万元，配送了93个乡镇综合文化站、12个城市社区文化中心、50个城市社区文化活动室业务专用设备。投入资金430万元，建成了自贡市文化展示馆、自贡市群众文化活动馆并免费开放。全市文化馆、图书馆、乡镇综合文化站实行了免费开放。

【文化产业】 扶持壮大文化产业龙头企业，自贡市龚扇竹编工艺厂等5家单位入选“四川民营文化企业百强”，自贡市神龙茶业有限公司等3家企业荣获首届“四川特色文化旅游品牌企业”称号，扎染新工艺作品“盐场古韵”获第46届全国工艺品旅游品暨家具用品交易会创新产品设计大奖赛铜奖，“自贡龙乡文化产业园”被命名为全省第三批十佳文化产业示范基地之一。加强文银共建，与市工商银行共同商讨，初步拟定了《支持文化产业发展的战略合作协议》。全年文化产业增加值达14.9亿元，同比增长15.4%，占GDP1.9%。

【文物事业】 完成了自贡市第三次全国文物普查所有数据的修订、录入和报审，全市2404处不可移动文物数据（其中新发现2148处、复查256处）顺利通过国务院“三普办”验收。完成了60处市保单位保护范围和建控地带划定工作。开展了贡井老街河街申报中国历史文化名街工作和第八批省级文物保护单位申报工作，共向省文物局申报省保单位40处。编制了燊海井、吉成井保护规划及维修设计方案，开展了乐自高速、狸狐洞水库等大型基本建设文物开工前的考古勘探调查，对吴玉章故居、荣县军政府、王爷庙、宝隆井、通虹井等文保单位进行了抢救维修。文化部党组成员、国家文物局党组书记、局长单霁翔，副局长宋新潮先后视察自贡市文化遗产保护工作，国家文物局、住房和城乡建设部联合检查组莅临自贡市检查历史文化名城保护工作，都给予了高度评价。

【非物质文化遗产保护】 自贡火边子牛肉制作技艺、资阳河川剧艺术、荣县麒麟灯、太源井晒醋酿制技艺入选省级非物质文化遗产保护项目名录。组织自贡市22项市级以上非物质文化遗产项目参加了第三届中国成都国际非物质文化遗产节，举办了遗产节自贡主题日活动，并获非遗节“太阳神鸟”银奖。在首届川南文化艺术节非物质文化遗产展上，川南五市103项非物质文化遗产项目参展，14项非物质文化遗产项目衍生产品进行了展销。

【文化市场】 组织开展了自贡市文化市场综合执法法制教育宣传日活动，发放宣传资料、宣传册3000余册（份），现场接待、解答群众对文化市场执法管理咨询500多人次。开展了网吧市场暑期集中整治专项行动、校园周边环境综合治理、“两考禁噪”专项治理等各类整治行动。全年共检查经所营场5970余家次，出动人员3410人次，处罚违规经营场所83家，取缔无证场所23家。

【对外文化交流】 自贡盐、龙、灯、戏对外展演8批次，先后到达5个国家和地区，接待观众118万余人次。自贡井盐科技出展香港，接待观众10万余人次。自贡恐龙出展韩国，接待观众22万余人次。自贡彩灯出展美国、韩国，接待观众80万余人次。自贡杂技出演香港、日本、韩国、南非，演出200余场次，观众6万余人次。自贡对外文化贸易继续在全省对外文化贸易中占据举足轻重的地位。

【文化人才队伍建设】 公开招考了14名专业技术人员，签约4名研究生、1名本科生，安置了2名军转干部，柔性引进人才60余名。加大了对人才的管理和投入，首次多方筹措资金20万余元，选送6名有发展潜力的业务骨干到中央音乐学院、北京舞蹈学院、四川音乐学院等深造；投入资金15万元，用于优秀人才补贴；投入资金10万元，外聘了高层次专业演职人员；对系统内的研究生实行了每月600元的住房补贴。

【文化体制改革】 实施文化行政综合执法改革，自贡市文化市场综合执法支队正式挂牌成立，充实了人员队伍，添置了设施设备。修改完善并向省文化体制改革领导小组办公室上报了《自贡市艺术团体改制方案》。

【大事记】 4月7日～13日，自贡市国家级非遗项目龚扇和扎染赴西安参加了文化部和陕西省人民政府共同主办的“西部非物质文化遗产项目展演系列活动”；5月12日，自贡市文化新闻出版局组织申报的2011年度国家级地质遗迹保护项目顺利通过四川省国土资源厅专家组评审；5月29日~6月11日，自贡市22个国家、省、市级非遗项目参加了第三届成都国际非遗节博览会，获博览会“太阳神鸟”银奖；7月，自贡火边子牛肉制作技艺入选第三批四川省非物质文化遗产名录，龚扇、扎染、资阳河川剧艺术、荣县麒麟灯、太源井晒醋酿制技艺入选第一、二批省级非物质文化遗产扩展项目名录；8月25日，自贡市委举行中心组扩大会，邀请省文化厅厅长、西南财大博导郑晓幸在自贡市委礼堂为中心组成员及各区县、市级各部门和宣传文化单位负责人作了一场题为“文化与发展”的主题报告。自贡市委书记雷洪金主持报告会；12月21日，自贡世界地质公园主碑广场成功揭碑开园。

攀枝花市

【概况】 攀枝花市现有市级文化馆、图书馆各1个（均为国家一级馆），纪念馆2个，县级文化馆5个（其中国家一级馆1个），县级图书馆4个，乡镇综合文化站44个，村文体活动室352个，村农家书屋352个，社区文体活动室132个，基本实现县县有图书馆、文化馆，乡乡有综合文化站，村村有文体活动室的四级文化服务网络。全市有市级专业演出艺公司1个，文化市场经营单位1 101家，包括演出经纪公司、网吧、印刷企业、出版物零售经营企业、正式报刊等，建成攀枝花文化商品市场、苴却砚等文化产业园区。仁和区苴却砚文化产业园区被省文化厅命名为第二批省级文化产业园区示范基地。全市文化产业年产值约6亿元，从业人员逾万人。文化事业形成了覆盖广泛、连接城乡、形式多样、特色鲜明、满足不同层次精神文化需求的大文化新格局。打造了“民族文化”“移民文化”“大笮文化”“迷昜文化”“迤沙拉文化”“漂流文化”“大三线文化”等文化品牌。

【艺术创作】 攀枝花市艺术剧院完成各项新创作、执排、改编复排戏曲、舞蹈、歌曲、歌伴舞、器乐表演奏、小品、编配器乐演奏曲等剧（节）目共计216个；完成各类重大演出策划方案22项；攀枝花市文艺创评室共出版发行刊物《攀枝花文化》4期，刊登本市文艺作品两百余篇，获得广大读者好评。攀枝花市文化系统共获22项奖，其中编剧奖2个、导演奖5个、表演奖8个、音乐创作奖1个、剧目奖6个。剧目奖：于映时创作的《常隆庆》四川省文化厅纳入四川省2010～2011年度重点签约剧目，李骊创作的《百褶裙》被四川省文化厅纳入四川省2010～2011年度重点关注剧目，李骊创作的《回家过年》获四川省文化厅举办的“四川省第六届戏剧小品作品比赛”一等奖，杨荞宁创作的《三个女人一台戏》获四川省文化厅举办的“四川省第六届戏剧小品作品比赛”三等奖，黄文和、曹兴才创作的《闪光》获四川省文化厅举办的“四川省第六届戏剧小品比赛”三等奖。

大型综艺节目《花城律动》、大型音乐舞蹈剧《迤沙拉》获市重点文艺项目扶持。

【公共文化服务】 攀枝花市作为四川省推荐创建国家公共文化服务体系示范区入围候选单位，其公共文化服务体系“九个覆盖”先进经验得到专家的充分肯定。同时，“公共文化服务经费保障机制研究”进入国家公共文化服务体系制度设计研究一级课题。“大地书香新农村家园工程”项目获全国第十五届“群星奖”，并被国家确定为创建国家公共文化服务体系建设示范项目。举办了“攀枝花市第二届读书节”暨“4·23”世界读书日各项活动，活动以“阅读，让生活更美好”为主题，举办了“学党史、思发展”“书香满社区、社会更和谐”“家家爱学习、人人求进步”等7个主题活动。还开展了“攀枝花讲坛”、百部爱国主义电影展播、图书进军营、图书馆知识进校园巡回讲座等群众文化活动。

【文化产业】 制定完成了《攀枝花市“十二五”文化发展规划》。进一步修改了《攀枝花市文化产业发展十二个五年规划》和《关于加快全市文化产业发展若干意见》，市委、市政府出台了《关于加快全市文化产业发展的若干意见》（攀委发〔2011〕14号）。特邀请省社科院赵志立教授等为市制定文化产业发展“十二五”规划进行调研指导。

全市共有文化·新闻出版物市场经营单位1 101家，其中：演出场所1家，演出经纪公司1家，演出团体2家，娱乐场所326家，电影院3家，网吧173家，连锁网吧企业3家，印刷企业43家，复印打印单位210家，出版物零售经营单位294家，正式报刊7家，报刊型内部资料33家，省内报刊社驻攀记者站4家，苴却砚产业园区1个（仁和区苴却砚文化产业园区2011年实现主营业务收入3200万元，利润总额2700万元，税金总额300万元，资产总计4200万元）年产值约为6亿元，从业人员逾万人。据攀枝花市统计局统计：全市共有文化产业法人经营单位586家，文化产业主营业收入44.53亿元，年末资产10.33亿元，主营业收入比2010年增加10.18亿元，增加值占全市GDP比重为1.94%。

【文物事业】组织、指导完成了各县（区）第八批省级文物保护单位申报材料的收集工作，组织市级专家对申报材料进行了评审并上报省文物管理局；组织、指导市文管所开展了节前文物安全大检查，对米易县挂榜清真寺、大田会议遗址及湾丘“五七”干校旧址等重点文物保护单位进行了文物消防安全检查。查找安全隐患，提出解决措施，责令县区及时整改；组织召开了攀枝花开发建设纪念馆（原大渡口十三栋）修缮及重新布展专家论证会。并形成了相关材料上报相关部门；按照博物馆、纪念馆免费开放要求，做好了大田会议纪念馆、攀枝花开发建设纪念馆两馆的免费开放工作，将其纳入了民生工程，并落实了两馆免费开放中央、省级补助经费；指导做好“第三次全国文物普查”三阶段各项工作。

【非物质文化遗产保护】组团参加了第三届“中国成都国际非物质文化遗产节”，参加了“天府大巡游”和“非物质文化遗产展览”两个项目的展览演出活动，苗族传统仪式舞蹈“绷鼓乐”参加了“天府大巡游”，苴却砚雕刻技艺、傈僳族纺线、织绣技艺、迤沙拉俚濮彝族谈经古乐演奏3个项目参加了展览活动。通过文字、照片、图片展示，LED演示和现场演示，真实、充分、全面地展示攀枝花钒钛之都、阳光花城等城市名片，展示攀枝花非物质文化遗产成果和城市形象。成功申报省级非遗产项目8项。

【文化市场】开展了文化市场专项整治、建党90周年文化市场专项保障行动、知识产权保护专项行动、校园周边整治、“扫黄打非”“禁毒防艾”“保考禁噪”、网吧综合治理、互联网和手机媒体低俗信息整治、城乡环境综合治理、净化社会文化环境、美术品、艺术品、文物拍卖市场联合专项整治、游艺娱乐场所等专项整治任务。

加强法规培训，提高法规意识。全市先后组织召开了网吧、音像、娱乐场所等多个项目的政策法规培训5期，受训人数达450余人次。公开办事程序，规范管理，促进文化市场健康有序发展。全年市文化行政部门共出动执法人员7000余人次，检查音像、电子软件、书报刊、网吧、娱乐场所、打复印等经营单位13500余家次，处罚违规经营单位408家次（含警告），立案处罚52起，停业整顿6家，取缔无证经营店、非法摊点23个，共收缴各类非法音像制品15136余碟、非法书刊22017余本，没收违法所得3238元，罚款11万余元。

启动第三批企业软件正版化试点工作。制定下发了《攀枝花市2011年推进企业使用正版软件工作计划》，并推荐上报“攀枝花市产业投资经营有限责任公司”“攀枝花市东成商贸有限公司”等五家企业为市第三批软件正版化试点企业。全面完成市、县两级政府机关软件正版化摸底自查工作。全市5个县（区）和市政府34个部门全部上报了自查整改统计表，其中，市政府机关共安装正版软件10005套，5个县（区）共安装正版软件12993套。

【文化人才队伍建设】致力于完善机制，健全制度，切实加强党对人才工作的领导。坚持以人为本，争取政策，落实人才培养计划，抓好专业艺术、文化经营、行政管理等方面的人才队伍建设。注重培养，严格管理，启动激励机制，做到人尽其才、才尽其用。根据局机关和局属单位编制空缺情况，及时做好人才引进和人员招考工作，组织好全系统职称评聘工作。2011年，局系统引进高层次人才2人，公开招聘事业单位人员 2 名。同时按照市组织、人事等部门的安排和要求，组织干部职工参加了相关的学习培训。

【文化体制改革】 按照创新体制、转换机制、面向市场、增强活力的要求，加大力度，加快进度，推进文化体制机制改革取得新进展。以新的文化自觉，扎实推进文化体制改革，完成各项改革任务。启动了攀枝花市专业艺术团体改革工作。认真总结文化体制改革前期经验，因地制宜，进一步深化专业艺术表演团体的分配制度改革，购买服务的改革，探索进一步改革的新路子；扎实推进公益性事业单位改革，加快人事制度、收入分配制度和养老、医疗等保险制度改革，建立完善全员聘用、绩效管理、项目负责等相关制度，促进公益性文化单位提高服务水平和工作绩效；完成了攀枝花市文化综合执法改革。认真学习贯彻《关于加快推进文化市场综合执法改革工作意见》和《关于整合组建文化市场综合执法机构 加强文化市场综合执法人员编制管理的实施意见》和全省文化市场综合执法改革会议要求，积极推进攀枝花市文化市场综合执法机构改革，攀枝花市文化市场综合执法支队已经挂牌成立。

【文化基础设施建设】 在完成攀枝花大剧院科研报告编制评审、环评、水保方案等工作的基础上，完善了相关建设手续，为适时启动攀枝花大剧院建设做好准备工作。做好“攀枝花博物馆（中国三线建设博物馆）”前期相关工作，推进三线博物馆建设的课题调研及论证工作，争取到了“四川省攀枝花三线建设博物馆”的牌子，为下一步工作打下了坚实基础。

泸州市

【概况】泸州市市文化新闻出版局以高度的文化自觉和文化自信，全面执行全省文化、文物、新闻出版工作会议部署及市委、市政府“文化强市”发展要求，围绕市委“156”发展战略，以“繁荣大文化，成就一个文明向上的泸州”为奋斗目标，全面落实市委、市政府《关于加快文化建设的意见》，以中国共产党建党90周年和纪念辛亥革命100周年为主题，抓改革、抓项目、抓活动、抓培训、抓创新，全力实施打造中国酒城“酒+N”特色文化品牌，构建四级公共文化服务体系，深化文化体制、内部机制改革，推进文化产业集聚快速发展，推动特色鲜明文艺精品创作，加强文化人才培育等工作，取得丰硕成果。

【艺术创作】着力抓好重点剧目创作，创作戏剧小品、声乐、舞蹈、诗词等文艺作品1 000余件，省级以上发表、展演作品72件，市级发表、展演作品186件。创作出版发行了为纪念辛亥革命100周年的重大题材小说《铁血英年铸共和》《铁血护国》。组织“纪念中国共产党成立90周年文艺调演（戏剧小品、声乐、舞蹈）”等专题比赛，推出小品《我们的生活充满阳光》《草地情》《金不换》《带公公出嫁》以及戏剧《红梅赞》等11个节目。泸州雨坛彩龙代表四川省唯一参赛项目参加“庆祝建党九十周年舞龙展演暨第十届中国民间文艺山花奖舞龙评奖活动”获金奖，《豆花飘香》《九妹》获省首届残疾人文化艺术节金奖，小品《棒棒》和《金不换》双双获“四川省第十三届戏剧小品（小戏）比赛”“剧目奖”“编剧奖”和“优秀表演奖”（最高奖），其中，《棒棒》参加第八届中央电视台小品大赛。

【公共文化服务】“酒+N”城市文化建设。在泸州成立“中国文物学会·古酒遗址保护专委会”。率先在全省制定出台《关于加快文化建设的意见》，提出“酒+N”文化建设总体思路，设立文化发展专项资金1 000万元，力促酒文化以及长江文化、历史文化、红色文化、民族宗教文化、旅游生态休闲文化等特色文化建设全面繁荣。组织“醉美泸州——城市文化公益形象摄影图片展”亮相首都国际机场，全国20余家媒体介入宣传，泸州文化迈出“亮相全国、邀请世界”的一大步。成功创建“全国集邮文化先进城市”，是西部地区唯一获此殊荣的城市。纳溪区和泸县分别被命名为“全国民歌之乡”和“全国龙舞之乡”。“中国酒城·醉美泸州”全面叫响。

积极开展主题文化活动。坚持以主题文化活动为主线，丰富群众文化生活，主办承办了“泸州市团拜会”“泸州市新年音乐会”“泸州市‘走进春天’迎春音乐会”“迎春摄影展”“泸州市‘双棋杯’中老年楹联竞赛”“‘金秋舞韵’舞蹈大赛”“金叶情韵”文艺晚会、全市“抗旱壮歌”大型电视访谈节目、纪念辛亥革命100周年系列活动、“全市六一少儿现场书画大赛”“全市中小学生楹联大赛”等大型公益文化活动12项。

送文化下乡。将送文化下乡作为文化惠民工程的重要抓手，组织“激情广场大家乐”系列活动、“人口文化快车”及各区县品牌文化活动等5 998场，受众340余万人次，其中，送文化下乡、到基层588场。

公共图书服务。启动异地公共图书“通借通还”试运工作，走在全省前列。市图书馆收集地方文献98种125册；清理馆藏各类图书9万余册，建立相关书目数据库，完成100幅馆藏国家三级以上拓片的修复，免费接待读者15万余人次，借阅图书12万册次，办理读者借阅卡649个。广泛开展世界读书日、酒城文化大讲堂等阅读推广活动，向市民免费发放“网上读书卡”3万张。

业余艺术辅导。充分发挥职能作用，整合各方面力量，认真组织社会艺术水平考级工作，舞蹈类、音乐类及美术类学生报考总人数达7 500人，再创历史新高，舞蹈人数占到了全省人数的四分之一，名列全省市（州）第一，考生合格率90%。

【文化产业】统筹梳理文化产业项目52个，其中上报文化部、财政部、国家文物局6个，省级8个，市级15个。组织包装6个重点项目在第十二届中国西部国际博览会“中国酒城·泸州”投资说明会上进行推介招商。泸州大剧院累计投入资金3.46亿元，已完成主体工程封顶。泸州市石质文物保护研究中心，投入资金330万元，已完成主体工程和入库前各项工作。四川泸县农民演艺中心获“四川省第三批文化产业示范基地”殊荣。古蔺县率先在全省成立第一个全新的事业单位“古蔺县创意文化产业发展服务中心”，引导和扶持全县创意文化产业发展。与泸州市工商银行签订《关于金融支持文化产业的战略合作协议》。市级文化产业示范基地泸州天星影视艺术学院投资拍摄的功夫片《双截棍》于3月2日在全国院线同步上映，该片也因无任何电脑特技，全凭真打实干的真功夫荣获第五届德国科隆国际电影节组委会大奖。“分水油纸伞创新经营项目”获得省文化厅15万元品牌扶持资金补助。全市文化产业年总收入达27亿元。

【文物事业】认真组织开展免费开放工作，全年免费接待58万多人次，开展纪念辛亥革命书画展、余安中师生书画展、长江奇石展等专题展览6次。“三普”文物5 226处，位居全省市（州）第四。“龙脑桥维修方案”“况场朱德旧居抢救维修方案”“春秋祠维修方案”“泸州大曲老窖池文物保护规划”顺利通过国家文物局评审，城区宝莲街、沙湾古街挤进国家“茶马古道”川黔线大遗址保护项目，国家文物局重点支撑课题“指南针项目—泸州老窖遗址群价值挖掘与展示”落户泸州。“泸州大曲老窖池”和“泸州老窖酒传统酿制技艺”申报列入中国世界文化遗产预备名录。通过建设部、国家文物局的历史文化名城保护工作检查验收，保住金牌，并牵头挂牌保护市区首批99处历史建筑。成功召开中国文物学会古酒遗址保护专委会成立大会，通过首个全国性酒遗产保护纲领性文件《中国古酒遗址保护——泸州共识》。组织、申报第八批省级文物保护单位43处。

【非物质文化遗产保护】组织参加第三届“中国成都国际非物质文化遗产节”，推出国家、省、市级“非遗”项目30余项，获“太阳神鸟银奖”。新公布第三批市级非遗代表性传承人78名。完成泸州老窖、分水油纸伞等国家级非遗项目保护规划3个，筹建先市酱油、护国陈醋等非遗传习基地2个，创建泸州肥儿粉、仁和釉药、观音月母鸡汤等非遗项目生产性示范基地3个。

【文化市场】严格依法行政，行政执法责任落实、措施有力，文化市场秩序井然。市、区（县）深入开展文化市场专项整治、建党90周年文化市场专项保障行动、游艺娱乐场所专项整治、“扫黄打非”等专项行动18次。检查网吧、娱乐场所、音像、书刊、印刷企业等经营单位3 600余家次，查处违规网吧25家，歌舞娱乐场所6家，取缔游商地摊和非法经营点30余处，配合工商部门查处“黑网吧”113家、无证涉赌游艺娱乐场所53家。收缴图书、音像制品等非法出版物39 474件，收缴赌博机1 150余台。实现50%的网吧连锁管理，并率先在全省市（州）实现网吧影视正版化全覆盖。加强内部资料审批管理，审批内资100个。

【文化人才队伍建设】以市委主要领导联系点和全市16个先进党支部示范点为契机，狠抓创先争优、党风廉政“三化”建设、示范性学习型党组织创建、“三学三强”等主题，以“3+X”即“一群一网一坛”+“主题实践活动”为创新载体，广泛开展系列培训讲座和读书活动，全力打造“四有团队”和“四型机关”，取得显著成效，建党90周年文化系统受到市委表彰的优秀共产党员1名，市直机关工委表彰的先进党支部1个、优秀党务工作者1名、优秀共产党员2名，在系统内表彰的先进党支部2个、优秀共产党员16名、优秀党务工作者5名。

【文化体制改革】坚持“以人为本”原则，严格按照中央的“任务书”“路线图”“时间表”以及市文改办和局文改领导小组改制方案要求稳步推进。同时，继续完善文化市场综合执法改革和深化公益性文化事业单位“内三制”改革。

【文化基础设施建设】投入资金1912万元，新建乡镇综合文化站37个（共计123个）。投入资金854万元，完成5个社区文化中心、26个城市文化活动室、83个乡镇综合文化站业务专用设备配送。

【行政能力建设】加快推进行政审批制度改革。对应做好国务院第五批取消和下放管理层级的行政审批项目的清理和动态调整工作。全面完成四级政务服务体系建设。不断抓好政务服务中心标准化建设，拓展中心职能，向多领域延伸，向基层延伸。不断创新服务企业的新机制。灵活工作机制、完善规章制度、便捷服务通道、规范服务流程，让办事群众“只进一个门，只找一个人，只跑一次路，一次就办成”。加强机关行政效能监察问责。实施“五步问责制”，即问题见面、整改督查、问责通报、问责学习、责任追究。建立完善六项工作机制，提高办事效率和服务质量，即效能考核机制、效能督察机制、完善各项配套制度、效能奖惩激励机制、完善学习机制、内外监控机制。

【大事记】3月23日~24日，文化部党组成员、国家文物局党组书记、局长单霁翔莅泸调研，肯定泸州市文物保护成绩。国家文物局长莅泸视察是泸州建市以来第一次，对泸州文物数量多、保存质量高、合理利用好的高度评价也是第一次，这在泸州文物保护工作史上意义重大；6月23日~25日，泸州雨坛彩龙作为唯一参赛项目代表四川省参加“庆祝建党九十周年舞龙展演暨第十届中国民间文艺山花奖舞龙评奖活动”获金奖；7月28日，泸州市市委、市政府在全省率先制定出台《关于加快文化建设的意见》，提出“酒+N”文化建设总体思路，设立文化发展专项资金1000万元；5月29日~6月11日，泸州市参加第三届中国成都国际非物质文化遗产节，获“太阳神鸟”银奖。闭幕式当天，文化部党组书记、部长蔡武在四川省人民政府副省长黄彦蓉、四川省文化厅党组书记、厅长郑晓幸等领导陪同下亲临国家馆分水油纸伞技艺展示现场视察，对泸州非遗工作给予肯定；10月21日，“醉美泸州”亮相“文化国门”，116幅泸州人文形象美图在首都国际机场325米长廊展出，全国20余家媒体介入宣传，泸州市民及网民关注，泸州文化迈出“走出泸州、亮相全国、邀请世界”一大步。

【受表彰奖励】市文化新闻出版局荣获第三届中国成都国际非遗节“太阳神鸟”银奖、“全省文化市场综合执法先进集体”、四川省“第三次文物普查工作先进集体”；市文化馆、合江县文化馆、泸县文化馆成功创建国家一级馆，占全省一级馆的10%；泸县农民演艺网获文化部、财政部首批国家公共文化服务体系创建资格。12月20日，在上海举行的“创建国家公共文化服务体系示范项目工作会”上，泸县代表西部地区作了题为《发展壮大农民演艺网　促进农村文化大繁荣》的经验交流发言。

德阳市

【概况】2011 年，德阳市文化行政事业单位共有 46 个，职工 448 人，其中行政单位 8 个，职工 74 人，事业单位 38 个，职工 364 人，有文化馆 7 个，广汉市、什邡市、绵竹市文化馆为国家一级馆，中江县、罗江县文化馆为二级馆，德阳市文化馆、德阳市旌阳区文化馆为三级馆。7 家文化馆全部上等级，实现了德阳零无级馆的突破。全市组织重大节庆文化活动共计 250 余场次，送文化下基层共计 305 场次，农村文化活动 2000 余场次。文博单位职工 155 人，馆藏文物 19346 件，文物保护单位 109 个，其中全国重点文物保护单位 5 个，省级文物保护单位 19 个，市级文物保护单位 34 个，县级文物保护单位 51 个，年接待观众、游客 121 万人次；国家级非物质文化遗产项目 2 个，省级非物质文化遗产项目 7 个；市级非物质文化遗产项目 24 个，有国家级项目代表性传承人 1 人，省级项目代表性传承人 10 人，市级项目代表性传承人 28 人；公共图书馆 6 个，在职职工 61 人，藏书 66.5 万册，期刊阅览 20.91 万人次，外借 26.62 万人次；有专兼职文化稽查人员 44 人，全市处罚违规经营单位 140 家，停业整顿 7 家，收缴非法书报刊 18200 余册，非法音像制品 32 万余张；有演出经营单位 23 家，网吧 561 家，娱乐经营场所 440 家，音像制品经营单位（户）179 家；书刊零售经营单位（户）218 家，印刷企业 232 家，打字复印经营单位（户）295 家，公开发行报纸期刊 7 家，内部发行报刊 10 种，新闻出版行业从业人员近万人。

【灾后恢复重建】2011 年，全市纳入国家灾后重建规划的文化新闻出版项目有 783 个，规划投资 122818 万元。截止 11 月 15 日，全市已累计开工建设项目 783 个，占规划总数 100%；竣工项目 772 个，占规划总数 98.59%，完成投资 92717 万元。其中，文化灾后恢复重建项目 479 个全部开工建设，竣工项目 468 个，其中包括 135 个公共服务设施项目、26 个文化遗产项目、15 个文化产业项目、289 个文化市场项目、3 个精神家园项目，累计完成投资 87476 万元。新闻出版灾后恢复重建已开工建设项目 304 个，竣工项目 304 个，其中包括 90 个乡镇发行网点、213 个公共阅报栏、德阳日报社 1 个，累计完成投资 5241 万元。此外，以乡镇、社区为重点，积极配合做好公共文化设施恢复重建的有关工作，完成 10 个乡镇文化站及 32 个社区文化活动室的设备配送工作。全市以市级文化馆、图书馆、博物馆等为龙头，各县（市、区）图书馆、文化馆为骨干，乡镇综合文化站为支撑，村文化活动室为基础的覆盖城乡的四级公共文化服务网络逐步形成。

【文化信息资源共享工程】大力推进“文化信息资源共享工程”建设，6 个县级支中心及 120 个乡镇基层服务点、1088 个基层服务点全面建成并投入运行。配合市委组织部完成远程教育村级接收站点的软、硬件升级改造工程，升级改造的远程教育村级站点增挂“文化信息资源共享工程村级基层服务点”的牌子，实现农村党员现代远程教育和文化信息资源共享工程的有效对接。在市、县各图书馆基本建成政府信息公开查阅点，对公众免费开放。

【农家书屋建设】全市新建成农家书屋 573 家。其中旌阳区 72 家、中江县 390 家、绵竹市 18 家、广汉市 41 家、什邡市 52 家。全市各地的书屋管理有序，运作正常，免费向农民群众提供图书阅读服务，向农民群众提供看得懂、用得上的图书消费服务，受到了社会各界和农民群众的热烈欢迎。

【公共文化体系建设】全市坚持以政府为主导，

以公共财政为支撑，按照“保基本、强基础、建机制”的思路，不断加强全市公共文化服务体系建设。坚持把发展公益性文化事业，作为保障人民基本文化权益的重要途径，结合灾后重建，克服各种困难，覆盖全市城乡的公共文化服务体系建设取得实效，以市级文化馆、图书馆、博物馆等为龙头，各县（市、区）图书馆、文化馆为骨干，乡镇综合文化站为支撑，村文化活动室为基础的覆盖城乡的四级公共文化服务网络逐步形成。以改善文化民生为重点，以公益性、基本性、均等性、便利性为原则，做细做实各项文化惠民工程，群众文化生活日益丰富。文化信息资源共享工程进展顺利。以“文化信息资源共享工程”为抓手，推动城乡文化同发展共繁荣。全市已建成6个县级文化信息资源共享工程支中心。市、县各图书馆基本建成政府信息公开查阅点，对公众免费开放。坚持“一手抓繁荣，一手抓管理”，不断完善文化市场管理机制，健全文化市场管理体系。坚持依法行政，文明执法，管好各类文化市场。按照品牌化、连锁化、规模化的要求，建立健全文化市场服务网络，充分发挥文化市场体系在调整经济结构、增加就业和拉动消费等方面的积极作用。全市共有文化市场经营单位1 448家，文化市场保持了繁荣发展的态势。

【社会文化事业】全市文化馆、图书馆、博物馆、宣传文化中心等公共文化单位的服务能力和服务水平进一步提高。按照省上统一安排部署，“三馆”免费开放工作得到有序推进，完成了全国文化馆第三次评估定级工作。完成了德阳市中国民间艺术之乡——绵竹年画之乡的申报推荐工作。市图书馆坚持送书下乡、进社区活动，深受社会各界好评。努力做好古籍修复工作，完成古籍修复272册。为进一步推进全市美术事业发展，经上级批准德阳市美术馆正式挂牌。坚持面向未成年人免费培训，认真开展对全市群文干部的培训工作，收到预期的培训效果。市川剧团坚持开展送文化下乡活动，下乡演出140余场次，并在罗江倒湾古镇开展了为期5个月的文艺商演活动，为增强剧团自身“造血”功能取得一定效果。市艺术宫改造后，成功举行了德阳市2011年春节团拜会、“5·12”纪念活动、庆祝建党90周年、第三届市农博会、“文化德阳”系列演出活动等，受到社会各界的一致好评。

【打磨艺术精品】全市艺术创作呈现出良好的发展态势。美书、书法、摄影作品硕果累累。由全市作者中国美术家协会会员、四川省诗书画院特聘画师、第一批“巴蜀画派”艺术实力代表人物龚仁军创作的美术作品《有阳光的日子》获得中国美术家协会“第六届中国美协会员中国画精品展”优秀奖（最高奖）；美术作品《G弦上的咏叹调·乡村之歌》获得由中国美术家协会颁发的“第七届中国美术协会会员中国画精品展”优秀奖（最高奖）；舞蹈创作佳作频现。作为民营艺术团体，德阳市歌舞团在创品牌，出精品上狠下工夫，歌舞《回家过年》《幸福赞歌》获得中央电视台“我最喜爱的2011年春节联欢晚会节目”歌舞类二等奖；歌舞《兰亭序》获得“我最喜爱的2011年春节联欢晚会节目”歌舞类三等奖。杂技、戏剧小品创作成绩斐然，《三人技巧》获得中国杂技家协会、中国文学艺术界联合会颁发的“第八届杂技金菊奖比赛最佳老师奖”。《马戏表演》获得第十三届中国吴桥国际杂技艺术节特别奖。

【群众文化活动】2011年，全市群众文化活动丰富多彩。圆满完成市人大迎春联谊会演出，组织策划并圆满完成2011年春节团拜会演出，参与主办全市首届残疾人艺术节，完成“5·12”三周年纪念大会“感恩奋进”歌曲大家唱演出活动，参与主办德阳市庆祝建党90周年广场系列文化活动，承办《希望的田野》德阳市第四届国际农业博览会文艺晚会，市文化新闻出版局获最佳组织奖。协助承办德阳市第二届运动会开幕式大型文艺表演，主办2012年新年音乐会。专业文化与群众文化互动发展。全市各具特色的宣传队、演出团的演出，丰富了当地群众的文化生活。送文化下乡活动深受群众欢迎。组织文艺节目和各类图书，积极开展送戏、送书等文化下乡活动 305 场次，受到基层群众的热烈欢迎。

【文化市场改革】 4 月，按照中央和省上关于文化市场综合执法机构改革的文件精神，成立了德阳市文化市场综合执法支队。市编办印发的《关于设立德阳市文化市场综合执法支队等相关事宜的通知》将原属广电部门的文化市场处罚以及相关的行政强制、监督检查职责调整归并到新建立的德阳市文化市场综合执法支队。市政府六届七十次常务会议通过了授权并报省政府审批。

【文化市场管理】 全市文化市场保持了健康繁荣发展的态势。继续加大网络市场的监管力度，不断净化互联网文化环境。积极开展网吧专项整治行动。全市检查经营单位 4 800 余家次，处罚违规网吧 120 家次，停业整顿 28 家，有效地遏制了网吧违规接纳未成年人现象。加强对娱乐市场的管理。会同公安、工商部门对全市歌舞娱乐场所进行了安全大检查，检查经营单位 1 100 家次，对 25 家存在安全隐患的娱乐场所发出了限期整改的通知单。全面清理出版物市场。对全市音像制品经营单位进行了全面的清理，取缔无证照摊点 128 个，收缴违法音像制品 32 万余张，收缴书报刊非法出版物 18 200 余册，捣毁 3 个大型地下违法音像制品批发窝点，移送司法机关案件 2 件，较好地净化了出版物市场。加强对营业性演出的管理。对演出内容进行了全程监控，确保了不出现低俗演出内容和责任事故。2011 年，全市文化出版物市场执法部门日常检查及会同相关职能部门开展 32 次联合执法专项行动，共出动执法人员 9 600 人次；出动执法车辆 2 238 车次；检查文化新闻出版市场经营单位21 836家次；实施行政处罚 140 件。

【校园周边文化市场专项治理】 全市进一步加大对校园周边文化市场的整治力度，确保了校园周边文化市场的健康有序发展，为青少年的健康成长营造了良好的社会文化环境。开展了 16 次校园周边整治执法工作，出动执法人员 116 人次，执法车辆 63 车次。检查校园周边文化新闻出版市场经营单位 766 家次，其中网吧 530 家次、歌舞娱乐场所 67 家次、游戏娱乐场所 56 家次、书报刊摊点 103 家次、音像制品经营店 10 家次。加强文化市场监管，营造良好高考环境。6 月 3 日 ~6 月 8 日，市文化新闻出版局组织执法人员进行了高考期间文化市场专项检查行动。专项行动中共出动执法车辆 15 车次，执法人员 70 余人次，检查经营单位 230 多家，3 家娱乐场所受到警告，5 家经营场所受到行政处罚。通过高考期间的专项执法检查，确保了高考期间考生的良好考试环境，专项检查行动得到了考生及社会各界的高度认可。

【网吧专项整治】 全市网吧专项整治保持高压态势，继续加大网络市场的监管力度，不断净化互联网文化环境。积极开展了“零点行动”“六点行动”“十二点行动”“十八点行动”的网吧整治专项行动，共出动执法人员5 400余人次，车辆1 210余台次，检查网吧 6 800 余家次，处罚违规网吧 80 余家次，其中罚款 57 家、停业整顿 7 家，对存在接纳未成年人等违规、违法经营行为的网吧都进行了严肃的处理，有效地遏制了网吧违规接纳未成年人的现象。

【非物质文化遗产保护】 绵竹年画社被列入第一批国家级非物质文化遗产生产性保护示范基地，有力地推动了德阳市非物质文化遗产的保护和传承。完成第三届中国成都国际非物质文化遗产节参展工作，并获组委会颁发的组织奖。完成《非遗大典》资料收集工作。积极开展第五批省级传承人的推荐工作。搞好品牌文化活动建设，狠抓绵竹年画节、梨花节、广汉保保节、孝文化节、“文化德阳” 等品牌特色文化活动。

【文物事业】 全市文博工作有声有色，全面完成了德阳市第三次全国文物普查各项工作，保持在全省的领先地位。对全市实地文物调查阶段的资料进行查漏、补缺，保证资料的完善与科学，确保了全市文物普查的准确性和科学性。编制完成文物普查档案、不可移动文物名录、普查工作报告。在全省文物普查总结、表彰工作会上，副市长宋玉华代表德阳做了交流发言。在普查的基础上完成《德阳文物》编撰出版工作。完成第八批省保的申报工作，共推荐旌阳区武圣宫等29处文物单位申报第八批省保。

突出重点和难点，开展文物行政执法和文物安全工作。按照国家和省局的通知要求，在1月、5月、10月开展文物安全和文物执法检查。加强培训，努力提高全市文博工作者业务水平和工作能力。全年共举办3次三普业务培训会。开展全市文物执法培训，为全市文物工作者办理文物执法证。与公安部门协调共同做好打击文物犯罪的安排部署，制定共同打击文物犯罪的工作机制。推进博物馆、纪念馆免费开放和“三贴近”工作。开展“国际博物馆日”“中国文化遗产日”等宣传活动。抓好“三基地一窗口”建设工作。

绵阳市

【概况】2011 年，根据绵阳市人民政府办公室《关于印发绵阳市文化新闻出版局主要职责内设机构和人员编制规定的通知》（绵府办发〔2011〕39 号），绵阳市文化新闻出版局（加挂绵阳市版权局牌子），机关人员编制 35 人。县（市、区）级文化局（文化旅游局、文化体育局、文化影视新闻出版局、社会事业发展局）13 个，编制人数 202 人。有专业艺术表演团体 4 个，从业人员 132 人。有演出场所 5 个，从业人员 65 人。有市级文化馆（内设文艺创作办公室）1 个，从业人员 20 人；县（市、区）级文化馆 9 个，从业人员 95 人。有乡（镇）文化站 271 个。有市级公共图书馆 1 个，从业人员 29 人；有县（市、区）级公共图书馆 7 个，从业人员 44 人。有市级文物保护管理机构 1 个（市文物管理局、绵阳博物馆），从业人员 56 人。有县（市、区）级文物保护管理机构 10 个，从业人员 91 人。有县（市、区）级博物馆 9 个，从业人员 245 人。有市文化市场综合执法支队 1 个，有县（市、区）级文化市场综合执法大队 9 个，执法人员编制 53 人，其中专职执法人员在岗 26 人。有全国重点文物保护单位 8 处，省级文物保护单位 30 处，市级文物保护单位 46 处，县级文物保护单位 418 处，文物保护点 4 765处，省级历史文化名城 3 处，省级历史文化名镇 2 处，馆藏文物 44 787 件（藏品实际数量）。列入国家级非物质文化遗产代表性项目 7 项（其中“羌年”列入联合国教科文组织急需保护非物质文化遗产名录），省级非物质文化遗产代表性项目 39 项，市级非物质文化遗产代表性项目 145 项，县级非物质文化遗产代表性项目 400 余项。截止 2011 年年底，绵阳市共有网吧 757 家，歌舞厅 343 家，电玩 374 家，社会文化团体 13 个，民办非企业文化艺术团体 22 个。全市文化产业经营单位 5396 个，从业人员近 10 万人，实现生产总值约 130 亿元，增加值 32 亿元，占全市 GDP2. 73%。

【艺术创作】《菜刀传奇》搬上银幕。3 月 17 日，改编自安县文化馆文学辅导干部安昌河的小说《菜刀传奇》的电影《刀见笑》内地公映。作为“极具上升潜力”的青年新锐作家安昌河，其《踩桥》《找钱》《梦想与少年》等作品都先后被改编成电影；《薅秧歌》获全国“山花奖”银奖。由江油市文化馆收集、整理、修复、编排、指导的《薅秧歌》，荣获“中国原生态民歌盛典暨第十届‘山花奖’大赛银奖；《当今中国》获全国原创歌曲奖。7 月，由中国音乐文化促进会、文化部艺术服务中心、文化部当代音乐艺术院主办的庆祝中国共产党成立 90 周年“唱支颂歌给党听”全国原创词、曲征集暨歌手选拔活动结果在京揭晓。绵阳市文化馆倪朝晖创作的音乐作品《当今中国》荣获三等奖；话剧《咱们的牛校长》举行首次汇报演出。9 月 20 日，方言话剧《咱们的牛校长》在安县工人文化宫剧场举行文化系统专场演出。该剧以原安县桑枣中学校长叶志平为原型，讲述在汶川特大大地震中，处在极重灾区的桑枣中学创造“零伤亡”的奇迹；江油书法长卷破世界纪录。11 月 29 日，江油市老年书画研究院王清贵的书法长卷，被“世界纪录协会”收录。长卷长 885 米，宽 0. 55 米，作者从 2001 年 9 月开始用蝇头行楷、行书、隶书三种书法进行创作，历经十年苦心，终于书写完《三国演义》《红楼梦》《水浒传》《西游记》《封神演义》五部中国古典文学名著的全部文字。《中国日报》、四川电视台、《成都商报》等多家媒体先后进行采访。中国网络电视台、香港文汇网、中华网等全国 30 余家网站进行宣传，“世界纪录协会”

称其为“世界最长书法作品”；音乐剧《七彩云朵》。在中共四川省委宣传部、四川省文化厅、南充市人民政府主办的四川省第十三届戏剧小品比赛中，绵阳市唐虎编剧、唐方军导演的音乐剧《七彩云朵》，在全省市（州）选送的40余件作品中脱颖而出，一举荣获优秀剧目奖、优秀编剧奖、优秀导演奖、优秀音乐奖，参赛演员邹婉等荣获优秀表演奖，绵阳市文化新闻出版局荣获组织奖。比赛期间，音乐剧《七彩云朵》在南充市区广场展演中，被评为“最受观众喜爱的剧目”。

【公共文化服务】绵阳市积极争取国家、省专项资金，协调落实市县配套经费，圆满完成了全市10个图书馆、8个文化馆及271个乡镇综合文化站的免费开放工作，让市民能够就近享受到便捷的公益文化服务。各馆站在各级主要媒体对社会公开承诺免费开放时间和内容，实行“零收费”，大力开展公益性讲座，对社会文艺团体实行免费文艺辅导，积极向社会各阶层拓展业务，开展送证上门、送书上门，以及送培训进社区、进单位等活动。7月，文化共享工程绵阳市级中心开通“建党90周年”专题文献库，设立“党史百科”“党史人物”“党代会回顾”“历史回顾”，收集总库文献共7万余篇，内容涵盖党刊、党建、党章、党的对外往来、党史人物、党史事件等。全市建成农家书屋1453家，农家书屋工程力求从根本上解决广大农民群众看书难、借书难、买书难的问题，丰富农民精神文化生活。绵阳市把农家书屋建设纳入民生工程管理，采取“政府规划建设、鼓励社会捐助、农民自主管理”的办法。农家书屋成为农村传播先进文化的前沿阵地，提高农民素质的新型学校，了解致富信息的窗口，干群的连心桥梁。从2007～2011年共建成农家书屋2634个，覆盖率达到82.1%。

【文化产业】北川绣娘文化产业开发有限公司于2月在北川新县城巴拿恰注册落户，公司占地面积4000平方米，采取公司加农户的运作模式，有专职员工86人、农户500余人，已开发出羌绣服饰、羌绣工艺品、礼品、旅游饰品四大类产品。公司先后参加芬兰、韩国、日本等国家和地区组织的民族文化艺术交流展示活动，为传承弘扬羌文化起到了积极作用。全年，羌绣产品销售额达1200余万元，出口额5670余万元。四川太白圣像文化传播有限公司致力于弘扬李白文化。11月，公司策划举办了“中蒙文化交流展”。公司先期投资1600万元在江油打造华人艺术馆，引起国务院新闻办主管的《中国网》高度关注，该馆计划总投资将2亿元。绵阳太古软件有限公司属于军转民企业，有专业设计人员23人，主要致力于三维模拟可视化技术和产品研发，并从事四川旅游电子地图开发及运营，拥有《太古三维数字内容模拟软件系统》《基于Web Services的消费电子产品3D展示服务平台》等多项知识产权，获得了《一体式全景图像生成系统》和《环轨式全景图像快速生成系统》等多项专利。该公司与北川县签订了北川老县城三维数字复原系统重大历史文化遗产项目，计划融资5000万元建设北川地震科教馆。9月29日，绵阳市涪城区文化影视新闻出版局成功招商引资1200余万元的文化企业——广东大地院线中环电影城在涪城落户并正式营业，电影城设6个影厅460个座位。

【文物事业】“绵阳五绝”登上央视银屏。中央电视台在绵阳拍摄了西汉漆木马、东汉摇钱树、西汉经脉漆木俑、中国汉代最大铜马四个专题片，于2月、3月先后在央视《国宝档案》播出。其中西汉漆木马作为四川省内唯一的参展文物参加首都博物馆举行的全国文物保护科技成果展。6件明代紫砂、青花瓷器赴深圳参加了“紫砂珍玩展”。绵阳市文物局局长王锡鉴陪同绵阳市政协副主席蔡清顺、艾尚林和学习文史委部分委员先后到平武、江油、北川和绵阳城区对全市红色革命文化遗址遗存的保护和利用情况进行了专题调研，市文物局就全市红色文化遗产基本情况和特点、绵阳市红色文化遗产保护和利用工作开展情况及存在的问题提交了调研报告。考古人员对绵盐路提升改造工程L1

段的 3 座东汉崖墓进行了抢救性发掘，其中一墓室纵深长 10.5 米，在绵阳属首次发现，

出土文物 10 件。完成“5·12”地震相关实物资料征集工作结项报告。共征集地震实物资料 55 230 件（套），其中地震实物 6 850 件（套）、报纸类 12 847 份（套）、书刊画报音像制品 533 件（套）、图片 35 000 余张（电子版）。全面完成第三次全国文物普查野外调查和数据录入工作，全市七县两区共 5 403 个数据顺利通过审核、验收。购置价值 59 万元的文物保护技术设备，初步建立起绵阳市文物技术保护实验室。完成约 200 件漆木器脱水、加固工作；4 件一级饱水漆器文物保护修复方案获国家文物局审批。筹集经费 5 万余元，在梓潼征集 500 多匹汉画像砖和汉砖。4 月，绵阳市文物局荣获国家文物局“汶川地震灾后文物抢救保护工作先进集体”称号。

【非物质文化遗产保护】3 月 23 日～24 日，来自绵阳、成都、德阳、广元等地 20 余万人参加了安县雎水春社踩桥民俗活动。雎水镇的太平桥建于清嘉庆年间（1799 年），距今已有两百多年历史，受 2008 年汶川特大地震的影响，雎水春社踩桥民俗活动一度被迫中断，2011 年，雎水春社踩桥民俗活动重新恢复。绵阳市组团参加了第三届中国成都国际非物质文化遗产节。在非遗节上，绵阳代表团展览和主题日演出获“太阳神鸟”银奖；《北川羌族》大型巡游，亮点突出、传统与时尚相得益彰，被评为“太阳神鸟”金奖。整个组织工作获优秀组织奖。10 月 28 日，北川非物质文化遗产保护中心正式落成并对外开放。该中心由研究室、展览室、资料室等功能区组成，馆藏禹地羌风、羌家客厅云云地毯、羌族服饰等羌绣作品和各类实物、文物 250 余件，其中珍贵文物 80 余件。11 月 9 日，中国非物质文化遗产研究院办公室主任东会峰一行赴绵阳市三台县郪江古镇，就如何保护、传承、开发郪江古镇独特的非物质文化资源方面进行交流讨论，并为“中国非物质文化遗产研究院非物质文化遗产教育传承基地”举行授牌仪式，标志着三台郪江非遗基地正式建立。12 月 7 日，文化部印发《关于命名 2011～2013 年度中国民间文化艺术之乡的决定》，绵阳市北川羌族自治县（羌族文化）、涪城区金峰镇（雄狮表演）获“中国民间文化艺术之乡”荣誉称号。

【文化市场】9 月 28 日，绵阳市召开《关于开展打击淫秽色情出版物和有害信息专项行动》工作会议。市级各“扫黄打非”成员单位参加会议。根据会议部署，各相关单位以扫除淫秽色情等文化垃圾特别是打击淫秽色情光盘为工作重心，以市区中心城区为重点区域，清市场、端窝点、追源头、断渠道、办大案，遏制淫秽色情文化垃圾反弹势头，加大对“涉黄”企业、店档、网站、游商等的查处和打击力度，进一步净化绵阳市出版物市场和网络文化环境。

在打击非法报刊专项行动中，公安、工商、新闻出版、邮政、火车站、城管、文化市场综合执法支队，分两个检查组，对绵阳城区进行拉网式检查，收缴一批非法出版物。9 月 6 日～11 月 6 日期间，共出动执法检查人员 1 562 人次，执法车辆 300 余台次，检查出版物经营单位 651 家次、印刷复制企业 84 家次，查缴盗版及淫秽色情书籍 638 册，查缴盗版及淫秽色情音像制品和电子出版物 10 500 张。

【对外文化交流】8 月 29 日，海峡两岸文昌文化交流暨第 1077 届庙会在梓潼县七曲山开幕。来自台湾和大陆的知名人士、文昌文化研究专家及两岸新闻媒体 200 余人参加开幕式活动，万名游客观看文昌出巡大型民俗展演。受文化部委托，绵阳市选派具有丰富编导经验的绵阳市文化馆林海同志，前往厄立特里亚协助和指导厄立特里亚筹办独立 20 周年庆典和厄国家艺术节等活动。6 月，应台湾台中市教育委员会邀请，经文化部同意，绵阳市艺术学校师生一行 23 人赴台开展文化交流演出，表演器乐、川剧以及藏族、羌族、傣族舞蹈等丰富多彩的文艺节目。由文化部与四川省人民政府联合举办的“情系巴蜀——两岸文化联谊行”活动，于 7 月 15 日来到绵阳。此次活动，共有来自台湾地区的 100 位文化、教育、新

闻界的知名人士来川体验巴蜀文化的独特魅力。在绵阳，台湾客人主要参观了北川灾后重建成果，开展了系列文化交流和联谊活动。10 月 1 日，瑞士“阿彭策尔恩斯特霍尔文化基金会”会长恩斯特. 霍尔拜访绵阳市“涪城剪纸”艺人黄英。黄英创作的 3 组“瑞士传统奶酪制作过程”作品印制在瑞士的奶酪纪念包上，使“涪城剪纸”这一非遗文化艺术走向海外。

【文化人才队伍建设】 绵阳市文化新闻出版局结合实际，认真贯彻落实中组部、中宣部和人事部《关于印发<全国宣传文化系统“四个一批”人才培养工作意见>的通知》（中宣发〔2003〕26 号）精神，制定了文化人才队伍建设年度计划，有重点地开展文化系统“四个一批”文化人才培养工作。加强对文化业务干部的培训，举办基层（社区、农村）文化骨干和文艺爱好者专题培训班 10 期，外来务工人员文艺骨干培训 2 期，绵阳市文化信息共享工程设备及音响设备管理使用培训 1 期；继续在市直文化系统各基层党组织普遍开展“双争双创”活动，积极推进人才开发“双五工程”；切实抓好干部职工继续教育工作，新评定高级专业技术人员 1 人、中级专业技术人员 11 人、初级专业技术人员 5 人；结合文化综合执法改革和文化新闻出版市场管理工作实际，加强了市场管理专业知识、专业技能和法律法规培训，举办全市文化市场行政执法人员培训 2 期、全市新调入行政执法队伍人员培训和执法考试 1 期、文化市场执法人员综合素质及办案能力学习培训 2 期、城区网吧从业人员和娱乐场所从业人员法律法规培训各 2 期，切实为各类文化新闻出版经济组织提供人才服务。同时，先后组织系统内相关专业技术人员参加北京舞蹈学院进修中国舞编导培训、全省非物质文化保护工作培训、四川省艺术摄影协会培训等专业培训活动等。

【文化体制改革】 由中共绵阳市委编办牵头，研究制定了绵阳市文化市场综合执法改革实施方案。4 月 7 日，市委编办分别印发《关于设置市文化市场综合执法机构的通知》（绵编发〔2011〕17 号）和《关于设置县市区文化市场综合执法机构的通知》（绵编发〔2011〕18 号）。5 月 16 日，绵阳市文化市场综合执法支队正式挂牌成立，截至 6 月底，市、县市区文化综合执法改革全面完成。积极筹备国有文艺院团改革工作。由市政府领导带队，宣传、文化、编制、人社、财政等部门组成的绵阳市文化体制改革考察团专程赴安徽省芜湖、辽宁省营口学习、考察文化体制改革，特别是文艺院团转企改制情况。通过考察，结合绵阳实际，形成了《关于加快推进国有文艺院团体制改革的工作方案（草案）》，为加快推进绵阳国有文艺院团体制改革工作奠定了良好基础。公益性文化事业单位改革。按照绵阳市事业单位安排部署，绵阳市文化新闻出版局积极推进市直公益性文化事业单位改革，取得明显成效。在人事改革方面，实行了事业单位人员聘用制改革和岗位设置管理改革。在收入分配方面，完成了绩效工资改革各项准备工作。在社会保障方面，按照“老人老办法、新人新办法”的原则，完成了事业单位人员纳入社会保险各项工作，在职人员按照有关规定正常缴纳社会保险金。

【文化基础设施建设】 绵阳博物馆灾后异地重建项目建筑规划方案于 2010 年 12 月得到批复，2011 年完成了主体建筑施工图设计，并通过审图公司和消防部门的审核，总建筑面积 28 731 平方米。9 月 14 日主体建筑工程公开招标，经评标委员会综合评审，确定中标候选人为河南国安建设集团有限公司（特级资质），中标价为 7 079 万元。2011 年，完成该项目建设用地划拨、拆迁，以及三通一平工作。绵阳市图书馆灾后维修加固工程，于 5 月 19 日，全面完成维修加固工程项目，恢复开馆，全面实行了免费开放服务，读者人数急剧增加，平均日接待读者 1 700 人次以上，日接待上网阅览 100 余人次，日外借图书近 200 册次。

【行政能力建设】 结合工作实际，先后制订和修改行政审批窗口值守、资料报送、档案管理、信息披露、许可证申领等管理制度，夯实各项基础工作，努力做到有章可循，管理规范。截至12月31日，政务服务窗口共办理行政审批事项721件。按时办结率、现场办结率、群众评议满意率均达到100%，投诉率为零，全面完成政务服务工作目标。认真落实行政执法责任制，全面推进依法行政，严格执行《行政许可法》和文化出版物市场、新闻出版、版权管理、“扫黄打非”和文物保护法律法规，全面完成依法行政和行政执法责任制工作目标。

【大事记】 大型舞蹈诗剧《大北川》荣获全国戏剧文化金奖。4月24日~27日，全国戏剧文化奖评审团专家到绵阳，对参加第二届全国戏剧文化金奖的大型舞蹈诗剧《大北川》进行专场评审。《大北川》一举夺得“原创剧目大奖”“最佳出品人奖”“最佳制作出品单位奖”“编剧金奖”“导演金奖”“舞蹈编导金奖”“表演金奖”“群体表演金奖”“音乐创作金奖”“舞台美术金奖”“艺术管理营销奖”“最佳组织奖”等9大奖项。这是《大北川》自2009年上演以来，首次角逐国家级大奖。6月21日，四川省人民政府公布第三批四川省非物质文化遗产名录和第一、二批省级非物质文化遗产扩展项目名录，绵阳9个非物质文化遗产项目入选，至此，绵阳列入省级非物质文化遗产项目达到39个。其中，北川羌族马灯、梓潼片粉制作技艺、梓潼酥饼制作技艺、羌族婚俗、郪江城隍庙会等5个项目入选第三批四川省非物质文化遗产名录，北川羌笛演奏技艺、盐亭梓江龙、涪城区的炳林毛笔制作技艺和北川、平武的羌绣传统刺绣工艺等4个项目入选第一、二批省级非物质文化遗产扩展项目名录。

广元市

2011年是“十二五”开局之年，是灾后重建收官之年，更是文化迎来历史性发展繁荣春天之年。市文体局深入贯彻十七届六中全会精神和省委九届九次全会精神高，全面落实市委五届十二次全会出的“把广元建设成为川陕甘结合部经济文化生态强市”的重大决策，以科学发展为第一要务，以保护好、实现好、发展好人民群众的基本文化和健身权益、不断满足人民群众日益增长的精神文化需求和健身需求放为己任，全力以赴抓发展，一心一意谋发展，全市文化事业全面快速发展，亮点频现，为建设川陕甘三省结合部经济文化生态强市和“青春广元、健康城市”谱写了华美篇章，为全市经济社会发展提供了强劲动力，为发展创造了和谐环境。

【艺术创作】坚持“百花齐放”方针和“二为”方向，努力生产群众喜闻乐见的文艺作品。全年共创作歌曲19首、舞蹈32个、小品8个和一大批美术、书法、摄影作品。其中，大型现代豫剧《娘》获第二届中国豫剧节比赛剧目奖、优秀表演奖，小品《缘建》《军嫂》获第十三届全省戏剧小品比赛优秀剧目奖、优秀编剧奖、优秀导演奖、优秀表演奖和组织奖。小品《约定》《缘建》获四川省文化厅“四川省抗震救灾三周年文艺作品奖”。组织小品《缘建》在南充市北湖公园展演，被评为“观众最喜爱剧目”，同时获南充市委、市政府奖金。现代豫剧《娘》于9月中旬赴河南郑州展演，11月在成都锦城艺术宫成功公演，12月赴全市各县区进行巡回展演。舞蹈《老妈妈》在中央电视台2012年春节联欢晚会上成功演出。先后推荐各类优秀艺术作品参加第九届全国舞蹈比赛、2011四川省舞蹈新作比赛、四川省第十三届戏剧小品比赛、四川省舞台艺术新剧目展演活动。积极开展全省第十四届小品比赛筹备工作。

【公共文化服务】不断提高文化网络覆盖率。市、县（区）、乡（镇）、村四级公共文化服务网络基本建成，乡镇综合文化站覆盖率100%，村文化活动室覆盖率51.5%，社区文化室覆盖率87%，农家书屋覆盖率77%，文化信息资源共享工程覆盖率基本达到100%。全面完成了2个文化信息资源共享工程县级支中心、122个乡镇综合文化站、245个农家书屋工程、2个城市社区文化中心业务专用设备配送、64个城市业务专用设备配送、221个乡镇文化站业务专用设备配送等建设任务。全年全市图书馆免费开放，接待13万余人次，文化馆免费开放接待16万余人次，乡镇综合文化站免费开放接待70余万次。坚持以节庆文化为龙头、主题文化为抓手、特色文化为支撑、群众文化为纽带，构建党委政府牵头、宣传文化单位主抓、相关部门参与、社会各界支持的群众文化工作格局。全年组织新春灯会、团拜会文艺演出、“七一”“八一”、国庆、中秋等节假日系列文化活动、庆祝建党90周年“旗帜颂”文艺晚会、2011年中国·广元女儿节文化活动、“蜀道风”文艺晚会、颂歌献给党广元百万群众歌咏活动、文化下乡活动等大型群众性文化活动172场。丰富了广大城乡群众的文化生活。培训社区文化服务指导员170人次，培训各类文化骨干7756人次，培训县区文化女干部250人次。

【文化产业】制定了《广元市文化产业发展“十二五”规划》，把广播影视业、演出展览业、出版业、文娱业、体育业、旅游文化休闲业、艺术教育培训业、饮食文化业和乡村文化生态旅游业作为全市文化发展的重点。创建了剑门关、昭化古城、川北民俗文化园等3个省级文化产业示范基地，上报了苍溪红军渡、梨博园等4个省级文化产业示范基地，规划上报了蜀汉文化产业园为国家级文化产业园。培育和扶持了一大批信誉好、实力强、经营规范、有市场竞争力的文化娱乐、艺术培训、文化演艺、网吧等市场主体。成功承办了四川省区域特色文化产业现场会。

【文化市场】开展突击检查23次，零点行动26次，联合执法行动18次，累计出动执法人员5 460人次，检查经营单位3 924家次，收缴违法音像制品2 250余盘和非法图书13 800余册，关闭取缔无证照经营的电玩场所12家。2011年全市文化产业增加值7.5亿元，同比增长47%。

【文物事业】积极做好第八批省级重点文保单位补报工作，遴选49处文物点申报第八批省级重点文物保护单位。将广元市博物馆、青川县博物馆、旺苍木门会议军事纪念馆等列入国家第三批免费开放博物馆、纪念馆候选名录，市首家民办博物馆——万安博物馆全面开放。剑门蜀道遗址申报世界性文化遗产取得实质进展，圆满完成全国政协文史委在广元召开的蜀道调研及研讨会相关工作。

【非物质文化遗产保护】健全非物质文化遗产名录体系，对辖区内的非物质文化遗产基本建立了非遗档案与传承数据库。9个项目成功列入四川省第三批非物质文化遗产名录。遴选第二批市级非物质文化遗产代表性传承人18人，逐步壮大全市非物质文化遗产代表性传承人队伍。在成都非物质文化遗产博览园开展了以“我们的家园”为主题为期12天的非遗项目展览活动，举办了以地方戏曲、曲艺和原生态歌舞等形式的精彩的文艺表演。

【文化体制改革】根据中央和省的统一部署，广元按照“加大力度、加快进度、巩固提高、重点突破、全面推进”的总要求，全面推进文化体制改革。完成了文化、广播电视、新闻出版的执法改革，组建了文化综合执法支队，正在加快完善市艺术剧院转企改革方案，确保完成转企工作。进一步深化了文化事业单位内部“三项”制度改革，最大限度地挖掘内部活力。

【灾后重建】全市灾后文化恢复重建项目共1 355个，规划总投资15.12亿元。其中：公共文化项目255个，规划总投资5.64亿元；文物抢救保护项目39个，规划总投资3.14亿元；新闻出版项目641个，规划总投资0.8亿元；文化产业项目14个，规划总投资4.5亿元；文化市场项目397个，规划总投资0.83亿元；精神家园项目9个，规划总投资0.21亿元。

截至年末，全市文化新闻出版系统灾后重建项目开工总数为1 355个，占总项目数的100%；竣工总数为1 349个，占总项目数的99.56%；完成投资147 058万元（投资总额包括文化市场各县区自筹资金），占总投资金额的97.28%。

广元文化艺术中心建设有力有序有效推进。广元文化艺术中心预计投资额为1.9亿元，规划用地36.4亩（其中净用地33.9亩）。总建筑面积39 615平方米（其中地上建筑面积28 958平方米，地下建筑面积10 657平方米）。建设内容为广元剧场、市博物馆、市图书馆、市非物质文化展览馆、市文化馆、市青少年活动馆、市艺术剧院、文学院、书画院、电影放映厅。设计停车位350个（其中：地下停车位298个，地上停车位52个）。东区一期工程已完成主体工程，正在进行内外装饰与安装。西区二期工程主体工程已接近尾声，即将进行屋顶钢结构施工和内外装饰与安装，整个文化艺术中心项目建设预计2012年5月完工。

千佛崖景区项目进展情况。项目建设分为千佛崖石窟保护工程和4A级旅游景区基础设施建设两大部分，占地面积300亩。立项投资9 813万元，已完成投资7 239万元。完成了千佛崖景区停车场、道路、护岸和排污设施、景区园林景观绿化和照明工、景区仿古建筑及附属等工程。第二期学术研究中心1 500平方米的仿古建筑预计本月底完工。石刻陈列馆布展工作、景区对联、牌匾制作工作正在紧张进行，确保2012年春节前对外开放。石窟保护工程于10月12日开工建设。

皇泽寺重建项目顺利推进。女皇文化陈列馆装修A布展总投资1000万元，建筑面积2300平方米，装修布展工程主要包括基础陈列装修，基础消防施工，绘画、雕塑、“幻影成像”“侧悬浮”等工程建设。皇泽寺文物中心库房规划投资1000万元，建筑面积1760平方米，主体工程基本完工。

【行政能力建设】加强班子建设，充分发挥班子标杆效应。以身作则，充分发挥班子成员的带头示范作用，凡是要求职工做到的，首先要求班子成员带头做到；凡是要求别人不做的，严格要求班子成员坚决不做；凡涉及招投标、大额资金使用、选人用人等事项，都安排纪检组全程参与监督。狠抓内部管理，努力构建和谐、具有战斗力的团队。修改和完善了《市文化体育和新闻出版局工作规则》，使制度内容与政策法规接轨，既保障了职工的合法权益，又促进了工作纪律的制度化、规范化，维护了制度的严肃性；认真执行《关于切实关心职工生活、构建和谐团队的通知》，体现科学发展观以人为本的核心内容；加大效能建设问责力度，不定期抽查职工工作状态情况，按时公布职工出勤情况，认真执行《首问责任制》《限时办结制》《服务承诺制》等制度，提升单位公信力和工作效率；认真开展了财务自查和审计工作；加大政务信息公开力度，对局网站进行了全面改版更新，省网采用信息128条，市委采用信息10条，市政府采用信息16条，政务信息公开率达95%以上，有效地接受了广大群众的监督。

持之以恒抓效能建设的基础上，结合“行政效能示范单位（岗）”创建活动，在局机关和下属事业单位全面推行岗位责任制，首问负责制，限时办结制，绩效管理制和责任追究制；在服务窗口和业务岗位加大了培训力度，工作人员服务意识增强，服务态度明显更好，各窗口单位在为民便民的设施上有了改善，在办事环节上更加简节。市图书馆和市文管所在效能示范单位（岗）创建活动中取得了良好成效。图书馆报刊阅览室和文管所皇泽寺风景管理区创建效果好，社会效益显著，受到了广大市民的一致好评。认真执行“两评议一报告”规定，肃清用人环境。按照事前报告，事中民主测评、集体讨论决定，事后公示公开的程序和原则，成功推荐了6名县级领导干部，其中副县级4名，正县级2名。

【廉政建设】以贯彻落实《廉政准则》为抓手，倡新风，树正气，培育勤政廉洁、务实高效的行业之风。

多种形式，经常化开展廉政教育活动，引导广大干部树立正确的世界观、人生观和价值观。学习教育活动是做好党风廉政建设的基础，坚持经常开展、多种形式和方法来进行，确保了教育学习活动的长期化和系统化。逢会便学、逢会便讲，开展会前学纪讲法，始终做到警钟长鸣。抓住一月一次的中心组理论学习机会，认真系统学习《党员领导干部廉洁从政准则》《公务员纪律处分条例》等党内多项政策法规，学习全市党风廉政教育大会和预防腐败工作推进会议精神等，提升中层以上干部的政策理论水平和政治觉悟。多次分层次召开干部职工廉政教育大会。播放警示教育片，多次组织收看市纪委录制的市内的警示案例，以案说纪、以案正纪，结合本单位个别领导干部在灾后重建工作中经不住金钱诱惑，受到纪律追查的事例，用身边的事来教育身边的人，强化干部职工“常怀律己之心，常思贪欲之害”的意识。办反腐倡廉建设专栏，张贴反腐倡廉宣传墙标，开展廉政文化进科室，进文化体育产业，进家庭活动，发放廉政文化手册，开展廉政文化知识讲座，组织干部职工参加反腐倡廉知识竞赛活动。通过多渠道全方位的学习教育活动，增强了干部职工自律、自警、自励和自省意识。文体局有六个亿的在建工程，除极个别意志薄弱者外，绝大多数干部职工守住了廉洁从政的底线。

抓重点环节的监督检查，确保重点工程建

设的顺利推进。文化灾后重建项目多，投资额度大，建设任务繁重，在项目招投标环节、在工程增量环节、在建料涨价环节、在设备采购环节、在资金拨付环节等都是腐败行为易发多发的地方，为了避免权钱交易等腐败行为的发生，机构合并前后的几位主要领导都特别重视，始终坚持公开、公平、公正的原则，坚持程序合法化原则，坚持重大问题集体讨论、民主决策的原则，坚持监督工作全过程和全方位的原则。特别是发现个别领导有违纪行为后，各项工作做得更加细致，增添人员，加强领导力量和工作力量，加大协调力度，赢得各方支持，澳源体育中心和文化艺术中心建设拆迁工作快速推进，施工进度明显加快，施工方、监理方、项目管理方与甲方协同作战，及时解决建设中的各种困难和矛盾，杜绝了扯皮、推诿现象，主要领导对重点工程、重要环节、重大事项亲自抓、亲自督战，分管领导坚持战斗在第一线，坚持集思广益，坚持民主决策，坚持科学重建，真正做到了公开透明、程序合法、监督到位，确保了两个重点工程建设的顺利推进。

全力推进惩防体系建设，着力抓好“三早”预警机制和廉政风险防控机制建设。为了加快惩防体系建设，局党组成立了党风廉政建设责任制领导小组，落实了专兼职工作人员，制定了党风廉政建设责任制和推进惩防体系建设责任制，把党风廉政建设和反腐败工作纳入了各科室和下属各部门年终目标考核，与评先争优和目标奖挂钩。对重大专项工作分别制定了工作方案和具体措施，为了贯彻落实好全市预防腐败工作推进会议精神和国务院廉政工作第四次电视会精神，在局党组领导下，纪检组牵头，建立了预警线索移送机制、预警线索处置机制、预警责任追究机制。正在全面建设廉政风险防控机制，参照市上相关部门的试点经验，采取按人查岗、按岗查事、按事查流程、按流程查风险点的做法，采用“自己找、同事帮、群众提、领导点、组织评”五步规程，基本找准了每个干部职工的廉政风险环节、风险点和风险等级。利用机构合并“三定”方案出台和新班子成立的机会，抓紧建立民主决策制、岗位责任制、程序监控制、责任追究制等一大批行之有效的制度。通过风险查找和制度建设。全局上下廉政风险防控机制基本形成。

认真贯彻落实国务院廉政工作第四次电视电话会议精神，领导干部廉洁自律和政务公开工作有了明显加强。为了贯彻落实好国务院廉政工作会议精神，在工作体制上创新，在决策、执行、监督上进行分离，避免了权力过分集中的问题，尤其是在澳源体育中心建设和文化艺术中心建设工作中，重大问题坚持集体决策、民主决策，执行工作由专门的现场工作组来进行，监督工作由局纪检组来牵头抓，对决策的民主问题、科学问题、程序问题进行监管，对执行工作过程的规范化、公开和透明进行监管，对招投标程序、工程增量、建材增价进行监管，最大限度地制约了暗箱操作和权钱交易行为的发生。切实加强了领导干部廉洁自律工作，坚持了领导干部个人事项报告制度，对收入、投资、配偶和子女等情况进行报告，对科级以上干部开会、出差、用车、公务接待严格执行相关制度，减少了公务接待，减少了公务用车，减少了会议和会议开支，减少了公文支出。

遂宁市

【概况】 遂宁市坚持以科学发展观统领文化工作全局，紧紧围绕市委、市政府建设文化强市战略目标，不断加强文化自觉和文化自信，以不断满足人民群众日益增长的精神文化生活需求为出发点，强化优势，突出特色，抓住重点，发挥职能，取得了较好的工作成绩，实现了“十二五”的良好开局。

【艺术创作】 遂宁市有船山故事沙龙、诗词学会、射洪校园文学社等多个文艺创作团体，全市文艺创作势头活跃，佳作频出，屡屡获奖，多部作品被改编成电影、电视剧。正式出版有《辛亥情事》《山湾人家》《神井》等10部文学作品；在省级以上刊物发表作品40余篇；新创作各类剧本35个，创作排演《石工号子》等舞台剧（节）目作品6个。

《象山花锣鼓》参加了第三届国际非遗节闭幕式演出，被组委会评为“太阳神鸟”最佳表现奖；川剧小戏《留守姐妹花》获首届全国戏剧文化奖三等奖，同时获全国“孝义”故事剧本奖；曲艺作品《人间真情》获中华颂第三届全国小戏小品曲艺大赛二等奖；新编排《村支书》《传伞》等戏剧小品8件，在全省戏剧小品大赛中，获最佳导演、编剧等多项大奖；选送的文艺作品《心愿》《象山花锣鼓》分别荣获作品类四川省“群星奖”二、三等奖。剧本《孝女曹于亚》被摄制成电影《山花烂漫时》；数字电影《旷继勋蓬溪起义》在央视电影频道上映；本土历史文化名人和历史文化资源题材的电视连续剧《大唐文宗陈子昂》《智慧红颜》、电影《大宋青瓷》等进入筹拍阶段。

【公共文化服务】 落实公益性文化设施免费开放政策，全市3个博物馆和5个公共图书馆、5个文化馆已实现无障碍、零门槛进入，公共文化设施场地全部免费开放。升级改造公共文化服务基础设施，市文化馆被评为国家一级馆，射洪、蓬溪、大英申报县二级文化馆以及船山申报县三级文化馆顺利通过评审。

群众文化活动丰富多彩，全年举办了大型文化活动60余场次，摄影、书画展览22场，市本级送文化下乡演出142场。成功举办第八届“涪江之秋”文艺调演、阿坝州歌舞团感恩慰问演出、第四届“幸福家园”社区文艺汇演、市川剧团成立25周年庆典等系列活动。结合地方特色创编迎合中老年身体条件的广场舞“中老年街舞”，在市、区文化馆干部挂点包片培训辅导下，在全市范围内掀起了学跳广场舞的又一热潮。对全市105个乡镇120名文化专干进行专题培训，打造特色文化之乡，蓬溪县被命名为“中国民间文化艺术书法之乡”，射洪县被命名为“中国民间文化艺术诗画之乡”。建设大榆镇、龙凤镇、西眉镇、大石镇、象山镇5个新农村文化示范点，促进基层文化繁荣发展，为乡镇居民提供更好的文化服务。

【文化产业】 不断挖掘观音民俗文化、巴蜀文化、涪江文化、国学文化等，打造“中国观音故里旅游区”“中国死海”“国宝宋瓷”“中国书法之乡”“遂宁杂技”等独具特色的文化品牌，推进文化产业优化升级。基本形成了以新闻出版印刷、广播影视传媒、文化艺术展演、文化休闲娱乐、网络文化服务、文化旅游等位主导的六大重点文化产业门类。全市文化产业机构达到2 500余家，其中文化产业法人单位874家，包括文化市场（含文化服务单位等）827家、新闻出版28家、广播影视19家。全市有规模的文化企业130家，资产规模总额逾38亿元。

积极培育文化产业示范基地，河东新区观音文化产业园被命名为第三批省级文化产业示范基地，省级示范基地达到3个；新评选命名天遂文化旅游集团、大英县东方生态博览园为市级文化产业示范基地，市级文化产业示范基地达到5个；市杂技团、这方水土文化传播有限公司2家民营文化企业评选为四川民营文化企业百强。

建立文化产业项目储备库，储备“十二五”重点建设项目38个。“观音文化产业发展区”32个主项目、87个子项目计划总投资330亿元，已纳入全省文化产业总体布局。积极推进重点文化产业项目建设，引进港中旅等新的文化项目10余个，天上宫、不夜城两个重点项目现入驻文化企业43家；成功引入4个文化产业项目，总签约资金5.27亿元。

【文物事业】 文博事业方面，高质量地按时完成了第三次全国文物普查工作，经过全市文物工作者的艰苦努力、严格筛选，最终确认上报文物点2575处，并一次性通过省级验收并上报国家文物局。截止2011年底，遂宁市文物保护单位数量2575处，其中全国重点文物保护单位4处，省级文物保护单位13处，市级文物保护单位12处。

完成宝梵寺壁画高仿真绘制保护工程，采用国际上最先进的技术和工艺，对国重宝梵壁画进行了高仿真绘制，形成了6套60幅一比一的绘制作品，有效保存宝贵的文物——宝梵壁画。

启动“四川宋瓷博物馆陈列展览改造工程”，改造面积3200平方米，为馆藏文物“量体裁衣”，制作了标准的文物囊匣2516个，精心编制出版国宝宋瓷20周年特刊和遂宁宋瓷20周年纪念邮册，邀请央视探索·发现栏目拍摄制作了“探密国宝宋瓷”专题片。

【非物质文化遗产保护】 启动“广德寺、灵泉寺、宝梵壁画”打捆申报世界文化遗产以及民俗文化调查工作。非物质文化遗产评审通过5个新的市级项目，即徐老三豆腐干传统制作技艺、麦秆画、谢氏根雕、杆秤制作、包旱烟杆、蒸肥肠，申报1个新的省级项目——“油符”。在成都国际非遗节上共展出非遗项目15个，遂宁展馆共接待参观游客20余万人。截止2011年底，已成功申报了国家、省、市、县级非遗项目307项。其中：县级非物质文化遗产名录255项，市级32项，省级17项，国家级3项；非物质文化遗产代表性传承人国家级3人，省级22人，市级45人。

【文化市场】 文化市场监管进一步加强，文化监管走上程序化、规范化、法制化、经常化轨道。管理体制进一步理顺，明确了管理权限，落实了属地管理责任制。文化市场繁荣有序，布局更加合理，门类不断增多。全市共有文化市场经营单位1300家，投资1000万以上的经营单位达到20家，基本形成了以新闻出版业、文化艺术演展业、文化休闲娱乐业、网络文化服务业、文化旅游业、文化创意产业等为主导的文化产业门类。

加强文化市场管理，文化综合执法开展集中、专项行动9次，共查缴各类非法出版物10769件，集中销毁盗版音像制品、书籍、报刊等5万件。从严监管网吧、电子游戏厅，发现违规经营，从严处罚。全市执法办案受到中省表彰近10次。

【对外文化交流】 利用宋瓷、杂技、川剧这三张“流动的城市名片”加强对外的文化交流。两朵“杂技金花”国外怒放。春苗杂技团年初应邀赴泰国演出，7月~11月赴美国、阿根廷等地开展了为期8个月的商业演出和文化交流活动，并在阿根廷首都布宜洛斯艾利斯参加国际杂技节。市杂技团代表我国参加第五届莫斯科国际马戏节，《双人技巧》节目荣获金奖。川剧实现社会效益和经济效益双丰收。市川剧团组建三支演出队伍常年在国内外演出，参加了“2011年泰国春节盛典暨中泰建交36周年庆典”系列活动，在泰国进行了9场文化交流演出，观众达4万余人次。在韩国长期驻场演出，每年演出700余场。春节期间，市优秀青年川剧演员参加了国防部等11个单位的2011年春节团拜会的演出，并参演央视英文国际频道《国风古韵——非物质文化遗产主题晚会》，在央视滚动播出。

采取“走出去、引进来”的方法让好的艺术精品走出遂宁，好的艺术作品走进遂宁。遂宁籍书法家曾来德的“墨乐巴黎之旅”引起欧洲诸国的广泛关注与热烈追捧。成功举办《北京水墨行动国画家走进遂宁》大型画展、《笔墨心语·王玉河国画作品邀请展》《清华美院颜泉师生全国巡展》《纪念中国共产党九十华诞·辛亥革命一百年周年画展》。有力推动了遂宁市美术、书法、摄影艺术的繁荣发展。

【文化人才队伍建设】 制定了一揽子优惠政策，完善激励措施，让文化人才进得来、留得住、作用大。推进社科理论、新闻出版、文学艺术和文化经营管理等“四个一批”人才工程建设，重点培养一批具有较高学术造诣的专家学者，一批深受群众喜爱的记者、编辑、主持人，一批高艺术水平的编剧、作家、艺术家，一批既懂宣传文化发展规律又懂市场运作规律的文化经营管理人才。在全市范围内选拔了一批“四个一批”优秀人才 67 人，对入选的“四个一批”人才制定和实施了个性化培养方案，进行人才培养项目资助，并对其实行动态管理。积极扶持和培育文化教育创新团队 13 个，扶持 32 名优秀文化人才主持重大课题、领衔重点项目，鼓励他们大力开展文化及教育的研究、创作和推广工作。对基层文化骨干、乡土文化能人、民族民间文化传承人等队伍开展专题培训 10 次，培训人员达到 619 人。

在抓好文化专业人才队伍建设的同时，高度重视文化业余人才队伍建设。积极鼓励、支持机关、学校、企事业等单位的文化骨干、735 个社区业余文化队、189 个农村民间演出队的群众文化活动，加强管理和引导，特别是在演出内容上加强监管，使业余文化人才与专业人才相得益彰，形成市、区县、乡镇、街道、社区、农村以及机关、企事业单位上下贯通、纵向到底、横向到边的文化人才队伍网络。

【文化体制改革】 稳步推进了文化行政机构合并和公益性文化事业单位的劳动、人事、分配三项制度改革。文化馆、图书馆、博物馆等市直公益性文化单位，实行了全员聘用制，初步建立了充满生机活力的劳动人事制度，调动了各类人员的积极性和创造性，增强了文化单位的自我发展能力。市文广局调整归并市、县（区）两级现有的文化、广电、新闻出版及文物等执法队伍，着力建立和完善文化市场综合执法机构。改革后，原市文化市场稽查支队更名为市文化市场综合执法支队，作为市文广局的直属机构，对属地文化市场实施综合执法。规范了执法机构名称，明确了职能范围、人员编制、经费来源和建设管理。文化市场综合执法体制改革被中宣部表彰为全国文化体制改革先进地区。

实施了公益文化服务政府购买制度，由财政确定一定额度的基数，按预算管理程序，每年将基数额度拨付给文艺公司，购买公司一定场次的演出，免费送给机关企事业单位、社会团体和群众欣赏或再度市场运作，支持改制后的文艺团体发展。对遂宁市川剧团等文艺院团进行了公司制改革，严格按照《中华人民共和国公司法》建立法人治理结构，发挥市场在文化资源配置中的积极作用，建立富有活力的文化产品生产经营机制，为文化繁荣发展提供强大动力。让民族文化、主流文化、健康文化引导群众，占领市场，让演出队伍得到锻炼，让基层百姓切实受惠。

【文化基础设施建设】 全年争取中、省项目资金 4 295.61 万元。新建乡镇综合文化站 15 个，实现 105 个乡镇全覆盖。新建农家书屋 749 个，全市农家书屋总数达到 1 558 个。完成 2 个信息资源共享工程支中心基础建设，各区县与 670 个党员远程教育村点实现共建共享。配送 90 个乡镇综合文化站和 10 个城市社区文化活动室业务专用设备。公共文化服务体系基本实现了“市有三馆、县有两馆、乡镇有一站”的目标。

【行政能力建设】 坚持民主集中制原则和“三重一大”决策制度，持续开展了以“勤政、廉洁、务实、高效”为主要内容的领导班子创“四好”活动。坚持了领导干部民主生活会制度和中心组学习制度，领导班子宏观驾驭能力、科学决策能力、依法行政能力、勤勉务政能力得到有效提升。采取“请进来、走出去”等多种办法，加强系统内干部职工综合素养培训，干部职工的中心意识、大局意识、责任意识、忧患意识和服务意识有了较大的提升。通过开展形式多样的党务、群团和献爱心活动，增强了凝聚力和向心力，激发和调动了干部职工遵章守纪、爱岗敬业、激情奉献的自觉性。深入开展“创先争优”“庸懒散”专项治理及“讲党性、守纪律、强素质”作风建设活动。积极创建共产党员示范岗、示范科室，职工学有先进、赶有目标，合力建设“学习、创新、和谐、卓越”的“四型”部门。全年行政审批按时办结率达100%，全系统没有一例行政效能投诉事件。

开展“工作规范化 制度化建设”活动。全面梳理制定了本系统规章制度36个大项，规范了工作流程，强化了内部管理，形成了一套用制度管权、按制度办事、靠制度管人的约束机制。

【大事记】 7月，挂牌成立了遂宁市文化市场综合执法支队；11月，遂宁市蓬溪、射洪两县被评为文化部2011～2013年年度中国民间文化艺术之乡；11月，遂宁市文化馆参加全国第三次文化馆评估定级，顺利通过了市级一级文化馆的评定。

内江市

【概况】 2011 年，内江市第六次党代会把加强文化建设纳入今后五年内江经济社会发展总体目标，提出着力建设特色文化展示区，并将其列入未来五年全市“一枢纽五区”建设六项主要任务之一。内江市文化工作，紧紧围绕市委市政府推进三个加快、打造成渝经济区重要增长极的战略目标和建设川南城市群特色文化城市的工作目标，全面推进文化强市建设，突出庆祝中国共产党建党 90 周年、纪念辛亥革命 100 周年、灾后重建三周年“三大主题”。以打造大千文化品牌为重点的城市文化建设和产业发展取得新突破，推进文化惠民工程和文化资源保护工程取得新进展，文艺创作演出呈现新亮点，文化新闻出版市场监管取得新成效，文化体制改革迈出新步伐，全市文化建设呈现出加快发展、持续提升、逐渐繁荣的良好态势。

【艺术创作】 围绕“三大主题”，弘扬主旋律，组织新创舞蹈《兵妈妈》《藤缠树》，小品《我们约会吧》《废墟上的生日》，歌曲《祖国我心中的歌》《致母亲》等作品近 30 个，深受广大观众好评。其中，舞蹈《情别》入围“2011 年四川省舞蹈新作比赛”决赛，《兵妈妈》参演四川省 2011 年双拥文艺晚会，参加四川省第二届社区优秀文艺展演荣获二等奖。积极搭建本土艺术创作展演平台，成功举办了内江市“工商银行杯”首届戏剧小品比赛，全市推荐剧本 25 个，参赛演出作品 11 个，戏剧舞台节目作品在全省荣获大奖。市川剧团、市文化馆排演的戏剧小品《我们约会吧》在四川省第十三届戏剧小品（小戏）比赛喜获丰收，共获得优秀导演奖、优秀表演奖、编剧奖、表演奖、剧目奖、组织奖等 11 个奖项；市创研室创作的戏剧作品《送饭》《羌红情》在四川省文化厅剧目工作室、四川省艺术创作中心举办的“纪念中国共产党建党 90 周年暨汶川特大地震恢复重建 3 周年舞台艺术作品征文评奖”活动中获征文奖；舞蹈《情别》荣获“2011 年四川省舞蹈新作比赛”优秀表演奖。2011 年，全市共组织创作发表小说、散文、诗歌、戏剧、歌舞、美术、音乐、摄影等各类作品 2 000 余件（个）。

【公共文化服务】 庆祝建党 90 周年系列主题文化活动热烈丰富，举办了内江市庆祝建党 90 周年红歌会、四川省“颂歌献给党”系列舞台剧目之一大型现代川剧《槐花几时开》、“内江市庆祝建党 90 周年美术、书法、摄影、集卡展”以及庆祝建党 90 周年内江市第二届戏曲名家名段演唱会和内江市庆祝建党 90 周年图片展。节庆文化活动和演出精彩纷呈，举办了内江市 2011 年《畅想春天》春节文艺晚会、“大千故里——万人书画活动”“2011 年中国内江 · 中美澳艺术滑水对抗赛篝火晚会”“2011 世界时尚音乐盛典”晚会和成渝经济区区域规划实施推进座谈会“翰墨巴蜀”大型主题晚会。送文化下乡、进军营活动深入开展，先后赴武警内江支队新训大队开展“送图书进警营、送文化进警营”慰问活动、赴东兴区石子镇开展“文化暖冬”送文化下乡慰问演出、赴东兴区双才镇参加“内江市 2011 年送文化科技卫生三下乡集中活动”，以及市非物质文化遗产项目宣传及集卡精品县区巡展和文化惠民县区大巡演。充分利用流动舞台车演出平台，深入隆昌渔箭镇、威远镇西镇等农村慰问演出 20 余场。图书馆公益文化活动深受好评，举办了公益文化讲座《大千讲坛》第八期《内江城市文化与大城市建设》、“庆六一 · 我爱学习”少儿益智有奖公益活动以及世界读书日特藏书与《大千文化卡》展。群文活动开展有声有色，举办了各类文化艺术培训班 180 班次，辅导培训人员 25 500 余人次，辅导各类文艺作品、节目 300 余个；举办了 2011 年第十七届全国推（文艺）新人大赛内江赛区比赛和全市第二届群众文艺汇演；完成了音乐、舞蹈、美术、书法四大门类社会艺术考级，参考人数 2 500 余人；完成了全国第三次文化馆评估定级工作；配合市残联举办了内江市“首届残疾人艺术节”，评审推选作品参加四川省首届残疾人艺术节荣获 1 金 3 铜的好成绩，其中摄影作品《生命赞歌》荣获金奖，器乐《牧民新歌》、诗朗诵《宝贝，爸妈想你》、书法作品《篆刻》分获铜奖。推进公益文化设施免费开放，全市文化馆、图书馆以及张大千纪念馆、罗世文纪念馆实行免费开放。

【文化产业】 推进大千文化旅游产业园建设。大千文化旅游产业园项目纳入四川省文化产业项目库；投资 2.5 亿元的大千巴蜀苑项目完成业态布局设计，并与投资方广西中大集团公司签订投资合作框架协议。

【文物事业】 文物“三普”工作顺利结束，三县两区全部通过审核验收，全市普查文物点 2 265余处，新增 1 655 处。开展了为期三月的文物安全大检查行动，有效整治了一批文物安全隐患。大力推进文物保护“四有”“五纳入”工作，各县（区）开展了省级文保单位保护详规制定工作，公布了第三批市级文物保护单位名录及保护范围，推荐 19 处地面文物保护单位申报第八批省级文物保护单位。开展了全市文物行政执法人员培训，制定了中心文物库房和内江市博物馆筹建方案。

【非物质文化遗产保护】 组织 13 个优秀非遗项目参加成都“第三届国际非遗节”展示、展演、展销，内江展馆受到领导好评、媒体关注、观众欢迎，并荣获“太阳神鸟”银奖，创内江市参加历届非遗节最好成绩。威宝“周萝卜”酱菜制作技艺、“丰源”资中冬尖生产工艺、威远观音滩“石坪山歌”、川剧“资阳河”流派 4 项非遗项目入选第三批四川省非物质文化遗产目录和第一、二批省级非物质文化遗产扩展项目名录，至此，省级非遗项目达到 11 项。完成了《非遗大典》县、市、省级名录的编纂工作，威远县被文化部公布命名为“2011～2013 年度中国民间文化艺术之乡”。

【文化市场】 推进网吧业连锁经营，通过政府引导、市场运作，新组建“龙腾盛世”“盛世辉煌”两家规模化、品牌化网吧连锁经营公司。强化执法检查，开展了创建平安文化市场、建党 90 周年文化市场专项保障行动、教辅材料发行管理专项整治、打击网络侵权盗版和整治手机互联网低俗之风等文化和新闻出版市场专项整治 15 次，“扫黄打非”集中行动 5 次，共出动检查人员 6 628 人（次），检查网吧、歌舞娱乐场所、音像单位、电子游戏厅、电脑城等市场经营单位 5 006 家（次），查处违规经营单位 75 家（次），进一步净化了文化和新闻出版市场环境。开展了侵权盗版出版物集中销毁活动，共销毁各类非法出版物 86 950 件。加强法制宣传工作，积极开展法制宣传月活动，制作宣传展板 3 块，设立宣传点，发放宣传资料 720 余份。

【对外文化交流】 开展“内江—台北两岸文化交流活动”，举办了两岸艺术家笔会，与台北沈春池文教基金会签订了《内江—台北文化交流协作及文化产业发展框架协议》。两地张大千纪念馆首次实现互访。台北历史博物馆主任巴东先生走进内江讲学，台湾画家王轩在张大千美术馆举办了个人展览。

【文化人才队伍建设】 加强“四好班子”建设，坚持中心组学习制度、重视职工业务培训和法规培训，组织文化系统干部职工开展党的十七届六中全会和胡锦涛总书记“七一”重要讲话精神等中央关于文化建设与文化体制改革的重大理论观点和系列工作部署，以及省市贯彻意见措施和市第六次党代会精神的学习宣传，全体干部职工与党中央、省委、市委保持高度一致，进一步增强打造大千品牌、建设文化内江的责任心和信心。扎实开展“三分类三升级”活动，大力实施“旗帜、提升、转化”工程，开展公开承诺、承诺点评、领导督诺、践诺述职及优质服务等活动，市直各文化单位党组织建设整体迈上新台阶，6个支部升级为一类支部，1个支部转化为二类支部。积极开展创先争优示范城活动，开展了“我是党员”“我作示范”“我当先锋”“我做奉献”四大载体活动，继续实施“百千万递进创建活动”，为全市创先争优示范城创建活动营造了良好氛围。

【文化体制改革】 积极稳妥推进文化体制改革。市人民艺术剧院改革有序推进，制定完成转企改革方案上报；市、县（区）文化市场综合执法机构完成组建，基本做到了班子、人员、经费到位；市图书馆、市文化馆等公益文化事业单位不同程度地进行了内部人事、收入分配、社会保障“三项制度”改革，发展活力明显增强；市文化服务公司平稳解体，人员分流安置及相关费用补偿工作基本完成；合并张大千纪念馆、西林公司，新组建了大千文化旅游产业园管委会。

【文化基础设施建设】 推进乡镇综合文化站建设和管理，新建乡镇综合文化站24个，实现了全市111个乡镇文化站全覆盖；完成了64个乡镇综合文化站设施设备采购配送。推进社区文化中心建设，完成了两区26个社区文化中心设备配送工作。推进信息资源共享工程建设，完成了两区2个县级支中心建设，开展了2011年远程教育和文化信息资源共享工程“六进”站点建设检查评估工作，检查站点40个，合格率达95%。全面推进农家书屋建设，新建902个农家书屋，累计完成1645个，完成了“十二五”计划的98%。

【行政能力建设】 加强党风廉政建设和作风效能建设，完善廉政风险防控机制，健全惩防体系基本框架，修改完善了党委会及行政办公会议议事规则，开展了庸懒散问题专项治理活动、千企万人测评机关行政效能活动、严肃换届纪律知识测试活动，机关党风及作风效能建设取得明显成效。

【大千文化品牌建设】 突出大项目建设和大活动开展，加快打造大千文化品牌。

举办“大风雅集”临摹张大千艺术作品活动，传承张大千书画艺术。举办“内江市大千故里万人书画活动”，内江著名书画家、书画爱好者及学生作者近万人参与现场作画，画布作品长6500余米，成为国内罕见的书画盛事，影响深远。举办纪念丈雪禅师书画文化艺术展暨“百人书佛”活动，现场创作展示名家作品200余幅，地域佛教文化与大千书画文化交相辉映。举办成渝经济区区域规划实施推进座谈会“翰墨巴蜀”大型文艺活动，中央、省级媒体聚焦关注，全程实播，提高了内江的知名度与美誉度。大千文化旅游产业园项目纳入四川省文化产业项目库。投资近亿元的城市标志性建筑大千博物馆2011年1月奠基。与央视9频道合作拍摄《大千一梦》专题片，与省博物院联合出版发行《张大千精品集》，与四川电视台拍摄《张大千传奇》，大千文化品牌进一步彰显。

【大事记】 3月24日，市委书记、市人大常委会主任唐利民主持召开市委常委会，专题研究推进“十二五”时期文化大繁荣大发展相关工作；5月21日~27日，市委书记唐利民率内江市经贸文化交流团一行赴台湾文化经贸考察；6月4日，由内江市委、市政府主办，市文化和新闻出版局、市教育局、市文学艺术界联合会承办的“大千故里万人书画活动”，在大千园广场和大千路隆重举行。

市委书记唐利民，市委副书记、市长刘成鸣，市人大常委会主任王宾，市政协主席陈宗淑，市委常委、宣传部长潘梅，副市长侯志明，市政协副主席陈玉春，著名画家邱笑秋、刘亚明、王世贵、张文忠、廖心永、刘政权，著名书法家李果青，张大千亲属代表张心廉、范汝愚等出席启动仪式。来自内江市各学校的书画爱好者近万名和住外地的内江籍及本土画家100余人现场挥毫泼墨，本次活动共收集书画作品86幅，学生画布作品6500米，各界群众数万人到场观看；10月24日~25日，台北历史博物馆主任巴东先生、美国旧金山州立大学马克·强森教授、西班牙EMBT事务所主创人员伊格尔一行应邀来内江进行文化交流艺术活动。

乐山市

【概况】 2011 年，乐山市文化工作坚持科学发展，深入贯彻落实党的十七届六中全会精神，紧紧围绕庆祝中国共产党建党 90 周年、纪念辛亥革命 100 周年、“感恩·奋进”灾后重建 3 周年三大主题，以文化惠民工程为载体，以文旅结合发展为抓手，明确文化事业发展新思路，创新文化事业发展新路径，拓展文化事业发展新空间，全市文化工作实现了“十二五”开门红，谱写了建设文化强市、推进文化大发展大繁荣的崭新篇章。

【建设文化强市迈出新步伐】 党的十七届六中全会、省委九届九次全会的召开，是文化发展进程的历史里程碑，为文化发展带来新机遇。乐山市文化工作者以高度的政治责任感、紧迫感和光荣的使命感，在全市文化系统掀起了深入学习贯彻落实中央、省委全会精神活动的高潮，深刻领会、准确把握中央及省委全会精神的实质与内涵。全市文化系统明确了“坚持科学发展，建设文化强市，促进社会和谐”的目标任务，提出了把乐山市建设成为与西部经济高地相适应的文化强市的发展战略。积极为市委、市政府建言献策，协助拟定出台建设文化强市的相关决定和规划，把建设文化强市、推进文化大发展大繁荣提高到历史战略高度。在认真调查研究基础上，对建设文化强市、推进文化大发展大繁荣作出了具体部署安排，提出了要紧紧围绕一个目标（建设文化强市）、抓好六大重点工作、落实十二项措施，迈出了加快建设乐山文化强市的新步伐。

【艺术创作】 精心组织成功举办第三届嘉州文化艺术节、青歌赛、基层文化展演、交响音乐会、民族音乐会、遗产展、油画展、摄影展、文化系列讲座、文化产业发展论坛和产业博览会等 3 大类 9 大文化活动项目，参与观看人数达 10 多万人次，受到了乐山市委、市政府主要领导的高度评价和广大市民的充分肯定。组织举办的庆祝建党 90 周年大型主题晚会《党旗颂》、庆祝乐山市“三会”召开的大型主题晚会《奔向明天》，充分展示了全市经济、文化等各方面取得的成就，主题鲜明，规模宏大，既丰富了群众文化生活，又提升了乐山文化新形象。

组织嘉州画院作品参加“四川更加美丽”进京书画展，充分展示了乐山书画界的水平实力和嘉州画派的独特地位。彝组合作品参加中央电视台和中国音乐家协会等主办的《唱响中国》，入围全国 36 首终评歌曲。市歌舞剧团创编舞蹈《手·重生》参加全国舞蹈大赛获二等奖，名列全国地方院团之首。舞蹈《口弦》参加第八届中国舞蹈“荷花奖”民族民间舞蹈大赛喜获“作品银奖”和唯一的“最佳灯光设计”两项大奖。市歌舞剧团 7 月 ~8 月参加加拿大德鲁蒙维乐国际艺术节，在加拿大举行了为期一月的巡演，充分展示了乐山文化艺术特色和魅力，受到了中加媒体的一致好评，被艺术节组委会授予“杰出团队奖”。

【公共文化服务】 全年完成文化基础设施建设、农家书屋建设、改善体育活动设施建设总投资 5 389.7万元。积极争取中央对“两馆一站”（文化馆、图书馆、综合文化站）免费开放专项资金，全市 12 个文化馆、10 个图书馆、212 个乡镇综合文化站列入免费开放范围。2011 年，共争取上级各项资金 4 600 万元，全面完成 163 个城市文化活动中心（室）、乡镇综合文化站业务专用设备配送工作；全面完成新建乡镇综合文化站 77 个和 802 个农家书屋建设。

【文物事业】 在重大工程建设中，充分发挥文保工作先行作用，确保省市重大建设工程顺利开展。积极做好岷江港航电综合开发、乐雅高速公路建设、成绵乐铁路客运专线建设、乐自高速公路建设等工程文保工作。争取各方面支持开展8处省市文保单位抢救性维修，进一步加大文保单位安全工作力度和对盗窃文物犯罪行为的打击力度。组团参加第三届中国成都国际非物质文化遗产节。全市有7个非物质文化遗产项目被省人民政府公布为第三批四川省非遗名录。

【文化产业】 文旅游结合，拓展产业发展新空间。培育发展旅游文化产业园区、佛禅文化产业园区、武术文化产业园区、峨眉山茶文化产业园区、生态文化产业园区。扶持发展乌木苑国家产业基地和峨眉武术文化、沐川生态文化省级产业基地。成功推出2011年迎春、五一、国庆文化旅游套餐活动，吸引游客和群众达30多万人次，直接经济效益达2亿元。

【文化市场】 整合优化文化、广播影视、新闻出版、文物保护等执法资源，组建乐山市文化市场综合执法支队。成立全市网吧协会，切实加强全市网络市场监管。采取专项检查、突击检查和联合整治行动，净化了文化环境，确保文化娱乐市场规范有序健康发展。积极推进政府软件正版化工作，深入持续开展“双打”专项行动和“扫黄打非”行动。开展印刷企业遵纪守法、落实五项制度专项整治行动；开展记者站整顿专项行动；开展特殊敏感时期出版物市场专项治理；开展打击网络侵权盗版专项行动，确保新闻出版市场健康规范。

【文化体制改革】 整合优化文化、广播影视新闻出版、文物保护及广播影视等执法资源，组建乐山市文化市场综合执法支队。按照中央、省委决定精神和中宣部、文化部《关于深化国有文艺演出院团体制改革的若干意见》，积极稳妥推进文艺院团改革。积极推进公益性文化事业单位深化内部改革，完善全员聘用制和岗位管理制，健全绩效考评体系。积极开展创先争优活动，加强机关效能建设，进一步促进了工作作风的明显好转。

南充市

【概况】南充市文化体育局紧紧围绕市委、市政府中心工作，以新的文化发展观统揽全市文化体育新闻出版工作大局，大力发扬“五自”（自立、自强、自省、自新、自信）精神，认真落实“五抓”（农村文化抓主体、城市文化抓平台、专业文化抓效益、市场文化抓规模、旅游文化抓结合）工作思路，努力推进、扎实工作，全面完成了市委、市政府下达的各项目标任务，全市文体工作迈上新台阶。全年共获得“第25届中国戏剧‘梅花奖’”“全国扫黄打非先进集体”等23项国家级奖项，《蜀红》等8部作品获四川省第二届“文华奖”等奖励。多项工作受到各级业务主管部门及市委、政府主要领导肯定。

【艺术创作】创作了大型木偶剧《彩蝶的神话》，已进入排练；精心排演了川剧绝技《变脸·吐火》等“非遗”优秀剧目；完成了《如火的青春》《跟你走》《背山》等10余个新剧目的排演，完成了川剧《文建明》的剧本创作，其他创作、改编、书画、作词作曲、摄影等艺术作品20余件。

*舞台艺术精品实现突破。*全市参加省级以上各类比赛共获奖励45项，其中，“梅花奖”1项，四川省“文华奖”16项，一等奖18项，二等奖10项，是南充市有史以来获奖节目最多、获奖等次最高的一年。6月，市川剧团在第25届中国戏剧“梅花奖”大赛中，通过《装盒盘宫》《八件衣》《卖画拍门》三部折子戏的表演，夺得中国戏剧最高奖——“梅花奖”；市文化部门组织合唱团参加由文化部主办的全国首届声乐比赛“黄河大合唱”荣获“优秀奖”；小品《火红火红的锁呐声》参加全国第三届小品小戏曲艺比赛荣获“一等奖”；川北民俗剧《坐歌堂》参加第四届全国社区健身舞蹈汇演荣获“金奖”；大型京剧《魂系油气田》获全国13届戏剧节“优秀剧目奖”；9月组织创作并选送的《爱·情·戏》《亲家买鸡》《狗不咬干部》等4个节目在“四川省第十三届戏剧小品（小戏）比赛”中，全部荣获剧目一等奖及演出、编剧等22个奖项；戏曲音乐剧《锦娘》等一批作品荣获四川省第二届“文华奖”。

【公共文化服务】坚持把改善民生作为文化工作的重要归宿，扎实推进“文化民生工程”建设。

*着力于文化基础设施建设。*全市大力推进了市文化馆、市博物馆等文化基础设施建设，完成了大剧院的地暖、LED、灯光等设施改造；完成西充文体中心、仪陇文体中心、阆中博物馆等一大批文化基础设施；投资1.5亿多元的阆中群众文化活动中心正在建设中。

*着力于公共文化服务平台构建。*全市加大了乡镇文化站、农家书屋等公共文化服务平台和阵地建设力度：新建乡镇综合文化站178个，是目标任务的150.8%，至此，全市415个乡镇综合文化站建设任务全部完成，并为每个乡镇文化站配备了8万元的设施设备和5万元的免费开放经费；全年建设“农家书屋”1 145个，并为每个“农家书屋”各配送了出版物1 500种，铜牌1个，书架5个；新建嘉陵区泗阳镇8村、南部河东镇天井沟村、孔迩街小学等4个共建图书室，并赠送书架、电脑和图书4 500册；建成儿童阳光乐园10个。

*着力于群众文化活动开展。*始终以“文化惠民”为宗旨，全市共组织群众文化体育活动2 310多场次，文化部门直接组织和举办了“四川省第七届老年人运动会开幕式文艺演出”“颂歌献给党——南充市庆祝中国共产党成立90周年大型红歌会”“四川省第十三届戏剧小品（小戏）比赛”“2011爱在南充新年音乐会”“文化

体育春节大拜年”“嘉陵春江闹元宵音乐会”“送文化体育下乡”以及“中国（南充）嘉陵江大讲堂”等大型群众文化体育活动20多场（次）；送文化下乡、送图书下乡活动1000余场次，开展“爱国主义优秀电影”放映活动100多场；市图书馆累计完成接待读者12万人次（含网上读者），是上年的120%；举办诗歌朗诵、讲故事、知识竞赛、大型党建图片展、科普知识大赛等活动5次。

*着力于文化场馆免费开放。*按照胡锦涛总书记“7·23”讲话精神及免费开放相关文件要求，全市文化馆、图书馆、文化站相继进行了免费开放，并从开放项目、开放细则、开放流程上作了相关规定，全年两馆一站免费开放达106万人次。

【文化品牌建设】南充市把打造地域特色文化品牌作为建设文化强市的着力点，重点打造好“嘉陵江流域文化”品牌。在全力打造“中国（南充）嘉陵江灯戏艺术节”“中国（南充）嘉陵江合唱艺术节”的基础上，2011年在全市启动了“伟人故里百里特色文化长廊”建设，已制定出可操作建设方案，确定了主题定位；每月一次的“中国（南充）嘉陵江大讲堂”，以“科学、人文、求知”为主题，始终坚持“三贴近”，先后邀请了全国著名舞蹈家、国务院特殊津贴获得者潘志涛，著名教授、中央电视台“百家讲坛”栏目名嘴鲍鹏山等著名专家学者来南充讲学，全年在果城会堂举办讲座11次，进学校、机关、社区4次，更多市民接受到先进文化的熏陶；一年一次的“新年音乐会”办出了地域特色；强力推进“一县一品”战略成效显著，蓬安县继上年推出“相如长歌”之后，2011年又创排了民俗风情剧《蜀红》并荣获四川省“文华奖”。

【文体产业】大力实施项目攻坚战略。始终坚持“科学规划谋项目、千方百计争项目、扎扎实实建项目、一心一意为项目”的工作理念不动摇。先后4次组织县（市、区）文化体育局和市直文化单位领导赴遂宁、绵阳、德阳及福建厦门等地学习、考察，并首次召开了南充市打造地域特色文化品牌座谈会，精心打造和包装了高坪区龙门镇“川北特色民居”、嘉陵区“千年绸都第一坊”等36个文化产业项目公开对外招商。按照市委、市政府总体部署和省文化厅有关要求，在全市统一规划了40家大型游艺娱乐场所；积极参加了首届中国文化产业项目香港投融资说明会、“海峡两岸经济贸易交流会”“珠洽会”等，大力推动了南充文化体育产业项目发展；组织文化创意代表团赴台湾，与美商圆缘文化创意股份有限公司台湾分公司、圆加资产管理股份有限公司签订了《文化创意事业交流合作意向书》《文化创意事业与艺术展演投资合作意向书》，加快了文化产业的对外交流。

*产业布局日趋合理。*按照9县（市、区）和市本级各1个大型文化体育产业园区的“9+1”模式建设进展顺利，部分已初具规模：总投资15亿元的顺庆西山三国文化产业园区进入规划招标阶段；总投资5亿元的高坪凌云山文化产业园区进入规划实施阶段；阆中春节文化产业园、西充华夏忠义城文化产业园区、营山县太蓬山生态公园文化产业园区、仪陇朱德故里琳琅山红色文化产业园区、蓬安县相如文化产业园区、嘉陵丝绸文化产业园区、南部升钟钓鱼文化产业园区、川北民俗古镇文化产业园区均已进入前期规划。

2011年，文化体育系统共向上级争取项目（资金）和招商引资达79.159亿多元（其中，争取项目146个，资金19.159亿元；招引大型文化企业1个，资金达60亿元；积极支持高坪宏瑞印务投入4000多万元用于厂房扩建，使该公司拥有全省唯一的、最先进的CTP印刷设备，在印刷工艺、承印能力等方面达到了全国领先水平），是2010年的782.5%，1月~11月到位资金6.13亿元，是2010年的122.3%，创造了文化体育系统争取项目资金之最，居全省前茅。

【文化市场】坚持依法行政，以繁荣文化市场、加强市场监管为中心任务，以“建党90周年”文化市场专项保障行动、文化市场专项整治、

"扫黄打非"等为平台，严厉打击了文化、体育、新闻出版市场各种违法经营活动。2011 年，全市无一例违规行政审批行为发生。通过专项保障行动、专项整治等活动，全市全年共查处违规经营单位 791 家，责令改正 360 家，处罚经营单位 88 家，责令停业整顿 11 家，取缔无证经营 26 家，立案调查 199 件，共处罚款 36.6 万元；查缴各类非法出版物 3 万余件，并对收缴的非法音像制品、电子出版物、书刊进行了销毁；继续坚持对网吧等娱乐场所的视频建设和管理工作。共查处网吧"接未"、印刷厂违规印刷《新路径英语》等重大案件 12 起，查办印刷"三元莲花功"出版物、侵犯《成都商报》LOGO 著作权、非法演出案犯罗涛仿造公司印章等大要案件 4 起。市文化体育局被全国"扫黄打非"领导小组评为"全国扫黄打非先进集体"、被国家版权局授予全国"查处侵权盗版案件有功单位"等荣誉称号。

【文物事业】 全面完成南充市第三次全国文物普查（只普查不可移动文物）工作。全市经国家文物主管部门最后确认的各类不可移动文物共计 5 864 处，占全省的 9%，编入省普查名录的 1 036 处，列全省第三；储存电子图纸 12 223 份、电子照片 13 663 幅，共采集文物标本 143 件，其他资料 165 件，全市不可移动文物电子数据库基本建成。开展了第八批四川省文物保护单位申报工作，对 58 处价值较高的不可移动文物进行了申报；公布了第三批市级文物保护单位 53 处，全市市级文物保护单位已达 126 处。

【非物质文化遗产保护】 "非遗"申报成绩可喜。第三批省级"非遗"名录申报工作于 6 月结束，川北凉粉传统制作技艺、"川北河"川剧艺术、西充剪纸和祥龙嫁歌、仪陇篆刻、蓬安嘉陵江船工号子、阆中手工打结丝毯编织及盐叶子牛肉制作和阆州醋传统手工酿造技艺等 9 个项目被编入四川省非物质文化遗产名录，位居全省第三。参加"中国·成都"国际非物质文化遗产节获优秀组织奖，受到文化部党组书记、部长蔡武和执委会的充分肯定和高度评价；国家级保护项目"川北大木偶"，在加强保护和传承的基础上全力创新，编排新节目，已基本形成保护、传承、创新、发展的良好局面；阆中市政府在古城区无偿划拨土地修建皮影博物馆，用于阆中王皮影的保护、传承、展演等，已完成征地拆迁和建设方案设计。

【文化体制改革】 坚持"四个创新"，完善"四大机制"，建立健全了有利于人才引进培养的干部人事机制，有利于调动一线职工工作积极性的劳动分配机制，有利于提高艺术产品经济效益的市场营销机制，有利于国有资产保值增值的国有资产管理机制。2011 年，全面完成文化市场综合执法改革，启动了文化艺术院团改制工作。

【行政能力建设】 深入学习贯彻落实党的十七届六中全会和市第五次党代会精神，努力提高党员队伍思想政治素质；扎实开展机关先进党支部、优秀党员创建活动，不断增强基层党组织的活力；加强党员干部思想政治工作，扎实推进机关精神文明建设，获市委、市政府"创建'四川省文明城市'工作先进集体"称号；履行党内监督职能，认真落实党风廉政建设和反腐败斗争各项任务；加强机关党委自身建设，不断提高机关党建工作整体水平；单位制度建设逐步完善。在综合治理工作中，加强组织领导，完善各种规章制度，围绕上级部门规定的责任目标，抓好日常管理工作，加强法制宣传，依法行政，狠抓安全生产，全年无一安全事故，加大维稳力度，构建了和谐的办公环境。加强机关作风建设，组织干部职工学习传达整顿作风大会精神，加强了明察暗访，分别对各县（市、区）及市直属文体单位进行了走访，严肃了各项工作纪律，对个别人员违反上班纪律进行了处理。

宜宾市

【艺术创作】 2011年9月25日晚，宜宾原创大型现代川剧《槐花几时开》在成都市锦城艺术宫隆重上演。《槐花几时开》以宜宾市筠连县春风村新农村建设为原型，表现了筠连县春风村人在村支书王家元的带领下，面对恶劣的自然条件，发扬“科学实干，顽强苦干，创新巧干，共同致富”的“春风精神”，在贫瘠的石头山上走出一条共同致富的康庄大道的感人故事。经过宜宾文艺工作者的精心打造，《槐》剧以优美的旋律、鲜活的人物、出色的演技、诙谐的对白引得现场观众一次次掌声雷动。剧终谢幕，掌声经久不息。中共四川省委常委、宣传部长黄新初观看演出后，对《槐》剧作出了高度评价。四川省文化厅党组成员、副厅长李兆权和省文联副主席余开元对《槐》剧的深度打造成果给予了极大的肯定。“《槐》剧走出了一条现代川剧的新路子，男女老少都看得懂。”杨冬生书记表示，宜宾将继续努力把《槐》剧打造成集思想性、艺术性、知识性、观赏性为一体的优秀作品，为建设西部文化强省、推动四川文化大发展大繁荣作出新的更大贡献。

在第七届“酒都风情”美好新宜宾文艺比赛中，全市共有九县一区10支参赛队伍精心编排的16个节目参赛，共评出演出一等奖3个、二等奖4个、三等奖7个、优秀奖2个、优秀组织奖1个、组织奖9个。南溪县代表队选送的作品《筑路》、江安县代表队选送的作品《苗家三月三》、长宁县代表队选送的作品《竹与石》获得本届比赛演出一等奖；筠连县的《苗寨春风》、南溪县的《古城新貌》、高县的《进城》、翠屏区的《栀子花开五月香》获得演出二等奖；珙县的《扭连扭》、宜宾县的《醉红楼》以及《哚荡之哟》、兴文县的《美丽的咪猜》以及《赵钱孙李》、翠屏区的《三江之子》、屏山县的《越走路越宽》获演出三等奖。

宜宾市第九届戏剧小品比赛6月开始启动，截至7月底，有26件作品参加了预赛，经专家认真审看，遴选了《劝酒》《城管与小贩》《文物之家》等10件主题鲜明、创意新颖的作品进入了最后的决赛。经过激烈的角逐，兴文县文广局选送的《城管与小贩》和翠屏区文广局选送的《一杯咖啡》获得了演出一等奖；南溪区文广局选送的《劝酒》、翠屏区文广局选送的《春归》和筠连县文广局选送的《文物之家》获得综合表演二等奖；其余作品获三等奖。朱为、孙安平、黄国秀、彭伯平、赵鸿滨、先冰、吴斌等分获编剧、导演、表演一等奖。

【文艺调演】 2011年12月27日下午，由宜宾市委宣传部、市文广局和市广播电视台主办的“2011年宜宾市文艺调演决赛”启动仪式暨首场演出在酒都剧场举行，市政协主席葛燎原，市委常委、宣传部部长游开余，市人大常委会副主任张乃富，副市长曾勇，市政协副主席严晋川，市级相关部门领导以及各区县领导到场并观看了演出。四川省文化厅副巡视员方国年，调研员杨全本和社文处处长杨红梅、副处长沈军，省文化馆副馆长吴灵峰专程从成都赶来祝贺指导。经过几个月的精心打造，共推出了9台主题晚会，创作和复排了103个剧（节）目，用艺术演绎了宜宾的山山水水，展现了宜宾时代风貌。通过创排演出锻炼了队伍，提高了演出水平，丰富了基层群众的文化生活。经过1个多月的初赛，遴选了36个优秀节目组成大型音舞诗《南溪放歌》、大型地域风情歌舞《古僰·今苗》、歌舞曲艺集萃《炫彩酒都》参加12月27日～29日的决赛暨汇报演出。南溪新区的磅礴主旋律、珙县的古僰神韵、兴文的苗岭风情、长宁的竹海秀姿、筠连的槐花烂漫、高县的铿锵鼓乐、江安的山村情趣、宜宾县的荷风月色，一区一色、一县一品，各擅其长，尽展风情，全市文艺调演取得圆满成功。

【工作会议】2011 年 3 月 8 日，经市委、市政府同意，全市 2011 年文化广播影视新闻出版暨“扫黄打非”工作会议在市政府会议中心召开。游开余以及市政府副市长刘晓晨出席会议并讲话；张乃富、市政协副主席付秀英出席会议；各区县宣传部长、分管区县长、文广局局长、“扫黄打非”办主任，市级相关部门负责人，市直文化单位负责人，市文化（新闻出版）局机关中层以上干部以及部分文化企业负责人等 100 余人参加了会议。会议传达了全省 2011 年文化广播影视新闻出版暨“扫黄打非”工作会议精神；总结了 2010 年文化广播影视新闻出版暨“扫黄打非”工作；安排布置了 2011 年文化广播影视新闻出版暨“扫黄打非”工作。

【文化春节大拜年活动】2011 年 2 月 3 日，兔年大年初一，由市、县委宣传部、文广局组织的文化列车新春慰问演出活动在全市 10 余个乡镇统一启动，拉开了全市 2011 年送文化下乡的序幕。2 月 3 日 10 点，在临港区沙坪镇、翠屏区李庄镇、宜宾县喜捷镇、南溪县裴石乡、江安县滥坝乡、长宁县下场镇、高县文江镇、筠连县巡司镇、珙县巡场镇、兴文县古宋镇、屏山县锦屏镇，全市文艺工作者以饱满的热情投入演出，为基层群众送去喜闻乐见、丰富多彩的文化大餐。节目形式多种多样，有老年朋友喜爱的戏曲，也有年轻人喜欢的歌舞、小品类等 100 余个。舞台上的歌声、台下观众的笑声此起彼落，展现出文化暖冬的景象。市、县委宣传部、文广新系统的领导和演员与基层父老乡亲欢聚一堂，共享欢乐与祥和，同时也把市委、市政府对广大基层群众的关心、慰问送到了他们的心上。此次活动的顺利开展，得益于市委、市政府加强公共文化服务体系建设的重要举措，2010 年市县两级筹资 340 万元为各区县配发的流动舞台车在文化大拜年活动中发挥了文化轻骑兵作用，解决了一些偏远山区演出舞台缺乏的难题。各区县按照市委、市政府的要求建立的一支公益性为主的演出队伍成为活动的中坚力量，演出质量也大大提高。据统计，春节期间，全市上千名文艺工作者为人民群众送上 100 多场文艺演出。

【庆祝中国共产党成立 90 周年系列文化活动】为隆重纪念中国共产党建党 90 周年，宜宾市隆重举行庆祝中国共产党成立 90 周年系列文化活动。

6 月 8 日晚，宜宾市庆祝中国共产党成立 90 周年“百场颂歌献给党”暨“万场红色电影展映”启动仪式在南岸文化科技广场隆重举行，正式拉开了全市庆祝建党 90 周年系列文化活动的序幕。

6 月 28 日下午，由中共宜宾市委、宜宾市人民政府主办的“旗帜颂——宜宾市庆祝中国共产党成立 90 周年歌咏大会”在新酒都剧场隆重举行，杨冬生、吴光镭、尹德宏、陆振华、葛燎原、姜华、徐进、吕晓莉、向辉礼、杜紫平、赖军、游开余等四大班子领导和市级各部门负责同志与来自全市各条战线的干部群众欢聚一堂，用歌声表达对党的忠诚和对祖国明天的祝福，把庆祝建党 90 周年系列活动推向高潮。来自机关、企业、学校、部队、业余文艺团体及区县共 12 支代表队 1 800 多名演员载歌载舞共贺党的生日，“百场颂歌献给党”活动历时 50 天，参与演唱人数近 10 万。

“万场红色电影展映”分三个层面开展。宜宾广播电视台每天播出一场红色经典影片；市映三江院线 85 支电影放映队在全市乡镇、社区、企业、农村广泛开展庆祝建党 90 周年优秀国产影片献映活动；市区电影院线集中展映了《建党伟业》等一批重点影片。据不完全统计近两个月全市共放映红色电影 1 万余场，观众达百万人（次）。

6 月 22 ~ 23 日，大型广场文艺晚会在南岸市政广场举行，来自企业、部队、学校、社区、业余文艺团体、区县的 31 个优秀节目参加了演出，演员人数2200多名，观众上万人次。

除以上主题活动外，还大力开展其他各种庆祝活动。举办了以“歌颂党、爱祖国、赞家乡”为主题的职工艺术节。艺术节包括女职工歌咏比赛、职工书画摄影作品征集、文学作品征集、职工读书演讲比赛及职工文艺节目比赛共5个项目。各区县、临港开发区、市直属企事业单位、市级机关、驻宜产业等28个代表队的有关领导和职工代表600多人参加了艺术节。五粮液集团公司、天原集团、丝丽雅等大型企业都精心组织职工文艺节目创排，五粮液集团公司举行了数千人参与的专场文艺汇演，天原集团新创演了大型音乐舞蹈剧《创业者之歌》献给党的生日。市、县、乡镇等各级各类文化广场红色经典歌曲激情演唱，共颂党恩。

【双拥文艺晚会】 2011年9月7日，由中共宜宾市委、宜宾市人民政府、宜宾军分区主办的“军民共绘新画卷”——宜宾市“三创”全国双拥模范城文艺晚会在南岸新酒都剧场上演。省检查考评组一行，市委常委、宜宾军分区政委、市双拥领导小组副组长赖军，宜宾军分区司令员袁兵等军地领导、市区党政机关干部、驻宜部队官兵以及优抚对象、市民代表1100余人观看了演出。整台晚会以歌颂宜宾4年来双拥工作新成果为主线，分上下两篇，上篇《时代丰碑》豪迈冲天，下篇《鱼水情深》感人肺腑。10个歌舞、小品、诗朗诵、杂技节目，精彩纷呈，抒发了广大军民情真意切的双拥情怀。

【庆祝新中国成立62周年文艺演出】 9月30日，由市委宣传部、市文广局主办，市文化馆承办的“宜宾市庆祝中华人民共和国成立62周年广场文艺演出”活动在南岸市政广场隆重举行。本次活动改变了以往大型演出均在室内（剧场）举办的做法，直接在市民休闲汇集的室外广场举行，与广大市民群众零距离直面互动，舞台上下歌声如潮，抒发了戎城儿女爱祖国、爱家乡的火热情怀，群众倍感亲切温馨。市内众多文艺团体积极组团参与，节目精彩纷呈。游开余、严晋川等领导与近千市民共同观看了演出。

【2011中国白酒文化节系列文化活动】 酒圣祭祀活动于12月19日7点零5分18秒在酒圣祭祀活动在五粮液集团公司酒圣山举行，此次活动祭祀的“祭”以及酒圣的“酒”字突出，以敬献黄天、厚土、五谷五粮、祭酒和出祭旗等为字体的系列祭祀活动，将宜宾人酿造世纪佳酿的劳动场景演绎得淋漓尽致。五粮液厂商共建共赢大型文艺晚会于12月18日晚上8点在酒都剧场举行，晚会演出阵容星光熠熠，韩磊、李玉刚、杨光、胡杨林等实力歌手倾情演出，为宜宾人民奉献了一台精彩纷呈的视听盛宴，为白酒文化节增辉添彩，向电视机前的观众以及来自全国各地的朋友集中展示宜宾加快推进建设“更高水平美好新宜宾”战略，实现跨越式发展的“精、气、神”，并借助“酒文化”主题，进一步宣传、塑造宜宾作为“中国白酒之都”和“中国白酒金三角”核心区的地位，提升“酒都宜宾”城市品牌的影响力。“名家赞酒都”活动于12月17日上午10点在宜宾市图书馆大厅内举行，来自全国各地的著名诗人叶延滨、张新泉、曾友情，著名画家王明月、税关键、胡冰、李晖，著名书法家徐德松、何开鑫等参加了活动，并现场挥毫泼墨、吟诗作画，赞颂宜宾历史悠久的“酒文化”。

【文化基础设施建设】 宜宾市博物馆预计投资1.5亿元、占地面积30亩、建筑面积15000平方米，具有收藏、保管、展示、展览、教育、产业开发等多种功能，初步确定建设地址为C—7—2地块，2012年开工建设，预计2014年建成。

【公共文化服务】 5月31日上午，宜宾市图书馆、市文化馆免费开放启动仪式在南岸市政广场隆重举行。市委宣传部游开余宣布“两馆”免费开放正式启动，副市长刘晓晨讲话。市图书馆的图书阅览室、信息共享工程电子阅览室，市文化馆的排练演出场所、演艺厅4个文化阵地向群众免费开放；并着力打造市图书馆的免费公益讲座、廉政宣传教育和市文化馆的免费公益音乐会、免费公益文化培训等四个服务品牌，提升服务水平。

“免费公益讲座”是宜宾市图书馆面向青少年、农民工等不同群体举办免费公益讲座培训，包括青少年网页制作基础知识讲座、全市农家书屋管理人员业务辅导等，2011 年公益讲座举办 15 期，观众3 000人次。

“青少年公益音乐会”是宜宾市文化馆面向社会免费开放后打造的公益文化活动品牌，旨在借助宜宾市文化馆的专业优势和资源优势，培养青少年音乐艺术人才，提高青少年音乐艺术表演水平。从 7 月开始启动，每月举办一期，2011 年共举办五期，共有 300 名青少年参加，观众达2 000多人次。

【文物事业】第三次全国文物普查数据通过国家文物局验收，全市共登录不可移动文物 6 280 处，其中新发现文物 4 651 处，复查文物 1 629 处。按类别统计为古遗址 125 处，占 1.99%；古墓葬 4 348 处，占 69.24%；古建筑 1 071 处，占 17.05%；石窟寺及石刻 241 处，占 3.84%；近现代重要史迹及代表性建筑 449 处，占 7.15%；其他 46 处，占 0.73%。第三次全国文物普查登录不可移动文物数量居全省市（州）第二位，仅次于成都市，受到省第三次全国文物普查领导小组和省文物管理局的充分肯定，并在四川省第三次全国文物普查电视电话会上交流发言。

向家坝水电站淹没区（四川）地下文物保护进展顺利。2011 年完成发掘面积 22 000 平方米，截至年底累计完成发掘面积 39 558 平方米，完成审核发掘计划的 80%，出土文物 4 000 余件，标本 30 000 多件，发现新石器、商周、战国至秦汉、明清时期大时遗址，引起国内考古学界的高度关注，石柱地遗址及墓地入选 2011 中国重要考古发现。在国家文物局组织的考古发掘项目检查验收时，石柱地遗址及墓地考古发掘项目获优秀，桥沟头遗址考古发掘项目获得良好。

市博物院组织开展宜宾文化遗产展、第三次全国文物普查成果展、赵一曼纪念馆组织开展黑土英魂、“9·18”事变流动展、中国共产党十七届六中全会精神流动展等，夕佳山民俗博物馆增设序厅并完成布展，国立剧专江安史料陈列馆开展剧专史料征集等活动，免费开放全年惠及群众 150 万元人。翠屏区李庄抗战文化陈列馆完成登记申报工作。

推荐上报榨子母码头遗址、玄义玫瑰教堂、镇南塔、映南塔、回龙寺、吴氏民居、双河文庙、凌云关、大窝文昌宫等 21 处不可移动文物申报第八批省级文物保护单位。全市新公布 35 处市级文物保护单位，依法提升不可移动文物保护级别，切实加强文物保护。

积极开展历史文化名城迎检工作，市政府公布 38 处历史建筑，翠屏区南江街申报四川省历史文化街区，翠屏区政府公布 8 处不可移动文物为区级文物保护单位。市级财政投入 1 200 多万元，修缮市级文物保护单位武庙、王爷庙、魁星阁，武庙抢险修缮工程被省文物管理局专家组评为优良工程。

4 月 23 日，协助省文物考古研究院完成宜宾红楼梦酒业喜捷厂区糟坊头遗址发掘座谈会和情况通报会。来自中国社科院考古研究所、故宫博物院、国家博物馆、北京大学、中国人民大学、文物出版社、中国文物报社、北京市文物研究所、内蒙古博物院、安徽省文物局、中国食品工业协会中国饮食文化遗产委员会、四川省文物考古研究院及市级相关单位 31 名专家在考察了宜宾县喜捷镇红楼梦村的糟坊头遗址考古现场，听取了考古发掘单位发掘情况汇报后，专家们认为遗址保存了较多的与酿酒相关的遗迹遗物，酿酒作坊要素齐全为四川其他酒坊遗址所罕见，是探讨明代白酒酿造工艺非常难得的实物资料。此次发现将宜宾红楼梦村白酒酿造历史提前到明代，丰富了四川酒文化内涵，强化了四川白酒历史地位。

【非物质文化遗产保护】宜宾九个“非遗”项目入选第三批国家级、省级非物质文化遗产名录。珙县苗族蜡染技艺入选第三批国家级非物质文化遗产名录；南溪哈号、宜宾燃面传统制作技艺、屏山女子踩桥入选第三批省级级非物质文化遗产名录，同步公布的第一批、第二批省级非物质文化遗产扩展项目名录中，李庄草龙舞、思坡醋传统酿造技艺、贾氏微刻、叙府龙芽传统制作技艺、兴文县苗族花山节入选。

【文化人才队伍建设】 4月29日，市文广局举办全市文物行政执法培训班，各区县文广局局长、分管副局长、文化稽查队队长、文管所所长、有关工作人员以及市直文博单位的相关人员共50余人参加了培训。培训内容包括行政执法主体、行政执法对象、行政处罚程序、行政执法过程中执法人员行为规范以及文物执法依据、文物违法案件的特点、文物行政执法中的误区、文物行政执法应注意的问题等，通过培训，着力提高执法人员素质和执法水平。7月12日和21日，市文广局分两期开展农家书屋管理员骨干培训，每期培训时间为2天，共培训200人次。培训采用课堂讲授、现场参观相结合，培训内容包括农家书屋工程建设、管理制度建设，出版物相关知识和借阅管理要求，农家书屋工程信息管理系统填报、使用方法，依托农家书屋开展农民读书活动的方法和要求等。通过培训，全面提高农家书屋建设管理水平。8月10日~12日，市文广局举办了全市第八期基层文化干部培训班。来自各区县文化馆、艺术团、乡镇综合文化站、街道、社区的150余名基层文化干部参加了培训。此次着重就演唱指挥艺术、群众合唱辅导、舞蹈编排及作品赏析等内容进行了深入的讲解和辅导，着力提升了基层文化干部专业能力和水平。12月1日，市文广局举办文化市场行政审批工作培训班，各区县文广局分管局长、市场管理（行政审批）股长、政务中心窗口工作人员等50余人参加培训。培训内容包括学习新修订的宜宾市文化广播影视新闻出版局政务服务手册和宜宾市文化广播影视新闻出版局县级政务手册（模本）、文化市场行政审批相关法律法规和规范性文件；研讨市、区县文化市场管理和行政审批中遇到的问题和解决办法。

【文化产业】 2011年，文化系统文化企业法人单位992个，其中网络文化业348个、文化娱乐业36个、演出业11个；从业人员15 177人；全市文化产业增加值预计达30亿元，其中文化部分为10.01亿元，新闻出版和广播电视部分约为20亿；约占宜宾市GDP的3%左右。经过多方努力，古僰文化产业园、印刷包装业集中发展区、宜宾书城、宜宾日报彩印中心等重点项目已列入国家和省级规划，重点发展。

【对外文化交流】 6月3日上午，成都国际非物质文化遗产博览园时空旅广场鲜花簇拥，人头攒动，第三届中国成都国际非物质文化遗产节“宜宾主题日”演出活动拉开了帷幕。原生态舞蹈《芦笙舞》拉开了主题日的序幕，身着苗族传统服饰的“咪多咪采”吹起传统的民族乐器芦笙，载歌载舞，吸引了来来往往的游客驻足观看；一曲以竹海和竹雕刻为题材的舞蹈《天工》，展现了蜀南竹海的柔美风情，让人仿佛置身于万亩翠竹之中；省非遗项目《观音小彩龙》融入了民间杂技、武术等内涵，现场观众无不拍手叫绝；幽默风趣男声小合唱《螃蟹歌》，以夸张滑稽的动作表演，引得观众开怀大笑；音舞蹈品《筒筒情刀刀愿》则展现了江安竹簧工艺在传承过程中，文化与自然统一的人文精神；民歌《槐花几时开》以独特的演唱风格、质朴的歌词深深地打动了现场观众；民俗舞蹈《女子踩桥》、原生态苗族古歌《朵荡之哟》、苗族舞蹈《快乐连枪》以及《美丽家园》等进一步演绎了第三届中国成都国际非物质文化遗产节“弘扬人类文明，共建精神家园”的主题。5 000余名观众欣赏了“宜宾味”十足的文化大餐，充分感受了我市非物质文化遗产的无限魅力。

9月5日~9日，由中共四川省委宣传部、四川省文化厅、中共南充市委、南充市人民政府共同主办的四川省第十三届戏剧小品（小戏）比赛在南充市举行。宜宾市选送的方言小品《城管与小贩》参加了比赛，喜获赛事所设六个奖项中的剧目奖、编剧奖、表演奖、导演奖以及组织奖等五个奖项。

为加强川南经济区的文化交流与合作，自贡、泸州、内江、乐山、宜宾五市从2011年起举办川南文化艺术节。6月~7月，首届川南艺术节由自贡市举办。艺术节内容涵盖了文艺展演、川南诗会、首届川南五市非遗展、歌手大赛、街舞比赛等多项内容。宜宾市兴文县的多声部小合唱《月亮爬上高山岩》和长宁县的群舞《天工》参加了开幕式演出。7月18日晚，宜宾市大型现代川剧《槐花几时开》在自贡市川剧艺术中心展演。7月25日晚，首届川南文化艺术节歌手赛在自贡川剧艺术中心激情唱响，宜宾市选手回杰以一曲时而婉转时而高亢的《西部放歌》打动了评委和观众，最终以第三名的成绩获得了二等奖，周敏和王强分获优秀奖。7月26日晚，首届川南文化艺术节街舞大赛在自贡市春华广场激情舞动，宜宾 Classic Team 舞蹈工作室表演的《快递大篷车》获二等奖，另外两支队伍获得优秀奖。

11月4日，南溪区人民政府与成都军区战旗文工团签约合作协议，双方本着“团结协作，相互支持”的宗旨，广泛开展文化合作。南溪区政府把战旗文工团作为文艺精品创作、人才培养、地方文化品牌打造的依托；战旗文工团把南溪区作为艺术创作、艺术实践和艺术人才培养基地，双方互利双赢。双方协议，在联合培养艺术人才方面建立合作机制，战旗文工团把专业艺术人才的部分艺术实践活动安排到南溪区，南溪区为其提供全方位支持和帮助。根据南溪区需要，战旗文工团每年将安排一定数量的优秀艺术工作者到南溪开展培训。战旗文工团将发挥艺术院团的品牌优势，在理念引领、人才培养、技术支撑等方面，为南溪文化发展提供支持和帮助。当晚，在南溪区万人广场举行了协作打造的第一台大型综艺晚会《南溪放歌》。

【文化市场】2011年，全市文化市场共办理行政审批、备案2 356件次，提前办结率达98%，无违规审批和群众投诉。市文广局政务服务窗口和工作人员被评为年度先进。代表市政务中心接受省政务中心检查，受到省政务中心领导高度表扬。按照要求，开展行政权力清理工作，并修订、公布市级行政审批实施办法、制订本市县级行政审批实施办法模本，受到市政务中心好评并在向全市推广。

7月启动网吧连锁工作，按照“政府引导，企业为主，市场运作”的原则，转变网吧行业发展和管理方式，推动发展网吧连锁。年底，全市已签约加入连锁网吧70余家。9月~11月，开展网吧整治专项行动，共检查网吧1 050余家次，出动执法人员3 300余人，取缔“黑网吧”57家，没收销毁“黑网吧”计算机终端400余台，刑拘涉嫌违法的“黑网吧”当事人1人、治安拘留2人，处罚违规接纳未成年人网吧70余家次、罚款16.2万元，强制“零点断网”88家次，责令停业整顿网吧50家次、停业整顿时间累计380余天，责令限期整改网吧80余家，过滤不良有害信息3 100余条。

【所获荣誉】获第三届国际非遗节“太阳神鸟”奖银奖，全省文化市场行政执法先进单位，第二届文华奖（《槐花几时开》）、四川省首届残疾人文化艺术节优秀组织奖。

附：

文艺创作、展演优秀成果一览表

赛事名称	主办单位	作品名称	奖　级	获奖单位（个人）	备　注
四川省庆祝建党90周年优秀剧目展演暨第二届四川省文华奖评选	中共四川省委宣传部 宜宾市委市政府	原创大型现代川剧《槐花几时开》	四川省文华奖最佳剧目奖	酒都艺术研究院	
			编剧奖	谭愫	
			导演奖	乔晋	
			音乐设计奖	王文训	
			优秀表演奖	沈敬东、杨俊 谢红、郑毅	
四川省首届残疾人文化艺术节	省残联、省文化厅、省教育厅、省广电局	舞蹈《船工号子》	三等奖	筠连县特殊教育学校	
		书法《太极赋》	一等奖	市文联傅士河	
		摄影《正午》	二等奖	江安县文化馆赵旭	
		手工艺珠编《绽放生命》	二等奖	宜宾市特殊教育学校	
四川省十三届戏剧小品比赛	省委宣传部 省文化厅	方言小品《城管与小贩》	剧目奖	兴文县文广局	
			编剧奖	梁学梅	
			导演奖	李庆红	
			优秀表演奖	先兵梁学梅	
第三届中国成都国际非物质文化遗产节	文化部、四川省政府、联合国教科文组织	四川省宜宾市非物质文化遗产展览展示、宜宾主题日　文艺演出	“太阳神鸟”银　奖	市文广局	
四川省首届双拥文艺汇演	四川省双拥办	小品《牵挂》	一等奖	宜宾市川剧团 翠屏区文化馆	
		诗朗诵《大写的军人》	优秀奖	市文广局	
2011 年宜宾市文艺调演	中共宜宾市委宣传部宜宾市文广局宜宾广播电视台	《南溪放歌》	一等奖	南溪县	
		《古僰·今苗》	二等奖	珙县、兴文县	
		《炫彩酒都》	三等奖	长宁县、翠屏区、宜宾县、高县、筠连县、江安县	

（续表）

宜宾市第九届戏剧小品比赛	中共宜宾市委宣传部宜宾市文广局 宜宾广播电视台	《城管与小贩》	综合演出一等奖	兴文县文广局	
		《一杯咖啡》	综合演出一等奖	翠屏区文广局	
		《劝酒》	综合演出二等奖	南溪区文广局	
		《春归》	综合演出二等奖	翠屏区文广局	
		《文物之家》	综合演出二等奖	筠连县文广局	
		《漫道无情却有情》	综合演出三等奖	珙县文广局	
		《醒酒汤》	综合演出三等奖	江安县文广局	
		《兵妈妈》	综合演出三等奖	武警宜宾消防支队	
		《同唱一首歌》	综合演出三等奖	宜宾县文化局	
		《得不偿失》	综合演出三等奖	屏山县文广局	
		《春归》	编剧一等奖	朱　为	
		《醒酒汤》	编剧一等奖	孙安平	
		《得不偿失	编剧二等奖	吕　铭、张炳富	
		《兵妈妈》	编剧二等奖	胡迎先、严　政	
		《文物之家》	编剧二等奖	刘良坤	
		《漫道无情却有情》	编剧二等奖	周明生、吴彬文	
		《一杯咖啡》	导演一等奖	黄国秀、彭伯平	
		《劝酒》	导演一等奖	赵鸿滨	
		《城管与小贩》	导演二等奖	李庆宏	
		《春归》	导演二等奖	张　韬	
		《醒酒汤》	导演二等奖	刘学华	
		《漫道无情却有情》	导演二等奖	查成林	
		《城管与小贩》	表演一等奖	先　冰	
		《劝酒》	表演一等奖	吴　斌	
		《一杯咖啡》	表演二等奖	徐坤元	
		《兵妈妈》	表演二等奖	王名康	
		《春归》	表演二等奖	李维谟	
		《漫道无情却有情》	表演二等奖	张　亮	
		《同唱一首歌》	表演二等奖	陈永红	

广安市

【艺术创作】围绕建党90周年、纪念辛亥革命100周年、灾后重建三周年和奋起“三次创业”的火热生产生活实践，引导广大文化工作者创作生产了大批群众喜闻乐见的作品。创作复排现代川剧《杨汉秀》在成都参加了“颂歌献给党——四川省庆祝中国共产党成立90周年”新剧目展演，在全省第二届文华奖评选中获得“优秀剧目奖”。文学创作方面，共推出文学作品集20余部，小说、报告文学、散文、诗歌和文学评论有150余件在全国各级刊物发表，七集广播剧《少年邓小平的故事》获四川省第26届广播电视节目政府奖特别奖、上海市广播电视节目一等奖、中国广播剧学会“专家奖”连续剧金奖，电视文学剧本《渠江之子》由中国三峡出版社出版；美术创作方面，有3件作品参加全国美展，9件作品入选“纪念延讲发表60周年”全国美展，23件作品入选四川省花鸟画展、青年美展、体育美展、教师美展、新人新作展、四川省美术作品展，油画作品《跨越》分别获第十届全国美展优秀奖、全国油画展优秀奖、四川省第十二届“群星奖”三等奖；舞蹈创作方面，创作出了《竹韵》《红杜鹃》《云童舞》《牌坊荷青青》《媒婆乐》《喊一声我的嘉陵江》《红橘飘香》《城里妹儿硬是乖》《运政情》等100余件优秀舞蹈作品，其中《竹韵》获全国“群星奖”金奖，《牌坊荷青青》获四川省舞蹈创作一等奖、表演二等奖，《红杜鹃》获四川省舞蹈大赛三等奖；戏剧曲艺小品创作方面，推出了戏剧《孝女曹于亚》《夸家乡》《生命的彩虹》《和谐天使汤群芳》《广安明天更辉煌》《夸代表》《调演之前》《薅秧情》《扯狗筋》等一批小品作品。其中《天若有情》获文化部“群星奖”优秀奖；《夸家乡》曾经参加四川省举行的春节联欢晚会、四川电视台“扶贫济困奔小康”文艺晚会、四川省《七月放歌》文艺晚会，在广安市内演出近100场；《薅秧情》获四川省小品比赛二等奖；《曲乡娃娃爱曲艺》获中央电视台少儿曲艺大赛二等奖。

【公共文化服务】紧紧围绕建党90周年和纪念辛亥革命100周年，突出忆英烈、颂伟人、唱红歌为主题，举办了一系列文化活动。元旦春节期间，举办了2011年迎新春文艺晚会、元宵焰火晚会和送文化下乡活动。七一前夕，邀请东方演艺集团、中央电视台《激情广场》爱国歌曲大家唱来广安，先后在市体育馆、邓小平故居和岳池陆游广场开展了慰问演出3场。在纪念“5·12汶川地震”灾后重建三周年之际，组织机关事业单位、企业、学校、社区积极开展“感恩·奋进”歌曲辅导传唱活动，并利用流动舞台车开展了“感恩·奋进”广场歌会3场。

【文化产业】与中国工商银行股份有限公司广安分行签订了《支持文化产业发展战略合作协议》，为广安文化企业发展提供金融信贷支持。出台了《关于加快推进文化大发展大繁荣的决定》，营造有利于文化产业发展的政策环境。编制了《广安市文化体育新闻出版产业“十二五”发展规划》，明确了全市文化产业定位、发展目标、思路、任务和保障，为广安未来文化产业的发展描绘了宏伟蓝图。精心编制了《广安巴濮文化产业园》及重点文化产业支撑项目25个，并充分利用伟人故里的政治优势和红色文化资源优势，广泛宣传，大力开展招商引资活动，成功引进北京红色文化发展责任公司进入广安，并在广安注册“广安印象红城文化发展有限公司”，投资30亿元在广安协兴镇建设“广安红色文化影视旅游城”。策划组织开展了第五届岳池农家文化节、华蓥山滑竿抬幺妹节、广安第一届红色文化节、武胜第六届龙舟文化节等重大节庆文化活动，并以此为平台，开展了招商引资、产品展销、旅游推介等活动，参加人数达20余万人，参展商家64家，签约项目6个，产生的直接和间接经济效益达44.3亿元。

【文物事业】开展了“三线”遗产实物的征集保护工作，共征集和接受捐赠“三线”工业遗产实物1000余件。新建成“广安三线工业遗产陈列馆”，并举行了陈列馆开展仪式，展出了“三线”工业生产设备15台，产品60余件，旧照150余张。与中国文物报社、四川省文物管理局联合举办了“三线建设工业遗产保护”有奖征文活动，举办了“三线”工业遗产保护论坛。编辑出版了《抖落尘埃的賨韵——广安市三普重要新发现文物精粹》，编制了《广安市第三次全国文物普查重要文物名录》。认真开展了第八批省级文物保护单位申报工作，精心遴选了具有较高历史、科学、艺术价值的“代家嘴遗址”“李舒锦墓”“7002井”等47处文物作为第八批省级文物单位申报项目，涵盖了古遗址、古墓葬、古建筑、古窟寺及古石刻、近现代重要史迹及代表性建筑等类型。确定了市博物馆选址（渠江公园与广安中学之间规划文本中载明的4号地块），并列入国家发改委“十二五”规划盘子，纳入了社会事业2013年中央预算内投资储备项目计划

【非物质文化遗产保护】积极组织实施了华蓥山滑杆抬幺妹、岳池灯戏、邻水手掌木偶、武胜竹丝画帘等民俗项目巡游、展演和名特产展销工作。组团参加了5月29日在成都开幕的第三届中国成都国际非物质文化遗产节，布置展厅165平方米，主要展示了广安的8个省级“非遗”项目和三大民俗节日以及10余个独具地方特色的商品项目。“岳池灯戏”“曲剧”“手掌木偶”等“非遗”项目的现场展演，吸引了国内外众多观众。精美绝伦的竹帘刺绣、惟妙惟俏的现场“剪纸”，令观众和游客们拍手称赞。“邓家盐皮蛋”“永寿寺豆腐干”“醉仙牌麻辣牛肉”等特色产品吸引了众多游客争先抢购，充分展示了我市非物质文化遗产的无穷魄力。

【文化市场】隆重举行了12318文化市场举报体系建设宣传活动启动仪式，开展了街头文艺表演和设点受理举报、发放法规宣传资料、举办文化市场行政执法成果展览等系列宣传活动。在文化经营场所审批方面，全年共新发展审批文化经营场所33家（其中连锁网吧8家、电子游艺娱乐场所3家、歌舞娱乐场所22家），审核经省厅批准的网吧连锁企业1家，核准许可变更的经营单位98家。在文化市场监管方面，加强12318文化市场举报投诉电话和视频监控系统的值守，认真落实“1112”日常巡查制度，全年共出动市场监管人员25 592人次，检查经营单位20 281家次（其中检查互联网上网服务营业场所7 170家次、音像单位2 044家次、演出单位192家次、娱乐场所3 197家次、艺术品经营单位326家次、电子游戏经营场所2 164家次、书报刊经营单位5 156家次、其他文化经营场所32家次），受理举报338件、立案调查395件、移交案件5件、办结案件331件，收缴非法音像制品11 061张、非法书报刊10 255册，对各类违法违规经营场所罚款67万元、没收非法物品171件、停业整顿25家、初查并协助取缔“黑网吧”52家，开展文化体育新闻出版市场专项整治16次。

【文化人才队伍建设】深入贯彻落实中宣部、中编办《关于加强地方县级和城乡基层宣传文化队伍建设的若干意见》，全面落实基层文化单位的人员编制，巩固基层文化工作队伍，建立健全文化馆、图书馆和乡镇（街道）文化广播影视服务机构。探索发现人才、吸引人才、培养人才、留住人才、用好人才的体制机制，加快建立文化经营管理和文化产业高新技术人才队伍，高度重视复合型人才的培养和引进，建立一支稳定的、高素质的公共文化人才队伍。加强文化队伍人才的培养，采取远程培训、集中培训等多种方式，建立基层文化队伍培训网络，提高基层文化队伍的专业水平和综合素质。

【文化体制改革】按照“党委统一领导、政府组织实施、宣传部门协调指导、文化行政主管部

门具体落实、各有关部门密切配合”的要求，市和区、县分别成立了由党委或政府“一把手”负责的推进文化体制改革工作领导小组，具体领导和组织实施本地的文化体制改革工作。涉及改制的院团有广安区、岳池县、邻水县和武胜县四家川剧团，四家国有文艺院团的改制方案经同级文化体制改革领导小组和当地编制部门批准，并由所在地的机构编制委员会正式行文，分别撤销了广安区、岳池县、邻水县和武胜县川剧团，依法注销了事业单位的法人资格及文化市场演出主体资格。撤销院团人员身份安置方案已经同级文化行政部门批复同意，对原编制人数158人（其中：广安区45人、岳池县55人、邻水县40人、武胜县18人），除去改制前离退休人数83人（其中：广安区28人、岳池县20人、邻水县17人、武胜县18人），其余75人已改制分流到当地文化馆（其中：广安区17人、岳池县35人、邻水县23人）。其个人经费形式已由过去的差额拨款调整为财政全额拨款，并纳入当地文化馆在编人员一同管理，实行财政核定收支、定项（定额）补助预算管理体制。院团撤销后，对新组建的各区县文化馆的工作重心则转移到免费对外开放，积极开展群文辅导，组织策划、承办大型公益文艺演出活动和非物质文化遗产保护上来，其文艺创作、公益演出职责由区县文化馆承担。通过改革，激发了文化艺术活力，丰富了文化艺术内容，不断满足了人民群众多层次、多元化的精神文化生活需求。

【文化基础设施建设】 为5个城市社区文化中心、37个城市文化活动室、75个乡镇综合文化站配送了业务专用设备，新改建社区图书室30个。建成了广安市“三线”工业遗产陈列馆，并已全面免费开放。市文化馆成功创建为国家一级馆，实施了场馆免费开放和部分项目免费培训。

【行政能力建设】 按照“文明、优质、高效”的总体要求，大力加强干部队伍作风建设，着力解决少数干部作风飘浮、工作不力、抓而不紧、抓而不实、抓而不好，不深入群众、不了解基层等问题，努力营造调查研究之风、求真务实之风、真抓实干之风。大力加强政治理论和业务知识的学习，切实提高思想素质、业务素质，增强工作的使命意识、责任意识，不断提升工作能力和工作水平。以规范化、标准化、科学化为目标，全面梳理现有制度和规范性文件，做到凡是可以用制度固定下来的事项，都要有具体的制度来规范，实现以制度管人、以制度管事，从根本上保证机关工作的高效能。进一步清理规范行政权力，对市级文化部门行政权力事项进行了重新登记，共登记行政权力事项目录339项，重新制作了行政权力流程图。

【艺术培训·考级】 继续坚持开展艺术培训教育工作，对外免费开放场馆，免费开办合唱、舞蹈、美术、书法等艺术门类培训，全年培训骨干3000余人次，为青少年及群众学习文化艺术知识提供了较好的服务，参训人员艺术水平明显提高。圆满完成四川省社会艺术水平考级广安考点工作，参加考级的美术、书法、声乐、器乐、舞蹈等艺术门类的测试艺术考生共计1300余名，合格率达96%。

达州市

【概况】 2011 年，达州市文化和广播影视局按照年度工作计划，密切结合工作实际，紧紧围绕公共文化服务、大力发展文化产业、力求创新突破等工作目标，开拓进取，创新实干，扎实抓好各项工作，取得了明显的工作成效。

【首届全国新农村文化艺术展演】 市文广影视局接到任务后，立即策划《活动方案》到活动圆满落幕，做到了任务、时间、人员、责任“四落实”，王隆毅、戴鸿、曾军等局领导和相关科室长期加班加点，以办公室为家，兢兢业业做好方案策划、工作汇报、节目选择、演员遴选、场景布置、路线设计等各个环节的工作。活动期间，举行了开幕式暨首场文艺演出、和谐新村、幸福家园、闭幕式及“欢乐乡村行”广场群众文化活动共 11 场文艺演出；举行了音乐舞蹈史诗《巴山魂》、大型巴蜀歌舞《大美四川》、曲艺专场共 3 场“巴风蜀韵”优秀剧目展演；组织 300 多家知名出版社、600 多个品种的新农村题材图书进行展销，共销售图书 10 万册，码洋 60 万元，让利读者近 10 万元；举行了新农村题材电影展映启动仪式，全市共放映新农村题材电影 957 场，观影人数达 100 万人次；在“三农风采”全国农民摄影大展中，共有 200 余件全国农民摄影精品参加展出，观展群众 1 万余人次；共有 17 个国家、省、市级优秀非物质文化遗产项目和 23 个企业 120 余种特色农产品进行了展示、展览和展销。

本次活动首开全国新农村文化艺术集中展演的先河，全国 21 个省（市、自治区）和四川省内 5 个市（州）积极参与，共 700 余名文艺工作者相聚达州，同台献艺，是国内规模最大的一次新农村文化艺术展演。活动期间，近 150 万群众直接参与或观看了文艺演出、新农村题材电影展映、新农村题材图书展销等活动。全国数百家媒体对展演活动进行了全方位的宣传报道，特别是成都、北京、长沙新闻发布会的召开，把展演活动推向了全省、全国，切实起到了展示达州、宣传达州、推介达州的作用。

【艺术创作】 组织召开了全市艺术创作工作会、2011 年重点剧作改稿会、唐甄思想研讨会等各种会议，积极引导文化艺术家深入生活、深入达州，创作反映达州经济社会发展和李林森等先进人物的精品力作，积极组织文艺精品参加国家、省级文化活动，取得了良好的成绩。巴山作家群代表之一的谭力参与编写的 30 集电视连续剧《盘龙卧虎高山顶》于 4 月在央视播出，电视剧《夜隼》等在央视排播，电视剧《我们在太行山上》完稿并在年内投入拍摄。宋歌创作的电影《我生命中的八天》于 5 月 12 日“汶川地震三周年纪念日”在央视六套播出。4 个剧目参加全省戏剧小品比赛获得 22 个奖项。小品《和谐安逸》获得“第二届全国戏剧文化奖”多项大奖。反映李林森同志先进事迹的诗歌、散文、报告文学等精品力作不断涌现。

【庆祝建党 90 周年文艺活动】 精心打造大型音乐舞蹈史诗《巴山魂》，作为“颂歌献给党——庆祝中国共产党成立 90 周年四川省新剧目展演”开幕式的首场演出剧目，并在达州各县（市、区）进行巡演，得到了省、市领导和广大观众的好评。圆满组织举办了“颂歌献给党、幸福万年长——达州市庆祝建党 90 周年群众文化活动月”大型广场文化活动。活动历时一个月，热情讴歌了党的丰功伟绩，近十万人次到现场观看，1 000 多名演职人员参加，群众手机短信投票过 30 万条，为达州市庆祝中国共产党成立 90 周年营造了浓郁的喜庆气氛。积极协助市委宣传部到北京争取到中央电视台《乡村大世界》栏目走进达州，在通川区神剑园录制了

“九州同庆心向党，唱支山歌给党听”大型献礼节目，又一次在央视向全国展示了达州。在达州博物馆承办了“新中国从这里走来”图片展，在市演展中心举行了美术书画展和“党在我心中”演讲比赛，与市广播电视台一起承办了达州市第三届“红歌连连唱”大型电视文化活动。

【公共文化服务】5月，达州博物馆竣工落成，达州市文化和广播影视局千方百计向省文化厅、省文物局汇报和与各县（市、区）联系协调，广泛征集文物，加班加点进行陈列布展，并进行了试展。做好达州市图书馆年底破土动工建设的前期各项工作，确保了年底的顺利开工建设。

【文化产业】局班子相关成员、相关各科室负责人到广元、西安、北京考察学习全国文化产业示范区等项目和当地先进文化产业发展模式，指导达州文化产业发展，积极规划文化产业重点项目。加大招商引资力度，重点引进一批大型文化企业和金融单位参与达州文化建设，已与中国工商银行达州分行签订了《支持文化产业战略合作协议》，在全市文化产业领域建立长期稳定的战略合作关系。积极展开全国新农村文化艺术演展基地建设的各项工作，组织相关部门负责人和文化专家对“打造演展基地”的规划背景、资源优势、保障条件、目标定位、建设项目、实施步骤等进行了深入细致的分析，形成了初步策划方案。全国新农村文化艺术演展基地已列入市四大班子主要领导牵头的重点建设项目。

【文物事业】充分利用“5·18博物馆日”和文化遗产日等活动，大力宣传文物保护的法律、法规。积极开展全市文物、博物馆单位的安全大检查工作，确保了全市文物安全。完成第八批省级文物保护单位的申报工作。积极做好第三次全国文物普查第三阶段工作，全市第三次全国文物数据顺利通过省文物局数据中心检测。

【非物质文化遗产保护】5月29日~6月11日，组团参加了第三届中国成都国际非物质文化遗产节，完美展示和演绎了巴渠非物质文化遗产的精髓，被评为第三届中国成都国际非物质文化遗产节“太阳神鸟奖”二等奖。

【大事记】4月，电视连续剧《盘龙卧虎高山顶》在央视播出。5月，电影《我生命中的八天》在央视播出；达州博物馆竣工落成；2011年6月，圆满举办了“颂歌献给党、幸福万年长——达州市庆祝建党90周年群众文化活动月”大型广场文化活动；中央电视台《乡村大世界》栏目走进达州，在通川区神剑园录制了“九州同庆心向党，唱支山歌给党听”建党90周年大型献礼节目。5月~6月，组团参加了第三届中国成都国际非物质文化遗产节，获得第三届中国成都国际非物质文化遗产节“太阳神鸟奖”二等奖。11月，成功举办首届全国新农村文化艺术展演，首开全国新农村文化艺术集中展演的先河。

巴中市

【概况】巴中市历史悠久，文化厚重，是巴文化中心区域。土地革命时期，以巴中为中心和首府的川陕苏区被毛泽东称为“中华苏维埃共和国的第二大区域”，素有“红军之乡”之称，拥有全国最大的红军碑林、全国最大的红军烈士陵园、全国最大的红军石刻标语群，为全国重点红色旅游区和30条红色旅游精品线路之一，红四方面军总指挥部旧址、刘伯坚纪念馆、巴山游击队指挥部旧址等被列入全国100个经典红色景区，川陕革命根据地红军烈士陵园现为国家4A级景区。

全市现有可移动文物9万余件，不可移动文物3400处，全国重点文保单位4处18点，省保单位15处，省级历史文化名城2座，全国历史文化名镇1个，省级历史文化名镇2个，省级历史文化名村2个。

全市现有文化馆、图书馆10个，博物馆、纪念馆10个，乡镇综合文化（广电）站188个，已经建成文化大院40个、文化示范村20个、农家书屋1745个。

【艺术创作】创演建党90周年主题晚会暨巴中首台大型舞台剧目音舞诗《巴山路》，作品以“路”为线索，反映了巴中儿女在土地革命、新中国成立以后、改革开放、建地设市以来等不同历史时期艰苦奋斗，奋勇拼搏，从悲壮走向豪迈的历程，是巴中文艺创作、演出的历史性突破，获得社会各界一致好评。组织策划了全市2011年迎新春《感恩奋进》文艺晚会。创作了小品《钉子》，摘得四川省第十三届戏剧小品（小戏）比赛导演奖、编剧奖等6个奖项。选送作品《现场直播》《中华医药》等6部作品参加了全省重大文艺作品评选活动，四川清音《开学第一天》获得“中国人口文化奖”。创作了谐剧《巴山幺妹》、歌曲《快快飞》等文艺作品50多件，为人民群众提供了丰富的文化产品。

【公共文化服务】免费开放博物馆、纪念馆10个，接待参观群众200万人次。统一了南龛景区解说员服装，规范了景区管理、接待要求，先后接待各级行政考察团30多个、项目考察团近20个。建成巴中文化交流网，转发上级信息2000多条，播报市域文化信息720多条，网站浏览人数突破5万人次。上报各类信息100多条，市文化局被省文化厅表彰为信息工作先进单位。多渠道、多形式推进政务公开，强化窗口服务工作，充分授权窗口办结，受理行政审批事项19项，办结率和群众满意率均达到100%。

积极开展文化进机关、进农村、进学校、进企业、进社区、进重点项目工地的“六进”活动，全市共送戏下乡350余场次，送图书下乡2万余册，送科普资料下乡1万余份，送对联下乡3000余幅，办流动展览50余次。指导2个市级单位开展了相关文化活动。

【文化产业】将文化产业纳入经济社会发展重点内容，着力培育影视制作、表演会展、文化创意、工业设计等产业的发展路径基本确立，文化旅游产品开发、文化企业引进、发展平台建设抓紧实施。全面梳理巴中文化资源，推动可开发资源的深度挖掘。积极开展巴文化、米仓古道文化研究，努力推进以红色文化、巴文化、米仓古道文化为核心的产业基础培育，注册了巴中市南龛文化产业园开发有限公司、巴人文化传媒有限公司。有力推进文化产业统计工作，首批网上直报用户327户。完成了南龛景区6个单位的资源整合和人员上划工作，组建了巴中市南龛文化产业园管委会；南龛文化产业园招商落地，总规、部分区域控制性规划和核心区域建设详规已经市规委会原则通过并完成了修改和提升；对南龛山原飞霞阁片区、将帅碑林片区进行了环境整治，景区面貌得到较大改善；实施了核心区域部分房屋拆迁；对规划区域进行了地形地貌勘测和农房等建筑物现状锁定。通江红色文化产业园基本建成，平昌佛头山文化产业园、米仓古道文化产业园建设启动前期工作。

【文物事业】完成了第三次全国文物普查下达的各项工作任务，共调查文物4 017处，经国家文物局审查登记现存不可移动文物3 400处，其中新发现2 250处、复查1 150处。建立了完善的文物数据资料库。打捆申报第七批全国文物重点保护单位1处，申报第八批省级文物保护单位47处，筛选待批第二批巴中市级文物保护单位49处。定期检查全市文物安全保护情况，启动了18个已纳入全国文物保护项目库项目编制工作，完成了南龛石窟窟檐防渗排水方案设计。将帅碑林纪念馆新鉴定上等级文物20件（套），其中一级文物2件（套）。征集红军纪念物品100余件、抗美援朝文物2件、清末古书16本、红军故事和歌谣书籍60余册。

【非物质文化遗产保护】积极参加第三届中国成都国际非物质文化遗产节，以“巴中出嫁”为主题展示了巴中丰富的非物质文化遗产，获得文化部、四川省人民政府和联合国教科文组织表彰的“太阳神鸟”银奖。巴州区被文化部命名为2011～2013年度“中国民间文化艺术之乡”（皮影）。

【文化市场】开展了“网吧百日集中整治行动”，举行了“未成年人远离网吧”千人签名活动，印发《网吧管理宣传资料》和《四川省娱乐场所管理办法》2万余份。出动执法检查4 033人次，开展各类市场专项行动5次、集中暗访3次，查处网吧、演出市场经营单位47家，基本做到了无责任盲区、无时间盲段、无管控盲点，文化市场经营秩序根本好转。大力推进连锁网吧经营模式，严格控制审批建设单体网吧，配合相关部门大力打击和整治黑网吧。

【对外文化交流】组织6批40多人次先后赴陕西、河南、江西、重庆以及达州、遂宁、广元等地考察学习，有效提升了队伍文化管理和文化发展能力。与汉中市签订了《巴中市与汉中市文化交流合作协议》，就文化遗产保护、川陕革命根据地文献资源共享和历史研究、文艺创作、文化产业发展等达成了共识。

【文化人才队伍建设】举办了非物质文化遗产、应急管理等专题学习讲座4期，对南龛景区上划人员进行了集中培训，积极开展读史书志书活动。选派3人赴党校参加学习。开办了“秦巴大讲堂”，邀请国内知名学者、专家来巴授课2场，讲授“巴中与巴文化”“巴中人文精神”。同时，积极组织“秦巴大讲堂”进校园。举办了文化系统解说员大赛、“颂歌献给党”演讲比赛、“我为党旗添光彩”先进事迹报告会、纪念“五四”运动92周年青年宣誓和“唱红歌”活动，积极参与“与党同心跟党走”大家唱活动、庆国庆健体竞赛活动，在市直文化队伍形成了比学习、比进步、比奉献的良好风尚。1名同志被市直工委表彰为优秀共产党员，3人次在市级活动中获奖。认真落实《巴中市损害投资软环境行为责任追究办法》，制定了《关于严肃南龛景区工作纪律的规定》，完善了分工、考核、反馈、用人、问责、奖惩等六项工作机制。强化工程项目、物品采购制度约束，加强廉政建设。严格执行财务审签制度、公车管理制度和公务卡消费制度。

【文化体制改革】大力推进国有文艺院团体制改革工作。平昌县歌舞团和川剧团、通江县诺水河歌舞团、南江光雾山歌舞团、巴州区川剧团5个国有文艺院团改革工作有序推进。文化市场综合执法改革积极推进。市、县（区）文化市场综合执法机构全部建成。

【文化基础设施建设】市文化馆、图书馆全面建成，图书馆网络化建设和公共电子阅览室建设按时序顺利推进。全市5个文化馆被认定为一级馆1个、二级馆2个、三级馆2个。完成了69个乡镇综合文化站建设和专用设备配送；建成城市（社区）文化活动室12个、农家书屋

885 个、文化大院 40 个、示范村 20 个、共享工程村（社区）支中心 1 311 个。新添置流动演出车 1 辆。全市四级公共文化服务网络基本形成。

【行政能力建设】 认真落实市委《关于进一步加强干部作风建设的规定》，开展了为期两个月的作风专项整治活动，着力纠正文化队伍存在的温床睡觉、作风漂浮、和尚撞钟、各自为政、打小算盘、不学无术、灯盏现象、规矩缺失等八种不良风气。成立了效能督查工作组，开展专题督查 3 次，进一步规范了干部职工行为，树立了良好的文化队伍形象。

雅安市

【概况】2011年，雅安市文化改革发展工作取得重要成效和获得重大突破：文化体制改革进一步深化，圆满完成全市文化市场综合执法改革和县（区）文化、新闻出版、广播影视归并工作，理顺了全市文化行政管理体制；公共文化服务体系进一步完善，基本完成全市灾后文化重建目标任务，乡镇综合文化站、农家书屋建设和农村公益电影放映等民生工程持续推进，全市覆盖城乡的公共文化服务网络逐步健全；群众文化活动丰富多彩，全面启动“先进文化广场”“优秀民间文艺团体”创建活动，组织开展城市广场文化品牌《欢乐大舞台》文艺演出系列活动，成功举办纪念“5·12”地震三周年、庆祝中国共产党成立90周年等重大文化活动。文化遗产保护卓有成效，圆满完成“三普”工作并顺利通过验收，成立雅安市非物质文化遗产保护中心，组织参加第三届中国成都国际非物质文化遗产节并荣获“第三届中国成都国际非物质文化遗产节太阳神鸟银奖”，成功举办茶马古道文化遗产保护（雅安）研讨会，形成《茶马古道文化遗产保护（雅安）共识》。文化产业逐步发展壮大，筹建了雅安市文化产业投资开发有限公司，与中国工商银行雅安分行签订《支持产业发展战略合作协议》，组织开展市级文化产业示范基地（园区）项目申报，推进市级文化产业示范基地（园区）建设。文化市场的监管得到进一步加强，不断深入推进文化市场综合执法改革，建立健全市县文化市场综合执法体系，成立了文化市场管理工作领导小组，新组建了文化市场综合执法机构。

【文艺创作】10月，出版《绿色雅安我的家——雅安本土原创歌曲集（第一集）》；8月，《跷碛藏族多声部音乐文化研究》文化科研项目被列为2011年度国家社科基金艺术学项目，为全省5个入选项目之一；雨城区晏场镇（高台文化艺术之乡）、石棉县蟹螺藏族乡（尔苏、木雅藏族歌舞之乡）、芦山县思延乡（花灯之乡）、宝兴县（原生态多声部民歌之乡）被省文化厅命名为“四川省民间文化艺术之乡”。12月，硗碛乡获文化部2011～2013年度“中国民间文化艺术之乡”，全省32个入选。

【公共文化服务】截止2011年底，全市文化（美术）馆9个、图书馆9个都按照中央、按相关文件精神实行了免费开放。市文化馆开展及协助各单位举办各类演出共30场，其中大型送戏下乡活动2场，观众人数超过63万人次。市图书馆组织业务骨干对各县（区）图书管理员进行业务指导，利用流动书屋送书到边远行政村，共送出刊物7000余册。

【文化产业】“十二五”时期是转变文化发展方式、加快建设文化强市的历史机遇期，是全面建设国际化区域性生态城市的战略关键期。为此，雅安市起草了《“十二五”雅安市文化产业发展规划》《雅安市加快发展文化产业若干政策措施》《雅安市文化产业园区和示范基地认定命名办法》以及《雅安市文化产业发展专项资金管理办法》等相关政策文件。11月1日成立了雅安文化产业投资开发有限公司，全面激活雅安现有文化产业资源，引导全市文化产业的积极发展。11月29日雅安市文新广局与中国工商银行雅安分行签订了《支持产业发展战略合作协议》。中国工商银行雅安分行是雅安首家对文化产业发展提供金融服务的银行。在未来五年将为雅安市文化产业企业提供不少于10亿元的意向性融资支持，对雅安市文化产业的发展从资金上给予了保证。

【文物事业】10月，根据国家文物局《关于中日合作开展成都平原冶铁遗址考古和研究项目的批复》（文物保函〔2008〕1163 号）精神，为更全面地了解雅安境内古代矿冶遗址及相关馆藏情况，雅安市文物管理局（市博物馆）和成都市文物考古研究所实施了“雅安市境内古代矿冶遗址考古与文物保护项目”合作，共同组建了项目联合工作队，对雅安市境内古代矿冶遗址开展了前期田野调研工作。

在此项目期间，雅安市文物管理局积极配合成都市考古研究院进行前期田野工作调研，负责提供已有田野数据和相关信息，以及与项目相关的图、文、照等材料，并协助进行调研报告及文物保护方案的编写工作。

【非物质文化遗产保护】雅安市共有 3 个国家级“非遗”项目、18 个省级“非遗”项目、23 个市级“非遗”项目，省级项目代表性传承人 15 人，非物质文化遗产名录体系建设不断完善。为了合理利用非物质文化遗产资源，实现整体性、系统性、规范性保护，更好地传承保护民族文化精髓、守护精神家园，将非物质文化遗产保护纳入《雅安市“十二五”发展规划》。2011 年，雅安市编委批准成立了雅安市非物质文化遗产保护中心，为项目保护工作的规划、普查、研究、传承、保护、利用和队伍建设、宣传交流，以及生产性保护示范基地建设提供了必要保障。

【文化市场】截至 12 月 15 日，雅安市文化市场综合执法机构共有编制数 67 名，市县两级在岗文化市场综合执法人员 34 名。为了强化市场监管，为建党 90 周年营造良好稳定的社会文化环境，全市始终保持高压态势，加大执法力度，对网吧、歌舞娱乐、电子游艺娱乐、营业性演出等的违规行为进行有效打击。全年先后组织开展了“两会”“两节”期间文化市场综合执法专项行动、文化市场保护知识产权专项执法行动、“扫黄打非”专项行动、校园周边社会文化环境专项整治行动、美术品专项整治行动、文化市场安全生产标准化专项整治行动。同时，还建立健全文化市场综合执法制度，强化执法人员培训，组织开展了两期行政审批、行政执法人员培训班和新进执法人员业务知识培训班，配合相关部门组织开展文化市场旅游娱乐场所标准化建设工作和文化市场法制宣传、禁毒宣传教育工作等。

1 月～11 月，全市（七县一区）文化市场执法频率和检查次数均比 2010 年同期有所增加，共出动执法人员 13 976 人（次），检查各类文化经营场所 14 482 家。其中与公安、工商、消防多部门开展专项执法大检查 14 次，全市（县、区）文化行政管理部门配合专项执法检查 4 次。受理群众举报 415 件，立案调查 28 件，结案 28 件，办结案率达 100%，收缴盗版音像制品 8 400 余套、盗版图书 3 000 余册；取缔游商、地摊 4 个、上缴财政罚款 42 500 元、停业整顿网吧 7 家。

【人才队伍建设】截止 2011 年底，雅安市共有各类文化人才 566 人，其中：市、县（区）两级公务员 91 人，文化市场综合执法 30 人，专业文化队伍（含管理人员和专业技术人员）156 人，乡镇文化专干 213 人（含专、兼职），工勤人员（含机关和事业单位）76 人。全年组织各类培训 733 人次，其中公务员培训 123 人次（包括公务员《社会保险法》培训、市、县新任文化、广电局长培训、新录用公务员初任培训、晋升科级职务任职培训、相关业务知识培训、中青班培训等）；专业人员培训 381 人次（包括管理人员业务培训、专业技术人员公共科目继续教育培训、图书、群文、文博、“非遗”等各类专业培训）；文化市场执法培训 98 人次；其他人员培训 131 人次。全市投入培训经费共计 109 万元。

【文化体制改革】雅安市按照省的时间节点要求，在 6 月底前全面完成全市文化市场综合执法改革工作，市、县两级挂牌成立文化综合执法机构，并充实了执法人员，形成了全市文化市场综合执法的格局。截至年底，雅安市仅有的雅安文工团、雅安川剧团两个文艺院团，全面完成了改制工作。

【基础设施建设】雅安市文化馆灾后异地重建

项目于2011年1月28日开工，项目总建筑面积6 000平方米，文化广场1 000平方米，总投资1 910万元。

【大事记】3月，雅安市编委批准成立了雅安市非物质文化遗产保护中心，成为四川省市（州）级第一个明确了机构编制、级别、人员、经费的“非遗”保护专门工作机构；4月成立雅安市文物局；5月11日雅安市纪念“5·12”汶川特大地震三周年大型诗·乐·舞《报答》在雅安三雅园广场举行；5月29日~6月11日，积极准备，精心组织参加了在成都举行的第三届国际非物质文化遗产节，雅安展厅突出非物质文化遗产在历史文化的传承中行进，人与自然和谐相处，获得第三届中国成都国际非物质文化遗产节组委会颁发“太阳神鸟”银奖；6月成立雅安市文化综合执法支队；8月21日，第四届雅安熊猫电影周配套主题活动之一的茶马古道文化遗产保护雅安研讨会盛大举行。文化部党组成员、国家文物局党组书记、局长单霁翔，四川省文化厅党组书记、厅长郑晓幸等出席研讨会，研讨会同时对外发布了川藏茶马古道雅安段的考察报告并宣读了茶马古道雅安共识；8月22日第四届中国·雅安国际熊猫·动物与自然电影周闭幕式晚会在市体育馆举行。

眉山市

【概况】2011 年，眉山市和区县有 7 个文化体育局，文化事业单位 161 个。其中，市和区县文化稽查队（支队、大队）7 个；市、县级文化馆 7 个，图书馆 7 个，文物管理所 7 个，博物（陈列、纪念）馆 4 个。全市有乡镇（街道）综合文化站 200 个，专（兼）职文化专干 303 名，各类业余群众文化队伍 442 支，业余文艺骨干 2 万余人，文化户 651 个，村（社）文化室 671 个。全市有省级文化先进县 6 个，文化先进乡镇 24 个，四川省首批特色艺术之乡 2 个（东坡区、洪雅县），中国民间文化艺术之乡 2 个（青神县、丹棱县），东坡区、仁寿县文化馆被国家文化部评定为三级馆，国家级非物质文化遗产保护名录 1 项（青神竹编），省级非物质文化遗产保护名录 9 项。

【文艺创作】王晋川作词的抗震救灾歌曲《因为有你》作为“眉山元素”首次在央视春晚演出；举办了首届戏剧小品大赛、首届社区广场舞蹈调演、首届硬笔书法大展；参加全省第十三届戏剧小品（小戏）比赛获得优秀编剧、优秀表演、优秀剧目和优秀导演奖，眉山市市局荣获组织奖。东坡书画院开展“眉山人画眉山”系列活动，得到各级领导及广大群众的高度评价；市文化馆美术作品入选中国美协四川美术作品专场展览。

【公共文化服务】东坡区、仁寿县文化馆被文化部定为三级馆。仁寿县灾后恢复重建重点项目总投资 3 000 余万元的县文化中心全面竣工。全市“五馆一站”（图书馆、文化馆、博物馆、纪念馆、美术馆、乡镇综合文化站）实现免费开放；市文化馆服务群众 3 000 余人次；市图书馆接待读者 2.4 万人次，持证读者达到 2 255 人，书刊流通 5 万余册次，网站浏览达到 9 万人次。

【文化产业】全市共有各类文化市场经营单位共计 3 186 家，总营业收入 34.3 亿元，年末资产 18.42 亿元，从业人数 21 000 余人。制定了全市文化产业“十二五”规划，完成全市第一次规范化的文化产业统计。“东坡文化产业园”申报省级文化产业示范基地材料通过省文化厅评审，被命名为第三批四川省文化产业示范基地。首次与工行眉山分行签订了文化产业发展战略合作协议。“四川新天府文化产业园”项目投资方已经在仁寿县注册公司。全年，文化产业实现增加值 11.3 亿元，在全省各市（州）排名第九，占眉山市 GDP 比重 2.05%。

【群众文化活动】“每月一次文体活动”有序开展，市本级先后举办大型文化活动 10 余次。精心组织节庆活动，建党 90 周年“颂歌献给党”歌咏大会主题鲜明、组织有力、创意新颖、反响热烈，受到市委、市政府主要领导和广大党员干部充分肯定。组织开展“送文化下乡”活动，演出 262 场，发放各类农业技术类宣传资料近万余册。市图书馆举办“文轩杯”征文活动和 3 次图片展活动；东坡区“心连心”艺术团开展巡演 78 场，观众达 20 万人次；在仁寿县大化镇举办眉山市送文化下乡启动仪式，赴彭山县观音镇开展迎春文化惠民活动，实现送文化下乡活动常态化。洪雅县举办中国·洪雅激情山水旅游文化节系列活动；青神县举办第 26 届瑞峰龙舟旅游文化节。

【文物事业】全市“三普”数据经过整理、合并、删改共收录不可移动文物 1 348 处，其中新发现不可移动文物 732 处，复查不可移动文物 616 处。登记消失不可移动文物 215 处。在现存登录的 1 348 处文物点中，包括古遗址 62 处，古墓葬 705 处，古建筑 263 处，石窟寺及石刻 202 处，近现代重要史迹及代表性建筑 99 处和其他类文物 17 处。

【非物质文化遗产保护】开展全市第二次“非

遗”普查暨培训；筹备青神竹编申报“世界非物质文化遗产”名录；“苏东坡酒传统酿造技艺”和“竹琴”被命名为省级非物质文化遗产；组团参加第三届中国（成都）国际非物质文化遗产节，并首次获得“最佳表现奖”。

【文化市场】6月28日市综合执法支队挂牌成立，对全市文化、文物、体育、广电、新闻出版、版权等执法，进一步摸清家底，清理整顿，加强综合执法队伍建设。组织开展“互联网和手机媒体低俗信息整治”“网吧综合治理”“游艺娱乐场所专项行动”等集中整治10次。开展“网吧综合治理”“暑假期间文化市场专项行动”“游艺娱乐场所专项行动”“农村网吧市场专项治理行动”等专项治理行动，全市共出动执法人员3.1万余人次，出动执法车辆5 600余台次，检查网吧51 800余家次，其中责令改正102家次，行政警告502家次，停业整顿27家，罚款41万元。

【文化基础设施建设】全年新建29个乡镇综合文化站，完成90个乡镇综合文化站设备配套采购配送工作和共享工程乡镇基层服务点建设工作；建成26个配送专用设备的城市社区文化活动室，进度名列全省前茅；全市建成文化共享工程村级服务点556个，超额完成任务并实现1 186个村全覆盖。

【文博工作】5月19日，三苏祠博物馆被省纪委、省监察厅命名为“四川省廉政教育基地”；6月16日，在三苏纪念馆前举行了隆重的“四川省廉政教育基地”揭牌仪式。三苏祠、三苏纪念馆免费向眉山市民开放，接待眉山市民共计80万人次。

【三苏纪念活动】1月，三苏祠博物馆组织策划了纪念苏东坡诞辰974周年寿苏会；4月，积极组织策划的世界苏姓宗亲公祭“三苏”大典暨苏姓文化论坛。第五届、第七届世界苏姓宗亲总会理事长、世苏会名誉理事长、印尼苏钢集团总裁苏用发捐款20万元保护三苏祠。

资阳市

【概况】2011 年，全市文化建设稳步推进。文化体制改革进展顺利，公共文化服务体系日趋完善，公共文化阵地免费开放成效明显，群众文化活动丰富多彩，文艺精品创作硕果累累，文化产业发展迈步坚实，文化新闻出版市场规范有序，文物工作取得可喜成绩。

【艺术创作】大力实施文艺创作精品战略，着力策划和创作紧扣时代脉搏、地方特色浓郁的原创作品，文艺创作硕果累累。

舞台文艺作品：竹笛独奏《三五七》荣获中韩国际竹笛专业大赛一等奖，竹笛二重奏《我是一个兵》《姑苏行》、葫芦丝独奏《竹林深处》均荣获“青春中国”青少年艺术大赛一等奖，琵琶合奏《草原小姐妹》《霸王卸甲》分别荣获 CCTV 第十届少儿艺术电视大赛金奖、银奖；歌曲《真到离别这一刻》荣获全国军歌大赛三等奖；舞蹈《且吟春语》荣获 CCTV 第十届少儿艺术大赛四川赛区金奖，《柠檬情怀》荣获四川省第二届社区优秀文艺节目展演三等奖；清音表演《百花报春》荣获“庆祝建党 90 周年四川省文明单位文艺汇演”二等奖；小品《缘来是你》荣获四川省第十三届戏剧小品大赛三等奖；

摄影、美术作品：摄影作品《四姐弟》荣获“社会生活与民俗风情”类铜牌；美术作品《残存的佛像》荣获四川省第三届美术作品双联展优秀奖。

【公共文化服务】市图书馆、文化馆积极履行公益文化职能，常年免费开放项目 20 余项。市图书馆平均每日接待读者、观众 140 人次，外借图书 200 册（次）；市文化馆安排各类专业文艺人才到社区、乡镇、部队、学校、机关进行文艺创作、文化活动辅导，年均辅导 2 500 人次。2011 年，简阳市文化馆、安岳县文化馆被文化部评定为国家一级文化馆，市文化馆、雁江区文化馆被评定为国家二级文化馆，乐至县文化馆被评定为国家三级文化馆。命名表彰 17 个乡镇综合文化站为首批“示范文化站”。

以“幸福资阳文化行”“农村文艺调演”“送文化下乡”等活动为重点，组织开展各类公益文化活动、节庆文化活动和专题教育活动，极大地丰富了群众精神文化生活。全市开展“送文化下乡”活动 360 余场次、基层群众文化活动 200 余场次，举办文艺演出 100 余场次，受益观众达 80 万人次以上。

【文化产业】全市文化市场门类齐全，发展有序，有各类文化市场经营户 2 000 多家。其中，网吧经营单位 311 家，有电脑 2 万余台，解决就业人员 1 400 余人，营业收入达 7 860 余万元，上缴税金 300 余万元；歌舞娱乐场所 288 家、游艺娱乐场所 64 家，解决就业 5 000 余人次，资产总额近 1 亿元，业务总收入 2 亿多元，年创税利近千万元；演出场所 8 个，演出团队 24 个；音像出租、零售店 351 家，营业额 638 万余元；文物、艺术品商店近 50 家；各类艺术培训点 80 余家。截至年底，全市文化新闻出版产业完成营业收入 14 亿元，比上年增长 37.3%。其中全市文化服务业完成营业收入 9.8 亿元，比上年同期增长 44%；实现营业利润 25 977 万元，比上年同期增长 74%；缴纳税金 2 895.58 万元，比上年同期增长 30%；从业人员达到 9 729 人。2011 年经资阳市政府考核，荣获 2010 年度全市服务业发展工作二等奖和“投资千亿”工程三等奖，全市文化新闻出版产业发展跃上了一个新的台阶。

【文物事业】截止 2011 年，全市共有国家级文物保护单位 12 处、省级文物保护单位 46 处，馆藏文物 3 408 件，其中珍贵文物 787 件（一级文物5件、二级文物38件、三级文物744件），一般文物和未经鉴定文物2621件。极具代表性的有“资阳人”头盖骨——西南地区旧石器时代晚期人类化石的代表；被誉为“中国汉代第一车”的汉代青铜车马，是考古界有史以来发现的最大的汉代青铜车马；简阳汉代石棺，为全省仅有的一具榜题画像石棺，全国罕见；以紫竹观音为代表的10万尊安岳唐宋石刻“古多精美”享誉中外。

【非物质文化遗产保护】精心组织参加第三届成都国际非物质文化遗产节。召开第三届非遗节筹备工作会，成立筹备工作领导小组，通过精心布置展馆和组织展示展销活动等，进一步提升了资阳市国家级、省级非物质文化遗产项目的美誉度和知名度，深受海内外人士好评，并获得“太阳神鸟”最佳表现奖。公布了第二批市级非物质文化遗产项目代表性传承人名单，并推荐安岳石刻艺人石永恩申报省级“非遗”传承人。组织参加文化部“中国民间文化艺术之乡”评选，安岳县被评为“2011～2013年度中国民间文化艺术之乡”。

【文化市场综合执法】以推进“建党90周年”文化市场保障行动为契机，加强文化市场平安建设，积极探索市场长效管理机制，严厉打击违法违规经营行为；持续开展“扫黄打非”专项整治，确保全市文化安全。全年共收缴盗版音像制品35400余盘、非法书报刊1749册、盗版电子出版物99盘；销毁违规电子游戏（电路板）86台（张）；取缔无证经营歌舞娱乐场所6家、电子游戏厅5家、音像及书刊游商38个；配合工商部门取缔“黑网吧”29家，进一步维护了文化市场经营秩序，促进了文化市场健康有序发展。

【对外文化交流】坚持“引进来”与“走出去”相结合，深入开展文化交流，不断提升对外文化影响力。4月26日，引进中国首部原创音乐剧《金沙》在资阳演出；6月13日，邀请阿坝州感恩巡回演出团到资阳举行纪念“5·12”汶川特大地震三周年《汶川奇迹》文艺晚会；加强与北京石景山区的文化交流与合作，邀请石景山区文化艺术专家进行活动策划和指导。积极组织职工参观考察绵阳市灾后重建项目。

【文化人才队伍建设】按照《资阳市中长期人才发展规划纲要》，通过公开招考（聘）、选调等方式，积极引进和培育优秀文化艺术人才。全市图书馆、文化馆有在岗人员143人，其中大专以上学历120人，中级职称以上49人；乡镇综合文化站有专兼职人员441人，大专以上学历211人，中级职称以上74人；文化信息资源共享工程有专兼职人员11人。以“立足基层、面向群众”为宗旨，推出公益培训项目“群文骨干培训班”，全年开展基层文化干部培训10次以上，培训人次超过500人次。市、县两级建立苌弘民乐团、春芽艺术团、银铃合唱团、青春艺术团等众多市内知名文艺社团组织，部分乡镇成立腰鼓队、秧歌队等民间文艺团队，文化队伍力量不断增强，群众热情高涨，群众文艺社团组织成为公共文化力量的重要补充。

【文化体制改革】根据中央、省文化体制改革总体部署，稳妥推进全市文化体制改革，取得了初步成效。两家国有文艺院团（乐至县川剧团和简阳市艺术团）已撤销，原工作人员得到了妥善安置；6月中旬组建了文化综合执法支队（副县级），各县（市、区）相继组建了副科级文化综合执法机构，强化了文化市场综合执法。

【文化惠民工程建设】完成全市100个乡镇综合文化站、4个城市社区文化中心、12个城市文化活动室、1家纪念馆的专用文化设备配送工作；文化信息资源共享工程1个市支中心、4个县支中心全部建成，并配备了专用设备；建成农家书屋1176个。

【大事记】历时5年的资阳市第三次全国文物普查工作圆满结束，共登记不可移动文物2055处，新发现不可移动文物1457处。安岳县灵游院摩崖造像被列为全国“三普”百大新发现；4

月~9 月，成功举办“幸福资阳文化行”大型文艺巡演活动；10 月，第十二届西博会上香港十方控股集团有限公司十方文化创意产业园项目成功签约，总投资 14.8 亿；11 月，安岳县被评为“2011~2013 年度中国民间文化艺术之乡”；11 月，简阳市、安岳县文化馆被文化部评定为一级文化馆，市文化馆、雁江区文化馆被评定为二级文化馆，乐至县文化馆被评定为三级文化馆。

阿坝藏族羌族自治州

【概况】 2011 年，阿坝州文化系统在全力抓好灾后文化恢复重建工作的同时，进一步加大公共文化服务力度，着力推进文化惠民工程，积极鼓励文艺创作，加强对外文化交流和文化遗产保护，稳妥推进文化体制改革，大力发展文化产业，全州文化工作有条不紊，各项任务顺利完成。

【艺术创作】 精心编排大型文艺节目《汶川奇迹》并于 5 月 14 日在成都锦城艺术宫进行首场汇报演出，获得社会各界的好评。整台节目全方位、立体式地展现了在巨大的灾难面前，阿坝儿女改造旧山河、重建新家园的意志和决心，讴歌了灾区干部群众自强不息，努力建设新家园的奋斗精神，生动地再现了援建者对灾区的深情大爱与无私奉献的感人事迹。首演圆满成功后，该演出组先后赴省内 19 个市（州）、6 个部队进行了感恩巡回演出。

郎么吉的原创歌曲《人民公仆》和杨翠霜的《阿坝草原》分获“庆祝中国共产党成立 90 周年——唱支颂歌给党听全国原创音乐活动”歌曲创作二等奖、优秀奖。“天弦组合”的《列车飞驰在青藏高原》在“再唱山歌给党听——歌唱我们的幸福生活”2011 全国藏族风格歌曲征集评选活动中获铜奖。

【公共文化服务】 农历新年期间，在马尔康地区和金川开展“迎新春、庆两会”大型锅庄联谊活动。为纪念“三八”国际妇女节，与州妇联共同组织开展了“姐妹放歌颂党恩”大型歌咏活动。组织参加“全国新农村文化艺术展演——和谐大舞台、幸福新农村”活动，阿坝州选送的舞蹈《夏多多·吉来夏》以浓郁的民族气息展现了当代新牧民的风采，得到广泛好评。

深入中小学校开展多种读书活动，丰富青少年学生课外生活。4 月，在马尔康地区学校开展“畅想春天，分享阅读”为主题的 2011 世界读书日系列宣传活动。“六一”儿童节，在州外国语实验小学中学开展“红领巾心向党，祖国发展我成长”庆祝活动。利用信息资源共享工程为平台，在马尔康第二小学举办“阳光少年热爱党”电脑小报设计比赛活动，受到全校师生的好评。

农家书屋建设稳步推进，到 2011 年底全州共建农家书屋 1 354 个，提前一年实现全州行政村全覆盖的目标。

【文化产业】 文化旅游资源整合。充分发挥文化对优化经济结构的推动作用，按照全州文化资源分布状况，加大文化资源产业化开发力度，着力构建“一线一廊六带”文化发展新格局，即：以重走红军长征路，贯穿“雪山草地”红色经典景区的文化旅游路线；以汶川大禹祭坛为起点、以中壤塘觉囊文化中心为目的地的藏羌文化走廊；以地震重建区为依托，“三基地一窗口”为支点，构建震中文化产业带，以九寨沟、黄龙为主体的自然与人文精品文化产业带，以大草原为主体的安多藏族文化产业带，以茂县为核心的羌族文化产业带，以卧龙—四姑娘山为核心的大熊猫文化产业带，以马尔康为核心的嘉绒藏族文化产业带，形成文态、形态、业态相融互动的特色文化产业集群。充分利用阿坝州丰富的古镇、古村寨历史文化资源，结合主要节点和汶川地震灾后重建项目实施要求，经过认真规划、倾力打造，一个个精品亮点正在形成。国画水磨成功转型、山水写意，获联合国环境规划署全球人居环境大奖，并成功承办了 2011 中国四川国际文化旅游节主会场活动；梦里三江神态乐园、如梦似幻，桃源牟托休闲农家、羌风逸韵，羌村坪头闹中取静、典雅别致，已被评为国家 4A 级旅游景区。广东珠海市援建的“大禹祭坛”项目已竣工，投资 5 500 万元。茂县以打造羌文化核心区旅游目的地为目标，依托羌文化产业园区，将文化项目集中整合到“茂县羌城”中，占地面积约 2.15 平方公里，工程投资约 10 亿元。理县桃坪羌寨沿用传统工艺、方法、材料进行修缮，桃坪新区作为老寨旅游服务功能的补充，建成集“古羌文化展示、民族文化体验、旅游度假休闲”为一体的新景区；薛城古镇、木卡羌寨将民族文化、历史文化和红色文化有机结合，焕然一新；甘堡藏寨、古尔沟温泉、米亚罗集镇等文化特色浓郁，独具嘉绒藏族风情。马尔康卓克基土司官寨、松岗直波碉群等一批景点亮点突出。壤塘觉囊文化产业园建设，已投入资金 2 237.9 万元，完成市政道路、排水排污管道等配套设施建设，成功注册了觉囊文化中心等 7 个商标。小金县两河口会议遗址，达维会师广场等红色旅游经典景区改建完成，夹金山、四姑娘山、卧龙景区开发建设有力推进，大熊猫文化品牌正在唱响。

同时，坚持政府引导、市场主导，沿藏羌文化产业走廊进行合理布局，打造多条精品旅游线路，大力发展和培育文化旅游、文艺演出、会展业三大主体产业，使海内外游客在旅途中充分感受和体验人文阿坝的奇特魅力，一批具有藏羌民族文化特质的综合性文化旅游项目应运而生，文化产业后发优势日益凸显。被文化部命名为国家文化产业示范基地的九寨沟演艺产业群灾后恢复发展势头良好，截至 2011 年底共接待游客近 80 万人次，实现营业收入 11 205 万元。

组织参加了 2011 中国四川国际文化旅游节。活动中，阿坝州代表团向与会嘉宾地展示了阿坝风格各异的非遗资源及保护成果，国家级非物质文化遗产中的羌族羊皮鼓舞展示、羌笛吹奏、南坪曲子演唱形式多样、博巴森根舞蹈展示、㑇舞、卡斯达温、马奈锅庄、觉囊梵音等以及省级非物质文化遗产中的口弦吹奏表演、黑水藏族多声部民歌、金冠舞等，让国内外嘉宾和广大旅游者尽情品尝了一道内容丰富的民族文化大餐。期间，四川音乐学院邀请以“音声佛事”为重要特征的壤塘县觉囊梵音展示团在其音乐厅举行专场展示，反响强烈。

【文物事业】 全面完成第三次全国文物普查工作并顺利通过省“三普”领导小组验收。此次“三普”调查中，全州调查总量共计 2 246 处，其中登录各类不可移动文物 2 132 处（包括新发现不可移动文物1 556处、复查不可移动文物 576 处），登记消失不可移动文物 114 处。这些不可移动文物不仅包涵了传统意义上的文化类型，还囊括了工业遗产、红色遗产、二十世纪遗产等文化遗产新类型，完整地展示了五千多年来阿坝州的发展年轮。

在若尔盖县征集了一批藏族传统生产工具及生活用具、服饰、装饰品及手工艺品等民族文物，在九寨沟县抢救性地征集到了一批白马藏族傩戏面具、服饰及法器，在一定程度上丰富了阿坝州文物馆藏。理县桃坪羌寨一、二期修缮工程顺利通过国家文物局、省文物管理局专家的竣工验收。

阿坝州文化局被国家文物局评为全国文物系统汶川地震灾后文物抢救保护工作先进集体。

考古发掘。

在若尔盖县境内展开考古调查，经过实地勘查，确认了草地沙化地带的协玛坚、达尼东、曲茹三处早期游牧文化遗址，并采集了大量细石器和陶片等遗物，其中典型细石器为川西北草原首次发现。此次考古调查对进一步探讨黄河上游与长江上游史前文化谱系、川西北高原古代人地关系等课题提供了重要材料，为近年青藏高原东部史前考古的重大发现。

与成都市文物管理所联合对金川县神仙包遗址进行了考古调查、勘探，发现房屋遗址 8 座，沟 3 处，清理灰坑 12 座，窑址 1 处，窖穴 1 处，出土了大量陶器、石器、骨器。此次勘探证明，神仙包遗址是金川河流域分布面积较大，文化内涵丰富，时间跨度较大的一处人类聚居遗址，包含了新石器时代彩陶文化、龙山文化和石棺葬文化三大不同内涵的文化类型，对于研究和建立该区域内的考古学编年序列及与甘青地区早期文化和川西平原的宝墩文化的交流与互动提供了新的实物资料，具有重要考古学研究价值。

与省文物考古研究院联合对金川县二嘎里乡新发现的一处新石器时代文化遗址该进行了抢救性考古发掘。此次发掘面积1 000平方米，清理灰坑133座、清理房屋6座、清理窑址11座。遗址出土陶质、石质、骨质等小件标本超300件。根据出土遗物初步分析，刘家寨遗址是四川新发现的一处距今5 000年左右的新石器时代晚期遗址，该遗址出土遗物种类繁多、数量丰富，对解决当地早期土著文化与周邻地区文化交流提供了不可多得的实物资料，所体现的考古学文化内涵与阿坝州境内哈休、姜维城、营盘山等遗址比较接近。

【非物质文化遗产保护】 参加第三届国际非物质文化遗产节，取得优异成绩。在开幕式当天的大巡游中，松潘藏族花灯、茂县柯斯郸两支巡游队伍成为成都市民和中外嘉宾注视的焦点。5月31日，在“阿坝州非遗文化主题日”上，州代表团为游客和参会嘉宾全面展示了巨幅唐卡、博巴森根、羌族羊皮鼓舞蹈、羌笛演奏、羌族多声部民歌、羌笛演奏、羌族刺绣、九寨沟南坪曲子表演、阿扎敬酒歌、六弦琴弹唱、石经雕刻、折嘎说唱等非遗项目。此次非遗节上，阿坝州的“茂县柯斯郸舞蹈”“非物质文化遗产展、主题文化活动日和民族传统艺术展演”获“太阳神鸟”金奖，“巨幅唐卡展”获“太阳神鸟”银奖。

结合阿坝州实际，形成《阿坝藏族羌族自治州非物质文化遗产保护条例》，并由省第十一届人民代表大会常务委员会第二十三次会议批准，于2011年7月1日实施。同时，该条例已翻译成藏汉双语的单行本20 000册分发全州各地加以宣传贯彻实施，已完成了《〈阿坝藏族羌族自治州非物质文化遗产保护条例〉实施办法》（初稿）。

成立了阿坝州非物质文化遗产保护中心和文化产业中心，专门配备了编制和人员，成立了阿坝藏族羌族自治州文化遗产保护协会，为进一步保护和合理利用丰富的民族文化资源奠定了坚实的基础。

阿坝州“禹的传说”“藏族编织、挑花刺绣工艺”“羌族碉楼营造技艺”“羌戈大战”“觉囊梵音”5个项目进入国务院公布的第三批国家级非物质文化遗产名录和国家级非物质文化遗产名录扩展项目名录中，至此，全州国家级非遗项目达17个。《释比古唱经》、圈德迪等17项非物质文化遗产项目列入四川省第三批非物质文化遗产名录，《羌戈大战》等5项非物质文化遗产列入四川省第一批、第二批省级非物质文化遗产扩展名录，全州已有省级非物质文化遗产名录项目共计53项。10月，壤塘县因觉囊梵音被文化部公布为2011～2013年度“中国民间艺术之乡”。

【文化市场】 为促进网吧规范化、规模化经营，不断推进全州单体网吧连锁化发展，引进了成都“龙之盛煌”网络技术有限责任公司作为全州网吧连锁工作的技术支持。成立阿坝州网吧行业协会，有效促进了全州网吧行业自律。加大对网吧的日常监管，认真落实市场巡查制度，坚决取缔无证或证照不全的黑网吧，坚持开展“五老”志愿者监管日常经营活动。建立健全娱乐场所长效监管机制，加强综合执法和日常巡查，坚决查处规定禁止的内容、电子游戏在非节假日接纳未成年人、超员超时等违规经营行为。

保持高压态势，深入开展扫黄打非和出版物市场的专项治理工作，严密封堵和查缴政治性非法出版物及有害出版物，确保藏区思想稳定。严厉打击侵权盗版行为，有效保护知识产权。加快推进使用软件正版化工作，到2011年底共采购正版操作系统及各类办公软件7 100套。

截止2011年底，全州共出动检查人员18 509人（次），检查网吧经营单位4 370家（次）、歌舞娱乐经营单位3 510家（次）、游艺娱乐场所558家（次），营业性演出经营单位

699 家（次）、书刊经营单位 2 149 家（次），音像制品经营单位 3 448 家（次），印刷经营单位 3 044 家（次），文物 52 家，收缴盗版音像制品 2 767（盘），收缴盗版出版物 356 家（次），收缴违禁出版物 41（册），受理举报 15 件，立案调查 3 件，警告 75 家（次），停业整顿 2 家，取缔 1 家无证游商。

【对外文化交流】 春节前夕，率州民族歌舞团随国家统战部赴尼泊尔慰问演出；4 月，由容中尔甲领衔的藏族原生态歌舞剧《藏谜》剧组应日本 TBS 电视台株式会社邀请赴日本演出并获得巨大成功；9 月，九寨沟县“南坪曲子”弹唱队赴澳门进行文化交流表演；11 月，《羌魂》剧组赴台湾展演访问；11 月，组织参加“外国友人看汶川地震灾后重建”摄影采风活动；12 月，与中华文化促进会、中国非遗中心、壤塘县文体局、北京品众文化传媒有限公司在北京联合举办了“洁净精微——觉囊·唐卡艺术展暨研讨会”，共计展出精品唐卡 60 余幅，来自北京的各位唐卡专家学者对觉囊唐卡艺术造诣给予了高度评价。这一系列文化交流活动展现了阿坝人民奋发向上的精神风貌和多彩的藏羌风情，给海内外观众留下了深刻映像。

【文化人才队伍建设】 2011 年，全州文化系统共有专业技术人员 230 人，其中副高以上职称 26 人，中级职称 79 人，全州学科带头人 2 人。

采取“请进来和走出去”的形式，加强业务培训。年内，组织文化事业工作骨干进行集中培训三次。指派业务素质精、综合素质强的专业人员对“阿坝州原生态锅庄队”和马尔康地区老年协会两支老年活动队伍进行业务指导，有效推动了区域性特色文化发展。

为增进全州各级文化工作者之间的交流与相互学习，启动了集文化管理、交流、民族民间文化收集、培训、送文化下乡为一体的“州、县、乡、村文化互动计划”，使各级文化工作者在具体的文化活动中交流和积累了工作经验，了解了基层群众的文化需求。

【文化体制改革】 根据省文化厅进一步加强文化市场管理和综合执法的总体部署，成立了阿坝州文化市场综合执法支队并于 6 月 28 日正式揭牌。新成立的阿坝州文化市场综合行政执法支队集中行使文化文物、广播电影电视、新闻出版等方面的行政执法权，查处全州文化市场重特大违法案件，指导、协调、监督各县文化行政执法工作。2011 年底，各县文化市场综合执法机构也已相继成立。

理顺了全州新华书店的体制，与省新华发行集团达成协议同意全州新华书店系统资产划转地方管理并于 11 月 11 日签订划转协议，实现了对全州新华书店系统“人、财、事”的统一管理。

【文化基础设施建设】 自“5·12”汶川地震灾后恢复重建开始以来，通过各援建方的无私援助和全州文化工作者的辛勤工作，全州文化灾后重建任务基本完成。截至 2011 年底，文化灾后重建项目累计开工 530 个，开工率 100%，累计完工项目 516 个，完工率 97.3%、累计完成投资 154 441 万元，完成规划投资的 68.2%。其中国家确定的 7 个重灾县累计开工项目 522 个，开工率 100%；累计完工项目 508 个，完工率 97.3%，累计完成投资 153 201 万元，完成规划投资的 68.2%。省确定的重灾县金川累计开工项目 8 个，开工率 100%；累计完工项目 8 个，完工率 100%；累计完成投资 1 240 万元，完成规划投资的 64.2%。

把为 163 个乡镇综合文化站配送业务专用设备、新建 227 个农家书屋、免费开放若尔盖县巴西纪念馆三项工程纳入州民生工程。经过努力，已完成 122 个乡镇综合文化站的设备采购工作，完成投资 976 万元，完成计划的 74.8%。

甘孜藏族自治州

【概况】 2011年，甘孜州有国家级文物保护单位6处，省保单位55处，州保单位231处；人类非遗代表性项目3个，国家级非遗代表性项目21个、省级非遗代表性项目56个、州级非遗代表性项目86个，国家级代表性传承人7名，省级传承人65名，州级传承人124名；为52个乡镇文化站配送了电脑等文化设备，新建农家书屋1 100个；有民族文化产业经营单位（业主）1 200余家，从业人员6 800余人，年经营性收入达到47 608.9万元。

【艺术创作】 新创作音乐作品《牧民新歌》《歌唱牧民新生活》《雪山下的新村》《我的家》《美丽的藏房》《新牧人之歌》等反映广大牧民群众新生活的歌曲18首。在四川省第十三届戏剧小品比赛中，甘孜州文化体育和广播影视局报送的曲艺小品《尼玛参军》（甘孜方言）荣获5项奖，即：组织奖、剧目奖、表演奖、编剧奖、导演奖；在首届中国原生态民歌盛典暨中国民间文艺第十届“山花奖”系列活动中，稻城县选送的民歌《吉祥颂》荣获“中国原生态民歌盛典传承奖”；炉霍县山歌手央金卓玛在甘肃省临夏州获得中国西部花儿民歌邀请赛金奖。5月29日，甘孜州代表团共30人赴绵阳参加四川省首届残疾人艺术节，拉姆初获得声乐类金奖，泽批获得美术类银奖，甘孜州残联获得组织奖。7月23日，第九届中国西部民歌（花儿）歌会在宁夏回族自治区永宁县中华回乡文化园隆重开幕。甘孜州选送的道孚县女子组合以其独特的民族魅力和精彩表演获得金奖。其中，女子组合原生态歌曲《吉祥金歌》获得了金奖，女声独唱《美丽的家乡》获得了银奖。

【公共文化服务】 举办“感恩奋进、欢乐周末”广场系列文化活动，活动聘请康定地区4个乐队和来自各单位、社区以及中老年协会的歌手每周五进行演出。演出共30余场。举办了以“甘孜儿女心向党、感恩奋进”为主题的“定居牧民唱新歌”和“红色经典歌咏赛”两个活动。康定剧场协助州政协与天津政协举办了庆祝建党90周年和纪念辛亥革命100周年美术作品展。顺利完成第三次全国文化馆评估定级工作，对全州18个县的文化馆长及相关工作人员进行了2天的业务培训，全州18个县图书馆全部实现了对社会免费开放，为牧民定居点发放文化活动室音响设备41套。

【文化产业】 创新开发文化产品30个，新创作时长90分钟的《高原风》剧目和音乐诗话剧《变迁之路》并成功招商。民族文化产业经营单位（业主）达到1 200余家，从业人员6 800余人，全年文化产业实现增加值28 000万元，比上年增长1.91%，占全州GDP的比重为2.2%。全年实现经营性收入47 608.9万元，上缴税金3 362.4万元，体育彩票销售3 100万元。

【文物事业】 州文物局组织州内相关专家对各县上报的申报文本进行了认真的审核和筛选，最终确定推荐上报道孚民居等30处州县保护文物点为第八批省级文物保护单位。其中包括古建筑13处、古遗址2处、近现重要史迹及代表性建筑物7处、古墓葬1处、传统民居2处、石刻及其他5处。

在第三次全国文物普查中，全州3 854处不可移动文物成果资料正式通过国家文物局审查、验收。完成丹巴巴底土司官寨、泸定朱德长征旧址、甘孜州民族博物馆文物征集等重点文物保护单位维修、文物保护单位保护规划、文物征集等8个文物保护项目编制工作，并上报省文物局。继续将红军飞夺泸定桥纪念馆免费对外开放。对已公布为文物保护单位的宗教寺庙进行了安全检查。

【非物质文化遗产保护】 甘孜州组织近150人参加第三届中国成都国际非物质文化遗产节，巡游活动中的丹巴嘉绒锅庄、展览设计、格萨尔说唱表演获得了“太阳神鸟”金奖。德格县在阿须乡格萨尔纪念堂举行《格萨尔艺人之家》挂牌仪式；8月9日色达县举行《格萨尔艺人之家》挂牌仪式。丹巴县于10月25日～28日成功举办了“2011·中国四川丹巴嘉绒藏族乡村风情节”活动。活动以选美、原生态歌舞表演等内容为主，中路、梭坡的成人仪式、革什扎的藏戏表演、巴底的弓箭舞等，充分展现了特色浓郁的传统节目。

【文化市场】 2011年甘孜州在加强行政审批和许可证年审换证工作的同时，重点开展文化市场整治工作。打击非法“网络共享”网站及设备产品专项治理工作。通过开展摸底调查，收集汇总情况，全州没有发现非法使用“网络共享”网站和销售影音棒、影音盒、DM盒等设备产品的情况；开展美术品市场专项整治工作。对画廊、画店和艺术展览场馆等美术品经营单位、涉及美术品经营活动的经纪机构和美术品集中经营地区及群众举报违法经营美术品集中的地区进行了重点摸底、调查，共发放宣传资料360余份，上门服务125人次，经调查清理，仅有一家专营美术品经营单位——康定跑马山旅游开发有限公司，并按照《美术品经营管理办法》已登记备案；开展查处取缔黑网吧专项整治工作。根据《四川省文化市场管理工作领导小组办公室关于开展查处取缔黑网吧专项行动的通知》，及时从加强领导、明确职责，加强协调衔接、共同推进工作和准确报送信息、按时完成工作三方面安排部署了专项行动。全州未发现黑网吧；开展文化市场安全管理工作。加强对网吧、娱乐场所、演出市场等公众聚集的文化经营场所的安全管理，加强文化市场行政许可安全事项材料审查，全面落实文化市场执法检查，并积极配合公安、工商部门开展查处取缔无证无照经营。通过清理整顿，进一步提高了经营业主安全意识，全州文化市场安全稳定，发展井然有序；开展建党90周年文化市场保障专项行动工作。将建党90周年专项保障行动与取缔查处黑网吧专项行动、文化市场安全检查等紧密结合起来，共出动1 080人次，发放宣传单9 600余份，对存在安全隐患的58家文化市场经营业主发出了限期整改通知书。确保了建党90周年全州文化市场平定稳定；加强演出市场管理工作。严格演出市场准入和备案审批，加强信息收集，积极开展法规宣传，扩展巡查范围，增大巡查频率，加大查处力度，并加强从业人员培训，增强自律意识，提升服务质量，共同弘扬诚信风气，规范演出市场秩序；开展游艺娱乐场所专项整治工作。会同公安、工商部门联合印发了《甘孜州游艺娱乐场所专项整治行动方案的通知》，从指导思想、工作目标、整治重点、职责分工、工作阶段、工作要求六个方面作了安排部署。共出动车辆74台次，人员344人次，检查游艺娱乐场所230余家次，联合查处涉赌经营9家，无证经营5家，捣毁违规游艺机79台，收缴涉赌游戏机主板23张。

【对外文化交流】 甘孜州歌舞团创作的《高原风》剧目在成都共演出5场。

【文化人才队伍】 5月15日～18日，甘孜州文化体育和广播影视局长业务培训会在海螺沟成功举办，州委常委、宣传部部长杨秀彬，州委常委、州政府副州长栾国志分别到会并讲话。全州各县文化体育和广播影视局长、海螺沟景区宣教群团处以及州局各内设科室、下属事业单位主要负责人全部参加了培训会。在康定举办了全州文化工作业务培训班，各县分管局长、文物非遗工作业务人员、文化馆长、图书馆长（图书管理员），以及州直文化系统相关单位共90余人参加了培训。

【文化体制改革】 实现了文化、体育、广电、新闻出版四大行业的组合，甘孜州文化体育和广播影视局组建1年来，运行良好，文化管理和服务水平有所提高。甘孜州18个县完成文化、旅游、体育、广电、新闻出版五大行业的组合，成立文化旅游广播影视局。

【文化基础设施建设】完成甘孜州民族博物馆续建工程的办公楼、地下室、格萨尔广场大车停车位、格萨尔广场树池、排水沟等续建工程；完成全州18个县文化信息资源共享工程县级支中心建设；在已建成100个乡镇综合文化站的基础上，顺利完成剩余225个乡镇综合文化站的建设任务；完成2 682个基层党员远程教育及村级文化信息共享工程项目。

【行政能力建设】10月26日，州文化体育和广播影视局召开学习贯彻十七届六中全会动员大会。局班子成员、局机关副科级以上领导干部以及州广播电视台、州歌舞团、州文化馆等八家下属事业单位中层以上干部共80余人参加了动员。

【大事记】3月28日，全州文化体育广播影视新闻出版工作会议在康定召开，州委常委、宣传部长杨秀彬，州委常委、副州长栾国志，州委副秘书长郑显峰、州政府副秘书长邓薇，康巴卫视副总编益西彭措出席会议。全州各县宣传部长、分管副县长、文旅广体局长、州文体广局全体干部职工参加了会议。6月27日，甘孜州文化市场综合执法支队在康定举行了成立和揭牌仪式，栾国志，四川省文化厅党组成员，四川省文化厅党组成员、副厅长窦维平出席仪式并讲话。仪式由邓薇主持。10月20日下午，第十二届中国西部国际博览会甘孜馆在成都世纪城国际会展中心开馆。10月18日～22日，《高原风》剧目共演出5场，其中1场为西博会专场演出，1场为州委州府答谢演出，累计观众达5 000余人并与香港国风艺文发展有限公司、四川川舜尧文化传媒公司、广西红十字基金会成功签约50余场；成功签约康巴足球学校、甘孜州户外运动项目、康定情歌剧院、《格萨尔》歌舞剧、格萨尔文化园区5个文化项目，总投资达11.34亿元。

凉山彝族自治州

【概况】 2011 年，全州文化影视新闻出版系统深入学习贯彻党的十七届六中全会精神，认真落实党中央国务院关于文化改革发展的重大部署，坚持围绕大局，服务中心，团结奋进，攻坚克难，以昂扬向上的精神面貌，开创了文化影视新闻出版工作新局面。

【艺术创作】 全州文化系统以社会主义核心价值体系为指导，坚持“三贴近”，遵循艺术规律和市场规律，创作了一批融思想性、艺术性和观赏性为一体，具有民族特色的优秀文艺作品，在国家和省级比赛中多次获奖。优秀民歌手荣获“中国西部民歌（花儿）歌手邀请赛”二等奖；州歌舞团《泉边彩虹》荣获第八届中国舞蹈“荷花奖”表演铜奖，实现凉山州参赛节目在国家级舞蹈大赛中获奖项目“零”的突破。凉山彝族服饰在“第四届云南民族服装服饰文化节暨中国彝族赛装节”上大放异彩，荣获 3 项一等奖，1 项二等奖；大型彝族风情歌舞《燃情大凉山》赴台湾演出活动取得圆满成功，州歌舞团受到州委、州政府通报表扬；组团参加中国·呼和浩特少数民族文化旅游艺术活动受到主办方好评。凉山歌舞团赴珠海义演、盐源县《心中的泸沽湖》成都商演等活动取得圆满成功，展现了凉山州团结进步、开放发展的良好形象，充分展示了凉山丰富的民族文化资源，提升了凉山州的知名度、美誉度和影响力。

【公共文化服务】 按照结构合理、网络健全、运行有效、惠及全民的原则，大力推进公共文化服务体系建设。国家和省下达凉山州的 602 个乡镇综合文化站新建项目全部开工；完成 91 个乡镇文化站和社区文化活动室专用设备配送任务，新建“农家书屋” 1 580 个，州、县文化馆、图书馆全部实行了免费开放，充分发挥了公共文化机构服务群众的职能。国家和省投资 260 万元，对普格、美姑、雷波县图书馆和昭觉县文化馆进行了维修改造。在国家文化馆评估定级中，德昌馆评定为二级馆，会理、普格、西昌馆评定为三级馆。会理县（歌舞）、昭觉县（彝族服饰）被文化部命名为“中国民间文化艺术之乡”。《凉山州文化发展“十二五”规划》经州政府批准印发。

【文物事业】 全国第三次文物普查工作进展顺利，全州共登记不可移动文物点1 344处，圆满完成了国家和省下达的普查任务，申报第八批省级文物保护单位 25 处。“凉山彝族自治州非物质文化遗产保护中心”经州编委批准成立。

【非物资文化遗产保护】 彝族年、藏族民歌（藏族赶马调）、彝族婚俗等 3 个项目正式入选第三批国家级非物质文化遗产名录，29 个项目入选四川省非物质文化遗产名录。组队参加文化部、四川省人民政府、联合国教科文组织共同主办的第三届中国成都国际非物质文化遗产节，“大凉山韦穆嘎乍（彝族服饰展演）”“博览园展演——凉山展馆”均获得组委会颁发的最高奖项——“太阳神鸟”金奖，赢得了各级领导及现场嘉宾的一致好评。

【文化市场】 全州出动文化执法人员 1.8 万人次，检查网吧 2 365 家次，音像制品单位 306 家次，歌舞娱乐场所 1 130 家次，游艺娱乐经营场所 1 428 家次，演出单位 25 家次，受理案件 112 件，办结案件 112 件，收缴非法音像制品 20 443 张，查缴非法出版物 700 余册。积极促进文化市场健康发展，进一步加强新闻出版行业管理和“扫黄打非”工作力度，开展了严密封堵查缴政治性非法出版物等专项行动，净化了文化、出版物市场。

【产业发展】国家文化产业示范基地——凉山文广传媒公司实现了对凉山民族文化艺术中心的有效管理，把艺术中心打造成为全州群众文化休闲娱乐活动中心、全州重大节庆和主题活动中心，实现了社会效益和经济效益双丰收，承办各类节庆、会展、文艺演出、比赛280余场次，拍摄、制作光碟2万张，全年经营收入4988.56万元，较上年增长23.19%，持续保持了两位数的增长势头，上缴税收262.41万元，解决了400个就业岗位。凉山电视台、凉山人民广播电台、广播电视报（月城周刊）通过多种形式丰富了节目、栏目内容，收听、收视率和读者数量不断提高。

【民俗文化品牌创建】根据《中共凉山州委、凉山州人民政府关于深入实施品牌战略的意见》精神，州文化影视新闻出版局充分利用我州丰富的民族文化资源，倾力打造“民俗文化”品牌，取得丰硕成果。成功申报国家级非物质文化遗产名录3项，省级非物质文化遗产名录29项，“中国民间文化艺术之乡”2处，荣获国家级文化艺术奖项2项，第三届中国·成都国际非物质文化遗产节“太阳神鸟金奖”2项，国家级少数民族传统体育运动会表演项目1项，省级文化艺术奖项2项。

全省文化工作会议

歌剧《娥加美》剧照

话剧《大川之灵》剧照

音舞诗《巴山魂》剧照

现代川剧《槐花几时开》剧照

巴蜀舞乐歌《大美四川》剧照

现代京剧《魂系油气田》剧照

舞蹈《凤悲鸣》剧照

四川省文化列车赴青川县慰问演出

送图书下乡活动

藏区文化新面貌：

社区文化节

（藏）家书屋

广场文化活动

四川省区域特色文化产业发展现场会

四川文化产业调研座谈会

茶马
Forum On

茶马古道文化遗产保护研讨会

第三届中国成都国际非物质文化遗产节非物质文化遗产国际论坛

非物质文化遗产——四川扬琴专场演出

北川非物质文化遗产保护中心

新建的平武县平通综合文化大楼

汶川县银杏乡文化活动中心

湖北援建的汉源县文化大楼

绵竹市文化广场

北川文化中心

新建的水磨羌城

新建的绵竹年画村

川剧《火焰山》欧洲巡演剧照

四川省政协主席陶武先率四川文化代表团访问法国

英国制造——英国文化协会当代艺术展(1980~2010)开幕

川省文化厅党组中心组学习

四川省艺术研究院授牌仪式在全省文化局长座谈会上举行

四川省文化厅召开党组中心组学习扩大会暨全省文化局长座谈会

SICHUANWENHUANIANJIAN

SHENGJIWENHUADANWEIGAIKUANG

省级文化单位概况

- 四川艺术职业学院
- 四川省图书馆
- 四川省文化馆
- 四川博物院
- 四川省文物考古研究院
- 四川省文化厅
剧目工作室
- 四川省川剧艺术研究院
- 四川省音乐舞蹈研究所
- 四川省诗书画院
- 四川省歌舞剧院
有限责任公司
- 四川交响乐团
- 四川人民艺术剧院
- 四川省川剧院
- 四川省曲艺研究院
- 四川省非物质文化
遗产保护中心
- 四川省锦城艺术宫
- 四川省文物总店
- 四川雕塑艺术院
- 四川文艺音像出版社
- 四川省文化市场稽查总队

四　川
艺术职业学院

【概况】2011 年，四川艺术职业学院强化质量意识、大局意识和服务意识，奋力拼搏，不断加强内涵建设，突出办学特色，扩大办学规模，改善办学条件，切实提高了办学实力，在推动文化大发展大繁荣的过程中，各项事业取得了新的突破和发展。

【创先争优活动】学院持续深化以“比教学科研看工作业绩、比管理服务看群众满意、比学习成才看能力素养”为主题的“三比三看”创先争优活动，涌现了一批优秀党务工作者、优秀共产党员和优秀教育工作者。10 月 14 日，学院在四川省文化厅厅直文化系统“为民服务创先争优”工作会上被评为厅直文化系统“创先争优示范单位”，2 位同志荣获厅直文化系统“创先争优示范星”称号。

【基层党组织建设】新建了音乐系、戏剧系、动漫系和市内办公点四个直属党支部，选派了 3 名年轻干部任党支部书记；加强了附中党总支的力量，选派了 1 名工作经验丰富的干部任党总支专职副书记，重点管理“9+3”学生；理顺了离退休人员党支部的管理并组织其开展丰富多彩的活动。学院业余党校培训班开办了三个班，424 名学员顺利结业。培养发展了新党员 112 名，其中“9+3”学生 6 名。

【干部队伍建设】学院推荐提拔了一名正院级干部，调整充实了部分干部到急需岗位工作，选派了一名副处级干部和一名团干部到基层挂职锻炼，选送了 13 名干部参加省教育工委和省直机关党校举办的各类干部培训班。学院建立了后备干部制度，确定了首批 6 名副院级和 9 名副处级后备干部。

【岗位设置工作】经过拟定岗位设置方案、统计现有人员情况、核定事业单位编制、公示初聘人员名单等程序，学院 68 名管理人员、221 名专业技术人员的岗位设置方案已经通过省文化厅、人社厅的初审，待正式批准后实施。

【制度建设】完善了《四川艺术职业学院工作职责汇编》，汇编了各类教学管理制度 58 个，制定了一系列内审管理制度，形成了严格的教学管理、行政管理体制，为学院发展的各个环节提供了强有力的制度支撑。

【学科建设】成功申报了“主持与播音”专业，学院大专专业共 26 个，涵盖音乐、舞蹈、戏剧、艺术设计、动漫、文化管理 6 个大类，进一步扩大了专业覆盖面。在教育部、财政部于 2011～2013 年实施“支持高等职业学校提升专业服务能力”项目中，学院申报的文物鉴定与修复、舞蹈表演两个专业为重点建设专业，共获得中央财政资金 400 万元。其中文物鉴定与修复专业建设类型为人才紧缺型专业，舞蹈表演专业建设类型为特色引领型专业，奠定了学院核心竞争力的重要基础，走上“特色强校谋发展，内涵提高创一流”的发展道路。

【专升本工作】共有 30 名学生专升本升至四川音乐学院和西南民族大学，被录取人数较上年有大幅提高。

【修订人才培养方案】学术委员会修订了各专业人才培养方案，确立了大专以培养应用型文化艺术人才为主、附中以升学为主的人才培养目标。加大实践教学在教学计划中的比例，明确了学院特色鲜明的发展定位，解决了“建设一个什么样的大学”这一重要问题。

【科研教研】通过科研奖励办法等多种措施鼓励广大教职工参与教研科研，教师共发表 40 余篇学术论文。艺术设计系牵头主编了由高等教育出版社出版的全国美术系列教材，学院出版了《钢琴伴奏教程——音乐会歌剧<娥加美>》《中国舞基本功训练钢琴曲选》《舞蹈教学与心理学》三部专业课教材。强化科研教研与舞台实践相结合举措，参加全国性、全省性六大赛事，获国家级奖项 6 个、省级奖项 50 余个。其中学院独立创作、排演的音乐会歌剧《娥加美》作为四川省唯一参演剧目参加首届中国歌剧节，荣膺优秀音乐创作奖、优秀表演奖、剧目奖三项大奖。舞蹈《春到百合开》荣获"第九届全国舞蹈比赛"表演二等奖（第一名）。在2011年四川省舞蹈新作比赛上，舞蹈《春到百合开》荣获表演一等奖、创作二等奖；舞蹈《走出大山的爱恋》荣获表演二等奖、创作三等奖、优秀作曲奖；舞蹈《心声》荣获表演三等奖、创作三等奖，并获得优秀作曲奖和优秀服装奖。附中学生王裕仁荣获第十五届中国少儿戏曲小梅花金奖、"十佳"称号和"文华艺术院校奖——第一届全国青少年戏曲邀请赛"地方戏低年级组铜奖。肖德美、白玲、赵文学3位教师荣获"文华艺术院校奖——第一届全国青少年戏曲邀请赛"优秀指导教师奖。在四川省第六届大学生艺术节、四川省第十三届戏剧小品（小戏）比赛、第三届四川省高校学生环境艺术设计大赛、第二届全国高职高专英语写作大赛、第七届高职高专实用英语口语大赛等大赛上获多个奖项。

【与四川省博物院互建实训合作单位】学院与四川省博物院互建实训合作单位，4月16日，在省博物院举行了"四川艺术职业学院教育实训基地"授牌仪式。

【学院首届大学生英语写作比赛】3月17日、21日，学院基础部英语教研组分别在金牛校区、十陵校区举办学院首届大学生英语写作比赛，共评出一等奖2名，二等奖2名，三等奖10名。

【招生就业工作】共录取新生2494人，实际报到1853人，创学院历年新生录取、报到人数新高。其中大专新生报到1182名，中专新生报到671名。2011年毕业大专生601名，总就业率94%以上。协调落实了63名"9+3"学生的顶岗实习工作，推进了学院"9+3"工作的顺利开展。

【师资队伍建设】2011年，1人晋升副高职称，16人晋升中级职称。同时，完成了15名外聘教师的职称评审工作。院长林戈尔被省委、省政府批准为"第九批四川省有突出贡献的优秀专家"。共招录4名研究生、6名辅导员，教师队伍建设得到进一步加强。

【重视教职工切身利益】在学院搬迁后运营成本急剧增加、经费极其紧张的情况下，学院开源节流，适当上调教师课时津贴标准、行政岗位津贴标准、午餐补贴，教职工福利待遇有所上升；积极协调教职工团购宿舍"艺苑"建设项目工作的推进；围绕重大节日开展拔河比赛、摄影展览等形式多样的文体活动10余次，慰问看望生病住院教职工14人次。

【宣传工作】编发学院工作信息24期、学院宣传动态82期，学院网站发布新闻与信息100余条、图片资料1000余张，20余家报纸、电视、网络媒体播发学院各类新闻50余条，创编内部党员干部学习刊物《学习文摘》。

【学生思想政治教育】开展了"感恩之声"红歌大家唱、"关心时事心系党"知识竞赛、"2011年度五四表彰暨纪念汶川大地震三周年感恩奋进"演讲比赛以及形式多样的社会公德教育、社会主义荣辱观教育、感恩教育、诚信教育，有力提高了学生的思想道德素质。

【完善学生资助工作体系】正式成立了"四川艺术职业学院学生资助中心"，统筹规范了校内助学岗位；完善了《四川艺术职业学院助学岗位管理制度》及特贫困生认定制度，本年度共安排校内勤工助学学生26人，校外助学岗位145人次，43名贫困生通过"绿色通道"顺利入学。做好贫特困学生的生活补助工作，为1022人发放了23万元生活补助，发放国家奖学金、国家助学金、励志奖学金等计122万元。

【完成整体搬迁工作】4月中下旬至7月中旬，在学院党委的统一安排部署下，全体教职工自觉贯彻落实搬迁方案，牺牲假期休息，克服重重困难顺利完成整体搬迁任务，实现了新老校区各项工作的平稳过渡，达到了安全入住与顺利行课的工作要求，开启了校区整合、资源优化、加快发展的新局面。同时，加大了基础设施投入力度，市区办公点进行装修改造工程，有力改善了校园环境，改善了办学条件。

【新校区教学办公设施建设全面竣工】学院温江

新校区教学办公设施建设除实验剧场外，全面竣工。温江新校区占地260余亩，建筑面积约10万平方米，总投资3.2亿元（原四川省舞蹈学校土地置换筹集资金2.5亿，资金缺口7千万元）。

【安全保卫工作】 加强学生安全教育、消防安全隐患检查、校园综合治理工作，完成了学院安全保卫体系的全覆盖，确保全年无一例刑事案件发生，维护了学院稳定。

【上级调研指导】 12月13日，四川省文化厅党组书记、厅长郑晓幸带领厅党组成员、厅机关相关处室负责人一行到学院温江新校区调研指导工作。郑晓幸肯定了学院近几年来取得的优异成绩，要求学院要高度重视人才队伍建设，重视教学管理，加强学科建设，强化科研立项，强化管理严校，和谐兴校，开放办校，特色强校。9月27日，四川省政府分管文化教育工作的副秘书长陈保明莅临学院温江新校区检查指导工作。他指出，四川艺术职业学院既能合理融入温江区公共文化服务体系建设，又能充分考虑四川从文化大省走向文化强省对学院学科建设和未来发展的要求，积极谋求发展，务实创新，始终在专业艺术与文化教育方面进行着有益的探索。9月28日，四川省文化厅党组成员、机关党委书记严飒爽，机关党委副书记张珂到学院调研指导创先争优工作。

【陈晓光莅临学院举办专题讲座】 12月26日，全国政协教科文卫体委员会副主任、中国文联副主席、文化部原副部长、著名词作家、诗人陈晓光莅临学院，在学术厅为广大师生举办《中国歌曲百年》专题讲座。四川省文化厅党组成员、副厅长李兆权出席并主持讲座。

【荣登2010年度全省文化系统光荣榜】 2011年1月11日，在省政府召开的2011年全省文化工作会议上，学院川剧《死水微澜》获“第二届中国校园戏剧节优秀组织奖、优秀剧目奖”，虞佳获“第二届中国校园戏剧节优秀表演奖”，赴英国参加“欢乐春节”演出获中国驻英大使馆专电通报表扬，林戈尔被省委、省政府批准为“第九批四川省有突出贡献的优秀专家”，荣获2010年度全国文化先进单位。

【对外演出受表彰】 由国务院侨办、国务院新闻办、文化部和四川省人民政府共同主办的2011“文化中国·锦绣四川”欧洲行系列活动先后在比利时布鲁塞尔欧洲议会、巴黎法国经社会环境理事会、瑞士日内瓦联合国欧洲总部成功举行。学院系参与此次活动筹备及演出的成员单位之一，为活动成功举行作出了突出贡献，受到四川省人民政府办公厅通报表彰。

【院长林戈尔获四川省委宣传部表彰】 12月29日，省委宣传部召开四川省2011年度优秀文艺作品、出版物创作生产总结表彰会，学院院长林戈尔受到了表彰。

【汉藏双语演讲大赛获佳绩】 6月29日，在由四川康巴藏语卫视频道主办的“‘爱祖国 爱家乡’2011年汉藏双语演讲大赛总决赛暨颁奖典礼”上，学院“9+3”学生获三等奖、优秀奖、优秀组织奖。

【承办四川省庆祝中国共产党成立90周年藏区“9+3”学生文艺汇演】 6月20日晚，由四川省藏区“9+3”免费教育领导小组办公室、中共四川省委教育工委、四川省教育厅主办、学院承办的“四川省庆祝中国共产党成立90周年藏区‘9+3’学生文艺汇演”在学院川艺实验剧场举行。中共四川省委常委、宣传部长黄新初、四川省人民政府副省长黄彦蓉、省政府副秘书长陈保明、中共四川省委教育工委书记、省教育厅厅长涂文涛等领导莅临演出现场。

【参加辛亥革命100周年文艺演出等重大演出活动】 参加了由省文化厅主办的“辛亥革命100周年文艺演出”“2011年首届中国旅游日（四川）纪念活动暨四川红色旅游宣传月活动”启动仪式文艺演出、青川古镇古城开幕式、青春版《死水微澜》进高校巡演、“校地共建——庆国庆”、全国十城市春节联欢晚会等演出活动。

【中国民航飞行学院新津分院等到学院参观考察】 10月27日，中国民航飞行学院新津分院参观团到学院参观考察。11月15日~12月3日，受学院邀请，经省文化厅批准，美国腹地剧团

（The Hinterlands）白灵芝等一行 4 人来川与学院川剧专业师生开展为期 3 周的文化交流学习活动。

【承担社会艺术水平舞蹈考级工作】 2011 年舞蹈考级工作考生人数大幅度增加，达到了 32 000 人，考生艺术水平和素质逐年提高。

四川省图书馆

【概况】 四川省图书馆是综合研究性公共图书馆，是巴蜀文化、典籍文献研究和公益性文献信息基地，是世界银行资料存放馆和国际图书馆联合会的成员馆。其主要职能可以概括为“一库三中心”，即：四川省总书库，全国文化信息资源共享工程四川省分中心、四川省古籍保护中心、四川省编目中心。四川省中心图书馆委员会办公室设在四川省图书馆，其职能主要是协作协调全省大专院校、科研院所图书馆相关工作。

四川省图书馆馆藏极为丰富独特，拥有 500 余万册藏书。最具特色的部分有：隋唐时代手写经卷、宋元明清著名文人重要诗词集、历代四川珍贵地方志书、中国古代医学典籍、近代文化名人手稿、民国暨抗战文献等。

【年度主要工作】 抢救整理再造了馆藏《明代印存》和《水浒叶子》等馆藏珍贵古籍；完成与四川大学图书馆合作再造《四川全图》；完成四川省公共图书馆图书馆学、文献学研究规划项目专家评审工作及课题研究；举办四川省图书馆学会第七次会员代表大会；完成第六届理事会工作报告、第七届会员代表大会筹备工作报告和学会章程，选举产生了学会第七届理事会，表彰了学会先进集体、优秀会员和优秀学会工作者；协调召开图书情报协作网年度工作与学术交流会议。“巴蜀讲坛”先后在成都高新区图书馆、双流县图书馆、宜宾市图书馆等地举办讲座 28 场，听众达 8 000 人次。在传统的阅览流通、参考咨询、缩微声像资料服务及图书馆科学管理、信息化技术、文献标准化等理论与技术的研究基础上，努力开拓新的服务领域，加强了与立法机构（省人大常委会办公厅）、政府有关部门（旅游局、信息办、四川新闻网）、学校（高校、中小学）、企业（四川移动、四川电信）、部队（成都军区通信部、政治部）、国内国际图书馆界等多种形式的密切合作。

为四川省委、省政府、省人大、省政协及相关职能部门提供决策信息，完成四川省公共图书馆地方法规立法工作；开展政府信息公开查询服务工作并完成结题报告；5 月 11 日，由中共四川省委宣传部、四川省文化厅主办、四川省图书馆承办的纪念“5・12”汶川特大地震三周年暨北川县图书馆等新馆开馆仪式在北川县图书馆举行。通过向北川县图书馆赠书；北川县图书馆向永昌镇居民发放借书证等活动，感恩祖国和人民。北川县图书馆新馆开馆，标志着四川灾区公共图书馆重建新馆正式对外开放并向广大读者提供免费服务，真正实现了文献资源全民共享；四川省图书馆积极开辟了新的服务范围和项目，拓展服务领域，改善公共图书馆形象，发挥了图书馆作为行使政府职能基本理念的转变，强化政府公共文化服务的重要作用。

【强化图书馆功能积极开展免费服务】 以省图书馆文献资源为基础，以“巴蜀讲坛”和“共享工程”建设为依托，联合市（州）、县（市、区）图书馆并充分利用数量众多的基层图书馆服务窗口，整合数据并率先在互联网开通、发放“网上读书卡”，同时将馆藏自建和购置的数字资源向全省覆盖，在全省范围内建成 54 467 个文化信息资源共享工程各级服务点；继续实施“县级图书馆推广计划”。组织召开“全省公共图书馆馆长会议”；加强专业人员培训，为中长期发展培养和储备干部。截止 2011 年 11 月 30 日，在馆内对中层干部和专业人员进行业务培训，先后举办了“PPT 制作”“超星数字图书馆”“万方数据”等计 6 期业务培训班，同时选派中层和业务骨干计 11 人于 10 月 12 日分赴国家图书馆和上海图书馆培训学习。全面实施免费服务，延长开放时间，全年 365 天免费为农民工、现役军人、离退休人员、残障人员和未成年人服务。

【业务培训】与国家图书馆合作，5月~6月组织图书馆专家及高等院校专家，对灾区图书馆工作者开展集中培训；加强与四川省艺术职业学院的合作，为培养图书馆学专业人才做出积极努力；3月，在西南交通大学举办联机计算机图书馆中心（OCLC）学术研讨会，参会人员77人；6月，在双流县图书馆举办“全国图书馆志愿者行动——四川省基层图书馆馆长培训，受训人员180人；7月，由省文化厅主办、省图书馆学会、省图书馆、西南交通大学图书馆承办的“四川省公共图书馆馆长培训在西南交通大学九里校区举办，受训人员127人；9月，由四川省图书馆、四川省图书馆学会、阿坝州图书馆主办、汶川县图书馆协办的“图书馆学基础业务知识培训班”在汶川县成功举办，来自全省公共图书馆76人参加培训；11月，由四川省图书馆、四川省图书馆学会与攀枝花市图书馆联合举办的“图书馆学基础业务培训班”在攀枝花市开班，来自全省14个地市（州）图书馆180余人参加培训。

【新馆建设】2月~9月，对《四川省图书馆新馆建设内部装修设计方案》《四川省图书馆新馆建设项目数字图书馆设计方案》进行研讨、论证；9月，完成新馆主体施工总承包二次招标工作；11月3日，华西集团作为中标方正式进入主体现场；12月6日，1、2号塔机安装完毕，标志着四川省图书馆新馆建设工程全面开工。

【信息化建设】重点加强数字图书馆建设。独立建设和开发了一系列有特色的专题数据库，拥有19.62TB的数字资源，四川省数字图书馆平台向全省181个县开通，初步形成了覆盖全川的省、市、县、镇（乡）、村五级公共文化服务网络。

四川省文化馆

【概况】四川省文化馆立足“服务人民、改革创新”的总体目标，把握“高位求进、加快发展”的工作基调，以全方位完善公共文化服务网络、全方位升级公共文化服务质量、全方位拓展群众文化活动、全方位提升文化队伍素质为工作重心，不断推进全省群众文化工作迈向更高台阶。

【组织指导多样化群文活动】根据省委省政府及省文化厅具体安排，参与组织了“文化暖冬——我们一起过年”赴四川灾区慰问演出活动，先后赴青川、北川、梓潼、射洪、蓬溪等9个地震灾区和贫困地区县区进行了11场慰问演出，给近10万群众带去冬日最温暖的问候和祝福。与此同时，“迎春科技大场”“万卷书画进农家”等系列文化活动的持续开展，带动全省元旦春节系列群众文化活动逐步进入高潮。在“5·12”三周年纪念活动期间，省文化馆编辑、出版、发行的《文化力量》画册及举办的《文化力量》图片展览，充分展示了灾后文化恢复重建在抚慰心灵、文化惠民、文化乐民方面取得的可喜成果和人民精神家园重建后实现全新跨越的良好局面。在庆祝建党90周年系列文化活动中，承办了《感恩共产党》四川省庆祝中国共产党成立90周年大型主题晚会，以“开天辟地”“红旗漫卷”“走向复兴”三个篇章，串起中国共产党90年的伟大历程；通过交响音乐、情景诗画、歌舞表演、独唱联唱合唱等形式，献上四川儿女对党的感恩情怀和热切礼赞。省文化馆以“感恩奋进、建设美好新家园”为主题，通过组织多样化舞台文艺样式专题创作、演出，传播幸福理念，引导党员增进爱党之情、常怀忧党之心、恪尽兴党之责。在全社会大力唱响共产党好、社会主义好、改革开放好、伟大祖国好、各族人民好的时代主旋律。承办的“四川省‘群星璀璨’摄影艺术展览”展出全省优秀摄影作品400余幅，成为了四川省群众摄影艺术创作水平的一次集中展示。为全力办好、落户四川达州的首届全国新农村文化艺术展演，省文化馆全体业务骨干奔赴达州精心策划组织实施，展演活动中融合了时代主旋律、原生态雏形、现代流行、地域风情等多种文化元素，并充分运用各种高新技术，烘托渲染“展演”活动氛围。全方位、多角度、深层次集中展现新农村建设的新成就。省人民政府副省长黄彦蓉等领导出席展演活动并予以了高度评价。组织筹备了文化部、省政府主办的2012年“《根与魂》——四川非遗周（香港）”“四川民间艺术节（台湾）——《四川大茶馆》”活动。

全省群众文化活动常态化的高潮迭起，凸显出各地有品牌、县县有亮点、乡乡有演出、村村有特色、天天有活动、群众都参与的可喜局面。在巴蜀大地上，上万场文化艺术展演、电影展映送到田间地头、灾区和贫困山区，数千场农村文艺活动、“科技大场”、科普讲座、培训、“万卷书画进农家”“万户千家读书征文”等活动在广大农村全面展开，上千支文艺小分队、文化列车、流动演出车、流动图书车、文艺轻骑兵，把节日文化大餐送到老百姓的家门口，把党和政府的温暖送进老百姓的身边。

【群文赛场捷报频传】年初，由文化部、教育部和海南省人民政府主办，在海南省海口市举行的“第四届中国少年儿童合唱节”上，由省文化馆精心选拔指导的两支合唱团在来自全国23个省、自治区和直辖市的29支少年儿童优秀合唱团队中脱颖而出，双双获得“小黄鹂杯”奖，受到了评委及观众的高度评价，也使四川成为了在本次赛事中唯一斩获两项大奖的省份。在火热的重庆，由省文化馆选派的巴蜀合唱团在“2011年中华红歌会（重庆）”的舞台上激情演绎，获“长江杯”“优秀组织奖”。由省文化馆打造的羌族舞蹈《柯斯郸》在第三届中国成都国际“非遗节”展演活动中获金奖。在宁夏举办的第九届中国西部民歌（花儿）歌会上，来自我国西部十二个省区和新疆建设兵团十三支代表队的200名知名顶级民歌花儿歌手为观众献上了一场“歌山花海”的精彩演出，经过3天的激烈角逐，由省文化馆组织参加的节目获得观众和评委的一致好评获得金奖，省文化馆还获得了优秀组织奖。参加了由文化部、中国群文学会主办的2011年中国（张家港）长江文化艺术节和第四届（张家港）长江流域民族民间艺术节，本届艺术节汇集了沿江12省区市的16支民族民间文艺表演团队，演员人数超过200人。省文化馆获组委会颁发金奖和优秀组织奖，充分展示了四川作为群文大省的深厚底蕴，展现了四川民间文化传承工作的可喜成就。辅导、编排的原创舞蹈《老妈妈》第三次走进中央电视台，录制中央三台的王牌节目《我要上春晚》。接到央视邀请后，省文化馆业务人员在节目创新编排上下工夫，加班加点进行紧张排练，向全国人民展示四川民俗风情和地方特色。

【文化馆建设】为圆满完成全国第三次文化馆评估定级任务，省文化馆配合省文化厅社文处对评估定级工作进行了周密安排；先后两次召开文化馆评估工作培训会，组织全省21个市（州）社文科（处）长、文化馆长进行培训，认真理解文化馆评估定级工作的深刻意义，学习和掌握《评估标准》《实施细则》的应用，为全省评估定级工作的开展打下了良好的思想基础；同时选派人员参与评估检查工作，赴各市（州）对参评文化馆进行审查和验收。通过实地考察、听取汇报、抽查资料等方式，对文化馆的评估定级工作进行了全面细致的检查和验收。在评估工作中，四川出台的文化馆评估定级与文明城市、财政经费等挂钩的创新政策发挥了调控作用，有效地调动了地方参评积极性，获得文化部领导高度评价。8月底，省文化馆迎来了文化部全国第三次文化馆评估定级检查组对该馆评估定级和免费开放工作的评估检查。检查组通过实地考查和听取汇报后，对省文化馆工作给予充分肯定，认为群众文化活动丰富多彩，特色鲜明，文艺创作硕果累累，文化交流影响深远，文化阵地红红火火，内部管理规范有序，文化氛围非常浓厚。在11月文化部办公厅关于公示全国第三次文化馆评估定级省级、副省级文化馆以上等级名单的公告中，四川省文化馆位列一级馆名单。通过此次评估，全省文化馆建设迈上了一个新的台阶，一馆一品牌一特色的发展模式得到了文化部的高度重视，认为在全国具有典型性、代表性，应予以推广。

【对外交流】为向世界人民介绍汶川地震抗震救灾和恢复重建取得的伟大成就，展示四川改革开放取得的丰硕成果，省文化馆启动了“外国友人看汶川地震灾后重建”主题摄影系列活动。本次活动旨在通过世界著名摄影家的独特镜头，向世界推广四川地震灾后重建的巨大成就和人类面对灾难抗灾救灾的独特经验；介绍中国西部大开发中四川参与世界经济，融入世界经济大潮的科学探索和生动实践，推介21世纪新兴的最具成长性的区域经济体——成渝经济区的活力和生机；介绍四川独有的秀美山川、自然生态和民族文化；介绍四川人民在推动经济社会发展中，文化创造和文化传承的丰硕成果和有益经验；特别是四川在保护和传承人类文化多样性方面的独特贡献。该活动第一阶段顺利实施，来自美国、英国、法国、德国、意大利等18个国家的22位摄影家分9组分赴到成都、德阳、绵阳、广元、阿坝等6个灾区市州，在地方政府和文化、宣传等相关职能部门的精心安排和组织下，围绕“新居重建”“设施重建”“民生保障”“遗产保护”“创新发展”等主题，创作完成了2 000余幅优秀摄影作品。作品以世界的眼光和第三方的视觉再现了四川从悲壮走向豪迈，取得灾后恢复重建的巨大成绩，同时展现了四川独有的秀美山川、自然生态以及四川人民文化创造和文化传承的有益经验。

【文化人才培养】人才是文化建设事业中的主体，发展公共文化事业，队伍是关键。省文化馆通过科学合理地安排培训经费、培训人员、培训内容、培训时间，培训工作较以往有了进一步的提升。连续组织举办全省第三期文化馆长培训班（省委党校）、全省舞蹈与舞蹈音乐创作学术报告及创作交流会，培训人员达400多人次。组织全省文化馆馆（站）长赴深圳、台湾参观学习当地公共文化服务网络建设情况，馆（站）长们通过参观和与当地群文战线同志的交流不断提高了认识水平。“农村综合文化站站长及文化专干培训”讲师团精心制订 培训计划，编制教学大纲，编写培训教材，遴选示范及培训学习基地，分期分批分层次赴广元、巴中、南充、宜宾、绵阳、阿坝、甘孜、凉山等地，配合当地文化行政主管部门开展全省镇乡文化站站长及专职干部轮训。积极开展群文艺术社会培训。馆办文艺培训中心以及文化馆与社会办学力量联合开展的“蜀蓉艺校”“蓉群文训中心”等艺术培训活动长足发展，开设文艺培训科目达20余项，年度招收学员2 000多人(次)，开展各类社会艺术培训达30多期。

社会艺术水平（美术书法类）考级活动健康有序进行。在全省以及跨省来川的众多同科类考级机构中，省文化馆考级中心始终保持最高的社会公信力。不仅拥有全省参加社会艺术水平（美术书法类）考级90%以上的考生总量，且参考人数连年以上千的数量递增。为全省社会艺术教育和新生艺术人才培养起到了推动作用。

【阵地建设】圆满完成《四川群文讯报》《四川文苑》《四川音乐舞蹈》三个馆办群众文化指导刊物及文化厅机关刊物《四川文化》的编辑出版任务，积极引导了群众文化艺术创作，大力宣传了群众文化方针、政策以及全省社会文化建设、工作、活动等讯息。“四川社会文化网”网站改版运行，所设网上《群文剧场》《群文展厅》《巴蜀文苑》等栏目陆续开始展现群众文化活动绚丽风采。馆办“巴蜀合唱团”“巴蜀之声老年合唱团”“少儿艺术团”“木偶艺术团”“天府越剧团”等业余团队活动日趋活跃，规模和活动范围日渐扩大。馆办老年文艺学校办学规范，产生良好社会影响。在现有基础条件下建成了“民间艺术展览厅”，音乐、舞蹈、戏剧、排练厅及琴房等，营造了与基本公共文化服务场所相适应的文化氛围。

【强化政治学习】省文化馆大力开展“创先争优活动”。紧密联系工作实际，在活动中坚持改革创新，突出实践特色，充分发挥了党组织的战斗堡垒作用和共产党员的先锋模范作用，被中共四川省直属机关工作委员会评为创先争优“示范单位”。坚持每周两次集中学习，组织干部职工学习“三个代表”的重要思想、党章、党的十七大及党的有关会议精神内容。同时积极开展领导干部党风廉政建设，要求全体干部职工牢固树立为人民服务意识，立足岗位放眼长远。分期分批组织全馆干部多次深入城乡社区以及市县文化馆、乡（镇）文化站有针对性地开展调研活动，为提速基层群众文化建设探求科学对策。

四川博物院

【概况】2011 年，四川博物院以尽快让川博步入有序管理、特色发展阶段的工作思路是，不断提高科学管理水平和业务水平，基本保证了“周周有活动，月月有展览”，管理制度进一步完善，公众形象进一步提高，工作亮点、特色突出。

【讲解接待】2011 年，共接待观众 1 309 821 人次，免费向观众发放展览资料 29 万余份，收集观众留言 1 960 余条，发展四川博物院之友普通会员 384 名，提供婴儿车服务 2 900 余次、残疾人车服务 1 600 余次。接待各级领导、专家、及社会各界嘉宾近百余批次，其中省、部级领导 86 批次。承办了澳门行政法务司司长、加拿大总督来访、印度文化交流委员会主席来访等重大外事活动。日常工作中，及时处理现场观众意见及投诉，定期整理观众留言簿，对意见和建议进行记录回访跟踪反馈。

【文物征集修复陈列展览】全年共征集和接受捐赠文物 1 415 件，其中大部分具有很高的文物价值和艺术价值；完成书画类修复 97 件，陶瓷类修复 11 件，青铜器修复 3 件，木质面具修复 11 件，完成各类文物保护修复方案设计 6 个；共举办展览 38 个，其中自办展览 5 个，与外单位合作、协助外单位及个人在院内举办展览 33 个。包括“珍爱·守望——‘5·12’汶川地震灾后文物抢救保护成果展”“意大利皮埃蒙特大区摄影和油画展”等。

【社教工作】四川博物院“大篷车”流动博物馆自 2010 年 2 月 10 日成立以来，认真践行“文化三贴近”方针，不断将文化带到“三区一基层”。2011 年，赴四川各地展览 20 次，行程上万公里，接待观众 40 余万人次。其中包括广安邓小平故里、自贡盐业博物馆、资阳雁江一中、安县社会福利中心、宜宾筠连县鲁班山煤矿等。在发挥青少年的教育功能方面，努力打造四川博物院“小小讲解员”品牌。截至年底，小小讲解员招募工作已成功举办五届，参与选拔的报名人数达 400 多人，正式参与志愿者服务的“小小讲解员”150 名。年龄最小的只有 8 岁，最大的 16 岁。小小志愿者已在馆内无偿服务 17 820 小时，其相关活动也得到了社会各界的大力支持和一致好评。启动华灯博物馆打造博物馆之夜。从 5 月起，每月的第一个周六，延迟开馆至晚上九点，并配合每月主题，推出丰富的社会教育活动。举办“川渝领事齐聚川博”“西南财大古琴音乐会”“文化创意大赛启动仪式”等主题活动 8 次，受到公众普遍好评。

【人才培养】选派人员分别赴北京中国文物信息咨询中心、北京大学考古学及博物馆专业研究生课程进修班、北京工业大学艺术设计学院艺术设计空间专业研究生课程进修班学习，共计 25 批次，200 余人。与川大共建的科研中心除日常科研工作外，还积极开展学术人才培养，如《〈格萨尔〉唐卡研究》项目组专门邀请世界一流藏语学专家教授藏语的学习方法，课题组的年轻同志在短短一个月内藏语水平获得了很大的提高，有的已能阅读藏语文献。长期开展专业技术人员讲座、礼仪培训、党务培训、办公自动化培训；党员、中层干部“走出去”培训，如与社科院共建“川博党建模式”科研小组，联合中共四川省委党校成功举办“中层干部综合能力培训班”等。

【灾区博物馆帮扶】5 月 4 日，四川博物院与绵阳市博物馆、北川羌族民俗博物馆、安县博物馆、茂县羌族博物馆、青川县博物馆正式签订共建协议，为四川博物院与五家地震灾区博物馆在陈列展览、人员培训、博物馆基础建设等方面的合作奠定良好基础，也为发展、保存四川省珍贵文物和少数民族特色文化起到促进作用。

【学术研究】年初申报成立了四川省博物馆学会，下设“藏品保管与登记著录专业委员会”等13个专业委员会。12月，四川省博物馆学会年会顺利召开，正式为13个专业委员会授牌。组织四川博物院专家咨询委员会座谈会。来自四川大学、西南民族大学、四川省社科院、四川省考古院、四川省文物总店、成都博物院的数十位专家汇集一堂，提出了10余条可行性建议，为四川省博物院发展出谋划策。委员会成员为编撰《西行壮歌——川陕革命根据地斗争史》《共和之光——辛亥秋四川保路史事百年祭》等书籍提供了大量翔实的资料。《博物馆学刊》（第一辑）正式出版，打破了川博自建馆以来没有自己的学术刊物的历史，得到了各级领导及文博界同仁的一致好评。博物院职工在各级刊物上发表学术文章30余篇，包括《马家塬战国墓地略论》《四川汉代画像砖的车马出行种类》等；编辑出版《西行壮歌—川陕革命根据地斗争史》《四川博物院藏百品珍赏》等著作12本，是川博建馆史上最多的一年。举办学术讲座16次，包括“《格萨尔》的主要内容和说唱艺人”“欧美博物馆的社会功能”“西藏艺术概述”等。与四川大学博物馆共同组建科研规划与研发创新中心以来，双方积极开展深度合作。2011年底，《四川博物院藏〈格萨尔〉唐卡研究》和《四川出土南朝佛教造像研究》两个项目开始结题验收工作。由院长盛建武主编的《常见文物生僻字小字典》，经科研规划与研发创新中心组织国内古文字专家审核通过，即将由国家文物出版社出版发行。

【文保中心建设】9月，国家文物局批复同意，全国两个“馆藏文物、出土文物技术保护与修复能力提升项目”试点选址在西安和四川。12月，四川文物保护研究中心正式授牌成立。中心由“四川文物保护研究中心川博工作站、四川文物保护研究中心省考古研究院工作站、四川文物保护研究中心华通工作站”三方组成。这标志着省内三家文博单位打破了传统体制，整合优势资源，开辟了探索国有文博单位与民营博物馆通力合作的新路子。

【文化创意产业开发】2011年开发70件套文创产品，其中张大千“水月观音”银牌、东方美神仿制品、张大千印存均获得了良好的社会效益和经济效益。

【媒体宣传】全年发布新闻1479条/次，其中大部分在《中国文化报》《中国文物报》《四川文化》《四川日报》、国家文物局网站、四川省人民政府网、四川文化网及省文物管理局网站、四川电视台、成都电视台、成都交通广播电台等媒体上发布。在《中国博物馆通讯》上更是做到了“月月有消息、期期有新闻”。

【管理工作】在完善《管理制度汇编》40多条的基础上，不断根据实际具体工作订立涉及财务审批、人员聘用、物资管理、安全责任等30余条制度，推动院务工作步进入常态管理，有序化发展，民主行政。

“依靠群众、贴近群众，四川博物院始终用一整套民主监督、民主决策的机制来推行其管理和业务工作”。重大工程、活动、资金使用、人事安排提前公示制度重。实行中层干部、职工绩效管理制度。民主监督，推进党务院务公开，首创“院长接待日”，院领导还不定期举行青年职工恳谈会，倾听他们的声音。建立完善院长办公会、院务委员会、中层干部会、工会和职工代表大会制度。成立监审办公室，对全院的重大项目、活动、财务活动进行监督。建立项目、工程的质量、决算评估制度。2011年，川博顺利通过省审计厅审计，并获得了“财务制度健全、会计核算规范、资产管理有序、报销手续齐备、凭证装订美观，没有违规违纪现象”的高度评价。对特困离退休老同志，实行“一对一”关爱制度。

【组织建设】加强“四好”班子建设是提高行政能力的有力保障。四川博物院建立健全院长办公会议、党委会议、职代会、院务委员会制度，加强监审、财务审计、重大项目及重大资金的使用公示、绩效考核等制度，强化班子的思想建设、作风建设、道德操守建设、廉洁自律。2011 年，全院共确定入党积极分子 13 人，发展预备党员 2 人。通过系列党建活动，特别是“青年党建模式”，基层党组织的党建工作有了进一步提升，得到文化厅机关党委和省直工委的一致好评。

四川省文物考古研究院

【概况】 四川省文物考古研究院其前身系川西文物管理委员会，1953 年更名为四川省文物管理委员会办公室，曾一度与四川省博物馆合署办公，1985 年增挂四川省文物考古研究所牌子，2003 年“所”改“院”。主要负责全省地下文物的考古调查勘探、发掘和研究，地面文物的调查、维修保护和研究，承担国家和全省的文物科研项目。现有编制 88 人，大学本科以上学历 33 人，其中博士 2 人，硕士 11 人，研究馆员 10 人，副研究馆员 9 人；设有考古队、文物保护中心、古建石窟研究所、三星堆遗址工作站、《四川文物》编辑部、图书信息中心等机构。

田野考古方面成绩突出。发掘了广汉三星堆遗址、巫山大溪墓地、成都十二桥遗址、宜宾石柱地遗址、什邡桂圆桥遗址等数万个文物点，先后共出土文物上百万件，为国内和省内许多博物馆、文管所提供了大量的馆藏文物。三星堆遗址、安丙家族墓地等被评为全国十大考古发现。

近三年发掘面积在 20 万平方米，大中型的抢救性考古发掘项目有：成绵高速复线、西攀高速公路、雅西高速公路、遂资眉高速公路、乐雅高速、成自泸高速、绵遂高速、广南高速、广巴高速、成德南高速、宜渝高速、达陕高速，兰渝铁路、兰成铁路、成绵乐快铁、遂渝二线、成昆铁路复线，瀑布沟水库、向家坝水库、溪洛渡水库、白鹤滩水库、乌东德水库、大岗山水库、泸定水电站、硗碛水库、深溪沟水库、绰斯甲水库、紫坪铺水库、毗河引水工程、岷江航电工程，兰成输油管道工程、西气东输、中石油宣汉县周家梁天然气净化厂、中石油万源县铁山坡净化厂、中石化宣汉输气基地。

其中，向家坝水电站石柱地遗址发掘面积 10000 平方米。2011 年 11 月 3 日 ~4 日，国家文物局组织专家对工地进行检查，被评为优秀。被评为 2011 年度中国十大考古新发现。

同时，开展明清民国传统手工业遗址的系列考古发掘。从 1999 年开始至 2011 年，陆续发掘了成都水井街酒坊遗址、剑南春天益老号作坊遗址、泸州老窖小市遗址、五粮液“长发升”酒坊遗址、沱牌“泰安作坊”酒坊遗址和宜宾喜捷槽坊头酿酒遗址等，为四川的支柱产业——白酒酿造业的做强做大作出了巨大贡献，也为传统工业遗产的发掘保护闯出了一条新路。宜宾槽坊头酿酒遗址入选 2011 年全国重要考古发现。

古建筑维修方面，先后承担了乐山大佛、成都王建墓、武侯祠、荣县大佛、广元千佛崖、理县筹边楼、泸定县泸定桥、三台郪江崖墓、广安邓小平故居等维修方案的设计和施工。承接内蒙古元上都遗址、青海玉树灾后文物保护工程监理，保护工程监理能力与水平得到了国内同行、设计单位和施工单位的认可与肯定。2011 年承担勘察设计工作 37 处，文物保护规划 3 项，文物保护工程监理 22 项。在承担省内灾后重建工作的同时，援助完成西藏日喀则地区、昌都地区 6 处寺院古建筑维修设计。

文物保护研究方面，先后承担主持完成 100 余项全国重点或省级文物保护单位——乐山大佛、雅安高颐阙、绵阳平阳府君阙、成都王建墓等石质文物的地质勘探、方案设计和保护工程。壁画保护研究成绩卓著，曾多次获科技部优秀成果二等奖和三等奖。青铜器修复已具规模，技术一流，出色完成全省灾后重建馆藏文物修复工作。

《四川文物》自 1984 年创刊以来，已出版

165 期，刊载各类文章 3 500 多篇、3 200 万字。已成为在国际国内有较高知名度的、西南地区最具特色的文物学术刊物。

自改革开放以来，受邀和派出百余人次到英、美、日等十几个国家和地区开展学术交流，举办学术讲座。同时采用请进来的办法，先后邀请美国、德国、加拿大、日本、俄罗斯、越南、中国台湾等国家和地区的专家学者来访院进行学术交流和项目合作，与越南国家博物馆合作开展考古发掘；与美国特拉华大学历史建筑研究中心签署了长达十年的项目合作协议，扩大了四川省文物考古研究院的国际影响力。在国内，与故宫博物院、中国社科院考古研究所、国家博物馆、陕西省考古研究院、北京大学、南京大学、西北大学等 30 多个单位开展学术交流或项目合作，提升了四川省文物考古研究院在全国考古科研单位的影响力和学术地位。

科研方面，承担的《三星堆祭祀坑》《中国文物地图集·四川分册》《成都十二桥》等著作分别获省部级哲学社会科学优秀成果一等奖和二等奖。《槽坊头酿酒遗址和“泰安作坊”酒坊遗址的价值挖掘与展示研究》成功申报国家文物局“指南针计划”项目。

为实现科研机构的社会责任，助推高校人才培养与学科建设，分别与四川大学历史文化学院、西南财经大学金融学院签订了合作协议，在人才培养、科研合作、项目开发等方面进行深度合作，并共建了教育实习基地。与四川艺术职业学院合作办学的第一届学生已毕业。

为期一年的“三星堆进校园”大型公益讲座活动，遍及省内 21 个市（州）的 102 所大、中、小学及幼儿园，累计出差行程达 2.1 万千米，听众人数达 2.2 万人，创造了国内公众考古学的一项新纪录。圆满完成承担的全省“三普”业务指导工作，调查的文物点数量位居全国前三甲，为四川的文物保护事业与文化强省战略的实施奠定了坚实基础。同时，征集“5·12”地震文物 10 万余件，为社会保存了丰富的历史资料。

【宜宾石柱地遗址】位于宜宾市屏山县楼东乡田坝村七、八组，地处金沙江北岸一至五级台地。2010～2011 年 11 月对该遗址进行了 4 次考古发掘，发掘面积 10 000 平方米，共清理新石器、商周、汉代、明清各类遗迹 400 余个，出土铜器、陶器、铁器、石器等小件器物数千余件；遗迹有房址、灰坑、墓葬、灰沟等；还清理战国秦汉时期土坑墓、砖室墓、石室墓、瓮（瓦）棺葬等 70 余座。

新石器时期遗存具有自身的特色，代表川南金沙江下游的一种全新的考古学文化类型，对建构四川新石器时代的考古学文化谱系具有重要意义。

商周时期文化遗存既有其自身的特色，也有来自成都平原及峡江地区外来文化的影响，为研究金沙江流域和峡江地区、成都平原先秦时期文化交流提供了新的材料。

该遗址被评为 2011 年全国十大考古新发现。

【安丙家族墓地九层坎遗址】位于四川省华蓥市双河镇双河街道办事处昭勋村三组，时代为南宋时期，全国重点文物保护单位。

根据《安丙家族墓地保护规划》，为进一步解决安丙墓陵园内部的布局，实施九层坎遗址的保护，经国家文物局批准，2011 年 4 月～7 月，会同市、县文物管理所，对安丙家族墓地所属的九层坎遗址进行考古发掘，面积共计 139 平方米，揭露 2 处 3 层挡土墙遗迹，弄清了九层坎遗址挡土墙属于简易的重力式挡土墙、重力式与扶壁式混合型挡土墙，时代当为南宋嘉定十五、十六年之间。还出土人像石板、石像生头、嘉定元宝折十铜钱、平头铁錾及刻字条石等遗物。

此次仅发掘 139 平方米，发现 3 层挡土墙遗迹，它们只是多层挡土墙的一小部分，原应有十余层，南北横峙，层级升高，拱卫墓地，密集规整，形如梯磴。此次试掘是揭示安丙家族墓地原貌，开展南宋品官家族茔园制度、古代石构建筑工程技术研究的一个新切入点，有着较为重要的科研价值。

【金川县刘家寨新石器时代遗址】刘家寨遗址是四川近年发现的一处新石器时代晚期遗址，位于金川县二嘎里乡绰斯甲河左岸二级阶地，海拔约2650米，分布面积约3500平方米。为配合绰斯甲水电站建设，在州、县文管所配合下，对该遗址抢救性发掘了1000平方米，清理新石器时代的灰坑133座、房屋6座、窑址11座，出土陶片、石制品、骨制品、兽骨等数以万计。陶器有侈口深腹罐、长颈圆腹罐、重唇口尖底瓶、折沿盆、器盖、钵、杯、陶球、陶环、陶拍等。磨制石器有斧、锛、刀、笄、环、璧、纺轮、球、磨盘、磨棒、杵等，打制石器有刮削器、石片、石镞等。骨器有锥、角锥、针、笄、刀、饰品等。可辨动物有羊、鹿、獐子、竹鼠、鱼、禽类等，尤以羊、鹿为大宗。

刘家寨遗址所体现的考古学文化内涵与阿坝州境内哈休、姜维城、营盘山等遗址比较接近，但出土遗物种类繁多、数量丰富，对解决当地早期土著文化与周邻地区文化交流提供了不可多得的实物资料，对于今人了解研究相应历史时期的社会经济文化发展状况及物质精神文明成果提供了新的参考线索和材料具有重要意义。

【乐山双塘崖墓群】位于乐山市市中区平兴乡双塘村，共有墓葬200余座。于2011年3月~5月对成绵乐高速铁路涉及区域的崖墓进行了考古发掘，清理崖墓37座。部分墓葬有画像石刻，主要为仿木结构建筑形式的雕刻、人物、动物雕刻等。出土器物有铜、陶、瓷器和铁器等，以陶器为主，有陶棺、人物俑、动物俑、房模型、甑、钵、盆、瓮、罐等。瓷器种类有碗、碟、罐等。出土钱币种类有“大泉五十”“五铢”等。

墓葬建造年代为西汉晚期到东汉时期，同时在南北朝和唐宋时期该墓葬群的部分墓葬又得以充分利用。

双塘崖墓群规模大、数量多、分布集中，是当时地区经济发展状况的真实反映。为古代民居建筑形式的研究提供重要的实物资料，也为四川地区崖墓的深入研究提供有价值的实物资料。

【乐山肖坝崖墓】肖坝崖墓为四川省文物保护单位。为配合乐山—雅安高速公路建设，对肖坝崖墓长友儿山区的崖墓进行了发掘，共发掘崖墓89座。

此次发掘的崖墓一般包括墓道、墓门、前堂、中室、后室及其间的甬道，可分为单室、双室和三室墓，以单室墓为多，双室和三室者均共用一个前堂。墓室进深最大者达40米，最小者仅有1.5米。墓室内一般包括棺室、灶、龛、灯台，部分有侧室。部分墓葬的前堂雕刻有仿木结构屋顶、藻井、斗拱、双阙、神兽、人物、车马出行等图案。其中M59发现有“阳嘉四年……”纪年刻字，属东汉中晚期。葬具主要为陶棺和岩棺，以陶棺最多，一般放置在后室、侧室或棺室的棺台上，一墓多棺的现象很普遍，最多者有9个陶棺。

出土器物有：陶俑、陶塑动物模型、陶罐、陶壶、陶釜、陶钵、陶碗、陶甑、铁环首刀、五铢钱、铜摇钱树干、货泉、开元通宝、青花瓷碗等。

崖墓大多为东汉中晚期。个别沿用到唐宋。本次为乐山地区第一次大规模的发掘崖墓，数量众多且类型多样。对于研究崖墓的布局、结构及年代分期上均具有较高的价值，也有助于研究当地的埋葬习俗演变及历史文化面貌。

【屏山斑竹林遗址】位于四川省宜宾市屏山县福延镇庙坝村3组，地处金沙江左岸的缓坡阶地上，因处在向家坝水电站淹没区范围内，2011年11月~12月，在市、县文物部门协助下进行了考古发掘，发掘面积2000平方米。

此次共发掘清理东汉早期到末期的墓葬9座，包括5座石室墓、1座砖石墓、2座竖穴土坑墓和1座瓮棺葬。随葬品中铜器有摇钱树残片、五铢钱、剪轮五铢、指环等，铁器有铁刀、铁削、铁凿等，陶器有罐、盆、瓮、甑、钵、簋形器、釜、网坠等，此外还有陶男女侍俑、坐俑、狗、猪、鸡、陶房等随葬品。

其中M1出土的一具画像石棺葬具，由棺盖和棺身组成，棺盖为歇山式屋顶，正脊两边各三条垂脊，垂脊两侧雕刻凤鸟，瓦垄、瓦当等一应俱全，棺盖后端有鱼、雀雕刻。棺身系整石加工凿成，长2.1米，宽0.78米，高0.8米，档头和档尾分别雕刻子母双阙和伏羲女娲像，棺身左右侧都雕刻有图案，内容和题材相当丰富，包括蟾蜍、朱雀、凤鸟、角抵戏、博弈、仙人启门、狩猎、车马出行、秘戏、戏猿、仙人戏凤等，除少数人物为阴线刻外，其余图案均采用凿纹减地浅浮雕的雕刻技法，风格粗犷豪放古朴。该具石棺是目前国内已知的保存完整程度最高，雕刻内容和题材最为丰富的汉代画像石棺之一，堪称汉代画像石棺中的精品，为研究汉代的政治、经济、社会生活、思想意识、美术、宗教信仰和建筑艺术等提供了丰富而宝贵的实证资料。

商周时期遗存出土器物主要有尖底杯、尖底盏、小平底罐、圜底罐、敞口罐、卷沿罐、钵、垂沿瓮、豆、高柄豆、器盖、网坠、纺轮等。其中尖底杯、尖底盏、小平底罐和高柄豆等特征与成都平原十二桥文化的同类器物有着更多相近之处，其间应该有密切的渊源关系，对于研究蜀文化的南迁有着非常重要的意义。

【石棉幸福村遗址】 为配合大岗山水电站建设，2011年8月~11月，会同石棉县文物管理所对幸福村遗址进行发掘，发掘面积2100平方米。

发掘的Ⅰ区为西周至春秋战国时期的堆积，共清理灰坑54座，灰沟3条，房屋基址13座。出土器物主要是陶器，出土的尖底罐与成都十二桥文化早期的尖底罐相似，是目前发现的十二桥文化分布的最西缘，对于进一步研究十二桥文化的地域特征，以及早期茶马古道的形成提供了重要的资料。

发掘的Ⅱ区为新石器时代晚期的堆积，共清理灰坑59座，房屋基址11座。

从出土的器物分析，该遗址既包含有大渡河上游地区的文化因素，但是其主体文化应是大渡河上游地区的丹巴罕额依文化，这也是首次在大渡河中游地区发现丹巴罕额依文化的因素，对了解罕额依文化的分布和文化内涵，以及与大渡河中游地区的文化之间的关系提供了重要的资料。

【盐源八家村墓地】 位于盐源县梅雨镇八家村三组。2011年2月~3月，联合凉山州博物馆、盐源县文管所对该墓地进行了抢救性发掘清理，发掘面积300平方米。共发现墓葬28座和大量灰坑遗迹。出土器物有青铜器、陶器、铜铁合制品、骨器、绿松石、玛瑙珠等。墓葬形制为竖穴土坑墓，在土坑墓的顶部常用大石盖顶。墓葬随葬品基本组合为：陶双耳罐、铜剑、铜钺。部分墓葬随葬有铜箭镞、铜镯、车马器饰件、铜串珠饰品或骨串珠饰品等。墓葬的年代为战国——西汉时期。

盐源县地处横断山区的东南部，为古代南方丝绸之路的重要驿站；八家村墓葬所反映的文化面貌具有突出的地域特征，又与北方系青铜文化和川西高原的石棺葬有某些相似的文化特征和文化因素，对于横断山区的古文化研究及民族学研究具有重要意义。（刘化石撰稿）

【宜宾市屏山沙坝墓地】 位于宜宾市屏山区楼东乡沙坝村三组，面积约20000平方米。

为配合向家坝水电站建设，联合宜宾市博物院、屏山区文物管理所对该墓地进行两次发掘，发掘面积5000平方米，共清理战国晚期——西汉早期墓葬17座，出土陶器、铁器和铜器等各类文物200余件。

战国晚期——西汉早期墓葬包括竖穴土坑墓和瓮棺葬。竖穴土坑墓墓室长度在2~5米，墓向朝南，背山面江。随葬品一般摆放在墓室两端，铜器包括剑、带钩、印章、环和半两钱等，铁器主要为削和锸；陶器包括圜底罐、釜、釜甑、豆等。瓮棺葬为先挖圆形土坑，然后放置瓮棺，最后填土。葬具主要为陶瓮，或在陶瓮上加陶甑为盖。瓮棺中未见任何随葬品。

蜀国灭亡后，蜀人的一支可能沿岷江而下抵达早已有根基的僰地，屏山沙坝墓地发现的这批墓葬，带有典型的蜀文化风格，更足以证明蜀人曾南迁至此。

【宜宾喜捷槽坊头遗址】位于宜宾县喜捷镇红楼梦村，原下食堂所在地。遗址位于岷江南岸二级阶地上。

遗址分布在红楼梦酒厂新厂区扩建范围内，在挖厂房基础建设工程中发现。遗址面积约3000平方米，分为东区和西区。西区为遗址核心区，四川省文物考古研究院联合宜宾市博物院分别在东区、西区发掘了50平方米和450平方米。

清理出房址、窖池、晾堂等重要遗迹，确认为明代晚期废弃的酿酒作坊遗址。槽坊头遗址中各生产环节要素几乎都被保留。这是目前川东南地区白酒金三角发现的要素最全、时代最早、保存最好的一处酿酒作坊遗址，为研究明代四川地区手工业酿酒作坊提供了难得的实物资料。该遗址被评为2011年中国重要考古发现。

【资中大包山宋代石室墓】位于资中县银山镇高坡村4组大包山。2011年3月，为配合成渝客运专线的建设，四川省文物考古研究院联合资中县文物管理所对大包山宋墓进行了抢救性考古发掘，共清理宋代墓葬5座。

5座宋代石室墓分两排排列，均为单室墓。由墓道、墓门、墓室三部分组成。墓室平面呈长方形，长3米、宽1.6米、高2米，墓室内两侧均有长方形排水槽。大量铁钉出土可知葬具为木棺。随葬品一般放置在墓主人头骨附近，主要包括青白瓷碗、黑瓷盏、杯、陶罐等。

墓内装饰主要在墓顶、墓门两侧和后龛上。墓顶均为用大型石板堆砌的藻顶，四面浅浮雕有青龙、白虎、朱雀、玄武等四神像，藻顶上阴刻有太阳图案。墓门两侧阴刻有持“骨朵”或“斧钺”的武士像，后龛高浮雕有墓主人坐像，部分墓葬墓主人坐像的两侧阴刻有侍俑。

从出土的器物并结合墓葬形制，初步判断这批墓葬的年代在南宋时期。资中县宋墓具有极强的地区特征，是继泸县宋墓、华蓥宋墓后，另一个宋代墓葬分布较广、特征明显的区域。

【资中烂泥湾宋代石室墓】烂泥湾宋代墓葬于2011年3月12日当地村民在修建村便道时发现，共计3座。四川省文物考古研究院会同资中县文物管理所进行抢救性发掘清理。

这批墓葬由墓道、墓门、墓室三部分组成，墓道平面呈梯形。墓门系用较大的二、三块石块竖砌而成。墓门与墓道之间均有圆形的排水洞。

墓室平面呈长方形，长4米、宽1.8米、高1.9米，墓室内两侧均有长方形排水槽。从墓室内残存的大量铁钉来看，葬具均为木棺。出土器物主要包括四系罐、罐、碗、铁钱等。

墓内装饰主要表现在墓顶、墓门两侧、墓室两侧和后龛上。墓顶均用大型石板堆砌的藻顶，四面浅浮雕有青龙、白虎、朱雀、玄武等四神像。墓门两侧阴刻有持“骨朵”或“斧钺”的武士像，墓室两侧一般雕刻有乐伎、侍女、升仙、引童等。后龛外雕刻有仿木结构建筑或帷幔，后龛内高浮雕有墓主人坐像。

资中县宋墓具有极强的地区特征，是继泸县宋墓、华蓥宋墓后，另一个宋代墓葬分布较广、特征明显的区域。该墓地的发掘对于研究四川地区宋代的历史、政治、经济、文化、艺术等方面提供了重要的资料。

【秦川古驿道等的保护方案】庞统祠墓、“秦川古驿道”和“尧氏节孝牌坊”为全国重点文物保护单位。

2011年3月1日，中共四川省委书记、省人大常委会主任刘奇葆莅临庞统祠墓视察，指出要更加努力做好秦川古驿道（庞统祠段）的保护工作，要立牌告示，要对风化严重的“尧氏贞节牌坊”实施保护。

受罗江县文体局及庞统祠墓博物馆的委托，四川省文物考古研究院专业技术人员于2011年3月2日~4月5日对“秦川古驿道”和“尧氏节孝牌坊”现状进行勘察，编制保护方案。根据勘察和认真研究，制定秦川古驿道（庞统祠段）、尧氏贞节牌坊保护措施，在庞统祠段古驿道两边设计木板路通道，中间留1.4米宽的古驿道用于展示，既保护了古驿道，同时又可让游人近距离观赏古驿道。尧氏贞节牌坊保护方案编制中，重点要解决石质防风化、日晒雨淋等自然破坏，按照牌坊开间布局，修建仿庞统祠三开间仿古建筑。秦川古驿道（庞统祠段）、尧氏贞节牌坊保护措施，均遵从了保护措施可逆性原则，既保护了文物本体，又使其能在可逆性保护设施的保护下，延年益寿，古韵犹存。

通过施工单位的实施，秦川古驿道（庞统祠段）、尧氏贞节牌坊保护措施已达到保护的目的，此项设计得到罗江县人民政府及德阳市人民政府、四川省人民政府、国家文物局等有关领导和专家的好评。

【御窑厂考古遗址公园规划】 景德镇御窑厂国家考古遗址公园规划是四川省文物考古研究院与江西省文物保护中心共同合作编制的文物保护规划项目，也是四川省文物考古研究院第一次承担编制考古遗址公园规划。

景德镇御窑厂是专门为皇家烧制瓷器的窑场，是中国瓷业发展到巅峰时期的产物，是中国瓷文化的突出代表，代表了当时世界制瓷业的最高水平，在中国及世界手工业史上具有特殊的地位。遗址占地面积约5万平方米。

建国后对御窑厂遗址进行了5次清理发掘，清理出明官窑11座，引起国内外古陶瓷考古界的极大关注，2006年御窑厂遗址被国务院公布为国家重点文物保护单位，2010年10月进入我国首批国家考古遗址公园名录。

2011年4月19日~28日，四川省文物考古研究院与江西省文物保护中心合作，对景德镇御窑厂考古遗址公园进行规划调研，旨在妥善解决城市建设和文物保护“和谐相处”、解决古代文明和现代文明“和谐共赢”的文化遗产保护新课题。在考古遗址公园建设过程中：要以遗址的考古、研究和保护为基础，做好可行性研究和调查论证工作，秉承科学、严谨的态度，以保护展示遗址本体及其内涵和价值为根本目的，根据不同遗址各自的特点，采取有针对性的保护展示方式。各类设施及景观设计应以遗址内涵和价值的保存与展示为前提。达成这些共识，确保了考古遗址公园建设中遗址本体历史、科学和文化价值真实性、完整性的保存。

【元上都遗址保护监理项目】 位于内蒙古正蓝旗草原，距今已有750多年的历史。公元1260年忽必烈建都于此，1264年在燕京（今北京城）建立元大都后，确立了两都巡幸制度。元上都和元大都成为元王朝交替使用的两个首都。

元上都是世界草原游牧民族建立的为数不多的几座草原都城之一，其遗址也是中国游牧民族遗存保存最为完好的文化遗产，充分展现了亚洲大陆上分属游牧文明和农耕文明的蒙古族和汉族在都城设计上交互融合的所有特征。

为加强对元上都遗址的考古研究与展示，重点揭示元上都的历史文化面貌并申报世界文化遗产，经国家文物局批准，2011年4月，通过招投标，由中国文化遗产研究院、敦煌研究院等多家单位参加保护工程的设计、施工工作，四川省考古院作为文物保护及遗址安防工程的监理单位参与了这个重大的保护项目。

‘监理工作中，四川省文物考古研究院严格遵循国家文物局批复的各项保护工程设计、自治区文物局审批的施工方案和深化的设计，并要求各保护施工单位的保护理念必须和设计理念保持高度统一；并对重点、难点的加固和防风化保护工程等问题进行了现场论证、现场解决的办法，及时报告国家局和相关专家解决；同时对设计、施工、考古发掘单位在施工期间的沟通、联系和对接做出的具体要求和相互配合、主动牵头处理等措施，从而整体上保护了遗址内自然环境的真实性和展示工作过程的有序、严肃性。在内蒙古博物院的大力支持下，监理工作确保了保护展示工作达到了有机的协调。历时近4个月的元上都主体保护工程于7月中旬完成，2011年7月22日通过国家文物局专家组的验收，获得了一致认可。

【玉树地震灾后重建文物监理工作】 2010年4月14日晨青海省玉树县发生两次地震，最高震级7.1级，玉树境内的文化遗产遭受了严重的破坏。四川省文物考古研究院为落实《国务院关于做好玉树地震灾后恢复重建工作的指导意见》的精神，2011年6月通过招投标程序，承担了青海玉树地震灾后重建工作，主要监理项目为国家重点文物保护单位“青海玉树藏娘佛塔及桑周寺灾后场地稳定性评价及边坡抢险加固防护工程”“青海玉树贝大日如来佛石窟寺—勒巴沟摩崖石刻灾后危岩体抢险加固工程”“青海玉树藏娘佛塔及桑周寺和小经堂壁画抢险保护修复工程”。

四川省文物考古研究院积极组织监理人员认真研究保护工程的设计方案、施工方案、施工图纸，并依据《中华人民共和国文物保护法》《建设工程建设监理规范》、项目审批文件、设计文件、技术资料、委托监理合同、施工合同等有关文件，结合《文物保护工程管理办法》，考虑各项保护工程的具体工程措施和重点、难点，制定项目监理规划。

四川省文物考古研究院于 2011 年 6 月底 ~ 10 月初，完成了当年阶段性监理工作。监理人员在高海拔、高寒区、生活设施极其简陋等多重困难条件下，兢兢业业、恪尽职守，忙碌在各项监理任务岗位上。

【向家坝水电站淹没区地面文物（四川境内）异地保护方案】受宜宾市文化局委托，四川省文物考古研究院接受屏山县锦屏镇王氏民宅、楼东凌家祠堂、新安平夷长官司衙门等 24 处地面文物的异地保护设计方案编制工作。

24 处文物点分别位于锦屏镇、新安镇、新市镇、福延镇和楼东镇，地点较为分散，涉及的文物类型有衙署、古桥、民居、祠堂、店铺作坊及石窟寺，以传统木结构建筑为主，工作难度较大。

根据工作片区，分为三个工作组，按文物点所在地分片区负责作业，分别为楼东片区，由刘波负责；锦屏、新安片区，由冯林负责；石窟、桥及资料提取的文物点由胡玉负责。整个项目历时近一年。

【向家坝地面文物总体保护规划】向家坝水电站是国家“西电东送”的骨干电源之一。根据调查，向家坝水电站工程的建设过程中，大量珍贵的文化遗产将被淹没。根据《中华人民共和国文物保护法》的有关规定及在四川省文物考古研究院已进行的前期工作的基础上，对集中搬迁新发乡（新县城）、书楼镇需要保护的文物点进行总体规划。

从 2009 年 4 月 ~2011 年底，依据文物的类型特点和选址地的情况，提出规划思路：新县城地块搬迁的文物，以作为古代县治一般具有的文物为参考，在搬迁地块内以平夷长官司衙门为中心，周围布局另外的文物建筑组群，尽力恢复“古城”的风貌。书楼镇地点以“整体”性复制楼东老街，原楼东老街的石板路均予以整体搬迁。后由于新发乡选址用地部分被占，四川省文物考古研究院又重新调整、完善规划，经四川省文物管理局会同省扶贫和移民工作局组织对规划进行审查。根据审查意见，四川省文物考古研究院修改、完善规划后于 6 月 20 日报省文物局和省扶贫移民局审定。

【赵府君墓碑等的修复保护】2011 年，四川省文物考古研究院文物保护中心成功完成三台馆藏一级文物《赵府君墓碑》《颜氏干禄字书碑》修复保护项目，并完成竣工报告、修复档案及施工资料的编写、整理。2011 年 11 月通过省文物局组织的专家验收，其保护效果受到专家组的高度评价。该项目是灾后重建项目中所进行的唯一一项馆藏一级石质碑刻的修复保护项目。

【“5·12”灾后馆藏文物修复】2011 年，四川省文物考古研究院文物保护中心全面完成“5·12”灾后重建项目“三台县文管所受损馆藏文物保护修复”工作，共修复文物 166 件，（其中铜器 40 件、陶瓷器 126 件）并完成合同约定的文物囊匣与柜架制作及修复保护竣工报告的编写，6 月底通过省文物局组织的专家验收。

完成“5·12”灾后重建项目“中江县文管所受损馆藏文物保护修复”，共修复文物 40 件（其中铜器 10 件、陶瓷器 23 件、字画 7 幅），并完成合同约定的文物囊匣与柜架制作及修复保护竣工报告的编写，11 月底通过省文物局组织的专家验收。

完成“5·12”灾后重建项目“江油市文管

所受损馆藏文物保护修复”共修复器物63件（其中铜器1件、陶瓷器61件、石器1件）黏结修复，并完成合同约定的文物囊匣与柜架制作及修复保护竣工报告的编写，12月底通过省文物局组织的专家验收。

【三星堆进校园公益讲座】“三星堆进校园”大型公益讲座是四川省文物考古研究院公众考古中心为响应2010年世界文化遗产日主题“文化遗产在我身边”而推出的公益活动。自2010年6月11日启动，2011年6月10日截止，四川省文物考古研究院派出100余人次考古专业人员在全省21个市（州）的102所大、中、小学和幼儿园成功开展该讲座。

讲座以四川三星堆文化为切入点，辅以形象生动的多媒体幻灯片、三星堆部分遗物模型等。讲座定位于考古知识公众化和科普化，体现出广泛性和针对性特点，并城乡兼顾，照顾偏远地区的学校。面对不同年级的学生，讲座具体内容也深浅不一，如对幼儿园、低年级小学生主要以动漫图片、浅显语言进行讲解；对中学、大学生逐层深入，结合考古图片将考古学知识深入浅出地讲解，做到被普通大众广泛认知、接受。

根据各所学校反馈信息，活动取得了良好的反响，受到校方的认同。各学校对这一活动方式以及讲座的具体内容、形式、效果给予了较高评价。认为讲座利用三星堆遗址出土的众多遗存，给同学们讲解了三星堆文明在考古界、史学界的价值和定位，让同学们领略到古蜀文明与文物考古研究的独特魅力，加深了同学们对考古科学的认识和理解，强化了同学们保护文化遗产的理念，深化了对家乡悠久历史文化的认知、自觉传承中华民族悠久历史文化，更加热爱家乡、热爱祖国。绝大部分学校表示希望今后能继续开展此类公益讲座，并组织开展文物保护的志愿者活动，呼吁更多的公众切实保护好身边的文化遗产。

【考古工地举办遗产日活动】2011年6月11日，是我国第6个文化遗产日。为配合近年文化遗产日活动，四川省文物考古研究院联合宜宾市博物馆、屏山县文管所及屏山县楼东乡人民政府，于2011年6月11日，选择屏山县楼东乡石柱地遗址考古发掘工地对社会进行开放参观。

此次活动主要内容有三个部分：介绍工地近几次发掘情况及现场参观；挑选部分出土文物进行展出；选择部分进探方进行亲身体验。

本次活动受到了当地群体的广泛欢迎，屏山县楼东乡中学部分学生、当地部分群众参与了当天的活动。工地工作人员向参与活动的公众发放了介绍文化遗产日、文化遗产、中国文化遗产的标志等知识的宣传单；并向到场的公众介绍发掘现场，解释什么是文化遗产及我们身边有哪些是文化遗产等。同时，在现场选择了部分出土文物向公众进行展示和讲解，最后选择了部分学生及公众到探方体验考古发掘过程。

四 川 省
文化厅剧目工作室

【概况】2011年，四川省文化厅剧目工作室围绕庆祝中国共产党建党90周年、纪念辛亥革命100周年、汶川特大地震暨灾后恢复重建3周年等重大活动，以“巩固队伍、培养作者、促进创作”为目的，提出了从“指导”向“服务”转变，即“为剧作家、戏剧艺术家和基层提供公益性服务”的理念，努力推动四川戏剧创作事业的蓬勃发展。

【盛长滨戏剧创作研讨会】1月13日上午，剧目工作室在成都召开盛长滨戏剧创作研讨会。四川省艺术创作中心顾问严福昌，中心主任张建蓉，中心研究员张羽军、李远强、李祥林、张加力，省文化厅艺术处调研员杨全本等专家以及来自多个市、县的基层中青年剧作者20多人参加了研讨。本次研讨会从盛长滨个人创作得失谈起，由点到面，以会代训，目的是培养新人、惠及新人，借以推动全省戏剧创作事业发展。

【中青年剧作者座谈会】1月13日下午，剧目工作室在成都召开部分中青年剧作者座谈会。来自成都、宜宾、内江、遂宁、资阳、广元、广安等多个市、县的10多位戏剧创作者参加了会议。出席座谈会的有省文化厅艺术处处长范远泰、副处长杨泽平等。会议的目的是听取作者意见，改进和创新剧目工作室工作模式，同时传达刚刚结束的全省文化工作会议和全省文化局长会议精神。

【指导基层创作】 2月23日，中共眉山市委宣传部、眉山市文体局、眉山市总工会联合举办"眉山市戏剧小品（小戏）创作培训会"。剧目工作室副主任、二级编剧丁鸣，省艺术创作中心顾问、省文化厅原副厅长、一级编剧严福昌，省艺术创作中心研究员、著名剧作家、一级编剧严西秀等赴会指导。4月27日，中共眉山市委宣传部、市直机关工委、眉山市文体影视新闻出版局、市总工会主办的眉山市2011年"东坡老家、快乐眉山"首届职工戏剧小品（小戏）大赛在眉山市会展中心举行，剧目工作室组织专家担任大赛评委，给予参赛作品具体点评指导。

6月27日，大型民俗风情剧《蜀红》在蓬安首演。《蜀红》是四川2010～2011年度签约的重点关注剧本。作者林解是南充市创作办公室一级编剧、四川省艺术创作中心特聘创作员，是我省中年剧作家的代表性人物之一。这是继《相如长歌》之后，蓬安县推出林解的又一部作品。这也是蓬安县以戏剧艺术创作生产带动文化大繁荣大发展、打造蓬安文化名片的又一有力举措。省文化厅艺术处正处级调研员杨全本、剧目工作室副主任丁鸣、省艺术创作中心研究员李远强及省戏剧家协会的领导和专家们观看了演出。演出结束后，杨全本调研员、丁鸣副主任、李远强研究员与南充市文体局局长白云、作者林解等进行了讨论，交换了观后感想，并针对编、导、演及音乐、歌舞的进一步打磨、修改、提高，提出了意见和建议。

10月23日，由安县文化旅游局推出的方言话剧《咱们的牛校长》在安县文化中心成功首演。剧目工作室副主任、二级编剧丁鸣，省艺术创作中心主任、一级编剧张建蓉，艺术创作中心研究员、编审李远强以及省文化厅艺术处调研员杨全本、省人民艺术剧院副院长杜江宁等专家观看了演出。演出结束后，专家们与演出团队座谈，就该剧的编、导、演及音乐、舞美给予了点评，提出了一系列具体的可操作的修改意见。

【剧本研讨会】 3月9日，剧目工作室和南充市文化局在成都联合召开川北灯戏《红花花包袱》剧本研讨会。四川省艺术创作中心主任张建蓉，中心研究员张羽军、李远强、李祥林，省文化厅艺术处调研员杨全本等专家及南充市文化局副局长兰海，南充市创作办公室副书记李诚，南充市川剧团团长胡瑜斌和作者林解等参加了研讨。专家们围绕剧本特色和二度创作中可能遇到的问题进行了认真分析和讨论，在给予充分肯定的基础上，提出了多种诚恳的意见和建议。

【全省性工作会议】 3月17日下午，全省创办主任、艺术科（处）长工作会议在金河宾馆召开。省文化厅艺术处处长范远泰、副处长杨泽平、调研员杨全本、剧目工作室副主任丁鸣、副书记李得友及各市州部分分管副局长、创办主任、艺术科（处）长、2010～2011年度重点签约剧本和重点关注剧本作者等50多人参会。会议主题是落实全省艺术创作工作会议精神，将已独立运行的两个创作体系——创办和艺术科（处）整合起来，以新的理念和新的思维，共同绘制"十二五"艺术创作生产的美好蓝图，形成推动四川艺术创作生产全面繁荣的集群动力。

【重点签约剧本作品研讨会】 3月18日，剧目工作室召开重点签约剧本《常隆庆》作品研讨会。四川省艺术创作中心主任张建蓉，中心研究员张羽军、李祥林、李远强等专家及四川省文化厅艺术处正处级调研员杨全本和攀枝花市政协原副主席刘庆来、攀枝花市创办主任潘基安以及作者于映时参加了研讨。与会专家充分肯定剧本，一致认为该剧选题好、视角新、立意高，作者以纪实风格再现常隆庆教授发现攀枝花，立志开发攀枝花，最后"实业报国"梦想破灭的那段鲜为人知的历史事实，揭示了只有共产党才能救中国、才能够发展和建设新中国的真理，是一部不可多得的主旋律题材蓝本。同时专家们还从五个方面为剧本的修改提出了建议。

【大型音舞诗画文本研讨会】3月22日，省文化厅剧目工作室召开大型音舞诗画《酒城风情》文本研讨会。四川省艺术创作中心主任张建蓉，中心研究员张羽军、李远强，省文化厅艺术处调研员杨全本，四川省舞蹈家协会主席王玉兰等专家及泸州市文化局纪检书记周建军、泸州市歌舞团团长李德林、主要作者黄思和、申发源等参加了研讨。专家们对剧本的定位及创作特色给予肯定，同时详尽剖析其存在的问题，提出了具体修改意见和建议。

【舞台艺术创作系列活动】5月，四川省文化厅剧目工作室陆续组织开展了“纪念汶川特大地震暨灾后恢复重建三周年”舞台艺术创作系列活动，将“感恩奋进”主题文艺创作活动推向高潮。5月4日~6日，剧目工作室组织了“纪念汶川特大地震暨灾后恢复重建三周年·灾区新魅力”采风活动。20多位剧作家、戏剧理论家、批评家深入到汶川、理县、茂县灾区，参观灾区翻天覆地新变化，体验和感受灾区人民在全国人民的无私援建下，坚忍不拔、奋发重建的精神风貌。5月12日，剧目工作室召开“纪念汶川特大地震暨灾后恢复重建三周年”舞台艺术创作研讨会。会议分“专家论坛”和“作者座谈”两个部分进行。来自成都、绵阳、阿坝、遂宁、广安、南充、达州、内江、自贡、宜宾、资阳、德阳等12个市、州的部分创办主任或重点作者及专家共40余人参加了会议。

编辑了《坚守，以戏剧的方式——汶川特大地震暨灾后恢复重建三周年戏剧作品选》。《作品选》分为大戏卷和小戏小品卷，收入大戏7个、小戏小品21个，记录和表现了三年来灾区人民从抗震救灾、生产自救到重建家园、感恩社会的心路历程和精神风貌。该书交由四川出版集团·四川美术出版社正式出版发行。面向全省开展了“纪念汶川特大地震暨灾后恢复重建三周年”舞台艺术作品征文活动，收到稿件90多件，最终评出优秀奖2个、征文奖20个。

【四川省2011年度编剧培训班】8月22日~26日，剧目工作室在成都黄龙溪古镇举办“四川省2011年度编剧培训班”。来自全省部分市、县二级创办、艺术院团、基层文化馆或体制外的专、业余戏剧创作者38人参加了培训。为期四天的培训，先后由著名专家、学者讲授了《戏剧创作困境解惑》《开放的思想观念，崭新的艺术理念，丰富的艺术表现》《提升与超越——四川戏剧创作再思考》《五字真经解——解读“好看·有意思”》《有关戏剧创作的三大视角》和《关于戏剧创作的断想》等六大专题。专家们结合自己多年的创作实践或理论心得，牢牢把握戏剧创作特性，围绕当前四川戏剧创作面临的现状，有的放矢，从“当下创作分析”“戏剧文学态势”“编剧知识技巧”“剧作家素质要求与培养”等层层展开，切中肯綮，全面帮助学员探索、把握戏剧创作的规律和要义。

【四川省第十三届戏剧小品（小戏）比赛】9月5日至9日，由中共四川省委宣传部、四川省文化厅和南充市人民政府主办，四川省文化厅剧目工作室、中共南充市委宣传部、南充市文体局承办的四川省第十三届戏剧小品（小戏）比赛在南充举行。18个市、州代表队、2个省直或部队专业文艺单位、1所艺术类大专院校的36个剧目参加了比赛。专家们认为，自恢复全省小品比赛六年来，我省小戏小品正步入收获期，一批年轻的编、导、演人才脱颖而出。经比赛评委会认真评选，组委会审定，14个剧目荣获“优秀剧目奖”，21位编剧荣获“优秀编剧奖”，22位导演荣获“优秀导演奖”，57位演员荣获“优秀表演奖”，南充市文化体育局荣获“优秀组织奖”。参赛小品同时在南充北湖广场展演，受到广大市民群众的热烈欢迎。

【大型川剧剧本《九莲灯传奇》研讨会】9月23日，省文化厅剧目工作室召开大型川剧剧本《九莲灯传奇》研讨会。四川省艺术创作中心顾问严福昌，艺术创作中心主任张建蓉，研究员张羽军、李远强、李祥林等专家及省文化厅艺术处调研员杨全本、简阳市文化局副局长吕永昭、简阳市艺术团团长周继祥、作者陈亮等参加了研讨。大型川剧《九莲灯传奇》是 2010～2011 年度签约重点关注剧本，去年剧目工作室曾召开过该剧本的研讨会。会后，作者陈亮根据专家意见，三易其稿，在调整结构、完善情节的同时，把九莲灯的故事放到辛亥革命的大背景下，使其在记忆民间民俗文化的基础上，具有了历史的厚重与意义。鉴于简阳市艺术团已决定投排该戏，剧目工作室再次召开研讨会，以期在搬上舞台前进一步打磨、完善剧本。

【组织观看“2011 成都双年展精品剧节目展演”】 10 月，“2011 成都双年展精品剧节目展演”活动亮相成都，剧目工作室组织四川省艺术创作中心部分研究员、创作员及全体职工观看了川剧《马前泼水》、话剧《霸王歌行》、豫剧《程婴救孤》、昆曲《牡丹亭》《京川折戏专场》等 5 台剧节目的演出。

【组织观摩第十二届中国戏剧节】 10 月 24 日～28 日，由剧目工作室副书记李得友带队，组织我省部分剧作家、戏剧理论家和戏剧批评家前往重庆观摩了第十二届中国戏剧节的部分剧目。

【学习贯彻党的十七届六中全会精神】 11 月 9 日，剧目工作室召开专家座谈会，学习党的十七届六中全会公报，摘要传达全会审议通过的《中共中央关于深化文化体制改革、推动社会主义文化大发展大繁荣若干重大问题的决定》中有关艺术创作方面的内容。参加座谈会的专家有四川省艺术创作中心主任张建蓉，中心研究员李远强、一级演员张庭玉，中心创作员包德宾、盛长滨及省文化厅艺术处调研员杨全本等十余人。专家们立足我省戏剧创作现状，从“深化文化体制改革，推动社会主义文化大发展大繁荣的主要任务和措施”“近年来我省戏剧创作的整体现状”“未来五年我省文艺创作规划发展”等方面进行了讨论，对当前深化文化体制改革背景下的舞台艺术创作形势进行了分析。

12 月 7 日～9 日，剧目工作室在成都空军第一招待所召开学习贯彻十七届六中全会精神暨 2011 年新作研讨会。来自绵阳、自贡、内江、宜宾、广元、广安、雅安、遂宁、眉山、巴中、甘孜、成都等 17 个市、州的创办主任或负责创作的部门负责人、部分重点作者计 50 余人参加会议。本次会议收到作品 36 件，其中大、中型剧本 15 个，小戏小品 16 个，影视文本 2 个，戏剧论文 3 篇。

【编辑工作】 全年编辑出版《戏剧家》杂志 4 期，发表大型剧本 8 个，小戏小品剧本 43 个，政策性指导文章 8 篇，理论批评文章 37 篇。同时还承担并完成了《中国戏剧年鉴》2011 年卷四川部分的编辑工作。

四川省川剧艺术研究院

【概况】 2011 年，四川省川剧艺术研究院树立“科研是中心，人才是关键；成果是标志，刊物是阵地；资料是基础，管理是保证”的管理理念，充分发挥研究特色和资源优势，突出抓好科研课题、志书编纂、一报一刊、特色文化产业以及非物质文化遗产川剧的保护与传承工作；加强完善文献资料信息管理；强化科研队伍建设；为全省文化事业的大发展大繁荣作出了积极的贡献。

年度工作特点。挑战性：承担了川剧申报联合国教科文组织 2012 年非物质文化遗产“代表作名录”工作，面对挑战，迎难而上，克服人手紧、时间急、任务重、经费不足的困难，在短短一个月的时间内保质保量地完成申报文本、录像片拍摄、照片遴选及一系列相关材料制作等工作。突破性：编辑出版书籍创历年之最，共完成、出版研究成果 13 个；课题立项创历史新高，新增文化部立项 2 项，教育部立项 1 项，省级立项 3 项；志书编纂成效显著，川剧志初审稿形成；《川剧精华》《川剧》两项科研成果荣获四川省第十四次社会科学优秀成果奖；科研人员撰写发表科研理论文章二十余篇。开拓性：探索发展新思路，与高校合作，启动了《川剧动画研发与推广》项目，探寻文化产业发展的经济增长点。多样性：与省川剧院、成都市川剧院签订川剧项目保护传承合作协议，有效推进川剧传统剧目保护工作；将川剧保护传承与学术研讨相结合，开展形式多样的活动，先后成功举办“第三期非物质文化遗产川剧传习班”“四川省川剧表演团体艺术生产与发展学术研讨会”“国家级非物质文化遗产川剧专场演出”“纪念周裕祥、周企何百年诞辰暨川剧丑角艺术研讨会”“川剧传承折子戏传统展演”“川剧进校园”“川剧演出团到法国巴黎演出”等一系列活动，扩大了川剧在国内外的影响。

【党建工作】 深入学习贯彻十七届六中全会精神，通过张贴栏、单位网站等平台，制作学习专栏，加强主题宣传。全院以六中全会精神为指引，将其落实到具体工作中。四川是文化资源大省，川剧是首批国家级非物质文化遗产，抓住良好发展机遇，不断增强自身的文化自信和文化自觉，更加积极地保护、传承和发展川剧，以高质量的科研成果弘扬优秀传统文化，发展社会主义先进文化，推动四川文化强省的建设。

紧紧围绕深入贯彻落实党的路线方针政策和中央、省委关于文化工作的决策部署，从实际出发，牢固树立科学发展观，坚持把勇于创新、勇于突破的理念贯穿于全院的工作之中。在争先创优活动中，推选出的“争先创优示范星”和“身边的共产党员”得到省文化厅的表彰。为庆祝建党90周年，院支部组织全体党员赴遵义开展组织生活，先后到遵义会议旧址、红军山、息烽集中营、娄山关进行了参观学习，进行革命传统教育。

【科研成果】 由“振兴川剧”丛书编委会编，院承编的川剧名家丛书《名丑艺踪——周裕祥舞台艺术》《川丑流派——李笑非舞台剧本十二种》《清言戏语——左清飞艺术人生》已由四川出版集团·四川人民出版社于5月正式出版发行。《清言戏语——左清飞艺术人生》一书分三个部分。第一部分以自传体的形式记录了左清飞艺术生涯，第二个部分为左清飞表演艺术心得，第三部分编选了有关的评论文章和作者与一些名家的往来书信。此图书列为“振兴川剧”丛书之一，是振兴川剧、保护优秀民族文化遗产的又一项重要成果。

编辑整理《川剧传统剧目集成·三国戏剧目》2卷及《川剧传统剧目集成·聊斋戏剧目》3卷，每卷30多万字。川剧聊斋戏约有大幕及折子戏130余出，是川剧传统剧目的重要类别之一，对川剧剧目体系的形成和舞台艺术的发展有重要意义。《川剧传统剧目集成·聊斋戏剧目》所辑录之剧目，如《打红台》《刀笔误》《碧波红莲》《投庄遇美》等，不仅是川剧中的经典，在中国戏曲剧目中也有其独特价值。系统整理出版《川剧传统剧目集成》，是保护和继承川剧文化遗产的一个重要内容，是对丰厚的剧作遗产进行有效的保护，是科学继承和发展川剧艺术的基础。

百年来，以辛亥革命为题材的剧目大量出现在川剧舞台上，这些剧目都具有强烈的民主意识和民权思想，对启迪社会、教化民众，产生过很大的影响，为后世留下一笔宝贵的文化遗产。四川省川剧艺术研究院编选的《川剧辛亥革命剧本选》由四川出版集团·四川文艺出版社于2011年10月正式出版发行。《川剧辛亥革命剧本选》编选了1911年辛亥革命以来以辛亥革命为题材的川剧剧本，主要为民国时期的川剧前贤创作的“时事新戏”的传统本和整理本，以及当代作家创作的新编历史戏，分别有《辛亥风云》《光复图》《川路血》《洪宪官场》《杀端方》《草莽英雄》《张澜逸事》《辛亥路潮》等8个剧本。

【志书编纂】《四川省志·川剧志》《四川省志·文化艺术志》，是省文化厅下达的指令性任务。其中《川剧志》因为成绩突出、进度前列，已被列为省志的“第一梯队”。根据“两志”的实际情况，一套班子同时编修两部志书，为避免顾此失彼，志书编纂室决定重点突击《川剧志》的评审、汇编，同时稳步推进《文化艺术志》的编纂工作。

11 月，《川剧志》汇编成册，形成 80 万字的内部初审稿。

11 月 3 日 ~5 日，省志编委在宜宾召开“《四川省志》各分卷参编单位志办主任（主编）学习会”。省川剧艺术研究院、省政协、审计厅、统计局等 6 家单位，根据省志编委会的安排，做了大会经验交流。四川省川剧艺术研究院副院长、《川剧志》副主编郭勇以《群策群力、精工细磨，力争编修传世佳志》为题做了大会发言，重点就确保志书质量上所做的工作交流了经验。《川剧志》取得的显著成效以及有关工作经验，得到领导、专家和同行的好评。11 月 9 日 ~11 日，《川剧志》编辑部在双流召开《四川省志·川剧志》初审稿评议会。12 月，编辑部针对评议会的反馈意见和建议，开展修订、汇编工作。

2011 年 8 月，完成《文化艺术志》主体撰稿任务。根据编辑部工作进度安排，《文化艺术志》进入志稿汇编阶段。9 月，编辑部合成约目前正积极与相关负责单位接洽、交流，补齐缺项，为志书的下一步完工 30 万字的志书初稿（不含文联、作协负责部分）。

【非遗保护】 根据省文化厅通知，四川省川剧艺术研究院承担了川剧申报联合国教科文组织 2012 年非物质文化遗产“代表作名录”工作。在短短一个月的时间内保质保量地完成申报文本、录像片拍摄、照片遴选及相关材料准备等一系列工作。成功地将申报相关材料报送至联合国教科文组织非遗处，川剧“申遗”工作取得阶段性成果。

2011 年与省川剧院签订川剧项目保护合作协议，加强对川剧中青年业务骨干的培养，组织代表性传承人传习剧目 12 个，并举办“川剧传统折子戏传承展演”，把川剧传统剧目保护工作落得实处；举办“第三期非物质文化遗产川剧传习班”“国家级非物质文化遗产川剧专场演出”“纪念周裕祥、周企何百年诞辰暨川剧丑角艺术研讨会”；川剧进校园；积极组织社会赞助经费，带领川剧优秀传统剧目《红梅记》到法国参加中国戏剧节演出，获得赛纳大奖，我国驻法大使孔泉亲自为川剧颁奖，赞扬川剧为国家争得了荣誉，使川剧在巴黎形成了良好的影响。

做好川剧传承人日常管理工作。对传承人的流派、传承关系、代表剧目、技艺特征、光碟、剧照及传承工作的开展等资料进行收集、整理，为传承人建立艺术档案，对传承人传习活动进行跟踪记载，为艺术科研工作提供资源储备。积极组织年度川剧代表性传承人的申报工作，推荐申报第四批国家级传承人 4 人，第五批省级传承人 7 人。

协助国家非遗中心做好《国家级非物质文化遗产项目代表性传承人大典》编撰工作，提供了 6 位国家级川剧代表性传承人的图片资料 18 幅、文字确认件 3 个及个人文字简介 3 份；协同省文化厅完成《四川省非物质文化遗产普查成果数据库》建设工作，撰写了四川国家级项目川剧的简介和 13 位川剧代表性传承人小传，共计 3.2 万字，提供图片资料 70 余幅，完善了川剧传承人的信息资源。

5 月 5 日，四川省川剧艺术研究院接到“成都国际非遗节”组委会通知，来蓉的联合国教科文组织官员、驻华使节等贵宾，专门提出并安排出时间，希望在成都观赏川剧演出。演出由四川省川剧艺术研究院承办，各相关单位要精心准备、主动配合，“向‘非遗节’中外嘉宾展示川剧和川剧人的高、绝、亮品质和良好风范。”四川省川剧艺术研究院积极主动协调各方，在成都市川剧院、四川艺术职业学院、绵阳市艺术剧院等单位的大力支持与密切配合下，确定了“荟萃川剧精华，展现传统经典”的演出主题。以成都市川剧院为“底班”，由晓艇、杨昌林任艺术指导、孙普协任导演，仅用 20 天时间就完成了剧目论证、阵容安排、节目排演、剧场舞美、海报印制等多项工作。5 月 29 日晚 8 点，由联合国教科文组织非遗处处长塞西尔·杜维勒（Cecile Duvelle）、澳大利亚的苏珊·奥吉、印度的戈斯瓦米·拉胡尔、日本的小川直之等组成的“国际非遗学者团”，俄罗斯驻华大使列别杰夫·谢尔盖、墨西哥驻华大使南希·古斯曼等7个国家的9位驻华使节，以及参加“非遗国际论坛”的国内外专家，共计60余人莅临金沙剧场。“国家级非物质文化遗产川剧专场演出”在激越、昂扬的“川剧锣鼓套打”中拉开帷幕，川剧代表性传承人陈巧茹、肖德美、许明耻、孙普协，四川艺术职业学院、成都市川剧院的中青年演员，以及绵阳市艺术剧院的30多名川剧“小梅花”演员，向中外嘉宾献上了《华容道》《射雕》《打饼》《裁衣》《放裴》《金山寺》等6出传统经典折子戏。塞西尔·杜维勒等深深为川剧艺术的魅力所吸引，热情地鼓掌。演出得到了国外嘉宾等的高度赞扬和好评，他们有的用略显生硬的中文说：“非常精彩!”有的用英文说：“Very good!。”演出结束后，塞西尔·杜维勒等高兴地走上舞台，与演员们一一握手问候，并合影留念。演出取得圆满成功!

本次川剧专场演出，汇集川剧名家，聚合中、青、少三代阵容，全方位地展示出了川剧遗产的艺术魅力和文化传统。

为进一步推动国家级非物质文化遗产川剧项目的保护工作，传承川剧传统音乐艺术，四川省川剧艺术研究院立项的《川昆笛子曲牌》抢救录制工作目前正式启动。《川昆笛子曲牌》是四川省川剧艺术研究院继《川剧名家名段》系列光碟推出之后，又一具有普及、传承和保护川剧传统音乐的举措。本着继承、挖掘川剧传统音乐艺术的宗旨，通过录制一批具有代表性的川剧昆腔笛子曲牌，从而达到传承和保护川剧优秀文化遗产的目的。该项课题由四川省川剧艺术研究院第三研究室具体承担，课题组成员由张凯、秦晞和罗英三人组成。

为进一步加强非物质文化遗产的保护与传承，促进川剧传统剧目的传承与发展，有效推动川剧艺术表演人才队伍建设，12月29日~30日，由四川省川剧艺术研究院和四川省川剧院主办的“川剧传统折子戏传承展演”在四川省川剧大剧院成功举行。在为期两天的展演中，李科、张义、张燕、熊宪刚、崔光丽、刘正友、邹宏、郑德胜、郑胜利、李艳冬等中青年演员相继登台亮相，共传承展演了徐寿年、魏益新、杨昌林、但志生、王世泽、李红秀、李明华、王开华等川剧老一辈表演艺术家传授的《铡侄》《武家坡》《别洞观景》《扫松》《情探》《五台会兄》《放裴》《下烛影》《夜归》《太白醉写》等10折经典传统折子戏。

【课题立项】2011年度文化部文化艺术科学研究项目经全国艺术科学规划领导小组评审结果揭晓，四川省川剧艺术研究院副研究员张志刚申报的课题《四川谐剧的历史形成与发展研究》喜获立项。同时，四川省川剧艺术研究院与成都大学合作申报的课题《川剧老艺术家口述史(四川卷)》也获得立项。省川研究院副研究馆员林琳、助理研究员尹文钱分别为该课题第二、三名责任人。文化艺术科学研究项目，是文化部为了进一步贯彻落实中共中央《关于进一步繁荣发展哲学社会科学的意见》，鼓励广大文化艺术科研工作者积极为我国文化艺术建设事业服务而设置的。文化部文化艺术科学研究项目是面向文化系统人员所设立的项目，要求紧密围绕国家和地方文化艺术建设实际、开展文化艺术门类各学科亟须项目研究。《川剧老艺术家口述史（四川卷)》通过对有代表性的川剧表演艺术家个体生平的实录研究，探讨川剧艺术发展创新的历史，总结戏曲表演艺术家成长成材的规律，汇集川剧表演艺术家的独特体验，为川剧基础理论建设提供鲜活生动的史料实证，为中国戏曲表演体系建设和戏曲艺术人才培养体系建设提供川剧的历史经验和学理性分析。

【文化产业】9月30日，四川省川剧艺术研究院正式启动《川剧动画研发与推广》项目。《川剧动画研发与推广》项目是由四川省川剧艺术研究院联合相关动画制作机构，打造以川剧的动作、道白、唱腔等戏曲表演要素为主创元素的系列动画作品，通过广播电视、网络视频、公交视频、学校推广等方式进行多渠道推广。动画以其独特的艺术魅力，深受大众尤其是青少年的喜爱，将巴蜀文化中最具代表性、根源性的川剧研发为动画作品进行宣传普及，可以扩大川剧的受众面。在满足大众精神文化生活需要的同时，增强大众对川剧的参与和保护意识，增强对民族文化的认同感，是拓展川剧保护与传承方式所做的一项有益尝试。同时，川剧动漫项目对于推动文化产业发展，培育新的经济增长点具有重要意义，是积极探索非遗项目合理利用的有效途径，充分发挥非遗项目在推动经济社会发展中的作用，有利于川剧的可持续发展。

四川省文化厅主办的“四川省川剧表演团体艺术生产与发展学术研讨会”于5月30日在成都金河宾馆举行。为推动川剧表演艺术团体的艺术生产与体制改革，提升基层院团的艺术创新能力和发展动力，加强艺术信息交流，文化厅艺术处专门策划组织了这次研讨会，并由四川省川剧艺术研究院和四川省川剧院共同承办。来自18个市、县川剧院团负责人及业务骨干及省川剧艺术研究院等单位的代表40余人出席了会议。期间，中国剧协分党组书记季国平、文化部原政策法规司司长康式昭等举行了专题讲座。

【研讨交流】11月30日～12月5日，应驻巴黎中国文化交流中心的邀请，四川省川剧艺术研究院、成都市川剧院一行30人，由杜建华、陈巧茹领队组成川剧演出团，携川剧优秀剧目《红梅记》参加第五届中国戏曲节演出活动，获得圆满成功。川剧《红梅记》因剧目完整、表演精湛、唱腔优美、传统的锣鼓伴奏富有特色而名列榜首，一举夺得戏曲节唯一的一个“塞纳大奖”。中国驻法国大使孔泉莅临颁奖会场，亲自为川剧《红梅记》颁奖，他称赞道：“川剧的演出为中国民族优秀文化传播作出了贡献。”颁奖仪式上，成都市川剧院优秀青年演员还献演了《射雕》《别洞观景》《打饼》和变脸，将剧场热烈的气氛推向了高潮。

12月24日～26日，周裕祥周企何百年诞辰纪念活动在成都隆重举行。本次活动由省委宣传部、省文化厅、省振兴川剧领导小组主办，省川剧院、省川剧艺术研究院、省川剧理论研究会、省戏剧家协会承办，来自文化部、中国剧协、四川、重庆及贵州等地的专家学者、表演艺术家，二位先生的艺术传人和家属，以及中央电视台戏曲频道、《四川日报》等省内外媒体记者，近200人参加了此次纪念活动。在为期三天的活动中，共举行了两场专题研讨会和三场川丑纪念演出。12月25日、26日上午，“纪念周裕祥百年诞辰学术研讨会”和“纪念周企何百年诞辰学术研讨会”在成都市蓉城饭店分别举行。在研讨会上，各地专家学者、表演艺术家，周裕祥、周企何两位先生的众多弟子近60人纷纷发言，畅谈两位先生对川剧丑角艺术的巨大贡献，追忆两位先生的崇高艺德，共同探讨川剧丑角艺术的传承和发展。文化部巡视员陈迎宪、《剧本》杂志主编黎继德、《中国戏剧》杂志编辑部主任高扬出席会议并发言。12月24日、25日、26日下午，分别举行了“纪念周裕祥百年诞辰专场演出”“纪念周企何百年诞辰专场演出”和“川丑专场演出”。三场纪念演出共推出《花子骂相》《胡琏闹钗》《逼宫》《江油关》《裁衣》《迎贤店》《秋江》《画梅花》《柴市节》《请医》《告贫》《连升店》《花文芳抢亲》《收烂龙》《打判官》《九流相公》等10余个剧目，周裕祥、周企何两位先生的艺术传人及川渝各路川丑名家悉数登台亮相，为广大观众献上了精彩纷呈的演出，淋漓尽致地展示了川剧丑角艺术的独特魅力。参加研讨会的专家学者、媒体记者一同观看了演出。

周裕祥、周企何两位先生是享誉全国的著名川剧表演艺术家，本次举行两位先生百年诞辰的纪念活动对于保护、传承和发展川剧丑角艺术，提升川剧文化影响力，促进高素质人才队伍的建设都具有十分重要的意义和积极的推动作用。

【一报一刊】《四川戏剧》是四川省川剧艺术研

究院主办的以戏剧艺术为主，综合人文社会科学的学术期刊，是四川乃至西部地区唯一的戏剧类核心期刊。

《四川戏剧》紧密配合四川文化工作部署，规范管理，奋进创新，围绕全省及西部的艺术科研与创作，树立良好的服务意识，不断拓展视野，积极关注当前艺术动态，充分发挥理论引导和文艺批评功能的重要作用，加强川剧研究、加强戏剧评论、加强非物质文化遗产评介，努力打造品牌期刊。

及时以图文形式报道了李长春对川剧的亲切关怀、蒋巨峰省长到省文化单位调研、全省文化工作会议等工作进展；先后发表了郑晓幸同志的《高位求进　加快发展　努力推动“十二五”时期文化建设新跨越》等对全省文化工作具有指导意义的讲话、文章，朱丹枫同志的《把握机遇　突出重点　科学引导四川艺术生产》；对一些大型戏曲学术活动给予了专题式的反映，先后完成了南充灯戏论坛、魏明伦从事文艺60年、2011年全省谐剧展演、第25届梅花奖、第12届中国戏剧节、第三期非遗川剧传习班、川剧艺术院团生产与发展研讨会等活动的报道。

由四川省川剧理论研究会与四川省川剧艺术研究院合办的内部报型资料《川剧与观众》，是四川省振兴川剧及抢救非物质文化遗产的重要阵地和窗口。2011年继续坚持“川剧信息荟萃，观众知心朋友”的办报思想和理念。全年出版12期，登载有关川剧的新闻报道、理论研究、人物特写、戏剧评论等各类文稿约300余篇，计27万余字，图片28幅，川剧折子戏剧本10个。《川剧与观众》为川剧从业者、爱好者提供一个各抒己见、相互交流的场所，让读者通过《川剧与观众》进一步了解川剧，走近川剧，喜爱川剧，搭起了一座主客体间的互融之桥。

【馆藏信息】四川省川剧艺术研究院信息资源中心沿袭传统，长期致力于对巴蜀传统文化的收集和整理，特别是对地方戏剧文献的关注，馆藏戏剧资源种类多，戏剧文献数量多，戏剧文物价值珍贵。除书籍、期刊外，剧目达万册、老艺人手抄本及木刻版本两千多册。为了提升中心的文献保障水平，更好地为科研和社会服务，本年度加大了馆藏资源建设，收集到建国后川剧演出剧本及川剧教学珍贵资料50余册，老艺人及教学照片200余张，跟踪拍摄了川剧申报联合国非物质文化遗产的专场演出及省川剧院、宜宾川剧团、广安川剧团、自贡川剧团等的剧目演出，新增加川剧照片两千余张。同全国的兄弟院所保持着良好的沟通平台，交换各类期刊、资料数十种。

戏曲陈列室作为对外宣传的窗口，6月17日，迎来了中共四川省委副书记、省长蒋巨峰，中共四川省委常委、宣传部长黄新初一行。在调研参观过程中，蒋巨峰对馆藏的珍贵资料文献的价值给予了肯定，并对未来的工作提出了明确的要求。中央电视台、浙江电视台、文化部《文化月刊》杂志社、成都电视台、美国印第安纳大学戏剧人类学博士魏小石、美国底特律腹地剧团团长白灵芝（Liza Bielby）女士、四川师范大学新闻和传播学院副院长石磊也先后参观了陈列室和戏剧特藏库，并对所陈列的四川民间祭祀戏剧文物和脸谱、馆藏清末民初的川剧文献进行了采访和报道。

【行政管理】2011年，四川省川剧艺术研究院有计划地安排全院职工外出参加相关学术研讨活动、业务培训学习及观摩优秀剧目，努力提高科研人员业务水平和综合素质。院工会主席秦晞受省文化厅的选派，参加了为期40天的省直机关党校58期处级干部培训外。全院专业技术人员参加了5月29日~6月2日由四川省文化厅主办，四川省川剧艺术研究院承办的“第三期非物质文化遗产川剧传习班”。7月中旬，资料室全体人员前往成都市图书馆参观，学习古籍文献资料的馆藏服务及开发利用；为了提高编辑人员的业务素质，8月1日~4日，《四川戏剧》杂志主编、副主编赴雅安参加了省新闻出版局举办的全省报刊负责人培训；9月~12

月，7 位具有编辑资格证的同志分期到新闻出版局进行培训，使编辑人员的编辑能力得到进一步提高。组织全院职工 30 余人次，观摩全国性的优秀剧目展演，取得了很好的成效。

5 月，第三届中国成都国际非遗节和第 25 届“梅花奖”大赛在成都举办，四川省川剧艺术研究院出资一万余元，组织全院职工观摩了京剧、川剧、粤剧、越剧、沪剧、闽剧、高甲戏、吕剧等精品剧目十 10 台，并考察了成都国际非遗博览园。通过观摩、考察，使职工开阔了艺术视野，增强了艺术敏锐度，提高了职工的业务素质；10 月 14 日 ~30 日，第十二届中国戏剧节在重庆举行。为加强专业技术人员对全国戏剧发展现状的了解，学习优秀剧种、优秀剧目的成功经验，四川省川剧艺术研究院派遣了各部门专业技术人员 13 名分三批赴重庆观摩学习。在渝期间，共观摩了戏剧节精品剧目 27 台，并与各剧演职人员进行了广泛交流与切磋。通过观摩，使大家很好地把握住目前中国戏剧的发展趋势和艺术走向，对提高他们的科研水平起到了指引作用。

2011 年中国戏曲现代戏年会于 9 月 8 日 ~ 10 日在江苏苏州举行，四川省川剧艺术研究院院长杜建华、副研究员张志刚参加了此次会议。会议主要内容为中国戏曲现代戏年会 30 周年纪念和表彰对戏曲现代戏有贡献的专家学者，四川魏明伦获突出贡献奖，杜建华、王定欧、余小武、尹文钱等获贡献奖；由《光明日报》、中国戏曲现代戏研究会、中共陕西省委宣传部、陕西省文化厅联合主办的“现代戏关注现实，关注大众——陕西省戏曲研究院现代戏发展暨陈彦作品研讨会”9 月 8 日在西安举行，《四川戏剧》杂志副主编尹文钱参加了此次会议，并作了发言；10 月 10 日，“亚洲文化论坛——10+3 主题会议”在重庆开幕，川研院副研究员张凯参加了“亚洲文化论坛——10+3 主题会议”，来自东盟十国及中日韩三国的专家学者共聚一堂，就亚洲文化的传承发展与交流合作进行了深入探讨；应国立台湾戏曲学院邀请，10 月 25 日，川研院院长、研究员杜建华赴台参加了该校内湖校区举办的“2011 年戏曲国际学术研讨会”，还与国内外专家、学者进行了交流，并提交论文《川剧的文化价值与生态环境》；应法国巴黎中国文化中心邀请，由杜建华院长率领的四川省文化代表团一行 2 人，于 2011 年 11 月 29 日 ~12 月 7 日赴法国巴黎参加法国中国戏曲节。此次赴法出访的主要任务是与设在巴黎的联合国教科文组织官员、法国中国文化中心的专家进行交流，介绍川剧独特的艺术魅力和文化价值，以及所面临的危机，进一步推进川剧竞争 2012 年度联合国非物质文化遗产代表作工作。

四川省音乐舞蹈研究所

【概况】 四川省音乐舞蹈研究所紧紧围绕“保稳定、保增长、保民生”的要求，以“创先争优”活动为抓手，以灾后文化恢复重建为契机，以人才队伍建设为基本，抢抓文化大繁荣、大发展的机遇，充分发挥艺术科研的优势和特点，抓特色、抓亮点、抓项目，把艺术科研项目与社会大众需求相互结合、相互转化、相互促进，取得了很大的成绩。

【灾后恢复重建项目】 四川省音乐舞蹈研究所承担的灾后恢复重建项目是《羌族文化传承人纪实录》《羌族音乐舞蹈数据库》《羌族非物质文化遗产影像资源库》三个子项目，三个项目已基本完成。

【艺术科研】 国家级科研项目共四项，省级课题共三项。

2008 年度国家社科基金项目《四川省民族民间文化艺术资源数据库》。本项目是国家文化数据库的重要组成部分，是四川网络文化建设的基础之一，为实现文化数据的动态管理和资源共享搭建了平台，该项工作为三年期完成，已经完成大半，进展顺利。

文化部科研创新项目《羌族非物质文化遗产地理信息系统》。此项目内含《羌族非物质文化遗产数据库》，并利用地理信息系统将相关地理信息的非物质文化遗产数据分层、分类叠加在电子地图上，使地图对象与数据库属性建立连接关系，通过地理信息系统，轻松实现地图与数据库的双向查询，同时实现相关联的非物质文化遗产与地理信息的自组查询。此项目在进行中。

《四川非物质文化遗产灾后保护抢救和利用的对策研究》。重建灾区人民群众的精神家园，是党中央、国务院抗震救灾重建家园战略部署的重要内容。非物质文化遗产是文化遗产的重要组成部分，是历史的见证和民族文化的重要载体，抢救和保护工作既面临前所未有的困难，又势在必行，它对继承和发扬民族优秀文化传统、增强民族自信心和凝聚力、建设社会主义美好家园具有重要意义。本课题现基本完成，正在结题。

全国艺术科研“十五”规划国家西部课题《巴蜀音乐》。国家级非物质文化遗产名录——四川扬琴，专著一《四川扬琴艺术家李德才》全部完成并正式出版。国家级非物质文化遗产名录——四川扬琴，专著二《四川扬琴建国六十年曲选》，已完成定稿并交印刷厂出版。

《四川文化人力资源与文化人才队伍现状调研与开发路径》。人力资源是最重要的战略资源，是文化兴旺发达的主要推动力。高素质的文化人才是一个地区的文化名片和文化形象，可以打响一个艺术品牌，提高一个艺术门类的水准，引领一个文化行业，影响不可估量。本项目从本省现状出发，深入剖析实际情况，发现实际问题，提出解决办法，是发展四川文化事业和壮大文化产业的根本保证，具有十分重要的现实意义。项目进展顺利。

《四川文化艺术志舞蹈类》编撰工作。四川省音乐舞蹈研究所成立了专业的编辑小组，深入基层进行了考察、研究，正在进行前期的资料收集和准备工作。

四川非物质文化遗产图说系列《我们的非遗生活》（暂名）。以“非遗”项目传承人自述形式为线索，系统性、专业化、通俗性和故事化地宣传推广四川非物质文化遗产项目的特点、优势和魅力，填补“非遗”宣传推广的图书空白。项目成立了编撰委员会和工作小组，前期的资料收集和调查工作基本完成，后期的图片整理和文稿撰写正在进行中。

【非物质文化遗产】四川省音乐舞蹈研究所与成都市锦江区大慈寺联手创建的“国家非物质文化遗产四川扬琴传承基地”是四川省首个诞生在社区的“非遗”传承基地，也是四川省传统曲艺四川扬琴首个基地。

【四川省珍贵民歌整理开发项目】四川省音乐舞蹈研究所成立以来收集整理了全省最珍贵的甚至是孤本、绝本的原生态民歌资料和研究成果；2008年申报了建立四川省原生态艺术音像制作中心的产业项目，按照川财教〔2008〕204号文件精神购买了部分设备，完成了初步构架。具备开展珍贵民歌资料数字化及整理开发的基本条件。此项目正进行前期的准备工作。

【社会艺术水平音乐考级】作为社会艺术考级（音乐）机构，四川省音乐舞蹈研究所负责承担了四川省社会艺术水平音乐考级的各项相关工作，和川音、音协一起共同开展社会音乐考级工作，7月~8月，对9个市（州）的近万考生进行了音乐考级，取得了很好的成绩，得到专家和社会各界的好评肯定。

【音像制作】从年初到11月底，音像制作共完成了《北川中学》《花样年》《转山会》等26部影视作品的制作、编辑。

【行政管理】为深化事业单位人事制度改革，建立健全事业单位岗位设置管理制度，根据上级文件精神及有关规定，结合本单位实际，制定《四川省音乐舞蹈研究所岗位聘用方案》。并通过了省文化厅和人力资源与社会保障厅的审核，首次聘用工作4月顺利完成。制定和完善了各项规章制度，主要有：《四川省音乐舞蹈研究所在编人员离岗待退管理办法》《四川省音乐舞蹈研究所专项资金管理办法》《关于音像制作部业绩奖励制度的决议》《关于音像制作部对外开展业务收费和对内核算标准的决议》《关于项目管理费提取比例的决议》等。既保证了工作的顺利开展，又保障了职工的福利待遇，受到全所干部职工的好评。根据年初的规划，数据库和资源库的机房建设现已进入尾声，各种设备业已到位。

人才队伍建设。科研是灵魂，人才是关键。通过压担子、交任务等方式，为年轻干部创造成长的良好平台。6 月 ~7 月举办的“2011 年四川省舞蹈新作比赛”，就是在领导班子成员关注、帮助下，从接待、组织、赛程安排等各方面都由年轻干部全面负责，不但让年轻干部得到了锻炼，而且得了上级部门和社会各界的好评。建立了年轻干部定期交流思想、汇报工作制度，领导班子成员随时随地关心和帮助他们解决思想、工作、学习及生活中的实际问题。加强后备干部的培养和考察，建立培养档案，实行动态管理。

【党务工作】2011 年是建党 90 周年，也是“十二五”规划的开局之年。四川省音乐舞蹈研究所以科学发展观为指导，以廉政建设为载体，以改革发展为中心，以“创先争优”活动为抓手，转方式、调结构、促改革、求发展，继续创建学习型党支部，加强民主管理，大力推进党的班子建设、干部队伍建设、组织建设、党风廉政建设，充分发挥党组织的核心作用和广大党员的先锋模范作用，切实把党建工作融入中心工作，为做好“十二五”开局工作提供了坚强的思想、政治和组织保证。

结合音舞所工作实际，继续深入开展“创先争优”活动，不断提高工作实效。围绕“两加快，一提速”的基本思路和重点工作，从营造氛围、创新形式、结合实际等方面推动创先活动深入开展。坚持创先争优活动与学习贯彻“十二五”规划相结合，创新发展理念，理清发展思路，在推动“十二五”良好开局中建功立业；坚持创先争优活动与庆祝建党 90 周年活动相结合，进一步激发党员干部爱党爱国的热情；坚持创先争优活动与灾后恢复重建项目相结合，引导党员干部在围绕中心、服务大局的实践中建功立业，切实增强责任感和使命感；坚持创先争优活动与深化党内激励机制相结合，创建“五个好”先进基层党组织，激励党员干部争当“五带头”优秀共产党员，发挥先进的示范带动作用，真正使活动创出先进、争出优秀、推动工作。

深入学习理论知识，抢抓文化大繁荣、大发展机遇，不断提升党员思想水平。7 月 10 日，四川省音乐舞蹈研究所深入学习了《胡锦涛同志在庆祝中国共产党成立 90 周年大会上的讲话》精神；10 月 26 日，组织全体在职人员到“诚友苑”会议室专题学习了六中全会精神；11 月 16 日 ~18 日，组织全体在职人员和离退休人员到青城山进行了为期三天的学习讨论，专题学习了省委九届九次全会精神。同时，为全体在职和离退休人员购买了胡锦涛讲话、五中全会和六中全会单行本，印刷了各种学习材料。

加强党的组织建设，不断提高支部的凝聚力和战斗力。进一步增强党员干部社会责任意识。组织党员干部带头承担社会责任，积极创造条件，为党员搭建爱心平台，继续深入开展“挂、包、帮”活动，7 月 24 日，在四川省文化厅党组成员、副厅长泽波副厅长的带领下，音舞所与音像社再次到麻城乡帮扶点走访慰问，并送去帮扶金 6 千元和各种帮扶物资。同时，以“挂、包、帮”活动为抓手，鼓励党员干部积极参与救灾、扶贫、助学等公益事业，自觉践行社会主义核心价值观，发扬“一方有难、八方支援”的社会风尚，不断增强党员干部的社会服务意识。进一步完善党员管理工作制度。按照“坚持标准、保证质量、改善结构、慎重发展”的原则，培养入党积极分子和发展新党员。继续推行发展党员公示制、票决制，把好发展党员质量关。

加强党风廉政建设，不断改进工作作风。严格执行党风廉政建设责任制，切实贯彻中央《关于实行党风廉政建设责任的规定》，继续深入学习《中国共产党党员领导干部廉洁从政若干准则》，开展《党内监督条例》《党纪处分条例》等党纪政纪条规学习活动，促进党员干部依法履行职责和遵守职业道德，严格廉洁自律。

以党性党风党纪教育为重点，深化理想信念和廉洁从政教育，开展岗位廉政教育和警示教育，树立正确的权力观、地位观、利益观，提高党员干部拒腐防变能力，努力营造“人人思廉、人人倡廉、人人促廉”的良好氛围，使廉政文化建设深入人心；通过党员大会、党小组学习、专题党课和警示教育等形式，定期开展内容丰富的廉政文化教育，提高广大党员干部反腐倡廉的自觉性和坚定性，增强法制观念和纪律意识，打牢廉洁行政的思想政治基础，筑牢拒腐防变的道德防线。

加强工青妇团建设，不断促进全所和谐发展。健全工作制度，定期听取工会、共青团组织的工作报告，及时研究工会、共青团工作，积极协调各方面的关系，帮助解决工作中的重大问题，创造必要的工作条件，做到既严格要求，又创造宽松环境，思想上重视，工作上支持，保证工会、共青团依照法律和各自的章程，独立自主，创造性地开展工作。

四川省诗书画院

【概况】 2011 年，四川省诗书画院坚持党的“二为”方向和“双百”方针，认真学习贯彻党的十七六中全会和四川省委九届九次全委会的精神，高扬民族文化的时代精神，继承创新、开拓进取，为自觉构建社会主义核心价值体系服务，推广“巴蜀画派”，繁荣全省美术事业，建设与西部经济发展高地相适应的文化强省作出了应有的贡献，圆满完成了全年各项目标任务。创作、研究、交流展览成绩斐然。

【艺术创作与交流展览】 10 月 16 日，由中国美术家协会、北京美术家协会、北京画院、四川省诗书画院、四川省美术家协会共同主办的“诚者灵——彭先诚中国画展”在北京画院美术馆隆重开幕。全国政协社会与法制委员会副主任、原四川省政协主席、四川省诗书画院院长秦玉琴，省委副书记、省人大常委会副主任、党组书记李崇禧，中国文联副主席、中国美协副主席冯远，中国美协常务副主席吴长江，国务院参事室副主任、全国政协常委、中国美术家协会副主席、北京画院院长王明明，中国美协副主席、天津画院院长何家英，四川省文化厅艺术委员会主任、四川省诗书画院常务副院长胡继先，中国书协副主席、四川省书协主席、四川省诗书画院副院长何应辉，四川省美协主席阿鸽，中国艺术研究院研究生院院长田黎明等出席开幕式。画展展出的山水、花鸟、人物作品是彭先诚潜心研究中国画创作数十年，对其灵动、清俊、古雅风格的全面展示。众多全国著名书画家及美术评论家观看展览后对彭先诚几十年来所取得的艺术成就给予了高度评价，多家媒体进行了详细的报道，得到业界广泛的认可。

画展同时，北京出版社为彭先诚精心印制的《诚者灵——彭先诚画集》隆重推出。画集分为山水、花鸟、人物三卷，精选了画家从艺几十年来 700 余幅代表性作品，其艺术性、学术性均非常高。

12 月 17 日，由中国美术家协会、北京美术家协会、北京画院、四川省诗书画院、四川美术家协会在成都市购书中心共同举办了“诚者灵——彭先诚画集”新书首发仪式。出席新书首发仪式的领导有：省委副书记、省人大常委会副主任、党组书记李崇禧，四川省委宣传部副部长朱丹枫，四川省文化厅党组书记、厅长郑晓幸，四川省人大常委会副秘书长曾平，胡继先，四川省诗书画院常务副院长戴卫以及中国书协副主席、四川省书协主席、四川省诗书画院副院长何应辉，四川省委宣传部出版处处长税维加等。在新书首发仪式上，彭先诚向全省艺术大专院校及省、市、县各级图书馆捐赠价值 100 多万元的首发新书，以此公益行动支持家乡文化事业大发展。

11 月 19 日，由四川省委宣传部、四川省文化厅、四川博物馆、四川省美术家协会、四川省诗书画院联合主办的“艺海留痕——郭汝愚中国画作品展”在四川博物院开幕。此次展览的作品大部分创作于近五年，共 240 余件，内容涉及工笔及写意花鸟、人物、山水、书法等。这批作品较全面地展示了郭汝愚从艺五十周年及其在国画方面的探索成果。其工笔画以写意手法入画自创一格，在工笔画技法上有新的突破。在人物画方面，他利用旅美授课之机宣传中国文化，用纯中国画技法表现西方人物尤其年轻女性，颇有时代特点，展示中受到广泛关注。本次展览同时发行了由天津人民美术出版社出版的大型画集《中国近现代名家郭汝愚》及介绍郭汝愚从艺五十周年的纪念画集《艺海留痕》。出席开幕式有四川省诗书画院院长秦玉琴，四川省委常委、秘书长陈志光，成都军区原副司令员、中将桂全智，省委宣传部副部长朱丹枫，戴卫、阿鸽等。

11 月 24 日下午，2011 年全省画院中国书画作品邀请展在乐山市文化馆正式开展。展览征集了四川有代表性的优秀书画家的精品新作 90 余件，较为集中地囊括了全省高水准书画家，云集了戴卫、何应辉、彭先诚等在全国具有影响力的名家作品，为大众奉献一场巴蜀书画艺术鉴赏的视觉盛宴。

2011 年度，四川省诗书画院画家参加展览 20 余次。

为了贯彻中共四川省委、省政府关于“打造巴蜀”的指示精神，配合省委宣传部和省文化厅的布署，四川诗书画院与华西都市报决定每月对社会公众举办一次“巴蜀诗书画讲坛”公益讲座活动。共同将“巴蜀诗书画讲坛”打造成为四川人民喜闻乐见的艺术及收藏知识传播交流品牌平台。

四川诗书画院为四川培养了一大批优秀的中青年书画家，有多名学员加入了中国美协和省市美协，并在全国书画大展中多人次获奖，为社会培养创作型人才，录取了 139 名新学员，比上一届增加了 7 名。

【全省画院工作联席】 为弘扬优秀文化传统，推进全省画院建设，总结交流自 2008 年以来全省画院工作经验及中国书画的创作研究成果，2011 年全省画院工作联席会暨全省画院中国书画作品邀请展于 11 月 24 日 ~26 日在乐山市召开。秦玉琴院长作了“深入贯彻党的十七届六中全会和省委九届九次全委会精神，不断开创全省画院工作的新局面”工作报告，在总结画院工作的基础上对四川书画事业面临的机遇和挑战作了精辟分析，提出了今后一段时期画院工作的思路及重点。四川省文化厅党组书记、厅长郑晓幸要求画院未来工作应围绕省委九届九次全委会中提出文化强省建设的目标，找准自身着力方位及画院工作的五大任务。大会交流了画院工作、书画研究创作的经验，进一步增进了画院之间、书画家之间的友谊。参会的各画院画家及与会代表 80 余人共同参加了四川省诗书画院组织的四川省大型学术交流笔会，此次笔会是四川书画界联谊、交流、创作的盛会。

【基础设施建设】 四川省诗书画院是在邓小平倡议之下，于 1984 年成立，占地 4.5 亩，业务办公用房 3 000 平方米。随着事业的发展，供展览书画作品、美术师创作、教学、藏画及日常办公用房，设施严重不足和老化。3 月 9 日，经省人民政府第 76 次常务会议审议同意，四川省诗书画院旧楼改扩建工程立项，川发改社会〔2011〕195 号文件作了批复。建设地点在成都市百花潭路 10 号画院旧址，总建设规模为 4 147 平方米，在保证与原有建筑衔接的基础上，扩建 1 147 平方米，改建 3 000 平方米。建设内容主要包括展厅（美术馆）、藏画室、裱工房、教学工作室及会议接待室等。

四川省歌舞剧院有限责任公司

【概况】 2011 年，四川省歌舞剧院有限责任公司全面贯彻文化创作生产“二为”方向和“双百”方针，紧紧围绕四川省“两个加快”的目标，积极探索和推进文化体制改革，大力繁荣艺术创作生产，建立健全现代公司制度，完善法人治理结构。公司领导班子带领公司干部职工，团结进取，奋发向上，以“强团队、强管理、抓创作、抓营销”为工作方针，以出人出戏为根，以拓展市场为本，积极实施“树品牌、闯市场、促发展”的经营战略，创造了一批具有艺术性、思想性和观赏性、人民群众喜闻乐见的舞台作品，努力走在全国艺术创作生产的第一方阵。9 月 18 日，中央政治局常委李长春视察公司，对公司改革给予了充分肯定，对公司坚定不移走市场寄予了厚望。

【大美四川】巴蜀舞乐歌《大美四川》是四川省歌舞剧院有限责任公司转企改制后精心打造的第一部具有自主产权的舞台作品，于10月在四川锦城艺术宫向全国隆重推出后，随即在乐山，宜宾、绵阳、内江、达州等城市开展巡演，得到了广泛好评和充分肯定。

《大美四川》由古蜀风流、市井百态、民族璀璨三部分组成。古蜀风流展示4 000年前三星堆青铜面具的神奇、金沙太阳鸟的绝美及蜀宫伎乐的雅致；市井百态展示今日四川的巨变、休闲之都的气息和历史文化；民族璀璨展示民族的风情，赞美民族的巨变。该剧以鲜明的民族特色、独特的民俗风情、深厚的巴蜀文化为根基，以汉、藏、羌、彝歌舞乐为主体，通过摘取羊角花、羌红、竹叶青等民族、民俗、蜀文化的典型符号，以夸张、创造、浪漫的手法，用软景简洁勾勒、硬景的局部点缀的方式，以充沛的激情、优美的旋律、感人的形象，艺术地、巧妙地、流畅生动展现了四川的山水、文化、风情、人文，堪称独具魅力的“四川印象”。11 月该剧参加了首届全国新农村文化艺术展演，获得“金土地奖”——优秀组织奖。

【红军花】为隆重纪念建党 90 周年，公司历经近三年的筹备，经过不断修改打磨，倾力推出的大型舞剧《红军花》于 7 月赴京参加全国现代戏优秀剧目展演，引起强烈反响和广泛好评，成功入围“2010 ~ 2011 年度国家舞台艺术精品工程资助剧目”，成为四川唯一入选的剧目。

【艺术创作】公司坚持改变创作观念，以市场为导向，坚持艺术性和观赏性要相结合，努力打造文化精品工程和社会主旋律文化品牌，坚持用两个标准来检验作品：一个赛场、一个市场，通过精选一批优秀节目，用长期的市场检验去精益求精、不断完善，将作品打磨成精品。这些精品再去参加各类艺术节、全国舞蹈比赛，并以此取得好的成绩。同时公司不断解放思想，创新文艺作品创作机制来增强作品活力、塑造品牌。在创编工作方面，采取“比选”、专家论证的方式，公开征集创意方案，组织专家评审，选拔符合剧目要求、亮点突出、艺术水准高、表现风格独特的作品创意，通过选拔后搬上舞台，不断激发内部活力，集聚省内最优秀创编人才。在创编人员作品创作和资金投入上，采取灵活的“项目制”管理方式。采用“创意排练”的方式，鼓励演员在表现的过程中进行二度创作，增强作品的表现力、感染力。

【市场开发】公司创新思维，强化营销力度，坚持“走出去”和“走下去”相结合，加强市场开发，在更广阔的市场空间传播四川特色文化、寻求发展壮大，取得了良好的社会效益和经济效益。公司推行“整装出售”和“散装打包”营销模式，运用市场化运作方式进行演出推销。在《大美四川》中尝试“整装出售”和“散装打包”，其中的《九大碗》《坝坝戏》等小节目也单独以不同价格被预订。排出的每一个节目都上了“购买清单”，既可以“整装出售”，也可以“散装打包”，多种选择、多种渠道让市场更加宽敞，拓宽了市场发展空间，降低了市场风险，实现了经济效益和社会效益双赢。

【对外文化交流演出】公司十分注重对外文化交流，积极组织到国外去展示、宣传四川独特瑰丽的文化，加强交流学习，寻求发展壮大，以提高院团的国际知名度和影响力。4 月 27 日，公司编排《天府神韵》参加了国务院新闻办公室和四川省人民政府、中国驻印度大使馆共同举办的“感知中国 · 印度四川周”系列活动，在印度的文艺演出中，产生了轰动效应。6 月 5

日～7月7日《道韵青城》赴英国参加演出，8月10日～18日受邀亮相英国爱丁堡国际艺术节，成为该艺术节一大亮点。8月1日～8日《锦绣四川》赴欧洲演出，所到之处都受到了热烈欢迎，展示了四川文化的独特魅力。

【文化惠民演出】 公司积极开展文化惠民演出，进行各种形式的文化下基层、进藏区、进高校、到社区等公益性演出，充分贯彻落实文化惠民工程。2011年，相继开展了“都江堰市赴上海感恩”演出和《红军花》演出等文化惠民活动，在全社会大力唱响了弘扬社会主义核心价值的主旋律。

【体制改革】 2011年，按照中央明确的改革“时间表”“路线图”，以及“可核查、不可逆”的工作要求，改体制，转机制，按照现代企业制度要求，完善法人治理结构，组建董事会、监事会和经营班子，继续深化改革，增强发展活力。实现“两个转变”，即转变单位性质，由事业转为企业，完成工商登记，注销事业法人；转变劳动关系，职工和企业依法签订劳动合同，建立新型劳动关系。

改革进程中，公司通过召开全院职工动员大会、党员干部座谈会，引导干部职工不断解放思想、转变观念，深刻认识改革的重要性紧迫性，营造理解、支持、配合改革的思想舆论氛围。坚持实事求是，从实际出发，广泛调查研究，学习借鉴外省院团改革经验，形成了符合自身实际、群众接受、能够操作的改革实施方案。在改革中，坚持始终把维护好职工利益摆在重要位置，积极争取各相关部门支持，实行“老人老办法”，给职工分流安置以最大的政策保障。坚持平稳推进，小步快跑，努力做到以最小的震动，实现改革的平稳过渡。

2011年，进一步注销了原四川省歌舞剧院事业法人、核销事业编制；与省、市社会保障部门衔接，建立了企业养老保险关系。同时按“精简、高效、市场化”原则调整内设机构，全面推进双向选择聘任工作，公开岗位，竞聘上岗，已基本完成与受聘职工建立企业劳动关系，签订企业劳动合同的工作。

【院团管理】 在新的形势下，公司充分认识到管理不仅是生产力，还是公司发展的内生动力，通过坚持抓机遇、强管理、练内功的方针，不断转变经营管理理念，创新管理的新思路、新方法、新手段，切实提升管理水平，建立健全现代企业化管理体制机制。一方面，公司在加强基础管理方面狠下工夫，激发内部活力。公司先后完善企业法人治理结构，建立健全公司财务管理、营销管理、剧场管理、设备管理、考核奖罚制度等基础性管理工作。另一方面，公司在剧目创作编排管理上，采取灵活的专家论证和项目管理等方式，催生了一批高水平、高质量的艺术作品，繁荣了艺术创作生产。公司已初步建立严格规范、富有效率、充满活力的管理体制机制，推动了公司改革发展各项工作迈上新台阶。

公司牢固树立“人才资源是第一资源”的观念，坚持尊重人才、重视人才的科学人才观。始终把人才队伍建设放在公司发展战略的重要位置，通过完善人才激励机制、搭建造就人才平台，形成引得进人才、留得住人才、用得好人才的良好环境。坚持以作品出人才、以人才创精品，鼓励演员进行二次创作，增强作品的艺术生命力；建立面向市场的科学激励机制，充分体现创作人员的创作价值，激发了他们的积极性和创造性，造就了众多优秀的创编演职人才。通过出人才、出精品工程，不仅提高了公司员工的经济收入，增强了他们对公司的归属感和认同感，而且还培养了一批德艺双馨的艺术人才，打造了自主文化品牌，促进了员工和公司共同发展，提高了公司的向心力和凝聚力，取得了良好社会效益和经济效益。

四川交响乐团

【概况】 四川交响乐团是我国中西部地区一流的综合表演艺术团体，拥有专业演奏员80余名，平均年龄30余岁。在持续不断的演出活动中，乐团以其不断提升的音乐修养、始终如一的严谨创作态度、源源不断的世界经典名曲推展，活跃在古典音乐演出舞台，逐步发展成为中国西部地区声名远播的专业乐团，为都市的高雅音乐生活增添了活力，成为助推西部高雅艺术发展繁荣的生力军。

9月13日，按照中央文艺体制改革的要求，经四川省委、省政府批复同意注销原四川省歌舞剧院，新成立拥有140人事业编制和独立法人资格的四川交响乐团。新的四川交响乐团中包括交响乐团、天姿国乐女子民乐团、歌剧团等三个文艺团体。

【交响乐团演出活动】9月30日，在成都火车南站办事处，参加《军民共度国庆》演出；10月1日~4日，在成都东区音乐公园进行交响乐《社区高雅艺术赏析》演出；10月9日，参加《纪念辛亥革命保路运动100周年》大型交响乐演出；11月11日~12日，举行金堂大型《交响乐音乐会》；12月16日，在娇子音乐厅、西南财大《新年音乐会》演出；12月28日，在省川剧院剧场，参加省文化厅《新年音乐会》演出。

【歌剧团演出活动】9月，参加四川省统战部庆《国庆文艺晚会》演出；10月，参加《大美四川》锦城艺术宫演出季演出；11月；参加歌剧《娥加美》演出和德阳《2012年新年音乐会》；12月，参加南充《新年音乐会》演出和广元《新年音乐会》演出。

【天姿国乐演出活动】9月16日，天姿国乐再受文化部指派，四川省文化厅派遣，以及美国肯尼迪艺术中心的邀请，一行15人前往美国参加“中国·一个国家的艺术”文化交流活动。此次活动汇聚了华盛顿国家歌剧院交响乐团、中国人民艺术剧院、中央芭蕾舞团、中国国家话剧院等著名演出团体，以及中国著名指挥家张国勇、著名歌唱家万山红、著名二胡演奏家于红梅等艺术大家。天姿国乐用饱满的热情、精湛的技术获得了文化部领导的肯定，文化部并颁发了表彰信，表彰乐员们的演出精神和工作态度。

四川人民艺术剧院

【体制改革】2月28日，四川人民艺术剧院成立体制改革领导小组，由四川人民艺术剧院院长李亭任组长，党委书记苟勇任副组长。同时成立体制改革办公室，由四川人民艺术剧院党委副书记、常务副院长杜江宁任主任，院办公室、人事部、财务部及相关部门人员参加。3月~4月，由四川省文化厅党组成员、副厅长李兆权副厅长带队，四川人民艺术剧院李亭、贾建立副院长分两批率四川人民艺术剧院体制改革小组人员赴上海、南京、郑州、重庆、昆明等地，学习考察其他省市院团改革的先进经验。4月，完成了《四川人艺体制改革方案（初稿）》的草拟工作，并上报四川省文化厅修改审定。在省文化厅体制改革办公室的主持和省文化厅人事处的帮助下，完成了第二次《四川人民艺术剧院转企改制暨组建四川人民艺术剧院有限责任公司方案》（正式方案）的修改、补充和完善工作，并上报省政府。

【艺术生产】5月9日，为纪念“5·12”汶川特大地震三周年，四川人民艺术剧院大型话剧《大川之灵》（编剧李亭、孟意明、导演蒋维国、舞美设计王履玮、灯光设计李蔚）在成都锦城艺术宫上演。7月，为庆祝中国共产党成立90周年，文化部组织“全国优秀现实题材剧目展演”，《大川之灵》从全国100台候选剧目中被选中，成为20余台参演剧目中的一台，并于7月19日、20日在北京梅兰芳大剧院演出。在北京首场演出中，四川人民艺术剧院特邀了18个省市驻京代表观看《大川之灵》这台感恩剧目，文化部副部长王文章到场观看并在演出结束后与全体演职人员合影留念，他称赞这是一部情感真切、有思想深度和丰富内涵的作品。此次展演，《大川之灵》荣获庆祝建党90周年优秀剧目展演全国现代戏优秀剧目奖。7月，《大川之灵》荣获四川省委宣传部、省文化厅、省文联颁发的庆祝建党90周年新剧目展演暨第二届文华奖最佳剧目奖、编剧奖、导演奖、表演奖。

11 月 3 日 ~8 日，为感恩回馈浙江、上海人民对四川汶川“5·12”特大地震的无私援建，《大川之灵》赴上海、杭州感恩巡回演出。观看演出的有曾在都江堰、汶川等地参加过灾后重建的援建指挥者、建设者和志愿者，当地省市有关领导和援建部门领导，在浙江创业的四川商会数十名企业家等。11 月初，应第 13 届上海国际艺术节组委会邀请，《大川之灵》赴上海参加艺术节展演，荣获第 13 届上海国际艺术节优秀演出奖。

【多场次音乐剧《燃烧的雪野》】7 月 7 日，为隆重庆祝中国共产党成立 90 周年，由四川省委宣传部、成都军区政治部、西藏军区政治部、四川省文化厅联合主办，四川人民艺术剧院与西藏军区政治部文工团联合创作了音乐剧《燃烧的雪野》（编剧李亭，导演宫晓东、曹平，作曲刘党庆，舞美总监、灯光设计刘建中，舞美设计童为列，舞蹈导演黄波），作为省委宣传部、省文化厅主办的“颂歌献给党——四川省庆祝中国共产党成立 90 周年新创优秀剧目展演活动”的重点剧目在锦城艺术宫公演。《燃烧的雪野》荣获四川省委宣传部、四川省文化厅、四川省文联颁发的“第二届文华奖”“文华导演奖”“文华表演奖”“音乐创作设计奖”“舞台美术奖”。

8 月，《燃烧的雪野》剧组赴拉萨庆祝建军 84 周年为西藏官兵演出，这是四川人艺第一次在西藏高原为部队官兵演出。西藏自治区党委书记张庆黎看了演出作出高度评价，他说：“这台节目非常成功、非常精彩。剧中的人物和感人事迹就在西藏、就在军营、就在我们身边。60 年来，驻藏人民解放军与西藏各族人民并肩战斗、团结一致，守卫着伟大祖国的这片热土，默默无私地作着奉献和牺牲。李素芝、彭燕等典型人物的事迹感动着我们，尤其是几十年如一日给‘金珠玛米’送菜的老阿妈和每天把国旗升起在自家房顶的‘国旗老阿妈’。她们用行动告诉我们，以藏族为主体的西藏各族人民对伟大的中国共产党、对社会主义祖国、对人民子弟兵充满无限热爱，西藏老百姓永远不会忘记党的恩情，永远不会忘记‘金珠玛米’作出的贡献。”10 月，由中国文联、中国戏剧家协会和重庆市人民政府共同主办的第十二届中国戏剧节在重庆举行。四川人民艺术剧院和西藏军区政治部文工团合作创演的大型音乐剧《燃烧的雪野》参加了展演。参演的 29 台剧目从全国 130 余台剧目中精选而出，是我国戏剧界的最高水平展示。《燃烧的雪野》于 16 日、17 日在重庆大剧院演出。专家评价：“这个戏写了崇高，今天这个时代忽略崇高，所以值得我们倡导。这个戏表达了久违的真情和奉献。创作者们几次赴西藏边防体验生活，才可能在舞台上塑造出如此生动的人物。”《燃烧的雪野》荣获第十二届中国戏剧节优秀剧目奖。

【大型文艺晚会《百年之路》】为纪念“辛亥革命”100 周年，四川人民艺术剧院受省政协和省文化厅的委派，特创作了一台大型文艺晚会节目《百年之路》，认真完成了省文化厅下达的指令性演出任务，得到了省政协领导和相关部门的认可和好评。

【贺岁儿童剧《年》】12 月，由中国儿童艺术剧院、四川人民艺术剧院出品，四川人民艺术剧院创作排演贺岁儿童剧《年》，该剧编剧申捷、导演曹平、舞美设计胡猛、灯光设计李蔚。《年》除了在本院小剧场演出外，还于大年初一至十五在温江“国色天乡”演出 8 场。

【小剧场话剧《饭碗》】12 月，四川人民艺术剧院与法国驻成都总领事馆、德国驻成都总领事馆、IFC 法国对华文化教育中心合作，推出小剧场话剧《饭碗》。该剧编剧葛心娜（德）、导演海蕾娜（法）、舞美设计胡猛、灯光设计李蔚，剧本翻译周军。话剧讲述的是现代社会的工作条件对每个人的生存方式、与社会的关系、与自己的关系、与他人的关系、与时间的关系造成的影响。

【开发拆迁】2011 年，四川人民艺术剧院整体开发工作处于推进中，于 2010 年 4 月上报的《四川人民艺术剧院国有资产处置报告》，经过省直机关事务管理局审核和多次补充相关资料，根据省政府第61次常务会议关于对《四川人民艺术剧院国有资产处置报告》的有关意见，2011年5月，四川省直属机关事务管理局正式复函同意了四川人艺进行整体开发建设。

【经营管理】 1月，为加强剧目宣传、策划和营销工作，四川人民艺术剧院成立了策划制作部，由剧院业务骨干及相关人员组成。该部门先后推出新剧目《大川之灵》《燃烧的雪野》和纪念辛亥革命100周年大型晚会《百年之路》，并致力于策划运作、剧目宣传、参演活动的联络，剧院网络建设、艺术档案资料管理、对外专业交流与合作。实行了新的《院部考勤坐班工作管理办法》，在坚持坐班管理的前提下，明确了工作责任，采取了上下班签到、奖罚分明等具体措施，使院部日常管理工作进一步制度化、规范化、和科学化。举办了小剧场模拟消防演练活动和职工如何提高防盗和消防安全基本知识的专题培训，特邀了市消防部门和人东派出所警官讲课，各部门负责消防安全人员、院部人员和部分中层干部都参加了培训、演练活动。

四川省川剧院

【概况】 2011年，四川省川剧院出色完成了年度目标管理任务，在艺术生产、对外文化交流、党的建设、体制改革等各方面均取得了突出的成绩。

【川剧《巴山秀才》】 9月17日，川剧《巴山秀才》汇报演出在省川剧院剧场隆重举行，中共中央政治局常委李长春和省委省政府领导观看了演出，演出大获成功。李长春和省委省政府领导上台接见了陈智林等演职员工并与全体演员合影留念。

李长春对川剧《巴山秀才》给予高度评价，同时鼓励："在繁荣全国的戏剧事业当中，我们川剧能够崭露头角，为文化大发展大繁荣作出新的贡献。川剧作为一个地方戏剧，要走到全国去。这个戏，我看完全能够打响。感谢大家为我们演出了一场精彩的戏。这场戏，第一是编剧编得好，情节细腻，结构严谨，逻辑紧凑，环环相扣，很多细节都考虑得很有道理，增加了戏中戏。二是戏文编得好，增加了戏"雅"的分量，整个唱词文学素养很高。三是唱腔好，既能够听懂，还比较优美。演员阵容也不错，几个主要角色演得都演栩栩如生，都很受欢迎，这是一出很好的戏。这戏预示了只有在共产党领导的今天，才能真正地为民做主。对四川"5·12"大地震后，更有现实指导意义，所以这个剧很好。听说这个戏获得了五个一工程奖，我看完全够格。"

【川剧《火焰山》美国巡演】 省川剧院演出团一行24人5月10日~17日在美国参加华盛顿、西雅图第25届（Giant Magnet）年度国际儿童节巡演，参加了开幕式、开闭幕式和专场等重要演出，六天演出九场，为超过4 000名儿童（学校、家庭）演出，取得了广泛的社会效益和良好的经济效益。

川剧《火焰山》是根据著名小说《西游记》改编的传统题材优美神话川剧。由四川省川剧院依照欧美观众审美情趣和观赏习惯特别创作演出，有机溶合了变脸、吐火、藏刀、花旦舞蹈等川剧元素向欧洲观众全方位展示了巴蜀优秀传统文化的时尚魅力。

【文化惠民】 6月底，在位于成都市指挥街的剧场开展与旅游市场联姻的商业演出190余场，观众8万余人次，逐渐形成了宣传四川文化的又一扇窗口，打造了又一条艺术产品与旅游市场有机结合的效益纽带，成为保障人民群众基本文化权益的维稳基地。省川剧院在已经形成的稳固演出基础上，升级换代演出内容，以更好地达到保障人民群众共享文化改革发展丰硕成果的新要求，切实担负起满足人民群众更高文化需求的重任。

为促进川琼两地文化交流，由四川省政协、海南省政协主办的川琼两省文化交流活动，1月13日~16日在海南省海口市隆重举行。省川剧院于1月14日、15日晚在海南海口市人大会堂举行了两场专场交流演出，先后演出了神话川剧《火焰山》和精品川剧《巴山秀才》，为海南人民奉献了两场精彩的“川味文化大餐”。16日在海南省政协的组织下，四川、海南两省川剧、琼剧专家及演员，在海口齐聚一堂，就剧目创作、人才培养、市场开拓等进行了交流座谈。

2011 年，先后参加了由四川省教育厅、四川省文联主办的“四川省戏剧进校园首演”活动和“首届全国戏剧文化颁奖盛典庆贺演出”等专场演出活动。《巴山秀才》《火焰山》等经典川剧先后走进四川师范大学、四川大学锦江学院、西昌学院等。

在 7 月 17 日，精品川剧《巴山秀才》在位于指挥街 108 号剧场为台湾嘉宾专场演出。这是由中华文化联谊会与四川省人民政府为“情系巴蜀——两岸文化联谊行”代表们精心安排的。

《巴山秀才》演出 2 个半小时，此起彼伏的热烈掌声高达 20 次之多。当全剧落幕时，台湾嘉宾纷纷起立，一边鼓掌、一边涌向前台。谢幕时，台湾访问团团长焦仁和率众位荣誉团长、副团长上台与全体演职员合影留念。

由四川出版集团、四川人民出版社出版发行，著名川剧表演艺术家左清飞独立撰著的《清言戏语——左清飞艺术人生》一书于初夏在成都正式出版发行。《清言戏语——左清飞艺术人生》是川剧名家系列丛书之一。为庆贺川剧名家系列丛书暨《清言戏语——左清飞艺术人生》面市发售，四川省委宣传部、四川省文化厅、四川出版集团、新华文轩出版传媒股份有限公司、四川人民出版社、四川省川剧艺术研究院、四川省川剧院于 2011 年 7 月 3 日在成都市劳动人民文化宫戏剧艺术厅共同举办了《清言戏语——左清飞艺术人生》首发仪式暨左清飞签名售书活动，省委宣传部副部长朱丹枫，省文化厅副厅长李兆泉等和来自全国文艺界的戏剧名家、文艺评论家、书画艺术家及社会名流、川剧爱好者、左清飞“粉丝”团等一百余名读者参加了《清言戏语——左清飞艺术人生》首发式和现场签名售书活动。

【第十二届中国戏剧节获剧目奖】 根据著名作家阿来荣获茅盾文学奖同名长篇小说改编而成的川剧《尘埃落定》，由著名导演魏小平执导，于 10 月应邀赴重庆参加了第十二届中国戏剧节演出并荣获剧目奖。11 月份起在指挥街剧场开展纯商业营销演出，率先演出的川剧《尘埃落定》，两场商演戏票销售一空，社会效益和经济效益显著。

四川省曲艺研究院

【概况】 2011 年，四川省曲艺研究院在深化体制改革、艺术创新发展、扩大影响、推进非物质文化遗产保护传承等方面取得了显著进步。

省曲艺研究院在职演职员工 81 人。2 月，省曲艺研究院根据中央及省委、省政府关于国有文艺院团体制改革的总体部署，与省文化事业单位的全面改革相衔接，以划转的形式，改“四川省曲艺团”为“四川省曲艺研究院”，将单位职能扩展为：四川曲艺、四川曲剧、方言剧和民族器乐的保护研究、创作表演、传承培训，以及四川曲艺与民间艺术、民俗表演的保护传承、创新展演。在此基础上，省曲艺研究院积极推进各项制度的完善，完成了首次岗位聘用设置和管理，制定了《四川省曲艺研究院演职员工管理条例》，顺利开展绩效工资改革，受到全院职工支持和拥护。

【《美好新家园》在央视播出】 由中央电视台《曲苑杂坛》栏目组、四川省文化厅、四川省曲艺研究院联合录制的大型曲艺晚会《美好新家园》于 4 月 8 日 ~17 日和 5 月在中央电视台与全国观众见面。《美好新家园》是省曲艺研究院为纪念“5·12”汶川大地震三周年，响应省委“大力弘扬抗震救灾精神”的号召，唱响“感恩奋进”主旋律，于 2010 年年底推出的大型曲艺晚会。

《美好新家园》是一台主旋律题材舞台作品，是一台全面反映抗震救灾和灾后重建卓越成就，讴歌四川人民感恩奋进时代风貌的主题性作品。《曲苑杂坛》栏目制片人、导演、主持人汪文华与清音、扬琴、金钱板等十多种四川曲艺同台亮相，向全国人民说幸福唱感恩：“5·12”三周年之际，四川的重建取得了骄人的成绩，体现了我们中华民族顽强的拯救力量，四川人铭恩奋进，努力迎接美好的明天。《美好新家园》用特色鲜明的川音、川韵、川味民族曲艺形式，感谢牵挂、关爱、支持四川新家园建设的国家和人民。

这次演播不仅是四川曲艺第一次以整台节目的形式走上央视，也是《曲苑杂坛》首次将整台地方曲艺原汁原味搬上舞台。《美好新家园》是四川曲艺在继承发展中探索的新路子，也是改革创新中收获的新成果，展现了省曲艺研究院近年来业务水平和社会影响力的增强和提高。

【获奖剧目】9月，省曲艺研究院携小品《找爸爸》和金钱板《HZ的烦恼》赴南充参加“四川省第十三届喜剧小品小戏比赛”，在共计30个参赛剧节目中脱颖而出，获观众最喜爱奖、优秀节目奖、优秀演员奖、优秀编剧奖、优秀导演奖和组织奖等14个奖项，是全省获奖最多的院团之一。省曲艺研究院是唯一一个参加此次比赛的省直院团，为此院团派出强大阵容，组织了廖建、“胖姐”钟燕萍、“矮冬瓜”林晓东、冯艺等知名笑星，并邀请国家级非遗传承人张徐及其弟子入阵。《HZ的烦恼》作为此次比赛的优秀剧目，与其他5个得奖剧目在闭幕式上再次献演。10月19日~23日，省曲艺研究院赴浙江绍兴县参演“第七届中国曲艺节”，节目金钱板小品《HZ的烦恼》、谐剧《舍不得》和四川清音《四川更美丽》参加了本次曲艺节12个专场中的《西部曲风——西部曲艺专场》和《牡丹新蕊——曲坛新秀专场》，均斩获“优秀节目奖”。11月19日，省曲艺团组台赴达州参加首届全国新农村文化艺术展演，与全国700多名文艺工作者和民间艺人同台献艺，歌唱“和谐大舞台·幸福新农村”，演出了一组川味十足、乡土气息浓郁的新创曲艺节目，如清音表演《共建美好新四川》《赶花会》、新派扬琴《农家乐》、车灯表演《幺妹进城》、琵琶弹唱《云朵中的尔玛》等，并获“金土地奖——优秀组织奖”。

【四川扬琴传承基地挂牌】9月15日，省曲艺研究院国家级“非遗”项目“四川扬琴传承基地”在成都大慈寺社区正式挂牌，标志着四川扬琴的传承保护工作进入了新的阶段。

传承基地每周开展的四川扬琴传习展演，集中了成都最有影响力、最知名的四川扬琴艺术家徐述、刘时燕等，以及市曲艺团、原锦江区曲艺团扬琴艺术家和数位民间艺术家。其表演保持了百年来四川扬琴的原汁原味，展现了原生态的四川扬琴。基地是一个集展演、传承、欣赏、交流四川扬琴的平台。基地建立后，四川电视台、《四川日报》《成都日报》、成都电视台、中央音乐学院等媒体、院校以及省内外及海外众多观众对基地进行了采访和观赏，使其成为四川活态非物质文化遗产展示的重要景观。

【《锦娘》献演蓉城】10月12日、13日，由四川省文化厅主办，四川省曲艺团和四川省歌舞演艺有限责任公司承办的川味大戏——曲艺音乐剧《锦娘》，在锦城艺术宫献演蓉城。《锦娘》是为庆祝中国共产党成立90周年纪念辛亥革命100周年而创作。该剧在当代审美理想烛照下，以辛亥革命、抗日战争、解放战争中发生在成都的真实历史大事件为背景，用四川扬琴、四川清音、四川竹琴等蜀风川调，结合唯美绚丽的舞美灯光，抒写一个普通成都女人历经半世波澜的家国情仇及壮丽人生，表现一个身为妻子、母亲在背负民族磨难和抗争的历史进程中，如蜀锦一样绚烂柔韧的巴蜀精神魂灵。

《锦娘》不但展现了四川曲艺、蜀锦蜀绣等国家级非物质文化遗产，以四川非物质文化遗产形态承载非物质文化遗产内容，还整合了陈巧茹、叮当等国家级“非遗”传承人和巴蜀笑星，被《四川日报》《成都晚报》《成都商报》、四川电视台等十多家媒体称为“四大‘非遗’同台亮相‘演’《锦娘》”，“上演了一场别样的

'非遗秀'"。为四川舞台贡献了一台个性特征鲜明、地域特色浓郁、演绎方式独特的艺术佳品，更是对四川曲艺等非物质文化遗产的传承、保护和弘扬。

【四川扬琴迎新传习展演】 12 月28 日～30 日，由四川省曲艺研究院和四川省音乐舞蹈研究所承办，成都市劳动人民文化宫协办的"国家级非物质文化遗产名录——四川扬琴 2011 年中青年演员迎新传习展演"在成都市劳动人民文化宫举办，为四川扬琴票友和成都市民献上一份雅俗共赏的新春贺礼。此次活动，由"德派"第二代传人、省内唯一 2 位四川扬琴国家级传承人徐述和刘时燕担任艺术指导，演员均为"德派"第三代传人，代表了四川扬琴的最高艺术水平。演出展示了《船会》《贵妃醉酒》《闯宫》《秋江》等经典唱段，是近年来最大型的一次传统四川扬琴展演，是四川扬琴保护、抢救和传承的一次盛举。

四川省非物质文化遗产保护中心

【概况】 2011 年，在国家文化部、省委省政府的重视和正确领导下，四川省文化厅依靠地方各级党委、政府和文化部门，不断强化责任意识，以灾后文化恢复重建为契机，以举办第三届国际非物质文化遗产节为抓手，以学习宣传贯彻《非遗法》为动力，求真务实，扎实推进，使四川非遗保护工作取得了突破性进展和阶段性成果。

【加大宣传，推动非遗保护工作向纵深发展】 把深入学习宣传贯彻《非遗法》作为工作重中之重来抓，以此为抓手，全面提升四川非遗保护工作水平。在全省广泛深入地开展了学习宣传贯彻《非遗法》活动，全省各市（州）文化主管部门结合第三届非遗节和 2011 年文化遗产日，及时召开了学习贯彻《非遗法》座谈会，组织开展了专题培训、专家讲座、媒体宣传、图片展览、活态展示、舞台展演、大型展览等上百场系列主题活动，形成了强大的宣传声势，在全社会掀起了新一轮非物质文化遗产保护的热潮。全省共举办《非遗法》培训班、宣讲会、专题讲座等 203 期，6 000 余人次。第三届非遗节成为全国学习宣传贯彻《非遗法》最大的亮点和兴奋点，成为最生动、最鲜活的宣传形式，社会各界及广大民众的非遗保护意识得到了显著提升。

【创新举措，以活动大力推动非遗保护上台阶】 按照省委、省政府主要领导提出的举办国际非遗节要"常办常新"的要求，在文化部的大力支持下，四川省文化厅和成都市人民政府加强领导，科学策划，精心组织，创新思路和举措，成功地举办了第三届中国成都国际非遗节，286 项活动荟萃了国内外 1 900 多个非遗项目，将非遗节融入群众文化生活，成为游客和民众共享的文化节日。第三届国际非遗节在多个方面取得了新突破，从规模、质量和影响等方面都呈现出一系列新面貌：国际化程度进一步提升，72 个国家和地区的1 200多名外宾出席有关活动。非遗传承与群众生活进一步融入，420 多个展示、展演、展销项目，570 万人次参与，比上届增加近 10%，拉动各类消费 61.5 亿元。充分展示了四川各地的非物质文化遗产资源和保护成果，美丽四川、感恩奋进的新形象进一步彰显。第三届非遗节实现了节会活动一届比一届好，边际效应一年比一年好的目标，得到了文化部、省委省政府、成都市委市政府领导的高度评价和充分肯定，获得了社会各界的广泛赞誉。

【依法保护，非遗名录项目保护管理工作取得新进展】 以贯彻落实《非遗法》为契机，依法加强对全省国家级、省级非遗项目的保护和管理，进一步夯实了四川的全国非遗资源大省的地位。2011 年，四川 15 个项目入选第三批国家级非物质文化遗产名录。至此，有国家级项目总数达 120 个，占全国项目总数的 10%。四川新增第三批 127 个省级非遗项目，全省已有省级非遗项目 460 个，名列全国第三位。继"格萨（斯）尔""羌年"入选联合国教科文组织"人类非物质文化遗产代表作名录”后，“彝族火把节”“川剧”又列入2012年联合国教科文组织“人类非物质文化遗产代表作名录”备选申报项目。围绕保护这一核心，拓展思路，加强传承。全省全年共举办各类非遗培训班400余期，12 000多人次参加。全省共举办各类非遗展示活动120余次，参与人数上千万人。

【抓住重点，带动全省非遗保护工作跨越式发展】 结合羌族文化抢救工程在灾区深入开展了非遗资源普查工作和非遗抢救保护工作，在灾区各县举办了普查成果展览。以重点项目为支撑，加快恢复重建工作。大力实施非物质文化遗产方面的重大工程项目建设，使恢复重建灾区非遗工作与其他文化工程同时启动，统筹推进。灾后新建75个非遗项目。绵竹年画博物馆、北川民俗博物馆、茂县非物质文化遗产传习所等一批具有浓郁民族特色的非物质文化遗产建筑拔地而起，成为当地最亮丽的一道风景。除灾区几十个县外，各市（州）也大力推进非遗重点项目重点工程建设，羌族文化信息网站已面向社会开通，投资6 000万元的四川省非遗中心建设项目工程已开工建设。

【以点带面，加快推进国家级羌族文化生态保护区建设】 根据《羌族文化生态保护实验区规划纲要》和《文化部办公厅关于加强国家级文化生态保护区总体规划编制工作的通知》（办非遗函〔2011〕22号）精神，先后完成阿坝州、绵阳市《羌族文化生态保护区实施方案》。在此基础上，由省文化厅组织专门力量，利用一年多时间编写的《四川省国家级羌族文化生态保护实验区总体规划》，根据文化部专家论证会提出的修改意见和省级专家反复修改论证，广泛吸纳省内外非遗专家意见，聚集各地各方面的智慧，已编制完成。依据《规划纲要》抢抓机遇，采取边规划、边实施的策略，保护区启动建设了626个非遗项目，完成总投入26.08亿元，使羌族文化生态保护区建设工作取得重大进展并呈现出良好的发展势头。

【创新方式，积极推进非遗生产性保护工作】 在全省普遍开展非遗保护工作的基础上，鼓励各地创新保护方式，强化措施，积极推进非物质文化遗产生产性保护工作。始终引导非遗企业坚持“保护为主、抢救第一”的方针，坚持非物质文化遗产的本真性、完整性和核心技艺的保护与传承，在有效保护的基础上，合理利用好非遗资源。在开展非遗生产性保护中，注重挖掘文化内涵，凸显业态个性；坚守传统文脉，保护核心技艺；强化人本理念，延续活态传承；坚持守正创新，实现开拓发展。着重培育了蜀锦、蜀绣、绵竹年画、成都漆器、甘孜唐卡、青神竹编、藏羌织绣、江阳油纸伞等一批非遗品牌，成都蜀锦织绣有限责任公司、绵竹年画社、雅安友谊茶业有限公司跻身全国首批国家级非物质文化遗产生产性保护示范基地行列。12月8日~11日，文化部在浙江宁波召开全国非物质文化遗产保护工作会议，四川省文化厅党组成员、副厅长泽波在大会上作了关于开展非遗生产性保护工作的典型经验交流发言，四川已迈入全国非遗生产性保护工作第一方阵。通过开展非遗生产性保护工作，实现了“传承活力增强、项目业态扩展、品牌影响提高、资源利用延伸”的目标，取得了良好的社会效益和经济效益，使非物质文化遗产更好地融入民众、融入生活，促进了四川文化经济的繁荣发展。

【服务大局，开展艺术科研和考级工作】 加大课题申报力度，积极整合系统内外的科技资源。全省共申报国家社科基金项目144个，《四川地震灾区‘三基地一窗口’建设的独特实践与精神价值》《藏羌文化产业走廊项目集聚研究》等5个项目入选2011年度国家社科基金艺术学项目立项名单，《四川谐剧的历史形成与发展研究》《川剧老艺术家口述史（四川卷）》等2个项目入选文化部文化科学艺术立项名单。申报2011年度文化部科技创新项目4项，其中《玉树地震灾后藏文文献遗产整理保护研究》获准立项。积极推进文化与科技融合，充分运用科技手段大力推进文化信息化建设，在政府信息化服务保障能力、文化市场信息化综合管理系统建设、公共文化服务信息化水平、舞台装备技术应用水平等方面取得显著成绩。完成了全省国家社科基金艺术学项目社研项目的年度检查工作。完成了国家西部课题《岷江上游羌族集聚区文化生态与环境生态现状调查和保护研究》专家评审鉴定，相关结题材料已报送文化部。完善考级运行机制，提高科学管理水平，开展艺术考级工作。按照《行政许可法》和《社会艺术水平考级管理办法》的要求，把握艺术考级的政策和方向，在省政务中心实现“一站式”服务，完善政务公开工作机制，保障人民群众对考级工作的知情权，建设规范化考级服务政府部门，树立法制政府、责任政府的形象。完成了全省考级备案、督查工作。

四川省锦城艺术宫

【概况】 四川省锦城艺术宫是四川省文化厅直属单位，与四川省演出展览公司联合构成大型国有演出单位，具有 A 级营业性演出许可证资质，是四川省现代演出基地，也是中国西部演出联盟理事长单位。锦城艺术宫始建于 1987 年，是省内较早建成并且仍在继续使用的综合性剧场。锦城艺术宫位于成都市中心天府广场东侧，总占地 18 850 平方米，场馆内设座位数1 445个，自落成投入使用以来，中国京剧团、东方歌舞团、上海芭蕾舞团、中国芭蕾舞团、上海交响乐团、北京人民艺术剧院，法国芭蕾舞剧团、原苏联国家库班哥萨克歌舞团的艺术家，以及美国、英国、荷兰、澳大利亚、日本等国的顶级艺术团体表演艺术家均在这里献上了精彩绝伦的艺术盛宴，共计接待了全球近 30 多个国家的演出团体和各类演出上千场。2010 年 9 月舞台机械设备经过更换以后，可承接舞蹈（芭蕾）、音乐剧、话剧、交响乐、器乐音乐会、歌剧、戏曲、声乐演唱会等所有类型舞台文化艺术活动。锦城艺术宫在成为四川省政治文化交流中心的同时也是中国西南地区艺术殿堂的高地。

【年度主要成就】 锦城艺术宫常年从事文化演出项目经纪、主承办等业务。2011 年度根据省内文化演出市场规律，为符合各年龄层次观众精神文化消费需求，主承办了来自中国大陆、中国港澳台地区以及海外的各类型营业性演出项目共 116 场，艺术门类涵盖明星演唱会、交响乐音乐会、芭蕾舞剧、传统戏曲、话剧、歌舞剧、儿童人偶剧、杂技、器乐演奏会等，总场次比上年增加 15%，演出规模和影响力稳步增长，并且引进了多个首次进入国内或川内市场的全新项目，获得了良好的社会效益和经济效益。锦城艺术宫作为省属大型文化单位，还兼有公益性文化属性，低价或免费为市民提供精神文化产品，支持省内文艺院团进行创作、演出。2011 年在四川省扶持文化产业品牌资金的支持下，锦城艺术宫加大了公益性演出项目投入力度，以“文化惠民周末音乐会”品牌项目为载体，全年为市民举办了包括话剧、舞剧、民族音乐会、器乐演奏会等 20 场国内外院团的多种剧目，共接待观众 2 万人次，场次规模比上年增加了一倍，丰富了市民的精神文化生活。

为贯彻党的十七大精神，响应《文化产业振兴规划》号召，锦城艺术宫在 2011 年尝试建立省内剧院（场）院线经营模式。通过与遂宁、绵阳、自贡、南充、宜宾等地剧院（场）及当地媒体机构广泛沟通接触、听取各地意见，锦城艺术宫作为发起人，率先起草了《四川演艺（剧院）连锁有限责任公司筹建方案（拟）及《四川演艺（剧院）连锁有限责任公司运营方案（拟）》（以下简称方案），并送至各地听取反馈意见。2011 年底，锦城艺术宫首批邀请来自遂宁、乐山、眉山、绵阳、自贡、宜宾等地的媒体单位和文化企业赴蓉进行座谈，共同讨论修改方案并当场初步达成一致。

方案提出，由于省内各地文化发展程度不一致，文化消费市场规模不同，各地剧院（场）归属及运营状况多种多样，院线制度建立应分成两步走。第一步：省内文化经纪机构与占有广泛社会文化资源的媒体机构合作，采用股份制形式共同出资，建立四川演艺（剧院）连锁有限责任公司（以下简称剧院连锁公司），形成以资本为纽带的紧密联合体，并以此区别于行业内松散的文化演出机构联盟。剧院连锁公司成立后通过在省内各地联合引进、运营市场需求旺盛的各类文化演出项目，满足人民群众文化消费需求，激活和培育当地文化市场，创造社会和经济效益。第二步：吸纳省内各艺术院团、剧院单位及剧院（场）资源，以连锁标准化经营模式联手打造剧院院线联盟，利用地域优势，通过创新体制机制和打造特色品牌，按市场需求统一配送演出资源和演出项目，采取经营风险共担、利益共享的方式，减少加盟剧院（场）的经营压力。同时考虑地方剧院（场）的业务及营销能力，统一打通营销渠道，进行演出项目的整体策划营销，有效衔接演艺产品供应和市场终端，提高剧院（场）资产使用效率，降低院团和剧院（场）运营成本，提高利润，带动和活跃演出市场，形成覆盖全省，集演艺产品生产、制作、发行为一体的演艺产业链。

【工作措施及特点】锦城艺术宫作为省属大型文化单位，肩负文化传播和传承的任务。长期以来，锦城艺术宫在营业性演出项目的自主选择上，以市场需求为导向，以群众喜闻乐见为原则，以社会效益和经济效益为考量，定期引进、承接能代表国内外先进水平的文化演出项目。锦城艺术宫引进的项目偏重于传播世界优秀文化，展示文化艺术的多样性，培养普通民众的审美情趣，而不仅限于经济收益，也不依赖于政府补贴。同时，锦城艺术宫也为广大市民提供多种公益性文化娱乐产品，满足市民的精神文化消费需求，并扶持省内各文艺院团的创作、表演，为其提供展示舞台，与市场无缝对接。

【文化交流】为促进四川演出娱乐行业的健康发展，不断活跃和繁荣四川文化产业市场，丰富和满足广大人民群众的文化消费需求，锦城艺术宫作为四川省演出娱乐行业协会理事长单位，积极组织开展各类演出娱乐活动，团结全省演艺界同仁，密切行业联系，加强行业合作，维护行业权益，提倡行业自律，按照上级部门的要求，认真开展演出经纪人及演艺人员的从业培训、资格认证和日常管理，有效发挥行业与政府和社会之间的桥梁与纽带作用，促进国内外文化交流活动，使四川在演出娱乐市场激烈的竞争中占据有利形势。本年度，以四大业务主线，贯彻协会职责：为进一步整合省内外文化资产，尽快形成院线产业链，由四川省演出行业协会组织，精选演出项目，采取商业合作模式，于4月~5月组织实施了20场次四川院线首轮巡演，参与巡演的合作场馆包括内江、宜宾、德阳、绵阳，四地实现整体盈利，其中德阳三场全满，临时加演场次的上座率在90%以上；游艺游戏市场在动漫产业因为广泛的应用前景和快速消费增长的发展趋势，在中国文化市场迅猛崛起。2011年中国成都电子游艺游戏设备博览会的成功举办，为四川成都为首的西部游艺游戏市场注入新的活力；为促进国际、国内演艺设备行业发展优秀理念、最新技术及应用实例的展示与交流，2011第二届中国（成都）国际专业音响、灯光及器乐展览会于8月26日~28日在成都新国际会展中心隆重召开，有来自美国、日本、韩国、中国台湾等国家和地区以及国内企业120余家专业音响、灯光展商（代理商）同台展出；为进一步规范演出市场经营行为，提高演出经纪人员的业务水平，促进四川演出市场健康发展，7月26日~28日，四川省第三届全国演出经纪人资格培训班在成都成功举办，来自省内外各地、市、州的70余名学员参加了培训。

【灵岩山产业园灾后恢复重建】2011年是“十二五”规划的开局之年，也是灾后恢复重建的关键一年，灵岩山产业园灾后重建项目由四川省文化厅委托四川省锦城艺术宫全权负责。根据实际情况，为了更好更快地完成灾后恢复重建，在将工作职责重新划分，以适宜工作的特殊性和复杂性的基础上，建立了由总经理领导下的灾后恢复重建现场指挥部，由班子成员组成现场领导小组，员工根据实际情况结合自身特长分别安排在现场工程部、工程设施设备部、办公室及安全保卫部，与各部门负责人签订

“安全责任书”，安全保卫部与各承包点签订安全责任合同。制度的建立和实施是确保工程安全进行的基础，按照“职责明确，精干高效，以岗定薪，岗变薪变”的原则，建立起了能上能下的用人机制，并相继实施了考勤制度、车辆管理制度、安全保卫制度、财务管理制度、设备管理制度、景区山门管理制度等。在与都江堰市政府的有效衔接中，在与产业园所在地灵岩政府、村社的积极沟通下，不仅争取到了各有关职能部门的支持，同时就土地征用和景区防护及经营与相关方均达成一致共识。至2011 年 12 月 30 日，现场土建部分包括堡坎、消防通道、千手观音大殿至如意观音大殿步行道、主体建筑挡土墙以及接待服务管理设施及配套工程已基本完工，其室内外装饰装修与园林景观打造工程也顺利完成招投标进入到了确认施工组织方案的阶段。

【存在的问题】锦城艺术宫自建成投入使用至今已经23 年，馆内设备设施陈旧老化，功能单一，虽然经过多次小范围翻修和更换，还是不能完全解决问题，特别是舞台机械、舞美、音响设备、空调设备、舞台用电等方面暴露出诸多积重难返之处。随着各类剧、节目制作的现代化发展，单场演出规模不断增大，高科技手段运用日益广泛，使得剧场需要承担的压力也在急剧扩大，相当一部分大型剧、节目的演出不得不做出修改，从而影响了剧、节目的完整呈现，损益了艺术效果的完满性和独特性。

四川省文物总店

【概况】四川省文物总店以科学发展观为指导，求真务实、同心同德、攻坚克难，扎实进取，克服了资金短缺、资源匮乏、竞争激烈、营销波动、转企改制预期不确定等不利因素的影响，取得了队伍基本稳定，营销有所进步，效益有所提高的成果。

【超额完成全年营销目标任务】2011 年总店主营业务的目标任务是1000 万元，实际完成2150 万元，税后毛利率43%，毛利总额比上年同期增长85%，毛利率水平比上年同期提高 13%，主业经营效益进一步提高。主营收入经营部二楼完成1 513万元，占销售总额的 70%；一楼完成76 万元，占销售总额的 4%；翰雅画廊《骄子雅集》项目完成 185 万元，占销售总额的9%；总店库房完成 375 万元，占销售总额的17%。2 150 万元销售总额中，2008 年7 月以前的老库房存货705 件，价值412 万元，占销售总额的 19. 2%。

2011 年代销商品的销售额占了 80% 以上，2010 年为63%。这反映出自主经营能力进一步体现，资金短缺难度加剧。总店在为博物馆定向提供藏品上有突破性进展，取得了社会效益与经济效益双赢。其中，为省博物院提供藏品 68件，计 170 万元，为茂县羌族博物馆提供藏品 87件计 89 万元。

物业收入（含停车场）达到 220 万元，比上年增长 9%。停车场收入增加是合同管理与临时停车管理加强的结果。物业收入大幅增加是所有到期合同均重新定价重签合同，涨幅都在100% ~300% 不等，且合同期不超过三年，一年一签。

总店参股或控股的关联公司 2011 经营也有较大的变化，全部实现盈利。四川翰雅艺术品公司全年实现销售 286 万元，实现利润 28 万元，超额完成销售 80 万元、利润 8 万元的年度目标任务。四川翰雅艺术品公司对其经营场地进行了全面重新装修，面目一新。四川天储古玩公司全年实现销售 233 万元，实现利润 22. 73万元。超额完成销售 33 万元、利润 12. 73 万元的年度目标任务。四川翰雅拍卖公司全年共举行拍卖会 5 场，实现成交 600 多万元，实现成交佣金超过 100 万元，超额完成年度盈利目标。

【以效益为中心强化营销管理】为准确判断全国文物艺术品市场走势，班子坚持每月一次的专题工作会和中层干部会，每一季度的经营策略分析会，精确锁定经营节奏与目标，确保盈利。为解决资金瓶颈，精打细算，用好财务工具，做好资金安排与调度，量体裁衣，确保现金流与经营资金的需求。以展销会为平台，以代销为主，做好营销。

全年举办展销会4次，文物艺术品拍卖会5次，参加全国性展销会10多次；量力而行，利用有限资金，从北京、上海、天津、广州、江苏、浙江、苏州、云南、湖南等收购品质较好、增值空间有保证的商品，最大限度地提高了经营效益。利用经营淡季，对总店500多平方米的经营场地进行了重新改造装修，实现了经营硬件面貌大变样。

对收购和销售中单项成绩突出的陈贵勇、张成重奖10万元。总店与川渝中烟集团合作项目《骄子雅集》，6月10日在四川博物院内顺利开业。总店翰雅画廊在经营当代艺术品方面，有了一个新的营销平台。8月，《骄子雅集》顺利推出了第一个签约画家《肖野画展》，36万销售业绩，为总店新业务开拓，提供了新的支撑。

【再度实现当期年度收支平衡】 确保必需的刚性收支。总店全年总收入2 509万元，来源于：主营商品经销收入2 150万元，平均毛利约30%；物业收入220万元（含税）；其他合作项目流入资金，如翰雅画廊《骄子雅集》合作项目收入50万元；文物培训代理收益、文物鉴定、商品借展收益等13万元。

总店全年付现支出912万元（除商品销售成本外）：经营性支出，全年321万元。含增值税、房产土地税、企业所得税、副调、教育附加，租赁、收入营业税、POS付现结算、借款利息、商品包装、运杂、租赁、营销广告、装裱、佣金、差旅、会务、展销、水电费等。（各项税费达120万元）；在编与非编人员的费用，全年支出410万元；含基本工资、社保及三金两险缴纳、绩效及奖金、个人所得税、在岗人员过节、值班、加班福利费等；离退休42人统筹之外费用89万元，其中离休3人计33万元；管理杂费92万元，含总店（两个）经营场地重新装修费（65万元）、工会经费、活动费、扶贫开支、汽车及低耗办公用品、物业维护、保卫消防、法律财税、总店内网网络、固定资产折旧及土地摊销等。

坚持锁定政策性和经营性刚性开支，财务部、综合部通过严管，确保了在预算范围内不突破。以代销为基础的营销挖潜，营销额度有较大提高。物业管理坚决落实市场规则，重新签订物业合同，实现收入大幅增长。有效衔接并理清历史及当期债务。（妥善处置借省电影公司到期390万元和转存拖欠商家货款500多万元）

【坚持公正廉洁，确保全员收入增加】 班子身体力行，坚决落实上级关于党风廉政建设工作的重要指示精神，做到了清正廉洁遵纪守法。在职员工收入比上年有进一步增加。以经营效益为中心不动摇，做好转企改制的相关准备工作，在转企改制预期不确定的情况下，确保队伍的稳定。基本完成事业单位首轮岗位聘任方案的报批工作。对口扶贫工作全面完成。

【切实做好离退休职工管理工作】 2011年总店离退休职职工统筹之外的开支达到89万多万元。再次较大幅度增加了41名退休职工统筹之外的补贴，总体上人均达到每月800元。3名离休干部统筹之外的费用，得到了有效地保障。统筹之外共计支出32.4万元。（含医保、生活补贴等）

四川雕塑艺术院

【概况】 四川雕塑艺术院经四川省政府批准，于1987年成立，系四川省文化厅直属全民所有制事业单位，为四川省行政区域内唯一的省级专业雕塑设计制作单位。编制33人，在编人员18人，雕塑专业作者12人，退休老艺术家5人，其中国家一级美术师8人，国家二级美术师7人。已故雕塑大师刘开渠为四川雕塑艺术院首任名誉院长，并为雕塑院撰写院名。现任名誉院长为叶毓山、谭云教授，现任院长彭家攀。

四川雕塑艺术院自组建以来，传承四川悠久雕塑艺术魂脉，是中国近代雕塑发源地之一，上世纪四十年代成都建立的孙中山铜像是中国现存最早的城市雕塑。六十年代的泥塑《收租院》，是改革开放前中国唯一具有世界影响的现代雕塑作品。

【公共文化服务】中国城市化的快速进程，使雕塑艺术已发展成为构建公共文化服务空间的典型代言。置于城市公共空间中的雕塑，一旦进入民众视野，则形象地承担了传播城市理念与内涵品格的媒介作用。反映着不同时代社会面貌的城市雕塑，是城市品格传承的生动写照，既代表着一个城市的文化底蕴，也表达了城市对现实文明的诉求，使雕塑艺术从少数人享有的精英文化，发展到体现公共精神、享用公共资源、经受公共选择、提供公共体验的公众文化。

作为四川省专业雕塑艺术创作设计、研究单位，积极拓展艺术市场、学术与公众领域，融入为城市公共文化服务的发展大势，发挥雕塑在美学价值与社会价值上的美育效果。从雕塑的不同功能出发，通过整理和挖掘历史，用雕塑来记录一时一地的重大事件，以写实的手法再现历史缩影，或是歌颂或是讽谏，表达国家不同阶层的观念和思想；选择在人类文明史上具有恒远意义的重大主题，如和平、自由、胜利、奉献、牺牲、博爱等，通过应用象征寓意的手法揭示特定环境和主体建筑的内在蕴涵；提炼城市精神，不限定特定主题与内容，以变化多样的风格与富含趣味性的手法创作出具有环境装饰性与美化效果的城市景观雕塑；组织优秀雕塑作品进行展览陈设，为公众提供集中观赏多种多样雕塑艺术品的体验，满足怡情养性、陶冶情操的公众诉求。

【工作措施及特点】四川雕塑艺术院汇集了以雕塑大师叶毓山、谭云为代表的一大批优秀雕塑艺术家，包括著名雕塑家赵树桐、钱斯华等为骨干在内，组成了强大的创作队伍。承担和完成了国家及全国各省、市、区许多重要雕塑景观艺术工程，作品远至美国、瑞士等，在海内外享有广泛知名度。

作为创意产业，雕塑在公共文化景观建设、艺术品收藏和旅游特色艺术品开发等满足精神消费方面，有着巨大的市场空间。四川雕塑艺术院作为不是国家财政开支的省属文化事业单位，坚持整合四川雕塑资源，组建行业协会，建立雕塑产业基地，扶持新人，在城市规划、建筑、室内外装饰、环境景观园林、室内陈设饰品等行业内，与相关单位开展广泛深入的合作与交流，继续努力开拓四川雕塑艺术事业与文化产业新天地。四川雕塑艺术院拥有一支创造能力强、功底深厚的专业雕塑家队伍，当前工作重点落在了成立和完善一整套有利于出成果、出人才，不断促进文化繁荣，积极投入文化市场的管理体制。在全院努力追求和探索雕塑艺术之路的同时，四川雕塑艺术院在艺术与市场、个人与公众、体制与机制等方面，结合自身的改革和城市雕塑社会运行机制的发展，逐步形成和壮大自己的文化产业实力和公共艺术学术特色。

【年度主要成就】雕塑院作为雕塑设计制作专业单位，年度成就及主要参展、作品。

赵树同：2011 年 9 月 17 日，在美国获哥伦比亚大学亚太协会授予“亚太当代艺术大师终身艺术成就奖”，同时他回赠哥伦比亚大学亚太发展协会其雕塑作品《心连心》。2011 年 9 月 21 日在美国获亚太当代卓越艺术大师基金会授予“亚太当代卓越艺术大师奖”及“亚太当代艺术大师终身成就奖”，并任命为该基金会的“荣誉会长”。

张绍蓁：作品《刘邓大军》2011 年参加庆祝建党 90 周年雕塑精品展。

钱思华：作品《希望之路》2011 年参加纪念辛亥革命 100 周年光辉岁月雕塑名家展北京炎黄美术馆长春世界雕塑大会；《案》自行创作作品五件系列 2011 年入选中国雕塑学会举办的第二届《中国姿态》展；2011 年个人与美国雕塑家 MORLES 先生合作完成上海紫竹科学院雕塑；作品《相马》2011 年参加四川省雕塑协会年度展；作品《和森》2011 年获图们江雕塑作品大赛一等奖。

范文：2011 年 5 月参加中国工艺美术学会民间专业委员会组织展览《山东威海》；2011

年7月参加成都市美术协会组织的“我的田园成都”展览；作品《帆》2011年8月参加韩国济州岛“女性”雕塑展览；2011年10月参加成都市双年外围展，由四川省雕塑协会主办。

沈允庆：2011年展览活动有中国雕塑年鉴展（北京）、镜·观——女性艺术家联展（成都）、中韩女性雕塑家邀请展（长春）、中韩姿态——第二届中国雕塑大展、作品图们江雕塑作品大赛获优秀奖（吉林）、作品《随机》参加成都当代艺术年度展（成都）、作品《关爱》中国·芜湖首届“刘开渠”奖国际雕塑大展（安徽）收藏、作品《来来往往》参加中国廊坊国际雕塑营（河北）收藏、作品《春讯》获首届中国国际和平主题雕塑设计大赛二等奖（北京）、作品《舞动》参加凝固的旋律——国家大剧院雕塑作品邀请展（北京）收藏2011年公共艺术作品有为深圳大运会设计制作的深圳市南山区公共艺术作品《迁移的候鸟》，为四川艺术职业学院设计制作《舞动》《旋律》《川艺舞》。

《关爱》中国·芜湖首届“刘开渠”奖国际雕塑大展获优秀奖（安徽）

作品以鸟展翅双翼呵护小鸟的艺术造型，讴歌生命，赞美自然。放置公共空间即观赏性又有实用性。表达人与自然相融合的景象。

《春汛》获首届中国国际和平主题雕塑设计大赛二等奖（北京）

飞鸽、天使、橄榄枝，带给人们幸福和慰藉，是全人类和平的使者。

《舞动》表现舞者飘逸的舞姿，舞动青春、舞动阳光、舞动热情，舞动花季的芬芳，舞动美好的遐想，舞动梦幻的世界。参加“铜都”杯中国铜艺设计大赛获铜奖

《迁移的候鸟》为深圳大运会设计制作的深圳市南山区公共艺术作品

候鸟的迁移是自然界生存的规律，它们成群腾空飞翔，水面上印入它们的倒影，勾画出的风景。作品喻以这个移民城市的发展与进步。

四川文艺音像出版社

【概况】2011年，四川文艺音像出版社坚持以科学发展观为统领，按照年初工作会确定的总体目标，从部门到职工，通过认真抓好各环节工作的落实，圆满完成了全年工作目标。

【川剧数字电影制作】在前几年与新天地农村数字电影院线合作的基础上，年初，经过与新天地公司的密切接触，确定了继续合作的相关事项，签订了合作协议。通过对选中剧目的精心制作，最终向新天地公司提供了川剧数字电影《裁衣》《做文章》和《审玉蟹》等节目。

【建立川剧动漫发展基线】立足文化产业发展方向，从长远着手，出版社在积极开展川剧动漫节目的探索与制作的基础上，向宣传部报送了《川剧动漫制作项目策划书》；向文化厅提交了《川剧动漫游戏制作》的品牌项目申报表；报送给省新闻出版局的《川剧辉煌三十年》入选重点选题项目。

【农家书屋工程建设】根据新闻出版总署和四川省委、省政府的要求，在“农家书屋”建设工作中，出版社进行了初次探索。在深入学习农家书屋工程建设的相关政策和文件基础上，在规定时间内按要求完成了招投标文本及资料，选送的项目中《魔术师刘谦1》入选了农家书屋建设工程，并进一步理清了进入农家书屋的基本渠道和操作程序。

【川剧振兴】根据振兴川剧三十周年纪念活动的安排，向宣传部报送了《川剧辉煌三十年项目书》，得到了宣传部的认可并拨付了制作经费。根据上级部门要求，制定了《川剧三十年实施方案》，明确了领导机构和参与人员，为项目的具体实施打下了基础。在主动与兄弟单位合作的过程中，完成了川剧申遗片的制作和报送；完成宣传部《川剧优秀传统剧目》的编辑工作。

【工作措施及特点】坚持民主，维护稳定。维护单位内部稳定是顺利推进和完成各项工作的基本保障。上半年，在参加省文化厅召开的“两会”安全维稳工作会议后，将会议精神及时传

达给全社职工，制定了《出版社安全维稳应急预案》并报送文化厅，同时发到了出版社 QQ 群并张贴在各个办公区。按“两会”期间的具体安排加强了值班，与各部门签订了安全责任书，全年未发生一起事故。坚持重大问题向职工公开的原则。认真听取职工意见，特别是在转企改制过程中涉及职工利益的事项，坚持重要环节和重大问题及时向职工公开的原则，通过召开职工大会对相关政策进行解读，广泛征求职工意见和建议，以职工大会最终的同意表决作为办事依据，最大限度地维护职工利益，促进内部和谐稳定。积极开展工会活动，促进内部团结。工会利用节假日和工作空闲之机，组织了多次工会活动。其中包括去都江堰过“三八”节；庆“五一”和“七一”等户外活动。根据相关政策，为提高老同志的生活水平，出版社认真查阅资料，及时上报，提高了老同志的生活补贴标准，为职工办理了工会互助保险，减少了职工生病期间的医疗费用。按文化厅分组安排，积极开展“挂包帮”活动。7 月份，出版社与音舞所同行，在四川省文化厅党组成员、副厅长泽波副厅长的带领下，在当地政府人员的陪同下，深入到麻城乡麻城村柯真建家中开展“挂包帮”活动，给他们送去了帮扶资金和粮食等慰问品。

关注岗位设置保障全体职工利益。在积极推进转企改制工作的同时，努力做好岗位设置初次聘用的相关报批事项。组织职工认真学习文件，充分理解精神。通过学习，大家对岗位设置的重要性和必要性有了充分的理解，提高了认识，奠定了岗位设置管理工作的思想基础；结合单位情况，与不同层面的各类职工进行交谈，充分听取职工意见，使岗位设置工作在民主的气氛中稳步推进；结合实际制定了《出版社岗位设置管理实施细则》，人社厅对出版社首次岗位聘用结果予以了认定。

【文化人才队伍建设】一直以来，四川音像出版社都始终把职工教育作为一项长期任务紧抓不放，把省文化厅机关党委召开的创先争优活动会议精神，及时传达到每个党员干部，并召开党支部扩大会议进行深入细致的讨论，形成了《出版社党支部深入开展创先争优活动实施意见》，按规定报送厅机关党委；组织党员干部认真学习党建工作会议和全省党风廉政建设工作会议相关文件和会议精神，党员干部按照“廉政准则”和“党风廉政建设”内容进行对照自查，向厅监察室报送了《出版社领导干部廉洁从政工作的情况汇报》。结合“5・12”三周年纪念活动，组织全社职工学习了中共四川省委书记、省人大常委会主任刘奇葆以“四川——从悲壮走向豪迈”为标题的演讲，结合出版社承担的灾后恢复重建工作进行相关讨论，按规定报送了《出版社关于学习刘奇葆同志形势报告的情况汇报》。通过学习，使大家明确了灾后重建工作的重要性和深远意义，坚定了完成灾后重建任务的决心。根据省文化厅的统一安排，组织职工学习了十七届六中全会公报和决定，学习了省委九届九次会议精神。学习中，紧紧围绕出版社的中心工作开展讨论，确定了工作目标和重点突破方向，为科学谋划来年的各项工作理清了思路。

根据上级部门的安排，积极派员参加各种培训会，使各部门专业技术人员的工作水平得到提高。出版社相继指派专门人才参加了广电局在北京举办的拍摄用摇臂操作培训、新闻出版总署的录音制品编码培训、文化厅举办的文化产业统计培训、文化厅人事干部培训会、财务人员专业培训和税务知识培训等。按省直工会的通知精神，出版社组织职工参加了全省“铁人杯”知识竞赛，取得了《个人幸运奖》奖项。

【转企改制】四川文艺音像出版社从 2009 年开始启动转企改制工作，最初是作为博文集团的成员单位之一，纳入博文集团组建过程，并完成转企改制任务。2011 年，为贯彻落实中央加快文化体制改革进度的要求，文化厅领导决定采用由四川音像出版社率先推进和完成转企改制工作，转企后再并入博文集团的方式，以加快出版社转企改制工作进程。2011 年 8 月，出版社收到了《四川省文化体制改革和文化产业发展领导小组关于同意四川文艺音像出版社转企改制方案的批复》（川文改〔2011〕9号），使转企改制工作得以大刀阔斧迈向前进。同时，出版社聘请了由省文化厅指定的财务审计、清产核资和资产评估机构，积极开展了一系列内部资产清查和审计工作，并于10月下旬由中介机构出具了审计报告。之后，出版社将全部审计报告汇总后报省文化厅审核，并经省文化厅转报四川省机关事务管理局对审计结果进行确认。在职工安置工作中，为充分维护职工利益，出版社多次走访人社厅养老处、省财政厅和成都市社保局等部门进行详细咨询，理清了社保转移过程中的相关政策和基本程序，并将了解到的基本情况及时向职工传达，宣讲职工安置方案中涉及的相关政策，使职工对转企改制工作的内容有了更深入的了解。

【非时政类报刊改革】 银幕内外杂志社是四川省文化厅主管，四川文艺音像出版社主办的非时政类报刊经营性事业单位。2011年下半年，根据省委宣传部关于非时政类报刊改制的电视电话会议精神，杂志社及时召开了职工会议，成立了《银幕内外杂志社转企改制工作领导小组》，明确了责任和分工，制订了《银幕内外杂志社转企改制方案》、风险评估报告和公司章程，并根据上级部门的反馈意见进行了修改和完善，即时上报相关部门

【灾后恢复重建】 2008年“5·12”地震后，出版社承担了文化厅安排的数个灾后恢复重建项目。在前期工作中，主要注重资料的收集和整理。年初，出版社根据灾后重建项目的进展情况，多次召开由相关部门和人员参加的专题会议，确保各项任务能够按期圆满完成。采取倒计时的方式制定目标完成任务措施，将任务逐一分解，落实到人，确定各环节的时限要求；组建了小分队，由制作中心牵头，多次往返于汶川、茂县、理县、北川等地震灾区拍摄和补充项目内容，进行了大量的实地采访工作；将拍摄回来的大量视频资料进行精心编辑，在规定时间内完成了所有光盘项目的配音、剪辑和制作工作；抓好出版社的重点项目——《生产服务基地》建设，确保设备按要求全部到位。在各级领导的支持下，出版社积极配合相关部门完成了设备的招投标资料整理、修改和完善工作。9月，所有的摄录设备分批次全部到位。为加强设备管理，出版社制订了《出版社摄录像设备及机房管理暂行办法》和其他相关附件。积极配合文化厅完成了《崛起的文化家园》专题片的拍摄编辑工作。

四川省
文化市场稽查总队

【综合执法改革】 按照省文化厅的总体部署和要求，各地各级文化部门切实加强组织领导，召开专题会议分析研究，制定措施，明确责任，确定时间表和路线图，积极与当地宣传、机构编制、人社部门沟通协调，加快推进改革工作，如期完成了综合执法改革任务。全省21个市（州）、181个县（市、区）全部成立了综合执法机构，改革前全省45个县（市、区）无文化执法机构的问题得到彻底解决；文化市场执法人员编制由改革前1 161名增加至2 076名，增加79%；占全省52%的11个市（州）和占全省40%的74个县（市、区）综合执法机构主要负责人高配一级；综合执法经费全面纳入政府预算管理，机构编制、经费全面得到加强和落实。

【文化市场专项整治】 全省文化市场综合执法工作坚持以执法为重心、以日常检查为基础、查处文化市场大要案为突破口，积极开展文化市场专项整治，创建了平安和谐的社会文化环境。

开展文化市场专项整治。全省共开展了知识产权保护专项执法行动、建党90周年文化市场专项保障行动等7项执法行动，立案查处侵犯知识产权案件406件，捣毁制售侵权制品窝点75个；排查、取缔、关闭黑网吧823家；查处涉赌游艺娱乐场所1 860余家，取缔无证游艺娱乐场所333家；责令互联网文化经营单位停

业整顿 2 家，罚款 10.9 万元，取缔违法音乐网站 16 个、违法游戏网站 29 个。

大要案件查办。省文化市场稽查总队和成都金牛区文化局各有一个案件获评“2011 年全国文化市场重大案件”，省文化市场稽查总队和宜宾珙县文广局各有一个案卷被文化部评为全国文化市场综合执法案卷二等奖、什邡一个案卷被评三等奖，成都、宜宾、遂宁、乐山、南充市文化市场执法机构在网络文化、出版物、娱乐等市场上查办的大要案件，在全省具有典型示范意义。

积极推动行政执法和刑事司法的衔接工作。全省全年移送司法机关案件 7 起，批捕犯罪嫌疑人 10 余人；南充和成都市移交的 3 个案件已获判决，4 名触犯刑法的犯罪分子被判刑。

执法创新。省文化市场稽查总队查办网络游戏违法案件新经验在全国领先，被文化部确定为全国网络文化市场以案代训的 5 个牵头省份之一，并代培了重庆、贵州等五省市网络执法骨干；眉山市成立了网吧监督工作团，广安市建立了举报奖励机制，充分调动社会各界力量对文化市场进行监督；成都市金牛区建立起涉农社区文化市场立体监管网络，健全了涉农社区文化市场监管的保障、发现和联动三大机制，提升了涉农社区文化市场监管能力；巴中市巴州区成立了文化市场综合执法警务室，强化了文化执法的权威性，文化市场经营秩序不断好转。

【执法队伍能力建设】始终将队伍建设作为总抓手，通过提高综合执法队伍的专业化、规范化、信息化水平，努力增强执法人员的专业素养和业务能力。在专业化建设上，加大执法人员培训力度，先后开展了 4 期综合执法办公系统培训并举办了全省初任执法人员和新兴文化市场执法骨干培训会，使综合执法人员专业化水平得到快速提升。在规范化建设上，制定了建设文化市场综合执法制度体系的工作目标，印制了《四川省文化市场综合执法日常巡查制度》等 4 项执法工作常用制度，编印了涉及文化市场综合执法的法律、法规和规章，规范了全省文化市场综合执法装备建设标准，提升了综合执法队伍的规范化建设水平。在信息化建设上，加快推动全省综合执法办公系统硬件建设，提高综合执法技术平台的应用操作，实现了综合执法网上办公。南充、资阳、攀枝花等市还开办了文化市场综合执法网站，促进了综合执法工作的开展。

大事记

DASHIJI

■ 一月

■ 二月

■ 三月

■ 四月

■ 五月

■ 六月

■ 七月

■ 八月

■ 九月

■ 十月

■ 十一月

■ 十二月

一月

4日~6日

▲ 四川省文化厅党组书记、厅长郑晓幸在北京参加全国文化厅局长会议并列席全国宣传部长会议。

5日

▲ 由省委宣传部、省文化厅、省交通运输厅主办的“文化列车·同心艺术团”地震灾区及贫困地区慰问演出动员大会在成都举行。本次文化列车以“建设新家园、放歌新生活”为主题，将赴广元、绵阳、遂宁等地震灾区巡回演出10场。

▲ 省政协知情明政通报会在成都举行。省发改委、省经信委、省文化厅、省教育厅、省人社厅、省住建厅、省交通厅、省农业厅8个单位相关负责人通报了本单位2011年的工作重点。四川省文化厅党组成员、副厅长王志平参加会议，并通报2011年全年文化工作重点。

6日~7日

▲ 国家文物局副局长童明康赴阿坝藏族羌族自治州检查桃坪羌寨灾后恢复重建工作。

▲ 文化部市场司文化市场监管调研组在蓬溪、西充及中国移动无线音乐基地调研。

▲ 由省委宣传部、省文化厅主办，成都画院、成都市美术馆、成都浓园国际艺术村共同承办的“姓国名画——薛磊山水画作品展”在成都画院（成都市美术馆）举行。四川省文化厅党组成员、省纪委驻文化厅纪检组长孙舒亚出席开幕式。

11日

▲ 全省文化工作会议在成都召开。四川省人民政府副省长黄彦蓉出席会议并讲话。四川省文化厅党组书记、厅长郑晓幸总结“十一五”时期全省文化工作，并对2011年文化工作进行安排部署。会议由省政府副秘书长陈保明主持。省委宣传部副部长朱丹枫，省发改委副主任郑备，省财政厅副厅长张其昌，省文化厅党组成员，四川省文化厅党组成员、副厅长窦维平，四川省文化厅党组成员、副厅长泽波，四川省文化厅党组成员、副厅长王志平，四川省文化厅党组成员、副厅长李兆权，四川省文化厅党组成员、省纪委驻文化厅纪检组长孙舒亚，省文化厅党组成员、省文物局局长王琼出席会议。全省21个市（州）分管文化工作的副市（州）长及市（州）的文化局长，59个扩权县分管文化工作的副县长和文化局长以及厅直文化系统党政负责人共计200多人参加了会议。

12日

▲ 全省文化局长会在成都召开。四川省文化厅党组书记、厅长郑晓幸主持会议并作总结讲话。四川省文化厅党组成员、副厅长窦维平，四川省文化厅党组成员、副厅长泽波，四川省文化厅党组成员、副厅长王志平，四川省文化厅党组成员、副厅长李兆权，四川省文化厅党组成员、省纪委驻文化厅纪检组长孙舒亚，四川省文化厅党组成员、省文物局局长王琼出席会议并就分管工作作了部署。省文化厅副巡视员盛宗毅出席会议。全省各市（州）文化局长、扩权县文化局长、厅直文化单位党政负责人、厅机关各处室负责人，中央驻川新闻单位、省内新闻媒体等100余人参加了会议。

▲ 省文化厅与中国工商银行四川省分行《支持文化产业发展战略合作协议》签约仪式在成都举行。四川省文化厅党组书记、厅长郑晓幸，中国工商银行四川省分行行长陈焕祥出席签约仪式。仪式由四川省文化厅党组成员、副厅长王志平主持。四川省文化厅党组成员、副厅长泽波，四川省文化厅党组成员、副厅长李兆权，四川省文化厅党组成员、省纪委驻文化厅纪检组长孙舒亚，四川省文化厅党组成员、省文物局局长王琼，盛宗毅以及中国工商银行四川省分行的有关人员出席了仪式。

▲ “5·12”汶川地震遗址遗迹保护及纪念馆建设工作推进会在成都召开。成都、德阳、绵阳、阿坝，都江堰、绵竹、北川、汶川等市、县文化、文物局相关负责人参加会议。

▲ 由新成立的四川歌舞演艺有限责任公司天姿国乐团打造的一台拟出访丹麦和瑞典的新春民族音乐会《天姿国乐》，接受文化部和省文化厅的审查并受到一致好评。

13 日

▲ 四川被文化部确定为首批海外中国文化中心央地合作的 9 个省市之一。2011 年，四川将与日本东京中国文化中心开展全面合作。

14 日

▲ 2011 年全省文物工作会议在成都召开。全省 21 个市（州）、59 个扩权县文化（文物）局负责人及省直文博单位的有关负责人共计 160 余人参加会议。会议宣读了四川省文化厅党组书记、厅长郑晓幸题为《开拓创新主动有为全面推动四川文化遗产事业加快发展》的书面讲话。四川省文化厅党组成员、省文物局局长王琼总结“十一五”时期全省文物工作并对 2011 年工作进行安排部署。

▲ 四川省文化厅党组成员、省纪委驻文化厅纪检组长孙舒亚出席四川省艺术职业学院党委班子述职述廉会议。

▲ 2011 年全省公共图书馆工作会议在成都召开。四川省文化厅党组成员、副厅长李兆权出席会议并讲话。成都市龙泉驿区图书馆、攀枝花市图书馆在会上作交流发言，全省 21 个市（州）及部分区县公共图书馆馆长共计 80 余人参加了会议。

▲ 2011 年度全省文物行政执法工作培训会议在成都召开。来自 21 个市（州）、59 个扩权试点县文化（文物）局的部分文物行政执法人员共计 110 余人参加会议。省政府法制办副主任刘铁作了题为《法治政府形势下的依法行政需求》的专题讲座，国家文物局执法督察司副司长刘铭威作了题为《当前文物行政执法情况与分析》的专题报告。

16 日～20 日

▲ 四川省文化厅党组成员、副厅长泽波列席政协四川省十届四次会议。

19 日～21 日

▲ 四川省文化厅副巡视员方国年陪同省委宣传部副部长赵明仁赴汶川、都江堰等地震灾区检查“三基地一窗口”建设情况。

▲ 盛宗毅率相关处室负责人赴文化厅“挂包帮”联系点泸州市叙永县麻城乡麻城村慰问对口帮扶困难户。

20 日～24 日

▲ 四川省文化厅党组书记、厅长郑晓幸参加省十一届人大四次会议。

21 日

▲ 2011 年度慰问厅直文化系统困难党员、困难职工新春座谈会在成都召开。四川省文化厅党组成员、副厅长李兆权，四川省文化厅党组成员、机关党委书记严飒爽出席会议并讲话。

24 日

▲ 由省文化厅、省商务厅、省旅游局，自贡市人民政府共同举办的第十七届自贡恐龙国际灯会开幕式在自贡举行。四川省文化厅党组成员、副厅长李兆权出席开幕式及首届川南经济区文化交流与合作联席会议，并为川南五市书画作品展剪彩。

25 日

▲ 大型旅游晚会《天下峨眉》在乐山大佛剧院举行审查演出。四川省文化厅党组成员、副厅长李兆权，省政协文体医卫委副主任胡继先、乐山市委宣传部部长罗佳明等审看演出。

▲ 省文化厅公布《欢乐文化年——四川省 2011 年元旦春节文化活动的菜单》。

26日

▲ 由省委宣传部、省文化厅批准并担任指导单位，省工商联文化产业商会发起并联合27家民间行业商会、协会和机构联合主办的“2011第二届四川文化消费节”启动仪式在成都举行。省委宣传部副部长傅思泉，四川省文化厅党组成员、副厅长窦维平，省工商联副主席谢光大和四川文化消费节联合主办单位的有关领导出席启动仪式。与会人员还出席参加了由四川省工商联文化产业商会组织的“四川民营文化企业发展新年恳谈会”。

▲ 由省委宣传部、省文化厅等15家单位组织的四川省2011年第十一届文化、科技、卫生“三下乡”迎新春科技大场活动在梓潼县许州镇举办。

▲ 省文化厅下发《四川省文化厅关于切实做好2011年春节“两会”期间安全维稳及值班工作的通知》（川文办发〔2011〕17号），确保文化系统和谐稳定。

24日~26日

▲ 四川省文化厅党组成员、省纪委驻文化厅纪检组长孙舒亚赴京参加文化部2011年党风廉政建设工作会议。

27日

▲ 全省旅游工作电视电话会议在成都召开。四川省文化厅党组书记、厅长郑晓幸参加会议并作大会发言。

28日

▲ 由峨眉山——乐山大佛风景区投资，四川歌舞演艺有限责任公司全新策划、制作及创排的《天下峨眉》（剧场版）在乐山大佛剧院举行首演。乐山市委副书记、市长蒋辅义宣布演出开始，乐山市委书记唐坚等主要党政领导出席观看首演。文化部艺术司原副司长、国家文华大奖及国家舞台艺术精品工程主评委李延年等专程赶赴乐山观看演出。

二月

3日~8日

▲ 由省委宣传部、省文化厅、省交通运输厅联合组织的2011年文化暖冬下基层慰问演出活动启动。四川省文化厅党组成员、副厅长李兆权，四川省文化厅党组成员、机关党委书记严飒爽先后带队赴彭州、什邡、江油、广元、芦山、茂县等地慰问演出。

11日

▲ 四川省文化厅党组书记、厅长郑晓幸，四川省文化厅党组成员、副厅长泽波赴省政府向黄彦蓉汇报第三届非遗节筹备工作情况。

14日~15日

▲ 四川省文化厅党组书记、厅长郑晓幸接受《四川日报》专访，就四川文化“十二五”发展规划回答了记者提问。

▲ 省纪委九届七次全体会议在成都召开。四川省文化厅党组成员、省纪委驻文化厅纪检组长孙舒亚参加会议。

15日~16日

▲ 全省文化产业、对外文化工作会议在成都召开。四川省文化厅党组成员、副厅长窦维平出席会议并安排部署了2011年全省文化产业及对外文化交流工作。四川省文化厅党组成员、机关党委书记严飒爽介绍了四川对外文化交流的现状和外事政策及有关程序，

▲ 四川省文化厅党组成员、副厅长窦维平会见英国驻中国大使馆文化参赞白琼娜女士，并就四川与英国开展双向文化交流交换了意见。

▲ 四川省文化厅副巡视员方国年参加省人大教科文卫委联席会议第三次会议，通报省文化厅2010年工作总结和2011年工作要点。

17 日

▲ 省文化厅省管干部述职述廉和民主测评会举行。四川省文化厅党组书记、厅长郑晓幸，四川省文化厅党组成员、副厅长窦维平，四川省文化厅党组成员、副厅长泽波，四川省文化厅党组成员、副厅长王志平，四川省文化厅党组成员、副厅长李兆权，四川省文化厅党组成员、省纪委驻文化厅纪检组长孙舒亚，四川省文化厅党组成员、省文物局局长王琼接受测评。四川省文化厅党组成员、机关党委书记严飒爽、四川省文化厅副巡视员方国年和厅机关副处级或以上干部，厅直属事业单位党政主要负责人参加了会议。

▲ 2011 年四川省宣传文化界元宵茶话会在成都举行。省委书记、省人大常委会主任刘奇葆出席会议并致辞。中共四川省委副书记、省长蒋巨峰，省政协主席陶武先，省委副书记、省人大常委会副主任、党组书记李崇禧等省领导同全省宣传文化界人士欢聚一堂，共度佳节。茶话会由中共四川省委常委、宣传部长黄新初主持。省领导欧泽高、王少雄、魏宏、李春城、李登菊、叶万勇、柯尊平、王怀臣、钟勉、陈光志、王宇坤、黄彦蓉、陈杰和宣传文化界代表 150 人出席茶话会。四川省文化厅党组书记、厅长郑晓幸，四川省文化厅党组成员、副厅长窦维平，四川省文化厅党组成员、副厅长李兆权以及四川文化名人魏明伦、徐棻、何应辉等参加茶话会。

18 日

▲ 省委农村工作会议在成都召开。四川省文化厅党组书记、厅长郑晓幸，四川省文化厅副巡视员方国年分别参加第一、二次会议。

▲ 全省文化馆长会议在成都召开。四川省文化厅党组成员、副厅长李兆权出席会议并讲话。各市（州）文化局分管局长、文化馆长，部分扩权县文化馆长参加了会议。

21 日 ~23 日

▲ 四川省文化厅党组书记、厅长郑晓幸率相关人员赴资阳、简阳、安岳、乐至调研文化工作。

▲ 全省文化市场管理综合执法工作会议在成都召开。四川省文化厅党组成员、副厅长窦维平出席会议并讲话。全省各市（州）文化局分管局长、市场科、稽查队、行业协会和文化市场企业代表共 100 余人参加了会议。会议对组建全省文化市场综合执法机构及 2011 年文化市场管理执法工作进行了安排。

21 日

▲ 省文化厅下发《四川省文化厅关于全省文化系统安全生产工作的意见》（川文办发〔2010〕38 号）文件。

24 日

▲ 四川省文化厅党组成员、副厅长窦维平陪同中共四川省委常委、宣传部长黄新初赴绵阳检查“三基地一窗口”创建工作。

三月

1 日 ~4 日

▲ 省文化厅、省政府法制办、省图书馆组成联合调研组，赴攀枝花、凉山开展《四川省公共图书馆条例（草案）》立法调研工作。

2 日 ~15 日

▲ 四川省文化厅党组书记、厅长郑晓幸在北京参加全国人大第十一届四次全会。

3 日

▲ 纪念振兴川剧 30 周年筹备会召开。省委宣传部副部长朱丹枫出席会议并讲话。

8 日

▲ 四川省文化厅党组成员、副厅长李兆

权陪同省委常委、秘书长、省委统战部部长陈光志赴省诗书画院调研。

▲ 四川省文化厅党组成员、机关党委书记严飒爽带领文化厅厅机关干部职工到北川地址遗址区吊唁遇难同胞，并参观北川新县城文化设施，接受抗震救灾精神教育。

9日

▲ 四川省文化厅党组成员、省纪委驻文化厅纪检组长孙舒亚参加全省宣传文化系统纪检监督工作会议。

8日~10日

▲ 四川省文化厅党组成员、副厅长窦维平在内江调研文化产业工作。

10日

▲ 第三届中国成都国际非物质文化遗产节部省联席会议在北京召开。文化部党组成员、副部长赵少华，四川省人民政府副省长黄彦蓉出席会议并讲话。成都市人民政府市长葛红林，四川省文化厅党组书记、厅长郑晓幸，四川省文化厅党组成员、副厅长泽波以及成都市人民政府副市长王忠林，成都市文化局局长朱树喜等参加会议。

10日

▲ 四川省文化厅党组成员、副厅长李兆权赴云南考察文化体制改革工作。

14日~15日

▲ 省灾后恢复重建文化项目实施情况工作会议在成都召开。四川省文化厅党组成员、副厅长王志平出席会议并讲话。省财政厅、省建设厅相关人员以及受灾的6个市（州）和39个重灾县分管领导共计110余人参加会议。

16日

▲ 四川省全国“两会”精神传达大会在成都举行。中共四川省委书记、省人大常委会主任刘奇葆主持会议并作重要讲话。中共四川省委副书记、省长蒋巨峰、省委副书记、省人大常委会副主任、党组书记李崇禧，省政协主席陶武先出席会议。四川省文化厅党组成员、副厅长王志平，四川省文化厅党组成员、省纪委驻文化厅纪检组长孙舒亚，四川省文化厅党组成员、省文物局局长王琼参加会议。

17日

▲ 全省艺术创作工作会议在成都召开。省委宣传部副部长朱丹枫，四川省文化厅党组书记、厅长郑晓幸，四川省文化厅党组成员、副厅长李兆权等出席会议。全省各地市（州）分管局长、艺术科（处）长、创办主任，省直有关艺术单位负责人，部分民营院团的董事长、总经理，相关艺术院校负责人，部分文艺界专家学者，重点签约剧作家等120多人参加会议。

▲ 四川省文化厅党组成员、省纪委驻文化厅纪检组长孙舒亚参加中纪委组织的全国惩防体系建设电视电话会。

17日~26日

▲ 应台湾沈春池文教基金会邀请，四川省文化厅党组成员、副厅长泽波参加文化部中华文化联谊会赴台进行文化交流。

18日

▲ 由省委宣传部、省文化厅、省文联主办的首届巴蜀画派艺术品鉴会在成都举行。中共四川省委常委、宣传部长黄新初、省委宣传部副部长朱丹枫，四川省文化厅党组书记、厅长郑晓幸，四川省文化厅党组成员、副厅长李兆权等出席会议。

▲ 开展以“规范文化市场秩序，促进文化繁荣发展”为主题、以“12318”文化市场举报监督体系为重点的文化市场法制宣传教育活动。

20日

▲ 四川“川剧”“彝族火把节”已作为

中国向联合国教科文组织申报2012年“代表作名录”的推荐项目，“格萨尔”已作为中国向联合国教科文组织申报2012年“优秀实践名册”的推荐项目。

21日

▲ 全省公共文化服务体系建设现场交流会在温江举行。四川省文化厅党组书记、厅长郑晓幸出席会议并讲话。四川省文化厅党组成员、副厅长李兆权主持会议。四川省文化厅党组成员、省纪委驻文化厅纪检组长孙舒亚，温江区区委书记、区人大常委会主任田蓉，副区长何敏等出席会议。全省各市（州）文化局分管局长、图书馆长、文化馆长等参加会议。《人民日报》《光明日报》《香港大公报》《四川日报》等中央省市新闻媒体记者参加报道。

22日

▲ 省文化厅党的建设工作会议召开。四川省文化厅党组书记、厅长郑晓幸出席会议并传达全国“两会“精神。会议由四川省文化厅党组成员、副厅长窦维平主持，四川省文化厅党组成员、省纪委驻文化厅纪检组长孙舒亚出席会议，四川省文化厅党组成员、机关党委书记严飒爽作省文化厅党的建设工作报告。厅直各单位党政主要负责人、领导班子、党办主任、专干，厅机关各处室处长、副处长，全体党员等共计100多人参加会议。

22日~24日

▲ 四川省文化厅党组成员、省文物局局长王琼陪同文化部党组成员、国家文物局党组书记、局长单霁翔，国家文物局文物保护与考古司司长关强等一行在自贡市、泸州市考察文化遗产保护工作。

▲ 全省文化系统社文科（处）长、两馆馆长培训班在成都开班。四川省文化厅党组成员、省纪委驻文化厅纪检组长孙舒亚致开班辞，四川省文化厅党组书记、厅长郑晓幸，四川省文化厅党组成员、副厅长王志平参加授课。

24日

▲ 第三批省级非物质文化遗产名录申报和评审工作结束，全省共有128项（其中38项为第一、二批省级非物质文化遗产项目扩展项目）进入第三批省级非物质文化遗产项目推荐名单。

25日

▲ 省委宣传部副部长朱丹枫考察调研省内动漫游戏产业及产品。

28日

▲ “一馆三地”建设工作推进会在成都召开。都江堰市、绵竹市、北川老县城保护工作指挥部、汶川县文化局等参加会议。

29日

▲ 四川省文化厅党组书记、厅长郑晓幸会见俄罗斯著名美术家伊戈尔·索比，并与之就四川与俄罗斯新西伯利亚州开展美术交流交换了意见。

3月初~月底

▲ 四川省文化厅副巡视员方国年在省委党校参加学习。

四月

1日

▲ 四川省文化厅党组成员、副厅长窦维平会见法国驻中国大使馆文化参赞周子牧，双方就2011年“中法文化交流之春”系列活动交换了意见。

7日

▲ 全省文化系统党风廉政建设工作暨加强文化体制改革监督保障工作会议在成都召开。

四川省文化厅党组书记、厅长郑晓幸出席会议并讲话。四川省文化厅党组成员、省纪委驻文化厅纪检组长孙舒亚就2011年全省文化系统党风廉政建设工作作了部署。

8日

▲ 省政府召开厅际联席会议，审议第三批省级非物质文化遗产名录。会议由省政府副秘书长陈保明主持，四川省文化厅党组书记、厅长郑晓幸汇报了2011年非遗工作思路，四川省文化厅党组成员、副厅长泽波汇报了第三批名录相关工作。相关厅局负责人参加了会议。

12日

▲ 《四川省国家级羌族文化生态保护试验区总体规划》专家论证会在成都召开。四川省文化厅党组成员、副厅长泽波出席会议并讲话。

▲ 四川省文化厅党组成员、副厅长李兆权会见前来省文化厅拜会的印度驻广州总领事潘迪，双方就"中印交流年"印度拟来川举办活动事宜交换了意见。

14日

▲ 四川省文化厅党组书记、厅长郑晓幸，四川省文化厅党组成员、副厅长窦维平，四川省文化厅党组成员、副厅长泽波，四川省文化厅党组成员、副厅长王志平实地检查指导非遗节筹备情况。

14日~15日

▲ 第三届"非遗节"筹备工作协调会暨非遗工作经验交流会在成都举行。四川省文化厅党组书记、厅长郑晓幸，四川省文化厅党组成员、副厅长泽波出席会议并讲话。省社科院副院长李明泉应邀就《非遗法》作专题辅导报告。各市（州）文化局分管局长和相关科室负责人，厅直属有关单位负责人和部分专家学者参加了会议。

14日~16日

▲ 中蒙联合保护"非遗"合作机制工作小组在蒙方工作小组恩和巴特团长带领下一行9人赴川考察。

16日

▲ 世界文化遗产都江堰伏龙观古建筑群灾后抢救保护工程获联合国教科文组织亚太文化遗产保护优秀奖。

16日~18日

▲ 国家图书馆馆长周和平来川考察工作。四川省文化厅党组书记、厅长郑晓幸，四川省文化厅党组成员、副厅长窦维平，四川省文化厅党组成员、副厅长王志平，四川省文化厅党组成员、副厅长李兆权，成都市文化局朱树喜等陪同考察。

17日

▲ 中宣部部长刘云山在四川考察并主持召开灾后文化重建与基层宣传文化工作座谈会。四川省文化厅党组书记、厅长郑晓幸参加会议。

18日

▲ 2011中国四川国际文化旅游节开幕。四川省文化厅党组书记、厅长郑晓幸参加开幕式。

▲ 第三届中国成都国际非遗节首次新闻发布会在北京召开。文化部非遗司司长马文辉、外联局局长董俊新，四川省文化厅党组成员、副厅长泽波，成都市人民政府副秘书长师江，朱树喜等出席发布会。新华社、人民日报、经济日报、光明日报、中国文化报、央视新闻频道等50余家主流媒体应邀参加发布会。

19日

▲ 成都武侯祠博物馆帮扶成都华通博物馆纳入国家文物局"国有博物馆对口帮扶民办博物馆"试点项目。并承担举办一期全国民办

博物馆管理人员、业务人员培训班。

19 日～21 日

▲ 国家文物局副局长宋新潮对四川首批国家一级博物馆自贡恐龙博物馆、二级博物馆自贡盐业历史博物馆、灾后重点工程北川老县城地震遗址遗迹保护地和北川地震纪念馆建设工地，以及澳门援建的北川羌族民俗博物馆新馆进行考察，并应邀出席泸县宋代石刻博物馆建设专家论证会。

21 日

▲ 国家文物局文物保护与考古司副司长许言带领专家组赴理县对桃坪羌寨一、二期修缮工程进行验收。

24 日

▲ 四川省文化厅党组成员、副厅长窦维平会见美国肯尼迪艺术中心总裁艾丽西亚·亚当斯女士一行，双方就 9 月下旬“中国文化周”交换了意见。

24 日～29 日

▲ 由国务院新闻办公室、四川省人民政府、中国驻印度大使馆和印度国际团结基金会共同主办的“感知中国·印度行——四川周”系列活动在印度举行。四川省文化厅党组成员、副厅长李兆权带队参加开幕式演出。由省文化厅承办的开幕式晚会《多彩四川》在新德里斯里堡大剧院上映。中共四川省委副书记、省长蒋巨峰，中国驻印度大使张炎，国务院新闻办公室秘书长冯希望，省政府秘书长于伟，副秘书长万鹏龙，省政府新闻办主任侯雄飞以及印度外交部、文化部、文化关系委员会嘉宾 100 余名出席观看。

25 日

▲ 由中宣部、中央党校、中国社科院、中共四川省委主办的抗震救灾和恢复重建与社会主义核心价值体系理论研讨会在成都举行。中宣部副部长申维辰主持开幕式并讲话，中共四川省委书记、省人大常委会主任刘奇葆，中央党校副校长张伯里，中国社会科学院党组副书记、副院长李慎明出席会议。中共四川省委常委、宣传部长黄新初出席会议并致辞。四川省文化厅党组书记、厅长郑晓幸参加会议。

▲ 《灾区非物质文化遗产生产性保护示范基地建设》座谈会在成都召开。四川省文化厅党组成员、副厅长泽波主持会议。

28 日

▲ 由省委宣传部、省文化厅、省作协共同主办的大型露天诗歌朗诵会《四川开满鲜花》在什邡地震遗址公园诗歌广场举行。

4 月 29 日～5 月 1 日

▲ 四川省文化厅党组书记、厅长郑晓幸在安徽合肥参加全国文化体制改革工作会议。

4 月 30 日～5 月 3 日

▲ 沙特阿拉伯王国文化和新闻部国际关系司司长纳赛尔来川访问，考察四川文化设施和文化管理，探讨文化交流项目。四川省文化厅党组成员、机关党委书记严飒爽会见了客人。

五月

3 日

▲ “5·12”汶川地震文化恢复重建工作汇报会在北京举行。文化部党组书记、部长蔡武出席会议并讲话，文化部党组成员、副部长赵少华主持会议。四川省文化厅党组书记、厅长郑晓幸汇报了全省文化系统在省委省政府领导下，开展灾后文化科学救灾、科学重建和科学发展的主要历程。文化部各司局、国家文物局负责人，文化部各直属单位负责人，著名画家范曾、艾轩、扬飞云等，四川地震灾区成都市、德阳市、绵阳市、广元市、阿坝州、雅安

市和北川县文化部门的负责人参加了汇报会。

4日~5日

▲ 四川省区域特色文化产业发展现场会在广元市召开。四川省人民政府副省长黄彦蓉出席会议并讲话，文化部产业司司长刘玉珠，省政府陈保明，四川省文化厅党组书记、厅长郑晓幸，四川省文化厅党组成员、副厅长窦维平出席会议。各市（州）分管文化产业工作副市（州）长，各市（州）文化局长、产业科（处）长及广元市各区县主要领导、分管文化产业工作的负责同志参加会议。绵竹市、北川县相关领导特邀作经验交流。

5日~18日

▲ 由省委宣传部、省文化厅、省文联主办的“四川更加美丽——四川美术书法名家优秀作品展”在中国人民军事博物馆开幕。

6日

▲ 由省文化厅、省文物管理局主办，四川博物院承办的“5·12”汶川地震灾后文物抢救保护成果展在四川博物院开幕。文化部党组成员、国家文物局党组书记、局长单霁翔，省政协副主席陈杰，省人大常委会教科文卫委员会主任委员杨国安，省委宣传部副部长傅思泉等出席仪式。开幕仪式由四川省文化厅党组书记、厅长郑晓幸主持。

6日~8日

▲ 全国文物系统“5·12”汶川地震灾后抢救保护工作总结大会在成都召开。文化部党组成员、国家文物局党组书记、局长单霁翔，四川省人民政府副省长黄彦蓉出席会议并讲话。会议由国家文物局关强主持。四川省文化厅党组书记、厅长郑晓幸，四川省文化厅党组成员、省文物局局长王琼出席会议。甘肃、陕西文物系统主要负责人，对口援助省份文物系统负责人，国家文物局专家组相关专家，四川省6个市（州）和39个重灾县（区、市）文物系统负责人，受表彰先进集体和先进个人200余人参加了会议。来自对口援助省份、文物保护工程技术援建单位的代表分别在大会上作了发言。四川省文物局对三年来文物遗产保护工作作了总结性报告。

7日

▲ 国家文物局和四川省人民政府在阿坝州理县举行“桃坪羌寨灾后抢救保护工程竣工仪式”。国家文物局副局长童明康，省政府办公厅机关党委书记赵渝建，国家文物局文物保护与考古司关强，阿坝州人民政府副州长刘文芝等出席仪式。桃坪羌寨村民和中央、省内有关新闻媒体以及设计、施工、监理单位代表、游客共计500余人参加了竣工仪式。竣工仪式由四川省文化厅党组成员、省文物局局长王琼主持。

10日

▲ 由中共四川省委、四川省人民政府主办，省委宣传部、省文化厅、四川广播电视台承办的“感恩祖国——四川省纪念‘5·12’汶川特大地震三周年特别节目”在成都市锦城艺术宫演出。中共四川省委副书记、省长蒋巨峰、省政协陶武先，中共四川省委常委、宣传部长黄新初出席观看。四川省文化厅党组书记、厅长郑晓幸，四川省文化厅党组成员、副厅长李兆权陪同观看。内蒙古、海南及18个对口援建省（区、市）援建指挥长和援建代表，以及四川各方面人士莅临现场观看。

▲ 四川省人民政府副省长黄彦蓉赴成都国际非遗博览园调研指导工作，听取省文化厅、成都市人民政府、青羊区人民政府负责人关于第三届非遗节筹备工作情况汇报。省政府陈保明，四川省文化厅党组书记、厅长郑晓幸，四川省文化厅党组成员、副厅长泽波，成都市王忠林等陪同视察并参加汇报会。

11日

▲ 四川省文化厅党组书记、厅长郑晓幸

主持召开第三届非遗节筹备工作专题会议。四川省文化厅党组成员、副厅长泽波出席会议并讲话。厅机关各处室、省非遗中心、成都市文化局相关负责人参加了会议。

▲ 四川省文化厅党组成员、副厅长王志平赴京出席人民音乐出版社在人民大会堂举行的《羌韵》赠书仪式。

14 日

▲ 《汶川奇迹》在锦城艺术宫上演。省委常委、省纪委书记欧泽高，中共四川省委常委、宣传部长黄新初等出席观看演出。四川省文化厅党组成员、副厅长李兆权陪同观看。

16 日

▲ 四川省人民政府副省长黄彦蓉主持召开第三届非遗节筹备工作相关省级部门协调会，研究落实有关省级部门的工作任务。省政府陈保明，四川省文化厅党组书记、厅长郑晓幸，四川省文化厅党组成员、副厅长泽波以及十余个省级部门的负责人参加会议。成都市王忠林及有关部门的负责人也参加了会议。

▲ 四川省文化厅党组书记、厅长郑晓幸就文化重建的独特实践及价值接受《中国文化报》记者专访。

17 日

▲ 中共四川省委常委、宣传部长黄新初赴非遗博览园考察调研。省委宣传部副部长朱丹枫，四川省文化厅党组书记、厅长郑晓幸，四川省文化厅党组成员、副厅长泽波，成都市王忠林等陪同考察。

19 日

▲ 中共四川省委常委、宣传部长黄新初、四川省文化厅党组书记、厅长郑晓幸赴京向文化部欧阳坚汇报四川文化体制改革工作。

20 日

▲ 省人大教科文卫委员会组织召开《非遗法》贯彻实施座谈会。省人大常委会副主任王宇坤，省人大常委会委员、教科文卫委员会主任委员杨国安，副主任委员黄克艰、彭玉水、宋国文，省人大常委会法工委副主任张力，四川省文化厅党组成员、副厅长泽波，省人大民族宗教委员会办公室、省政府法制办政法文教处负责人及非遗专家和传承人代表参加了会议。会议由杨国安主持。

23 日～24 日

▲ 四川省文化厅党组成员、副厅长王志平赴江西南昌参加全国文化政策法规规划工作会议。

25 日

▲ 四川歌舞演艺有限责任公司推出的原创舞剧《红军花》在成都西南剧院上演。省委常委、常务副省长魏宏，四川省人民政府副省长黄彦蓉，省政协副主席曾清华，四川省文化厅党组书记、厅长郑晓幸，省委宣传部副部长朱丹枫，四川省文化厅党组成员、副厅长李兆权，四川省文化厅党组成员、省纪委驻文化厅纪检组长孙舒亚，四川省文化厅党组成员、机关党委书记严飒爽等出席观看演出。

▲ 四川省人民政府副省长黄彦蓉主持召开第三届非遗节有关省级部门协调会。四川省文化厅党组书记、厅长郑晓幸，四川省文化厅党组成员、副厅长泽波，成都市人民政府王忠林以及省委常委办、省接待办，省政府研究室，省外办等省级部门负责人参加了会议。

▲ 四川省文化厅党组成员、副厅长泽波在省政府网谈室介绍四川非物质文化遗产保护及灾后恢复重建情况，并介绍了第三届成都国际非遗节筹备情况。

26 日

▲ 四川省人民政府副省长黄彦蓉赴非遗博览园检查指导工作。四川省文化厅党组书记、厅长郑晓幸，成都市人民政府王忠林以及市文

化局朱树喜等陪同检查。

27日

▲ 省文化厅2011年度创先争优活动暨“挂帮包”工作会议举行。四川省文化厅党组成员、机关党委书记严飒爽出席会议并讲话。

28日

▲ 省政府举办招待宴会，宴请出席第三届中国成都国际非物质文化遗产节的全国人大常委会副委员长陈昌智，文化部党组成员、副部长赵少华及各位嘉宾。赵少华出席宴会并致辞，四川省人民政府副省长黄彦蓉代表省委、省政府致欢迎辞，宴会由成都市市长葛红林主持。宴会前夕，中共四川省委书记、省人大常委会主任刘奇葆、中共四川省委副书记、省长蒋巨峰会见了陈昌智、赵少华及各位嘉宾。四川省文化厅党组书记、厅长郑晓幸参加会见及宴会。四川省文化厅党组成员、副厅长窦维平、四川省文化厅党组成员、副厅长泽波，四川省文化厅党组成员、副厅长王志平，四川省文化厅党组成员、副厅长李兆权，四川省文化厅党组成员、省纪委驻文化厅纪检组长孙舒亚，四川省文化厅党组成员、机关党委书记严飒爽等参加宴会。

29日

▲ 由中华人民共和国文化部、四川省人民政府、联合国教科文组织主办，成都市人民政府、四川省文化厅、中国非物质文化遗产保护中心承办，成都市文化局、成都市青羊区人民政府、国际非物质文化遗产博览园协办的第三届中国成都国际非物质文化遗产节在成都非遗博览园开幕。全国人大常委会陈昌智出席并宣布开幕。中共四川省委书记、省人大常委会主任刘奇葆、文化部党组成员、副部长赵少华出席开幕式并致辞，联合国教科文组织总干事特别代表塞西尔·杜维勒宣读总干事伊琳娜·博科娃的贺信。蒋巨峰主持开幕式。陶武先、李崇禧、黄新初、陈光志，省人大常委会副主任王宇坤，四川省人民政府副省长黄彦蓉等出席开幕式。本届非遗节以“弘扬人类文明，共建精神家园“为主题，旨在展示国际社会非物质文化遗产及其保护成果，交流保护经验，促进国际文化交流与合作。参加本届盛会的共有72个国家和地区的1 200多名代表和表演参展人员、国内各省区市的3 000多名展示表演和展销代表。开幕式前，陈昌智和刘奇葆、蒋巨峰、陶武先等领导和嘉宾还巡视了非物质文化遗产博览园。本届国际非遗节还将举办国际非物质文化遗产博览会、非物质文化遗产波及论坛、传统戏剧精品剧目展演、中国古琴艺术大展、分会场和惠民慰问等7大类280余场文化活动。四川省文化厅党组书记、厅长郑晓幸，四川省文化厅党组成员、副厅长窦维平，四川省文化厅党组成员、副厅长泽波，四川省文化厅党组成员、副厅长王志平，四川省文化厅党组成员、副厅长李兆权，四川省文化厅党组成员、省纪委驻文化厅纪检组长孙舒亚，四川省文化厅党组成员、省文物局局长王琼，四川省文化厅党组成员、机关党委书记严飒爽，四川省文化厅副巡视员方国年，四川省文化厅副巡视员卢锋以及省委办公厅、省人大教科文卫委、省政府办公厅、省政协文体医卫委、省发改委、省民委、省人社厅等20多个厅局的主要负责人出席开幕式。

▲ 以“非物质文化遗产的保护与发展”为主题，第三届中国成都国际非物质文化遗产节·非物质文化遗产保护国际论坛在成都举行。四川省人民政府副省长黄彦蓉、成都市人民政府葛红林出席论坛开幕式并讲话。论坛开幕式由四川省文化厅党组书记、厅长郑晓幸主持。文化部外联局局长董俊新，联合国教科文组织非物质文化遗产处处长塞西尔·杜维勒，30多个国家与地区的大使和国内外80余名非遗保护权威学者、专家出席论坛。论坛发表了《成都倡议》。

▲ 由省残联、省文化厅、省教育厅、省

广播电视局和绵阳市人民政府承办的首届残疾人文化艺术节在绵阳开幕。中国残联主席张海迪出席开幕式并致辞。蒋巨峰宣布开幕。副省长、省残联主席张作哈出席开幕式并致辞。本届文化艺术节为期4天，全省21个市（州）代表团及中铁集团、四川核工业代表团等14名残疾人参加文化艺术节。四川省文化厅党组成员、副厅长李兆权出席开幕式。

30 日

▲ 第三届非遗节古琴艺术大展在成都杜甫草堂博物馆开幕。四川省文化厅党组书记、厅长郑晓幸致辞并宣布开幕。著名古琴演奏家、国家级非物质文化遗产项目古琴艺术代表性传承人、中国古琴会会长龚一出席开幕式。开幕式由成都市文化局朱树喜主持。

▲ 四川省文化厅党组成员、副厅长泽波陪同文化部非遗司副司长马盛德赴雅安考察藏茶生产性保护示范基地。

▲ 第三届非遗节崇州分会场首届西部民歌节在街子古镇开幕，四川省文化厅党组成员、省纪委驻文化厅纪检组长孙舒亚出席开幕仪式。

六月

1 日

▲ 成都、攀枝花、泸州三市获国家首批公共文化服务体系示范区和项目创建资格。

10 日

▲ 第25届中国戏剧梅花奖大赛颁奖晚会在成都举行。中国文联党组副书记、副主席李屹，省政协副主席吴正德，文化部艺术司司长董伟，中国戏剧家协会分党组书记、驻会副主席季国平，四川省文化厅党组书记、厅长郑晓幸，省文联党组书记、常务副主席黄启国，成都市人民政府王忠林等出席颁奖晚会。本届梅花奖共诞生了42朵梅花大奖。

▲ 由文化部、四川省人民政府主办，省文化厅、省人民政府台湾事务办公室承办的“情系巴蜀——两岸文化联谊行”省政府协调会和新闻发布会分别在省政府和锦江宾馆举行。文化部港澳台办副主任侯湘华，四川省文化厅党组成员、副厅长窦维平出席协调会与新闻发布会。

▲ 由中国文物报社、四川省文物管理局、广安市人民政府主办的“保护三线工业遗产，传承三线建设精神”主题系列宣传活动在广安举行。原国家计委三线建设调整办公室主任王春才，中国文物报社总支书记彭常新，中国文物信息咨询中心副主任邓贺鹰，四川省文化厅党组成员、省文物局局长王琼，四川省国防科学技术工业办公室党委委员、纪委书记、监察专员沈林红等100多人参加活动。

11 日

▲ 为期14天的第三届中国成都国际非物质文化遗产节圆满落幕。中共四川省委书记、省人大常委会主任刘奇葆出席闭幕式。文化部党组书记、部长蔡武、中共四川省委副书记、省长蒋巨峰致辞。陈光志、黄彦蓉等出席闭幕式。成都市葛红林主持闭幕式。四川省文化厅党组书记、厅长郑晓幸，四川省文化厅党组成员、副厅长泽波等出席闭幕式。本届非遗节期间，7大类286项节会活动吸引了国内外共570万人参与，拉动各类社会消费61.5亿元。来自联合国教科文组织、世界旅游组织、72个国家和地区、国内各省区市的7 000多名代表和展演团体，观摩和参加了各项节会活动。1 900余个非物质文化遗产项目参加了展演、展示、展销活动，评选产生了“俄罗斯民间舞蹈”等18个太阳神鸟金奖、“阿细跳月”等24个太阳神鸟银奖。闭幕式后举行了《天赋神韵·民族记忆》大型主题晚会。

▲ 第三届中国成都国际非物质文化遗产节·非物质文化遗产国际论坛《成都倡议》碑揭碑仪式在成都国际非物质文化遗产博览园举行。蔡武、黄彦蓉出席揭碑仪式并考察第三届

非遗节的主战场——国际非物质文化遗产博览园。四川省文化厅党组书记、厅长郑晓幸，四川省文化厅党组成员、副厅长泽波参加仪式。《成都倡议》和前两届非遗节形成的《成都宣言》《成都共识》一起，将永久保存于国际非遗博览园内。

▲ 国务院公布第三批国家级非物质文化遗产名录（共191项）和国家级非物质文化遗产名录扩展项目名录（共164项）。四川13个项目入选第三批国家级非遗。至此，全省国家级非遗项目达118个。

12日～14日

▲ 文化部党组书记、部长蔡武在四川省文化厅党组书记、厅长郑晓幸的陪同下赴阿坝、都江堰考察基层文化工作和灾后文化重建工作。

14日

▲ 2010四川民营文化行业年度人物暨四川民营文化企业百强颁奖仪式在成都举行。《中国文化报》通联中心主任、组委会主任委员赵凤兰主持仪式，四川省文化厅党组成员、副厅长王志平，省工商联副主席谢光大等出席仪式。来自全省各市（州）文化局、行业商会有关人士和专家学者及获奖民营文化企业家共200余人出席颁奖仪式。

15日

▲ 由省委宣传部、省文化厅、省文联主办的“四川更加美丽——四川美术书法名家优秀作品展”在成都开幕。蒋巨峰、黄新初、陈杰出席展览开幕式并参观展览。于伟、李兆权等也出席了开幕式。此次展览展出了139件美术作品、79件书法作品，由200余位在川及川籍艺术家历时一年精心场作完成。

17日

▲ 省文化体制改革和文化产业发展领导小组组长蒋巨峰到省直文化单位省文化馆、省歌舞演艺有限责任公司、省交响乐团、省曲艺团、省川剧艺术研究院，省川剧院、省文联、省作协调研，并主持召开领导小组会议进行研究。中共四川省委常委、宣传部长黄新初参加调研并出席会议，四川省人民政府副省长黄彦蓉出席会议。四川省文化厅党组书记、厅长郑晓幸，四川省文化厅党组成员、副厅长李兆权参加调研及会议，四川省文化厅党组成员、副厅长泽波参加调研。

19日

▲ 文化部艺术司司长董伟率中直院团赴灾区考察。

21日

▲ 四川省文化厅党组成员、副厅长泽波赴眉山市调研指导非遗工作，并出席“眉山市非物质文化遗产保护工作调研会”。

23日

▲ 省委副书记、省人大常委会副主任、党组书记李崇禧主持召开艺术职业学院“9+3”学生专题会议。四川省人民政府副省长黄彦蓉出席会议。四川省文化厅党组书记、厅长郑晓幸，四川省文化厅党组成员、副厅长王志平参加会议。

▲ 中共四川省委常委、宣传部长黄新初亲切接见在25届中国戏剧梅花奖大赛中荣获“梅花奖”的陈巧茹、王玉梅、胡瑜斌三位演员并颁发奖金。省委宣传部常务副部长侯雄飞，省委宣传部副部长朱丹枫，四川省文化厅党组书记、厅长郑晓幸，李兆泉，省文联副主席陈黔鲁，省剧协主席廖全京，南充市委常委、宣传部长马道蓉等出席颁奖仪式。

26日

▲ 由省委宣传部、省文化厅、省文联共同主办的“颂歌献给党——四川省优秀剧目展演”活动拉开序幕。革命老区达州市创作编排

的大型音乐舞蹈史诗《巴山魂》作为首场演出，为中国共产党 90 华诞献礼。省委常委、副省长魏宏，中共四川省委常委、宣传部长黄新初，省人大常委会副主任张东升，四川省人民政府副省长黄彦蓉，省政协副主席曾清华，武警四川省总队总队长肖凤合等观看演出。

28 日

▲　由国务院新闻办、国务院侨办和四川省人民政府共同主办的 2011“文化中国　锦绣四川”欧洲行系列活动在欧洲举行。四川省文化厅党组成员、机关党委书记严飒爽带队承办演出任务。

29 日

▲　四川省庆祝中国共产党成立 90 周年文艺晚会《感恩共产党》隆重举行。军地领导刘奇葆、李世明、田修思、蒋巨峰、陶武先、李崇禧、李作成、舒玉泰、阮志柏、方殿荣、刘长银、欧泽高、王少雄、魏宏、李登菊、叶万勇、柯尊平、王怀臣、钟勉、黄新初、陈光志、张东升、王宇坤、黄彦蓉、陈次昌、解洪、曾清华、张雨东、方小方、林杰、白广忠、张卫兵等观看文艺晚会。晚会由《开天辟地》《红旗漫漫》《走向复兴》三个篇章，14 个激情大合唱，串起中国共产党 90 年来的风雨历程和丰硕成就。四川省文化厅党组书记、厅长郑晓幸，四川省文化厅党组成员、副厅长李兆权观看了演出。

30 日

▲　四川省庆祝中国共产党成立 90 周年庆祝大会在锦江大礼堂隆重举行。四川省文化厅党组书记、厅长郑晓幸，四川省文化厅党组成员、副厅长窦维平，四川省文化厅党组成员、副厅长泽波，四川省文化厅党组成员、副厅长王志平，四川省文化厅党组成员、副厅长李兆权参加大会。

七月

1 日

▲　四川省舞蹈新作比赛颁奖晚会举行。四川省文化厅党组书记、厅长郑晓幸，省委宣传部副部长朱丹枫，四川省文化厅党组成员、副厅长王志平，四川省文化厅党组成员、副厅长李兆权，四川省文化厅党组成员、省纪委驻文化厅纪检组长孙舒亚，四川省文化厅副巡视员卢锋以及特邀专家黄石、冷茂弘为获奖单位和获奖演员颁奖。

5 日 ~6 日

▲　2011 年全省第三次全国文物普查第三阶段工作会议在成都召开。省普查领导小组办公室主任王琼出席并讲话。全省 21 个市（州）文化（文物）局分管局长、普查队长、业务负责人以及省文物管理局、省普查办的相关同志和工作人员共计 90 余人参加会议。

6 日 ~7 日

▲　四川省文化厅党组书记、厅长郑晓幸在银川参加全国文化厅局长会议。

10 日 ~19 日

▲　由文化部（中华文化联谊会）、四川省人民政府主办，省文化厅、省台办承办，省政府新闻办、省公安厅、省国安厅、省交通厅、省卫生厅、省政府接待办、省口岸办、双流国际机场、成都市人民政府、德阳市人民政府、绵阳市人民政府、广元市人民政府、乐山市人民政府、眉山市人民政府、成都大学等单位协办的“情系巴蜀——两岸文化联谊行”大型两岸文化交流活动在四川举行。四川省人民政府副省长黄彦蓉，文化部党组成员、部长助理、中华文化联谊会顾问高树勋，省政府陈保明，文化部港澳台办主任助理肖夏勇，四川省文化厅党组书记、厅长郑晓幸，四川省文化厅党组成员、副厅长窦维平，台湾参访团团长焦仁和

等两岸嘉宾出席开幕式。开幕式由四川省文化厅党组书记、厅长郑晓幸主持。各市（州）政府、文化单位负责人等出席相关活动。94位台湾文化界嘉宾和41位大陆文化界嘉宾参与了活动开幕式、四川文化报告会、两岸非物质文化保护与传承论坛、汶川地震灾后文化重建地区参访、两岸文化座谈等多项文化活动。

11日～14日

▲ 全省公共图书馆馆长培训班在西南交通大学开班。四川省文化厅党组成员、副厅长李兆权，西南交通大学副校长范平志出席开班仪式并讲话。

19日

▲ 中共四川省委书记、省人大常委会主任刘奇葆与来川参加第二届台湾学生天府夏令营的师生们一起参观成都杜甫草堂博物馆。四川省文化厅党组书记、厅长郑晓幸陪同参观。

20日

▲ 四川省文化厅党组成员、副厅长泽波赴叙永县麻城乡麻城村调研“挂帮包”工作并慰问困难户。

21日

▲ 四川省文化厅党组书记、厅长郑晓幸陪同中共四川省委常委、宣传部长黄新初在成都考察民办博物馆、三都博物馆。

23日～24日

▲ 《魂系油气田》在京展演。全国政协副主席、中国文联主席孙家正，文化部副部长王文章，四川省人民政府副省长黄彦蓉，省委宣传部副部长朱丹枫，四川省文化厅党组成员、副厅长李兆权等出席观看。

23日～25日

▲ 四川省文化厅党组书记、厅长郑晓幸参加全省推进新型工业化、城镇化会议。

25日～26日

▲ 全国现代戏优秀剧目展演在北京举行。四川舞剧《红军花》压轴登场。文化部党组书记、部长蔡武，国家民委副主任吴世民，原四川老领导杨崇汇、蒲海清等出席观看演出。文化部艺术司司长董伟，四川省文化厅党组书记、厅长郑晓幸，四川省文化厅党组成员、副厅长李兆权等陪同观看演出。

27日

▲ 四川8个舞蹈作品入选第九届全国舞蹈比赛决赛。

28日～29日

▲ 省文化厅党组中心组学习扩大会暨全省文化局长座谈会在成都举行。四川省文化厅党组书记、厅长郑晓幸，省直机关工委副书记汤建平出席会议并讲话。四川省文化厅党组成员、副厅长窦维，平四川省文化厅党组成员、副厅长泽波，四川省文化厅党组成员、副厅长王志平，四川省文化厅党组成员、副厅长李兆权，四川省文化厅党组成员、省纪委驻文化厅纪检组长孙舒亚，四川省文化厅党组成员、省文物局局长王琼，四川省文化厅党组成员、机关党委书记严飒爽，四川省文化厅副巡视员方国年，四川省文化厅副巡视员卢锋出席会议。各市（州）文化局局长，厅直单位党政主要负责人，厅机关各处室负责人参加了会议。

29日

▲ 四川省艺术研究院授牌仪式在成都举行。四川省文化厅党组书记、厅长郑晓幸向四川省艺术研究院负责同志授牌。授牌仪式由四川省文化厅党组成员、副厅长窦维平主持，四川省文化厅党组成员、副厅长泽波宣读省编委的批复。

八月

1 日 ~5 日

▲ 四川省文化厅副巡视员卢锋陪同省委宣传部侯雄飞赴凉山、攀枝花调研文化工作。

3 日 ~19 日

▲ “精彩夏天　文化之旅”——省文化厅对口帮扶叙永县麻城乡留守儿童暑期公益文化培训和夏令营活动顺利开展。四川省文化厅党组成员、机关党委书记严飒爽，省直工委宣传部负责人出席夏令营开营仪式。

4 日 ~5 日

▲ 四川省文化厅党组成员、省纪委驻文化厅纪检组长孙舒亚陪同省委宣传部副部长赵明仁赴德阳调研文化工作。

4 日 ~8 日

▲ 文化部党组副书记、副部长欧阳坚在成都都江堰、大邑、省博物院、华通博物馆、大吉博物馆等地调研文化工作。黄新初、郑晓幸、朱丹枫陪同调研。

8 日

▲ 四川省《四川地震灾区“三基地一窗口”建设的独特实践与精神价值》《藏羌文化产业走廊项目集聚研究》等 5 个文化科研项目进入文化部 2011 年度国家社科基金艺术学项目立项名单。

10 日

▲ 四川省文化与旅游座谈会暨厅局长联系会议在省文化厅五楼会议室举行。四川省文化厅党组书记、厅长郑晓幸，省旅游局党组书记、局长郝康理出席会议并讲话。四川省文化厅党组成员、副厅长王志平，省旅游局党组成员、副局长吴勉出席会议。两厅局有关处室负责同志参加了会议。双方就“十二五”期间着力推动四川文化与旅游的大发展大繁荣交换了意见和看法。

13 日 ~15 日

▲ 四川省文化厅党组成员、省文物局局长王琼陪同省委宣传部文明办副主任张亚平赴广元调研文化工作。

15 日 ~16 日

▲ 四川省文化厅党组成员、副厅长李兆权陪同省委宣传部副部长傅思泉赴遂宁、资阳调研文化工作。

19 日 ~24 日

▲ 四川省文化厅党组成员、副厅长泽波赴西宁参加第四届青海国际唐卡艺术与文化遗产博览会并参加由文化部召开的国家级文化生态保护区建设现场交流会议。

21 日

▲ 由省文物局和雅安市人民政府共同主办的茶马古道文化遗产保护（雅安）研讨会在雅安召开。文化部党组成员、国家文物局党组书记、局长单霁翔出席会议并讲话。四川省文化厅党组书记、厅长郑晓幸出席并致辞。四川省文化厅党组成员、省文物局局长王琼，台北故宫博物院副院长冯明珠、孙华、刘勤晋以及云南、西藏、重庆、福建、四川等省市的相关领导和专家学者近 200 人参加了研讨会，研讨会由雅安市人民政府副市长姜小林主持。雅安市委常委、宣传部长吴旭作雅安茶马古道专题报告。会议形成并通过了《茶马古道文化遗产保护（雅安）共识》。会议期间，单霁翔在四川省文化厅党组书记、厅长郑晓幸，雅安市委书记徐孟加，四川省文化厅党组成员、省文物局局长王琼，雅安市政府副市长姜小林的陪同下，考察了雅安博物馆和雅安茶马古道文化遗产保护工作。

23日~27日

▲ 文化部产业司巡视员李小磊会同中国进出口银行、中国农业银行、中国工商银行等中央金融机构一行11人来川就金融机构如何支持文化产业发展，如何更好发挥文化部文化产业投融资公共服务平台作用等进行调研，并为四川文化企业融资25.55亿元。

25日

▲ 四川省文化厅党组书记、厅长郑晓幸赴自贡调研文化工作并为自贡市委中心组扩大会作“文化与发展”的主题报告。

25日~30日

▲ 由文化部主办的第九届全国舞蹈比赛在宁夏银川举行。四川参加决赛的《凤悲鸣》《重生》《你是一首歌》《百合花开》等8个节目共获得7个奖项，获奖总数占总奖项百分之三十。

26日

▲ 陈毅元帅诞辰110周年纪念活动在乐至县举行。中共四川省委书记、省人大常委会主任刘奇葆，陈毅元帅之子、中国对外友好协会会长陈昊苏，省政协陶武先，省委副书记、省人大常委会副主任、党组书记李崇禧，成都军区副政委刘长银等出席纪念活动。省领导魏宏、叶万勇、黄新初、陈光志和武警四川省总队政委黄志远出席纪念活动。四川省文化厅党组书记、厅长郑晓幸参加纪念活动。

26日~31日

▲ 四川省文化厅党组成员、省纪委驻文化厅纪检组长孙舒亚赴宁夏参加全国舞蹈大赛工作会议。

29日

▲ 四川省文化厅党组书记、厅长郑晓幸陪同中共四川省委常委、宣传部长黄新初赴甘孜参加康定格萨尔旅游文化园项目开工仪式。

29日~31日

▲ 文化部社文司副司长张永新率文化部第三评估组一行对四川文化馆评估定级工作进行了评估检查并召开座谈会。四川省文化厅党组成员、副厅长李兆权汇报了全省文化馆建设工作。省委宣传部副部长朱丹枫、省政府办公厅、省发改委、省财政厅、省人社厅、省委编办等部门领导及处室负责人参加了会议。

▲ 四川省文化厅党组成员、副厅长窦维平在京参加全国省级文化管理工作领导小组办公室负责人座谈会并在会上发言。

▲ 四川省文化厅党组成员、机关党委书记严飒爽陪同中共四川省委常委、宣传部长黄新初赴遂宁、南充调研文化工作。

31日

▲ 四川省文化厅党组书记、厅长郑晓幸赴京参加纪念辛亥革命100周年四川书法展开幕式。

▲ 四川第三次全国文物普查实地文物调查数据顺利通过国家文物局普查办审核，并正式移交中国文物信息咨询中心（国家文物局数据中心）。至此，四川文物总数达六万多处，占全国第二位。

九月

3日~4日

▲ 四川省文化厅副巡视员卢锋赴巴中督导检查巴中城乡环境综合治理工作。

5~9日

▲ 由省委宣传部、省文化厅、南充市人民政府主办的“四川省第十三届戏剧小品（小戏）比赛”在南充举行。四川省文化厅党组书记、厅长郑晓幸，南充市委书记、市人大常委会主任刘宏建出席开幕式并讲话。开幕式由省

委宣传部副部长朱丹枫主持。四川省文化厅党组成员、副厅长李兆权，四川省文化厅党组成员、机关党委书记严飒爽，四川省文化厅副巡视员卢锋和南充市的领导出席开幕式并观看演出。全省18个市（州），2个省直和部队专业艺术团体，1所大专院校共计36个剧目参加比赛。

6日~20日

▲ 作为四川庆祝中国共产党成立90周年纪念活动之一的全省新剧目展演在成都举行。《天上的街市》《少年先锋送》《槐花几时开》《蜀红》《杨汉秀》5台剧目集中上演。

6日~8日

▲ 四川省文化厅党组成员、副厅长王志平陪同中共四川省委常委、宣传部长黄新初赴泸州调研文化工作。

9月9日

▲ 由省政协主办、省文化厅承办的2011年中秋联谊会文艺演出在金牛宾馆举行。省委、省政府、省政协领导出席观看演出。

13日~15日

▲ 由文化部社文司、中国艺术研究院、中国社会科学院、国家行政学院、中国文化报社、农民日报社等单位的教授、专家、学者组成的专家检查组一行7人莅临四川，对四川申报的中国民间文化艺术之乡进行抽查。

13日~16日

▲ 四川省文化厅副巡视员方国年陪同省委宣传部外宣办副主任、网管办主任张志跃赴甘孜州调研文化工作。

14日

▲ 四川省文化厅党组书记、厅长郑晓幸会见香港特别行政区政府民政事务局局长曾德成先生一行。四川省文化厅党组成员、副厅长窦维平陪同曾德成一行考察了成都国际非物质文化遗产博览园。

▲ 四川省文化厅党组成员、副厅长泽波赴京参加文化部主持召开的《四川省羌族文化生态保护区总体规划》专家评审会。

▲ 省直机关工委委员、组织部长杨明率工作组到省文化厅检查2010年度创先争优工作，并就为民服务创先争优活动进行指导。

16日~20日

▲ 由省文化厅主办、省非遗中心承办的“四川省非物质文化遗产保护工作业务干部培训班”开班仪式在成都举行。文化部非遗司副司长屈盛瑞，四川省文化厅党组成员、副厅长泽波出席开班仪式并讲话。部分市（州）文化局分管局长，各市（州）文化局非遗（社文）科长、非遗保护中心（文化馆）主任（馆长）和专（兼职）干部，各市（州）扩权强县（区）文化局分管局长，厅直相关文化单位人员共150余人参加了开班仪式。

▲ 省歌舞演艺有限责任公司“天姿国乐”女子民乐团经文化部组织，赴美国华盛顿参加由文化部和美国肯尼迪艺术中心共同举办的“中国文化月”演出活动。

17日~18日

▲ 中共中央政治局常委李长春在省川剧院、省歌舞剧院和成都市非物质文化遗产博览园调研工作，并观看川剧《巴山秀才》。中共四川省委书记、省人大常委会主任刘奇葆，中共四川省委副书记、省长蒋巨峰，省政协陶武先，省委副书记、省人大常委会副主任、党组书记李崇禧等陪同考察。四川省文化厅党组书记、厅长郑晓幸，四川省文化厅党组成员、副厅长窦维平，四川省文化厅党组成员、副厅长王志平，四川省文化厅党组成员、副厅长李兆权，四川省文化厅党组成员、省纪委驻文化厅纪检组长孙舒亚，四川省文化厅党组成员、省文物局局长王琼，四川省文化厅党组成员、机关党

委书记严飒爽，四川省文化厅副巡视员卢锋等陪同调研。

19日～23日

▲ 由中央编办、文化部、国家文物局联合组成的调研组赴川就文物进出境审核机构管理工作进行调研。省编办、成都海关、省文物局、国家文物进出境审核四川管理处等相关单位负责同志参加调研。

19日～28日

▲ 省政协陶武先率四川文化团访问法国、波兰，与法国香槟—阿登大区商谈友城文化合作协议，与波兰密茨凯维奇学院商讨推动四川—波兰文化交流，并邀请法国派团参加2012年在成都举办的第二十一届国际木偶联合代表大会暨国际木偶节，邀请法国、波兰派团参加2013年举办的第五届中国成都国际非物质文化遗产节。

20日

▲ 四川省文化厅党组书记、厅长郑晓幸随同中共四川省委副书记、省长蒋巨峰带领的四川党政代表团赴江西感恩致谢。

▲ 四川省文化厅党组成员、省文物局局长王琼赴眉山洪雅调研文物保护工作。

23日～29日

▲ 四川省文化厅党组书记、厅长郑晓幸率团赴香港、澳门就省政府与港澳签订“川港文化合作框架协议”和“川澳文化合作框架协议”做前期对接工作。

25日

▲ 由四川省委宣传部、宜宾市委、宜宾市人民政府共同打造的原创现代川剧《槐花几时开》在成都上演。中共四川省委常委、宣传部长黄新初、侯雄飞，省人大教科文卫委主任杨国安，省政协文体医卫委主任苏海红，宜宾市委书记、市人大常委会主任杨冬生，四川省文化厅党组成员、副厅长窦维平，四川省文化厅党组成员、副厅长王志平，四川省文化厅党组成员、省纪委驻文化厅纪检组长孙舒亚，四川省文化厅党组成员、机关党委书记严飒爽，四川省文化厅副巡视员卢锋等出席观看演出。仪式由四川省文化厅党组成员、副厅长李兆权主持。

26日

▲ 由省老龄办、省委宣传部、省委老干部局、省直机关工委、省民政厅、省财政厅、省文化厅、省广电局共同主办的《红叶正茂时——2011年四川省“关爱老人构建和谐”电视文艺晚会》在成都金沙剧场举行，省政府副秘书长张晋川，省老领导孟俊修、肖光成、李洪仁及8个主办单位的负责同志出席观看演出。四川省文化厅党组成员、副厅长李兆权出席观看演出。

26日～27日

▲ 全省文化系统行业作风建设工作会议在成都举行。四川省文化厅党组成员、副厅长王志平，省纪委纠风室副主任张馨出席会议并讲话。四川省文化厅党组成员、省纪委驻文化厅纪检组长孙舒亚主持会议。各市（州）文化局纪检组长、监察室主任，厅直单位和厅机关各处室负责人参加会议。

十月

7日～12日

▲ 由国家文物局主办，省文物局承办的“四川省市（州）级文博管理干部培训班”在成都举办。国家文物局人事司副司长黄元，四川省文化厅党组成员、省文物局局长王琼等出席开班仪式。来自全省21个市（州）文化（文物）局、博物馆、文管所和128处全国重点文物保护单位管理机构的负责人共计150余人参

加了培训。

9 日

▲ 《百年之路》纪念辛亥革命暨四川保路运动 100 周年文艺晚会在锦城艺术宫举行。省政协陶武先、成都军区副政委赵开增等观看文艺晚会。四川省文化厅党组书记、厅长郑晓幸陪同观看晚会。

9 日 ~10 日

▲ 四川省文化厅党组书记、厅长郑晓幸陪同文化部党组成员、国家文物局党组书记、局长单霁翔一行赴安岳考察安岳石窟文物保护工作。四川省文化厅党组成员、省文物局局长王琼，资阳市委常委、宣传部部长曹家贵，资阳市政府副市长郭永红等陪同考察。

11 日

▲ 国家文物局与四川大学在成都签署“国家文物局、四川大学考古与博物馆学科共建协议”。文化部党组成员、国家文物局党组书记、局长单霁翔，川大校长谢和平院士，国家文物局人事司司长侯菊坤，国家文物局办公室副主任王莉，文物与考古司副司长许言，四川省文化厅党组成员、省文物局局长王琼等出席签字仪式。

11 日 ~14 日

▲ 四川第四批国家级非物质文化遗产项目代表性传承人专家评审会在成都召开。四川省文化厅党组成员、副厅长泽波出席会议并讲话。

12 日

▲ 全国重点文物保护单位广元千佛崖石窟抢救保护工程正式开工。文化部党组成员、国家文物局党组书记、局长单霁翔，省政协副主席晏永和，国家文物局许言，四川省文化厅党组书记、厅长郑晓幸，广元市委书记罗强，四川省文化厅党组成员、省文物局局长王琼等出席开工仪式。广元市有关部门和工程勘察设计、施工、监理单位的代表共计 200 余人参加了开工仪式。

▲ 由省文化厅、省文联、福建省画院等共同主办的“百名画家进灾区、笔绘龙门新面貌写生作品展”在省博物院举行。四川省文化厅党组成员、副厅长王志平出席仪式并致辞。

▲ 四川省文化厅党组成员、副厅长李兆权赴杭州观看全国第八届残运会开幕式演出。

14 日

▲ 厅直系统“为民服务创先争优”工作会在成都召开。四川省文化厅党组书记、厅长郑晓幸出席会议并讲话。四川省文化厅党组成员、副厅长窦维平，四川省文化厅党组成员、副厅长泽波，四川省文化厅党组成员、省纪委驻文化厅纪检组长孙舒亚，四川省文化厅党组成员、省文物局局长王琼出席会议。会议由四川省文化厅党组成员、机关党委书记严飒爽主持。

15 日

▲ 四川省文化厅党组成员、副厅长李兆权赴厦门参加全国第三届诗歌节。

18 日

▲ 四川省文化厅党组书记、厅长郑晓幸出席省政协陶武先会见法国香槟-阿登大区主席让·保罗·巴希活动。

21 日

▲ 省文化厅党组召开厅直系统干部大会，传达学习党的十七届六中全会精神。四川省文化厅党组书记、厅长郑晓幸就学习贯彻十七届六中全会精神作部署讲话。会议由四川省文化厅党组成员、副厅长王志平主持。四川省文化厅党组成员、副厅长李兆权，四川省文化厅党组成员、省纪委驻文化厅纪检组长孙舒亚，四川省文化厅党组成员、省文物局局长王琼，四川省文化厅党组成员、机关党委书记严飒爽，四川省文化厅副巡视员卢锋出席会议。

24 日

▲ 四川省文化厅党组书记、厅长郑晓幸深入成都东区音乐公园调研，并就四川省文化系统如何结合自身实际，贯彻十七届六中全会精神，推动四川文化事业、文化产业跨越发展等问题接受省级新闻媒体的采访。

26 日

▲ 四川省文化厅党组成员、副厅长窦维平出席副省长曲木史哈会见四川友好区比利时布鲁塞尔首都大区副主席让·吕克·范拉尔活动。

27 日

▲ 四川省文化厅党组成员、副厅长泽波赴北川出席北川非遗保护中心落成典礼仪式。

28 日

▲ 四川省文化厅党组书记、厅长郑晓幸受邀赴京出席中国国家画院30周年庆典活动。

十一月

1 日

▲ 成都市蜀锦织绣有限责任公司（蜀锦织造技艺）、绵竹年画社（绵竹木版年画）、雅安市友谊茶叶有限公司（黑茶·南路边茶制作技艺）三家非遗企业被文化部列为首批非物质文化遗产生产性保护示范基地。

2 日

▲ 省文化厅与中国电信股份有限公司四川分公司在成都签订《四川省文化系统信息化战略合作协议》。四川省文化厅党组书记、厅长郑晓幸出席签字仪式并讲话。四川省文化厅党组成员、副厅长王志平与中国电信四川公司副总经理董涛代表双方在战略合作协议上签字。厅机关有关处室、直属单位负责人与电信四川分公司有关部门负责人参加仪式并出席了四川文化行业信息化领导小组第一次会议。

3 日

▲ 省文化厅党组召开中心组专题会议，学习贯彻十七届六中全会精神。四川省文化厅党组书记、厅长郑晓幸主持会议并讲话。四川省文化厅党组成员、副厅长窦维平，四川省文化厅党组成员、副厅长泽波，四川省文化厅党组成员、副厅长王志平，四川省文化厅党组成员、副厅长李兆权，四川省文化厅党组成员、省纪委驻文化厅纪检组长孙舒亚，四川省文化厅党组成员、省文物局局长王琼，四川省文化厅党组成员、机关党委书记严飒爽，四川省文化厅副巡视员方国年，四川省文化厅副巡视员卢锋出席会议。厅直文化单位党政主要负责同志，厅机关各处室负责同志参加了会议。

4 日

▲ 四川省文化厅党组成员、副厅长窦维平赴德阳调研文化市场专项整治措施落实情况。

7 日

▲ 第三批省级文化产业示范基地命名名单公示。成都东区音乐公园、成都国际非物质文化遗产博览园、绵竹年画村等10家单位列入第三批省级文化产业示范基地名单。

7 日 ~9 日

▲ 四川省文化厅党组书记、厅长郑晓幸参加省委九届九次全会。

9 日 ~13 日

▲ 由文化部、国家广电总局、新闻出版总署和北京市人民政府主办的第六届中国北京文化创意博览会在北京举行。四川16家文化企业参会，集中推介三国蜀汉文化旅游城——中国蜀汉文化城、音乐剧《金沙》等多个项目，推介项目总金额超过4亿元。

10 日

▲ 由文化部和四川省人民政府联合主办，文化部外联局和四川省文化厅承办的“外国友人看汶川地震灾后重建”主题摄影暨全球巡展系列活动在成都正式启动。四川省人民政府副省长黄彦蓉，文化部外联局副局长于芃，四川省文化厅党组书记、厅长郑晓幸出席启动仪式。仪式由四川省文化厅党组成员、副厅长窦维平主持。

▲ 全省国有文艺院团体制改革工作座谈会在成都召开。四川省文化厅党组成员、副厅长李兆权，四川省文化厅副巡视员方国年出席会议。16个市（州）文化局分管院团体制改革的副局长，科室负责人，厅机关有关处室负责同志参加会议。

11 日

▲ 省文化厅党组召开干部大会，传达学习省委九届九次全会精神。四川省文化厅党组书记、厅长郑晓幸主持会议并作主题宣讲。四川省文化厅党组成员、副厅长窦维平，四川省文化厅党组成员、副厅长王志平，四川省文化厅党组成员、省纪委驻文化厅纪检组长孙舒亚，四川省文化厅党组成员、省文物局局长王琼，四川省文化厅党组成员、机关党委书记严飒爽，四川省文化厅副巡视员卢锋出席会议。厅机关全体干部参加会议。

14 日

▲ 《四川省公共图书馆条例》《四川省非物质文化遗产条例》《四川省广播电视管理条例》《四川省文化市场综合执法管理办法》和《四川省成都片区大遗址保护管理办法》5 件与文化相关的法规入选由省政府法制办汇集的《拟列入省政府 2012 年立法计划的项目》。其中《四川省文化市场综合执法管理办法》和《四川省成都片区大遗址保护管理办法》均是首次提出的项目。

15 日

▲ 由文化部主办的 2011—2013 年度“中国民间文化艺术之乡”第三次全国文化馆评估定级命名颁牌仪式暨工作总结会在江苏省常熟市举行。四川 203 个文化馆中共有 147 个文化馆通过文化部评估验收，上等级数量居全国之首，较上次评估定级增加 68 个，增幅为 86%。32 个乡镇被命名为“中国民间文化艺术之乡”，名列全国第二。

▲ 甘孜藏族自治州的“巴塘弦子”、绵竹市的“木板年画”、成都市锦江区的“糖画”在江苏省常熟市参加由文化部举办的“中国民间文化艺术之乡”系列展示活动。四川成为参演项目最多的省份。

18 日 ~20 日

▲ 由中国群众文化学会、省文化厅、达州市委、市政府倡导并主办的“和谐大舞台 · 幸福新农村”首届全国新农村文化艺术展演在达州举行。文化部原副部长常克仁出席并讲话。四川省人民政府副省长黄彦蓉宣布开幕。四川省文化厅党组书记、厅长郑晓幸出席仪式并致辞。四川省文化厅党组成员、副厅长李兆权及达州市委、市政府领导出席开幕式。全国 700 多名文艺工作者和民间艺人同台献艺。20 余个省市遴选的 30 余个优秀文艺节目参加演展。

19 日

▲ 四川省文化厅党组成员、副厅长泽波赴成都市龙泉驿区洛带古镇出席民间文化艺术保护中心落成典礼仪式。

20 日 ~21 日

▲ 由四川艺术职业学院创排的歌剧《娥加美》，作为四川参加“首届中国歌剧节”的唯一剧目在福州大戏院上演。福建省委副书记陈文清出席观看演出。四川省文化厅党组成员、副厅长李兆权，福建省文化厅副巡视员卢鸿筠

陪同观看。

21 日 ~24 日

▲ 四川省文化厅副巡视员卢锋赴巴中督导城乡环境综合治理工作。

23 日

▲ 文化厅党组召开中心组学习扩大会议，学习贯彻十七届六中全会和省委九届九次全会精神。四川省文化厅党组书记、厅长郑晓幸主持学习并讲话。四川省文化厅党组成员、副厅长王志平，四川省文化厅党组成员、副厅长李兆权，四川省文化厅党组成员、省纪委驻文化厅纪检组长孙舒亚，四川省文化厅党组成员、省文物局局长王琼，四川省文化厅党组成员、机关党委书记严飒爽，四川省文化厅副巡视员方国年出席会议并就分管工作提出了来年工作重点和着力方位。厅机关各处室负责同志参加会议。

24 日

▲ 四川省文化厅党组书记、厅长郑晓幸赴资阳宣讲十七届六中全会和省委九届九次全会精神。

▲ 四川省非物质文化遗产保护中心建设项目工程在成都青羊国际非遗博览园破土动工。

28 日

▲ 全省文化系统办公室主任会议暨宣传信息工作会议在成都召开。四川省文化厅党组成员、副厅长王志平，四川省文化厅副巡视员卢锋出席会议并讲话。各市（州）文化局、厅直各单位、厅机关各处室、省文物局、稽查总队负责办公室工作和宣传信息工作的负责同志70 多人参加了会议。

29 日

▲ 四川省文化厅党组书记、厅长郑晓幸在成都市宣讲十七届六中全会和省委九届九次全会精神。报告会由成都市葛红林主持。

▲ 由国家文物局主办，省文物局、成都市文物局承办，首届全国民办博物馆馆长培训班在成都举行。国家文物局副局长董保华，国家文物局博物馆司司长段勇，国家文物局交流中心主任王军，四川省文化厅党组成员、省文物局局长王琼，四川大学历史文化学院院长霍巍等出席开班仪式。来自全国 28 个省、自治区、直辖市的民办博物馆馆长共计 50 余人参加本次培训。

30 日

▲ 四川省文化厅党组书记、厅长郑晓幸赴温江调研社区文化建设。

▲ 第四届非遗节策划研讨会在成都举行。四川省文化厅党组成员、副厅长泽波出席会议并讲话。

十二月

1 日

▲ 省文化厅举行应急管理知识宣传培训会。四川省文化厅党组成员、副厅长王志平主持会议，四川省文化厅副巡视员卢锋出席会议，省政府应急办有关负责同志作主题宣讲。厅机关全体干部职工和厅直单位分管领导、办公室、保卫科负责同志参加了会议。

1 日 ~4 日

▲ 全省博物馆、纪念馆馆长培训班在成都举办。62 家博物馆、纪念馆，特别是灾后一批新建博物馆的馆长参加了培训。四川省文化厅党组成员、省文物局局长王琼出席开班仪式并讲话。

2 日

▲ 省政府第六次民族团结进步表彰大会在成都隆重举行。中共四川省委书记、省人大常委会主任刘奇葆出席大会并作重要讲话。省文化厅

作为全省民族团结进步模范集体受到表彰。四川省文化厅党组成员、副厅长泽波参加了表彰大会并接受颁奖。

2 日～11 日

▲ 受毛里求斯艺术与文化部和中华人民共和国驻南非使馆文化处邀请，四川省文化厅党组书记、厅长郑晓幸率团赴南非和毛里求斯考察文化工作。

5 日

▲ 四川 5 处文化遗产申报列入《中国世界文化遗产预备名单》。

5 日～6 日

▲ 四川省文化厅党组成员、机关党委书记严飒爽赴京参加中国教科文卫体工会第三届全国委员会。

5 日～9 日

▲ 四川省文化厅副巡视员卢锋参加由省维稳领导小组、省综治办举办的 2011 年度维稳、综治工作目标考核工作并带队赴绵阳、德阳进行考核。

6 日～8 日

▲ 由文化部社会文化司主办，中央文化管理干部学院、四川省文化厅承办的全国基层文化队伍培训联络工作会议在成都召开。中央文化管理干部学院院长张旭，文化部社文司副司长张永新，中央文化管理干部学院副院长段周武，国家公共文化服务体系建设专家委员会副主任、北京大学教授李国新，四川省文化厅党组成员、副厅长李兆权，四川省文化厅副巡视员方国年出席会议。来自全国 32 个省（市、自治区）文化厅（局）的社文处长（具体负责同志）及首批 4 家全国基层文化队伍培训基地培训工作负责人、国家公共文化服务体系建设专家委员会部分专家参加了本次会议。

6 日～9 日

▲ 四川省文化厅党组成员、副厅长窦维平带领厅机关有关处室负责人值守《阳光政务》热线，解答群众关心问题。

8 日～10 日

▲ 四川省文化厅党组成员、副厅长泽波在浙江宁波参加全国非物质文化遗产保护工作会议并作典型经验交流发言。

13 日

▲ “外国友人看汶川地震灾后重建主题摄影和全球巡展”境外巡展图片专家评审会在成都召开。四川省文化厅党组书记、厅长郑晓幸主持会议，四川省摄影家协会、四川艺术摄影协会、四川省妇女摄影协会、四川日报摄影部、四川卫视新闻中心等单位摄影家和省政府新闻办、省外办、省文化厅的代表共同审核通过备选的 80 幅图片。

▲ 四川省文化厅党组书记、厅长郑晓幸率领四川省文化厅党组成员、副厅长泽波，四川省文化厅党组成员、副厅长王志平，四川省文化厅党组成员、省纪委驻文化厅纪检组长孙舒亚，四川省文化厅党组成员、省文物局局长王琼，四川省文化厅党组成员、机关党委书记严飒爽，四川省文化厅副巡视员方国年和厅机关相关处室负责人一行赴四川艺术职业学院温江新校区检查指导工作。

15 日

▲ 由省委宣传部、省文化厅、省文联共同主办的“颂歌献给党——四川省庆祝中国共产党成立 90 周年新剧目展演”总结座谈会在成都举行。省委宣传部副部长朱丹枫，四川省文化厅党组成员、副厅长李兆权出席会议并讲话。

17 日

▲ 首届“川博杯”校园创意文化产品设

计大赛启动仪式在成都举行。四川省文化厅党组成员、副厅长窦维平出席仪式并讲话。

19 日

▲ 《人民日报》刊文《四川迈向文化改革发展第一方阵》，盛赞四川文化事业文化产业的大发展大繁荣。

▲ 由文化部、广电总局、新闻出版总署、信息化部举办的中国文化艺术政府奖首届动漫奖开评。四川入围3个奖项。原创动漫《打，打个大西瓜》和卡通偶形儿童剧《巨人的城堡》分别入围最佳新媒体动漫作品奖和最佳舞台剧奖。成都大学入围最佳动漫教育机构奖。

▲ 四川省文化厅党组书记、厅长郑晓幸赴雅安考察文化
工作。

20 日 ~21 日

▲ 由文化部王文章率领的文化部艺术家小分队赴汶川水磨镇阿坝师专演出。来自中国歌剧舞剧院、中国国家话剧院、中国广播艺术团等单位的20余名艺术家登台演出。四川省文化厅党组书记、厅长郑晓幸，省委宣传部副部长朱丹枫，四川省文化厅党组成员、副厅长李兆权陪同并观看演出。

▲ 四川省文化厅党组成员、副厅长窦维平赴上海参加全国文化系统对外文化贸易工作会议。

22 日

▲ 文化部艺术家小分队走进崇州街子古镇进行慰问演出。四川省文化厅党组成员、省纪委驻文化厅纪检组长孙舒亚赴现场观看。

23 日

▲ 四川省博物馆学会2011年年会暨四川文物保护研究中心授牌仪式在四川博物院举行。省博物馆学会名誉理事长席义方，省民政厅民间组织管理局局长陶明明，省博物馆学会理事长徐荣旋出席会议。四川省文化厅党组书记、厅长郑晓幸，四川省文化厅党组成员、省文物局局长王琼出席会议并讲话。省内各文博单位代表200余人参加了会议。

▲ 由国家文物局组织开展的“第三次全国文物普查百大新发现”评选活动圆满结束，四川九寨沟县阿梢脑遗址、犍为县清溪古建筑群、通江县佛尔岩塬石窟寺、安岳县灵游院石窟寺、梓潼县中国工程物理研究院旧址共5处新发现不可移动文物成功入选。

26 日 ~27 日

▲ 四川省文化厅党组书记、厅长郑晓幸参加省委经济工作会议。

27 日

▲ 四川省文化厅党组成员、副厅长窦维平赴天津参加“首届动漫奖”颁奖典礼。四川三家企业入围中国文化艺术节政府奖首届动漫奖。

28 日

▲ 四川省国家级、省级非物质文化遗产代表性项目保护自查工作部署会议在成都举行。四川省文化厅党组成员、副厅长泽波出席会议并讲话。

由省政协主办，省政协办公厅、省文化厅和省政协文体医卫委员会共同承办的“春到天府·2012新年茶话会”在成都举行。中共四川省委书记、省人大常委会主任刘奇葆出席茶话会并讲话。中共四川省委副书记、省长蒋巨峰，成都军区赵开增出席茶话会。茶话会由省政协陶武先主持。

▲ 由省文化厅主办的“2012年新年音乐会”在成都举行。四川省人民政府副省长黄彦蓉等出席观看演出。四川省文化厅党组书记、厅长郑晓幸出席并致辞，四川省文化厅党组成员、副厅长窦维平，四川省文化厅党组成员、副厅长泽波，四川省文化厅党组成员、副厅长王志平，四川省文化厅党组成员、副厅长李兆

权，四川省文化厅党组成员、省纪委驻文化厅纪检组长孙舒亚，四川省文化厅党组成员、省文物局局长王琼，四川省文化厅党组成员、机关党委书记严飒爽，四川省文化厅副巡视员方国年，四川省文化厅副巡视员卢锋出席音乐会。省直有关部门的负责同志受邀出席音乐会。

29 日

▲ 省政府召开“四川省第三次全国文物普查工作电视电话会议”。省第三次全国文物普查领导小组组长黄彦蓉出席会议并讲话。省第三次全国文物普查领导小组副组长郑晓幸主持会议。省领导小组办公室主任王琼汇报省第三次全国文物普查工作的总体情况。四川省领导小组各成员单位的负责同志、省领导小组办公室和普查机构的部分代表参加了主会场会议。全省 21 个市（州）和 181 个县（市、区）设分会场，各级政府分管负责人及各成员单位、普查机构的有关负责人参加会议。

▲ 省文化厅 2011 年领导干部述职述廉会议举行。郑晓幸、窦维平、泽波、王志平、李兆权、孙舒亚、王琼、严飒爽、方国年、卢锋出席会议并述职述廉。

▲ “再生——国际摄影家汶川地震灾后重建掠影”春节海外巡展图片全部启运。该批图片将于春节期间在中华人民共和国驻美国、英国大使馆和驻墨尔本、驻纽约、驻休斯敦、驻洛杉矶、驻芝加哥总领馆以及法国巴黎中国文化中心九地联展。

30 日

▲ 省文化厅召开党组（扩大）会议，传达省委经济工作会议精神。四川省文化厅党组书记、厅长郑晓幸传达了省委经济工作会议主要内容，着重传达了中共四川省委书记、省人大常委会主任刘奇葆和中共四川省委副书记、省长蒋巨峰在会议上的重要讲话精神。四川省文化厅党组成员、副厅长窦维平，四川省文化厅党组成员、副厅长泽波，四川省文化厅党组成员、副厅长王志平，四川省文化厅党组成员、副厅长李兆权，四川省文化厅党组成员、省纪委驻文化厅纪检组长孙舒亚，四川省文化厅党组成员、省文物局局长王琼，四川省文化厅党组成员、机关党委书记严飒爽，四川省文化厅副巡视员方国年出席会议。各处室主要负责同志参加会议。

31 日

▲ 由省委宣传部、省文化厅作为指导单位，省工商联文化产业商会等单位主办的“2012 第三届四川文化消费节”在成都崇州开幕。四川省文化厅党组成员、副厅长窦维平出席开幕仪式。

法律·法规

FALVFAGUI

■ 中华人民共和国非物质文化遗产法

■ 文化市场综合行政执法管理办法

■ 互联网文化管理暂行规定

■ 阿坝藏族羌族自治州非物质文化遗产保护条例

■ 四川省娱乐场所管理办法（2011 年修订）

中华人民共和国非物质文化遗产法

（2011年2月25日第十一届全国人民代表大会常务委员会第十九次会议通过）

目 录

第一章 总 则

第一条 为了继承和弘扬中华民族优秀传统文化，促进社会主义精神文明建设，加强非物质文化遗产保护、保存工作，制定本法。

第二条 本法所称非物质文化遗产，是指各族人民世代相传并视为其文化遗产组成部分的各种传统文化表现形式，以及与传统文化表现形式相关的实物和场所。包括：

（一）传统口头文学以及作为其载体的语言；

（二）传统美术、书法、音乐、舞蹈、戏剧、曲艺和杂技；

（三）传统技艺、医药和历法；

（四）传统礼仪、节庆等民俗；

（五）传统体育和游艺；

（六）其他非物质文化遗产。

属于非物质文化遗产组成部分的实物和场所，凡属文物的，适用《中华人民共和国文物保护法》的有关规定。

第三条 国家对非物质文化遗产采取认定、记录、建档等措施予以保存，对体现中华民族优秀传统文化，具有历史、文学、艺术、科学价值的非物质文化遗产采取传承、传播等措施予以保护。

第四条 保护非物质文化遗产，应当注重其真实性、整体性和传承性，有利于增强中华民族的文化认同，有利于维护国家统一和民族团结，有利于促进社会和谐和可持续发展。

第五条 使用非物质文化遗产，应当尊重其形式和内涵。

禁止以歪曲、贬损等方式使用非物质文化遗产。

第六条 县级以上人民政府应当将非物质文化遗产保护、保存工作纳入本级国民经济和社会发展规划，并将保护、保存经费列入本级财政预算。

国家扶持民族地区、边远地区、贫困地区的非物质文化遗产保护、保存工作。

第七条 国务院文化主管部门负责全国非物质文化遗产的保护、保存工作；县级以上地方人民政府文化主管部门负责本行政区域内非物质文化遗产的保护、保存工作。

县级以上人民政府其他有关部门在各自职责范围内，负责有关非物质文化遗产的保护、保存工作。

第八条 县级以上人民政府应当加强对非物质文化遗产保护工作的宣传，提高全社会保护非物质文化遗产的意识。

第九条 国家鼓励和支持公民、法人和其他组织参与非物质文化遗产保护工作。

第十条 对在非物质文化遗产保护工作中做出显著贡献的组织和个人，按照国家有关规定予以表彰、奖励。

第二章 非物质文化遗产的调查

第十一条 县级以上人民政府根据非物质文化遗产保护、保存工作需要，组织非物质文化遗产调查。非物质文化遗产调查由文化主管部门负责进行。

县级以上人民政府其他有关部门可以对其工作领域内的非物质文化遗产进行调查。

第十二条 文化主管部门和其他有关部门进行非物质文化遗产调查，应当对非物质文化遗产予以认定、记录、建档，建立健全调查信息共享机制。

文化主管部门和其他有关部门进行非物质文化遗产调查，应当收集属于非物质文化遗产组成部分的代表性实物，整理调查工作中取得的资料，并妥善保存，防止损毁、流失。其他有关部门取得的实物图片、资料复制件，应当汇交给同级文化主管部门。

第十三条 文化主管部门应当全面了解非物质文化遗产有关情况，建立非物质文化遗产档案及相关数据库。除依法应当保密的外，非物质文化遗产档案及相关数据信息应当公开，便于公众查阅。

第十四条 公民、法人和其他组织可以依法进行非物质文化遗产调查。

第十五条 境外组织或者个人在中华人民共和国境内进行非物质文化遗产调查，应当报经省、自治区、直辖市人民政府文化主管部门批准；调查在两个以上省、自治区、直辖市行政区域进行的，应当报经国务院文化主管部门批准；调查结束后，应当向批准调查的文化主管部门提交调查报告和调查中取得的实物图片、资料复制件。

境外组织在中华人民共和国境内进行非物质文化遗产调查，应当与境内非物质文化遗产学术研究机构合作进行。

第十六条 进行非物质文化遗产调查，应当征得调查对象的同意，尊重其风俗习惯，不得损害其合法权益。

第十七条 对通过调查或者其他途径发现的濒临消失的非物质文化遗产项目，县级人民政府文化主管部门应当立即予以记录并收集有关实物，或者采取其他抢救性保存措施；对需要传承的，应当采取有效措施支持传承。

第三章 非物质文化遗产代表性项目名录

第十八条 国务院建立国家级非物质文化遗产代表性项目名录，将体现中华民族优秀传统文化，具有重大历史、文学、艺术、科学价值的非物质文化遗产项目列入名录予以保护。

省、自治区、直辖市人民政府建立地方非物质文化遗产代表性项目名录，将本行政区域内体现中华民族优秀传统文化，具有历史、文学、艺术、科学价值的非物质文化遗产项目列入名录予以保护。

第十九条 省、自治区、直辖市人民政府可以从本省、自治区、直辖市非物质文化遗产代表性项目名录中向国务院文化主管部门推荐列入国家级非物质文化遗产代表性项目名录的项目。推荐时应当提交下列材料：

（一）项目介绍，包括项目的名称、历史、现状和价值；

（二）传承情况介绍，包括传承范围、传承谱系、传承人的技艺水平、传承活动的社会影响；

（三）保护要求，包括保护应当达到的目标和应当采取的措施、步骤、管理制度；

（四）有助于说明项目的视听资料等材料。

第二十条 公民、法人和其他组织认为某项非物质文化遗产体现中华民族优秀传统文化，具有重大历史、文学、艺术、科学价值的，可以向省、自治区、直辖市人民政府或者国务院文化主管部门提出列入国家级非物质文化遗产代表性项目名录的建议。

第二十一条 相同的非物质文化遗产项目，其形式和内涵在两个以上地区均保持完整的，可以同时列入国家级非物质文化遗产代表性项目名录。

第二十二条 国务院文化主管部门应当组织专家评审小组和专家评审委员会，对推荐或者建议列入国家级非物质文化遗产代表性项目名录的非物质文化遗产项目进行初评和审议。

初评意见应当经专家评审小组成员过半数通过。专家评审委员会对初评意见进行审议，提出审议意见。

评审工作应当遵循公开、公平、公正的原则。

第二十三条 国务院文化主管部门应当将拟列入国家级非物质文化遗产代表性项目名录的项目予以公示，征求公众意见。公示时间不得少于二十日。

第二十四条 国务院文化主管部门根据专家评审委员会的审议意见和公示结果，拟订国家级非物质文化遗产代表性项目名录，报国务院批准、公布。

第二十五条 国务院文化主管部门应当组织制定保护规划，对国家级非物质文化遗产代表性项目予以保护。

省、自治区、直辖市人民政府文化主管部门应当组织制定保护规划，对本级人民政府批准公布的地方非物质文化遗产代表性项目予以保护。

制定非物质文化遗产代表性项目保护规划，应当对濒临消失的非物质文化遗产代表性项目予以重点保护。

第二十六条 对非物质文化遗产代表性项目集中、特色鲜明、形式和内涵保持完整的特定区域，当地文化主管部门可以制定专项保护规划，报经本级人民政府批准后，实行区域性整体保护。确定对非物质文化遗产实行区域性整体保护，应当尊重当地居民的意愿，并保护属于非物质文化遗产组成部分的实物和场所，避免遭受破坏。

实行区域性整体保护涉及非物质文化遗产集中地村镇或者街区空间规划的，应当由当地城乡规划主管部门依据相关法规制定专项保护规划。

第二十七条 国务院文化主管部门和省、自治区、直辖市人民政府文化主管部门应当对非物质文化遗产代表性项目保护规划的实施情况进行监督检查；发现保护规划未能有效实施的，应当及时纠正、处理。

第四章 非物质文化遗产的传承与传播

第二十八条 国家鼓励和支持开展非物质文化遗产代表性项目的传承、传播。

第二十九条 国务院文化主管部门和省、自治区、直辖市人民政府文化主管部门对本级人民政府批准公布的非物质文化遗产代表性项目，可以认定代表性传承人。

非物质文化遗产代表性项目的代表性传承人应当符合下列条件：

（一）熟练掌握其传承的非物质文化遗产；

（二）在特定领域内具有代表性，并在一定区域内具有较大影响；

（三）积极开展传承活动。

认定非物质文化遗产代表性项目的代表性传承人，应当参照执行本法有关非物质文化遗产代表性项目评审的规定，并将所认定的代表性传承人名单予以公布。

第三十条 县级以上人民政府文化主管部门根据需要，采取下列措施，支持非物质文化遗产代表性项目的代表性传承人开展传承、传播活动：

（一）提供必要的传承场所；

（二）提供必要的经费资助其开展授徒、传艺、交流等活动；

（三）支持其参与社会公益性活动；

（四）支持其开展传承、传播活动的其他措施。

第三十一条 非物质文化遗产代表性项目的代表性传承人应当履行下列义务：

（一）开展传承活动，培养后继人才；

（二）妥善保存相关的实物、资料；

（三）配合文化主管部门和其他有关部门进行非物质文化遗产调查；

（四）参与非物质文化遗产公益性宣传。

非物质文化遗产代表性项目的代表性传承人无正当理由不履行前款规定义务的，文化主管部门可以取消其代表性传承人资格，重新认定该项目的代表性传承人；丧失传承能力的，文化主管部门可以重新认定该项目的代表性传承人。

第三十二条 县级以上人民政府应当结合实际情况，采取有效措施，组织文化主管部门和其他有关部门宣传、展示非物质文化遗产代表性项目。

第三十三条 国家鼓励开展与非物质文化遗产有关的科学技术研究和非物质文化遗产保护、保存方法研究，鼓励开展非物质文化遗产的记录和非物质文化遗产代表性项目的整理、出版等活动。

第三十四条 学校应当按照国务院教育主管部门的规定，开展相关的非物质文化遗产教育。

新闻媒体应当开展非物质文化遗产代表性项目的宣传，普及非物质文化遗产知识。

第三十五条 图书馆、文化馆、博物馆、科技馆等公共文化机构和非物质文化遗产学术研究机构、保护机构以及利用财政性资金举办的文艺表演团体、演出场所经营单位等，应当根据各自业务范围，开展非物质文化遗产的整理、研究、学术交流和非物质文化遗产代表性项目的宣传、展示。

第三十六条 国家鼓励和支持公民、法人和其他组织依法设立非物质文化遗产展示场所和传承场所，展示和传承非物质文化遗产代表性项目。

第三十七条 国家鼓励和支持发挥非物质文化遗产资源的特殊优势，在有效保护的基础上，合理利用非物质文化遗产代表性项目开发具有地方、民族特色和市场潜力的文化产品和文化服务。

开发利用非物质文化遗产代表性项目的，应当支持代表性传承人开展传承活动，保护属于该项目组成部分的实物和场所。

县级以上地方人民政府应当对合理利用非物质文化遗产代表性项目的单位予以扶持。单位合理利用非物质文化遗产代表性项目的，依法享受国家规定的税收优惠。

第五章　法律责任

第三十八条 文化主管部门和其他有关部门的工作人员在非物质文化遗产保护、保存工作中玩忽职守、滥用职权、徇私舞弊的，依法给予处分。

第三十九条 文化主管部门和其他有关部门的工作人员进行非物质文化遗产调查时侵犯调查对象风俗习惯，造成严重后果的，依法给予处分。

第四十条 违反本法规定，破坏属于非物质文化遗产组成部分的实物和场所的，依法承担民事责任；构成违反治安管理行为的，依法给予治安管理处罚。

第四十一条 境外组织违反本法第十五条规定的，由文化主管部门责令改正，给予警告，没收违法所得及调查中取得的实物、资料；情节严重的，并处十万元以上五十万元以下的罚款。

境外个人违反本法第十五条第一款规定的，由文化主管部门责令改正，给予警告，没收违法所得及调查中取得的实物、资料；情节严重的，并处一万元以上五万元以下的罚款。

第四十二条 违反本法规定，构成犯罪的，依法追究刑事责任。

第六章　附　则

第四十三条 建立地方非物质文化遗产代表性项目名录的办法，由省、自治区、直辖市参照本法有关规定制定。

第四十四条 使用非物质文化遗产涉及知识产权的，适用有关法律、行政法规的规定。

对传统医药、传统工艺美术等的保护，其他法律、行政法规另有规定的，依照其规定。

第四十五条 本法自2011年6月1日起施行。

中华人民共和国文化部
文化市场综合行政执法管理办法

第一章 总 则

第一条 为规范文化市场综合行政执法行为，加强文化市场管理，维护文化市场秩序，保护公民、法人和其他组织的合法权益，促进文化市场健康发展，根据《中华人民共和国行政处罚法》《中华人民共和国行政强制法》等国家有关法律、法规，制定本办法。

第二条 本办法所称文化市场综合行政执法是指文化市场综合行政执法机构（以下简称综合执法机构），依照国家有关法律、法规、规章的规定，对公民、法人或者其他组织的文化经营活动进行监督检查，并对违法行为进行处理的具体行政行为。

第三条 本办法所称综合执法机构包括：

（一）经法律、法规授权实施文化市场综合行政执法，对同级人民政府负责的执法机构；

（二）接受有关行政部门委托实施文化市场综合行政执法，接受委托机关的指导和监督，对委托机关负责的执法机构。

第四条 文化市场综合行政执法应当遵循公平、公正、公开的原则，建立权责明确、行为规范、监督有效、保障有力的行政执法运行机制。

第五条 文化部负责指导全国文化市场综合行政执法，建立统一完善的文化市场综合行政执法工作制度，建设全国文化市场技术监管体系，加强文化市场综合行政执法队伍的专业化、规范化、信息化建设，完善对文化市场综合行政执法工作的绩效考核。

各有关行政部门在各自职责权限范围内，指导综合执法机构依法开展执法业务。

各级综合执法机构依照职责分工负责本行政区域内的文化市场综合行政执法工作。

第二章 执法机构与执法人员

第六条 综合执法机构与各有关行政部门应当建立协作机制，及时掌握行政执法的依据、标准以及相关行政许可情况，定期通报市场动态和行政执法情况，提出政策或者工作建议。

第七条 文化市场综合行政执法人员（以下简称执法人员）应当具备以下条件：

（一）具有中华人民共和国国籍；

（二）年满十八周岁；

（三）遵纪守法、品行良好、身体健康；

（四）熟悉文化市场管理法律法规，掌握文化市场管理所需的业务知识和技能；

（五）无犯罪或者开除公职记录；

（六）法律法规规定的其他条件。

录用执法人员应当参照《中华人民共和国公务员法》的有关规定公开招考，择优录取。

第八条 执法人员经岗位培训和考试合格，取得《中华人民共和国文化市场综合行政执法证》或者各级人民政府核发的行政执法证后，方可从事行政执法工作。

综合执法机构应当每年对执法人员进行业务考核。对考核不合格的执法人员，应当暂扣执法证件。

综合执法机构应当有计划地对执法人员进行业务培训，鼓励和支持执法人员参加在职继续教育。

第十条 综合执法机构应当配备调查询问、证据保存等专用房间及交通、通讯、取证、检测等行政执法所必需的设施设备；为执法人员购买人身意外伤害保险。

第十一条 综合执法机构应当实行执法人员定期岗位轮换制度。执法人员在同一执法岗位上连续工作时间原则上不超过5年。

第十二条 各有关行政部门或者综合执法机构可按有关规定对工作成绩显著的综合执法机构和执法人员给予表彰、奖励。

第三章 执法程序

第十三条 综合执法机构应当建立健全12318文化市场举报体系，向社会公布举报方式，依法及时有效受理、办理举报，对举报有功人员可给予一定奖励。

对日常巡查或者定期检查中发现的违法行为，公民、法人及其他组织举报的违法行为，

上级交办的、下级报请处理的或者有关部门移送的案件，应当及时处理。

第十四条 重大案件发生后12小时内，当地综合执法机构应当将案件情况向上级报告。上级综合执法机构或者委托机关应当对重大案件的查处进行督办。

第十五条 文化市场行政违法案件由违法行为发生地所在的县级以上有关行政部门或者综合执法机构管辖。法律、法规、规章另有规定的，从其规定。对管辖发生争议的，报请共同的上一级行政机关指定管辖。

发现受理的案件不属于自己管辖的，应当及时将案件移交给有管辖权的有关行政部门、综合执法机构；违法行为涉嫌构成犯罪的，应当移送司法机关依法处理。

第十六条 执法人员依法执行公务时，应当规范着装，佩戴执法标志。

第十七条 综合执法机构开展行政执法活动，应当严格按照法律、法规和本办法规定的程序进行，并依法制作执法文书。

第十八条 对于公民、法人或者其他组织违反文化市场管理法律法规的行为，依法应当给予行政处罚的，必须查明事实；违法事实不清的，不得给予行政处罚。

第十九条 在作出行政处罚之前，应当告知当事人作出行政处罚决定的事实、理由和依据，并告知当事人依法享有的权利。

执法人员应当充分听取当事人的陈述和申辩，并制作笔录，对当事人提出的事实、理由和证据进行复核，经复核成立的应当采纳。

第二十条 违法事实确凿并有法定依据，对公民处以50元以下、对法人或者其他组织处以1 000元以下罚款或者警告的行政处罚的，可以当场作出处罚决定；执法人员应当填写预定格式、编有号码的行政处罚决定书，经签名或者盖章后，当场交付当事人。

执法人员应当自作出当场处罚决定之日起3日内向所属综合执法机构报告并备案。

第二十一条 除依法可以当场作出的行政处罚外，发现公民、法人或者其他组织有依法应当给予行政处罚的行为的，应当登记立案，客观公正地进行调查，收集有关证据，必要时可以依照法律、法规的有关规定进行检查。

证据包括书证、物证、证人证言、视听资料、当事人陈述、鉴定结论、勘验笔录和现场笔录或者其他有关证据。证据必须查证属实，才能作为认定事实的根据。

第二十二条 在调查或者执法检查时，执法人员不得少于2名，并应当向当事人或者有关人员出示执法证件。当事人及有关人员应当如实回答询问，并协助调查或者检查。执法人员应当制作调查询问或者现场检查笔录，经当事人或者有关人员核对无误后，由当事人或者有关人员签名或者盖章。当事人或者有关人员拒绝的，由2名以上执法人员在笔录上注明情况并签名。

执法人员与当事人有直接利害关系的，应当回避。

第二十三条 在调查或者执法检查中，发现正在发生的违法违规行为，情况紧急无法立案的，执法人员可以采取以下措施：

（一）对违法行为予以制止或者纠正；

（二）依据相关法律法规规定，对有关物品、工具进行查封或者扣押；

（三）收集、提取有关证据。

第二十四条 执法人员在收集证据时，可以采取抽样取证的方法；在证据可能灭失或者以后难以取得的情况下，经依法批准后，可以采取先行登记保存等措施。

对证据进行抽样取证或者登记保存，应当有当事人在场；当事人不在场或者拒绝到场的，可以请在场的其他人员见证并注明。

对抽样取证或者登记保存的物品应当开列清单，并依据情况分别制作抽样取证凭证或者证据登记保存清单，标明物品名称、数量、单价等事项，由执法人员、当事人签名或者盖章，交付当事人。当事人拒绝签名、盖章或者接收的，由2名以上执法人员在凭证或者清单上注明情况并签名。

登记保存物品时，在原地保存可能灭失或者妨害公共安全的，可以异地保存。

第二十五条 对先行登记保存的证据，应当在7日内作出下列处理决定：

（一）需要进行技术检验或者鉴定的，送交检验或者鉴定；

（二）依法不需要没收的物品，退还当事人；

（三）依法应当移交有关部门处理的，移交有关部门。

法律法规另有规定的，从其规定。

第二十六条 对情节复杂或者重大的案件作出责令停业整顿、吊销许可证或者较大数额罚款等行政处罚前，应当经过集体讨论后，再做决定。

第二十七条 拟作出责令停业整顿、吊销许可证、较大数额罚款等行政处罚决定的，应当告知当事人有听证的权利。当事人要求听证的，应当组织听证。

第二十八条 听证会应当按照以下程序进行：

（一）听证主持人宣布听证开始，宣布案由、听证纪律、当事人的权利和义务，宣布和核对听证参加人员名单；

（二）调查人员提出当事人违法的事实、证据、处罚依据和行政处罚的理由；

（三）当事人可以提出证据，进行陈述和申辩，对调查人员提出的证据进行质证；

（四）听证主持人向当事人、调查人员、证人等有关人员询问；

（五）当事人最后陈述；

（六）听证主持人宣布听证结束。

第二十九条 听证会应当制作笔录，交当事人核阅无误后签字或者盖章。

听证主持人应当依据听证情况作出书面报告，报告的主要内容为：案由，听证时间、地点，听证参加人姓名或者名称，申辩和质证的事项，证据鉴别和事实认定情况。

第三十条 行政处罚决定书应当在宣告后当场交付当事人，由当事人在送达回证上记明收到日期，签名或者盖章。

当事人不在场的，应当自作出行政处罚决定之日起7日内依照民事诉讼法的有关规定，将行政处罚决定书送达当事人。

第三十一条 作出责令停业整顿、吊销许可证等重大行政处罚的，应当自作出行政处罚决定之日起15日内，报许可机关和上级综合执法机构备案，必要时可将处罚决定抄告有关部门。

第三十二条 依法没收的财物，必须按照国家有关规定公开拍卖或者处理。

依法应当予以销毁的物品，经综合执法机构负责人批准，由2名以上执法人员监督销毁，并制作销毁记录。

第三十三条 执法文书及有关材料，应当依照有关法律、法规、规章的规定，编目装订，立卷归档。

第四章 执法监督与责任追究

第三十四条 上级综合执法机构对下级综合执法机构及执法人员的执法行为实行执法监督。

综合执法机构接受同级人民政府及有关行政部门的执法监督。

第三十五条 执法监督的内容包括：

（一）执法主体；

（二）执法程序；

（三）法律、法规、规章的适用；

（四）履行法定职责的情况；

（五）罚没财物的处理；

（六）其他需要监督的内容。

第三十六条 执法监督的方式：

（一）受理对违法违规执法行为的申诉、控告和检举，并直接处理或者责成有关部门处理；

（二）对执法工作进行检查；

（三）调阅执法案卷和其他资料；

（四）在职权范围内采取的其他方式。

第三十七条 在执法过程中有下列情形之一的，应当予以纠正或者撤销行政处罚，损害当事人合法权益的，应当依法给予赔偿：

（一）执法主体不合法的；

（二）执法程序违法的；

（三）具体行政行为适用法律、法规、规章错误的；

（四）违法处置罚没或者扣押财物的。

第三十八条 因第三十七条列举情形造成以下后果的，应当依法追究直接责任人和主要负责人的责任：

（一）人民法院撤销、变更行政处罚决定的；

（二）复议机关撤销、变更行政处罚决定的。

第三十九条 执法人员有下列情形之一，尚不构成犯罪的，应当依法给予行政处分，并收回其执法证件；情节严重，构成犯罪的，依法追究刑事责任：

（一）滥用职权，侵犯公民、法人及其他组织合法权益的；

（二）利用职权或者工作之便索取或者收受他人财物，或者支持、纵容、包庇文化市场违法经营活动的；

（三）伪造、篡改、隐匿和销毁证据的；

（四）玩忽职守、贻误工作的；

（五）泄露举报内容和执法行动安排的；

（六）其他违反法律、法规、规章的行为。

第四十条 执法人员在被暂扣执法证件期间，不得从事行政执法工作；执法人员被收回执法证件的，应当调离执法岗位，不得再从事行政执法工作。

第五章　附　则

第四十一条 《中华人民共和国文化市场综合行政执法证》是执法人员履行职责时的合法证件，由文化部统一制式，省级文化行政部门或者综合执法机构监制并核发。

各级人民政府核发的行政执法证，也是执法人员履行职责时的合法证件。

执法文书由文化部统一格式，省级文化行政部门或者综合执法机构监制。

第四十二条 本办法所称“较大数额罚款”是指对公民处以 1 万元以上、对法人或者其他组织处以 5 万元以上的罚款，法律、法规、规章另有规定的，从其规定。

第四十三条 本办法由文化部负责解释。

第四十四条 本办法自 2012 年 2 月 1 日起施行。2006 年 7 月 1 日文化部发布的《文化市场行政执法管理办法》同时废止。

中华人民共和国文化部
互联网文化管理暂行规定

第一条 为了加强对互联网文化的管理，保障互联网文化单位的合法权益，促进我国互联网文化健康、有序地发展，根据《全国人民代表大会常务委员会关于维护互联网安全的决定》和《互联网信息服务管理办法》以及国家法律法规有关规定，制定本规定。

第二条 本规定所称互联网文化产品是指通过互联网生产、传播和流通的文化产品，主要包括：

（一）专门为互联网而生产的网络音乐娱乐、网络游戏、网络演出剧（节）目、网络表演、网络艺术品、网络动漫等互联网文化产品；

（二）将音乐娱乐、游戏、演出剧（节）目、表演、艺术品、动漫等文化产品以一定的技术手段制作、复制到互联网上传播的互联网文化产品。

第三条 本规定所称互联网文化活动是指提供互联网文化产品及其服务的活动，主要包括：

（一）互联网文化产品的制作、复制、进口、发行、播放等活动；

（二）将文化产品登载在互联网上，或者通过互联网、移动通信网等信息网络发送到计算机、固定电话机、移动电话机、电视机、游戏机等用户端以及网吧等互联网上网服务营业场所，供用户浏览、欣赏、使用或者下载的在线传播行为；

（三）互联网文化产品的展览、比赛等活动。

互联网文化活动分为经营性和非经营性两类。经营性互联网文化活动是指以营利为目的，通过向上网用户收费或者以电子商务、广告、赞助等方式获取利益，提供互联网文化产品及其服务的活动。非经营性互联网文化活动是指不以营利为目的向上网用户提供互联网文化产品及其服务的活动。

第四条 本规定所称互联网文化单位，是指经文化行政部门和电信管理机构批准或者备案，从事互联网文化活动的互联网信息服务提供者。

在中华人民共和国境内从事互联网文化活动，适用本规定。

第五条 从事互联网文化活动应当遵守宪法和有关法律、法规，坚持为人民服务、为社会主义服务的方向，弘扬民族优秀文化，传播有益于提高公众文化素质、推动经济发展、促进社会进步的思想道德、科学技术和文化知识，丰富人民的精神生活。

第六条 文化部负责制定互联网文化发展与管理的方针、政策和规划，监督管理全国互联网文化活动。

省、自治区、直辖市人民政府文化行政部门对申请从事经营性互联网文化活动的单位进行审批，对从事非经营性互联网文化活动的单位进行备案。

县级以上人民政府文化行政部门负责本行政区域内互联网文化活动的监督管理工作。县级以上人民政府文化行政部门或者文化市场综合执法机构对从事互联网文化活动违反国家有关法规的行为实施处罚。

第七条 申请设立经营性互联网文化单位，应当符合《互联网信息服务管理办法》的有关规定，并具备以下条件：

（一）单位的名称、住所、组织机构和章程；

（二）确定的互联网文化活动范围；

（三）适应互联网文化活动需要并取得相应从业资格的 8 名以上业务管理人员和专业技术人员；

（四）适应互联网文化活动需要的设备、工作场所以及相应的经营管理技术措施；

（五）不低于100万元的注册资金，其中申请从事网络游戏经营活动的应当具备不低于1 000万元的注册资金；

（六）符合法律、行政法规和国家有关规定的条件。

审批设立经营性互联网文化单位，除依照前款所列条件外，还应当符合互联网文化单位总量、结构和布局的规划。

第八条 申请设立经营性互联网文化单位，应当向所在地省、自治区、直辖市人民政府文化行政部门提出申请，由省、自治区、直辖市人民政府文化行政部门审核批准。

第九条 申请设立经营性互联网文化单位，应当提交下列文件：

（一）申请书；

（二）企业名称预先核准通知书或者营业执照和章程；

（三）资金来源、数额及其信用证明文件；

（四）法定代表人、主要负责人及主要经营管理人员、专业技术人员的资格证明和身份证明文件；

（五）工作场所使用权证明文件；

（六）业务发展报告；

（七）依法需要提交的其他文件。

对申请设立经营性互联网文化单位的，省、自治区、直辖市人民政府文化行政部门应当自受理申请之日起20日内做出批准或者不批准的决定。批准的，核发《网络文化经营许可证》，并向社会公告；不批准的，应当书面通知申请人并说明理由。

《网络文化经营许可证》有效期为3年。有效期届满，需继续从事经营的，应当于有效期届满30日前申请续办。

第十条 非经营性互联网文化单位，应当自设立之日起60日内向所在地省、自治区、直辖市人民政府文化行政部门备案，并提交下列文件：

（一）备案报告书；

（二）章程；

（三）资金来源、数额及其信用证明文件；

（四）法定代表人或者主要负责人、主要经营管理人员、专业技术人员的资格证明和身份证明文件；

（五）工作场所使用权证明文件；

（六）需要提交的其他文件。

第十一条 申请设立经营性互联网文化单位经批准后，应当持《网络文化经营许可证》，按照《互联网信息服务管理办法》的有关规定，到所在地电信管理机构或者国务院信息产业主管部门办理相关手续。

第十二条 互联网文化单位应当在其网站主页的显著位置标明文化行政部门颁发的《网络文化经营许可证》编号或者备案编号，标明国务院信息产业主管部门或者省、自治区、直辖市电信管理机构颁发的经营许可证编号或者备案编号。

第十三条 经营性互联网文化单位变更单位名称、网站名称、网站域名、法定代表人、注册地址、经营地址、注册资金、股权结构以及许可经营范围的，应当自变更之日起20日内到所在地省、自治区、直辖市人民政府文化行政部门办理变更手续。

非经营性互联网文化单位变更名称、地址、法定代表人或者主要负责人、业务范围的，应当自变更之日起60日内到所在地省、自治区、直辖市人民政府文化行政部门办理备案手续。

第十四条 经营性互联网文化单位终止互联网文化活动的，应当自终止之日起30日内到所在地省、自治区、直辖市人民政府文化行政部门办理注销手续。

经营性互联网文化单位自取得《网络文化经营许可证》并依法办理企业登记之日起满180日未开展互联网文化活动的，由原审核的省、自治区、直辖市人民政府文化行政部门注销《网络文化经营许可证》，同时通知相关省、自治区、直辖市电信管理机构。

非经营性互联网文化单位停止互联网文化活动的，由原备案的省、自治区、直辖市人民政府文化行政部门注销备案，同时通知相关省、自治区、直辖市电信管理机构。

第十五条 经营进口互联网文化产品的活动应当由取得文化行政部门核发的《网络文化经营许可证》的经营性互联网文化单位实施，进口互联网文化产品应当报文化部进行内容审查。

文化部应当自受理内容审查申请之日起20日内（不包括专家评审所需时间）做出批准或者不批准的决定。批准的，发给批准文件；不批准的，应当说明理由。

经批准的进口互联网文化产品应当在其显著位置标明文化部的批准文号，不得擅自变更产品名称或者增删产品内容。自批准之日起一年内未在国内经营的，进口单位应当报文化部备案并说明原因；决定终止进口的，文化部撤销其批准文号。

经营性互联网文化单位经营的国产互联网文化产品应当自正式经营起30日内报省级以上文化行政部门备案，并在其显著位置标明文化部备案编号，具体办法另行规定。

第十六条 互联网文化单位不得提供载有以下内容的文化产品：

（一）反对宪法确定的基本原则的；

（二）危害国家统一、主权和领土完整的；

（三）泄露国家秘密、危害国家安全或者损害国家荣誉和利益的；

（四）煽动民族仇恨、民族歧视，破坏民族团结，或者侵害民族风俗、习惯的；

（五）宣扬邪教、迷信的；

（六）散布谣言，扰乱社会秩序，破坏社会稳定的；

（七）宣扬淫秽、赌博、暴力或者教唆犯罪的；

（八）侮辱或者诽谤他人，侵害他人合法权益的；

（九）危害社会公德或者民族优秀文化传统的；

（十）有法律、行政法规和国家规定禁止的其他内容的。

第十七条 互联网文化单位提供的文化产品，使公民、法人或者其他组织的合法利益受到侵害的，互联网文化单位应当依法承担民事责任。

第十八条 互联网文化单位应当建立自审制度，明确专门部门，配备专业人员负责互联网文化产品内容和活动的自查与管理，保障互联网文化产品内容和活动的合法性。

第十九条 互联网文化单位发现所提供的互联网文化产品含有本规定第十六条所列内容之一的，应当立即停止提供，保存有关记录，向所在地省、自治区、直辖市人民政府文化行政部门报告并抄报文化部。

第二十条 互联网文化单位应当记录备份所提供的文化产品内容及其时间、互联网地址或者域名；记录备份应当保存60日，并在国家有关部门依法查询时予以提供。

第二十一条 未经批准，擅自从事经营性互联网文化活动的，由县级以上人民政府文化行政部门或者文化市场综合执法机构依据《无照经营查处取缔办法》的规定予以查处。

第二十二条 非经营性互联网文化单位违反本规定第十条，逾期未办理备案手续的，由县级以上人民政府文化行政部门或者文化市场综合执法机构责令限期改正；拒不改正的，责令停止互联网文化活动，并处1000元以下罚款。

第二十三条 经营性互联网文化单位违反本规定第十二条的，由县级以上人民政府文化行政部门或者文化市场综合执法机构责令限期改正，并可根据情节轻重处10000元以下罚款。

非经营性互联网文化单位违反本规定第十二条的，由县级以上人民政府文化行政部门或者文化市场综合执法机构责令限期改正；拒不改正的，责令停止互联网文化活动，并处500元以下罚款。

第二十四条 经营性互联网文化单位违反本规定第十三条的，由县级以上人民政府文化行政部门或者文化市场综合执法机构责令改正，没收违法所得，并处 10 000 元以上 30 000 元以下罚款；情节严重的，责令停业整顿直至吊销《网络文化经营许可证》；构成犯罪的，依法追究刑事责任。

非经营性互联网文化单位违反本规定第十三条的，由县级以上人民政府文化行政部门或者文化市场综合执法机构责令限期改正；拒不改正的，责令停止互联网文化活动，并处 1 000 元以下罚款。

第二十五条 经营性互联网文化单位违反本规定第十五条，经营进口互联网文化产品未在其显著位置标明文化部批准文号、经营国产互联网文化产品未在其显著位置标明文化部备案编号的，由县级以上人民政府文化行政部门或者文化市场综合执法机构责令改正，并可根据情节轻重处 10 000 元以下罚款。

第二十六条 经营性互联网文化单位违反本规定第十五条，擅自变更进口互联网文化产品的名称或者增删内容的，由县级以上人民政府文化行政部门或者文化市场综合执法机构责令停止提供，没收违法所得，并处 10 000 元以上 30 000 元以下罚款；情节严重的，责令停业整顿直至吊销《网络文化经营许可证》；构成犯罪的，依法追究刑事责任。

第二十七条 经营性互联网文化单位违反本规定第十五条，经营国产互联网文化产品逾期未报文化行政部门备案的，由县级以上人民政府文化行政部门或者文化市场综合执法机构责令改正，并可根据情节轻重处 20 000 元以下罚款。

第二十八条 经营性互联网文化单位提供含有本规定第十六条禁止内容的互联网文化产品，或者提供未经文化部批准进口的互联网文化产品的，由县级以上人民政府文化行政部门或者文化市场综合执法机构责令停止提供，没收违法所得，并处 10 000 元以上 30 000 元以下罚款；情节严重的，责令停业整顿直至吊销《网络文化经营许可证》；构成犯罪的，依法追究刑事责任。

非经营性互联网文化单位，提供含有本规定第十六条禁止内容的互联网文化产品，或者提供未经文化部批准进口的互联网文化产品的，由县级以上人民政府文化行政部门或者文化市场综合执法机构责令停止提供，处 1 000 元以下罚款；构成犯罪的，依法追究刑事责任。

第二十九条 经营性互联网文化单位违反本规定第十八条的，由县级以上人民政府文化行政部门或者文化市场综合执法机构责令改正，并可根据情节轻重处 20 000 元以下罚款。

第三十条 经营性互联网文化单位违反本规定第十九条的，由县级以上人民政府文化行政部门或者文化市场综合执法机构予以警告，责令限期改正，并处 10 000 元以下罚款。

第三十一条 违反本规定第二十条的，由省、自治区、直辖市电信管理机构责令改正；情节严重的，由省、自治区、直辖市电信管理机构责令停业整顿或者责令暂时关闭网站。

第三十二条 本规定所称文化市场综合执法机构是指依照国家有关法律、法规和规章的规定，相对集中地行使文化领域行政处罚权以及相关监督检查权、行政强制权的行政执法机构。

第三十三条 文化行政部门或者文化市场综合执法机构查处违法经营活动，依照实施违法经营行为的企业注册地或者企业实际经营地进行管辖；企业注册地和实际经营地无法确定的，由从事违法经营活动网站的信息服务许可地或者备案地进行管辖；没有许可或者备案的，由该网站服务器所在地管辖；网站服务器设置在境外的，由违法行为发生地进行管辖。

第三十四条 本规定自 2011 年 4 月 1 日起施行。2003 年 5 月 10 日发布、2004 年 7 月 1 日修订的《互联网文化管理暂行规定》同时废止。

阿坝藏族羌族自治州
非物质文化遗产保护条例

第一章 总 则

第一条 为了有效保护非物质文化遗产，继承和弘扬优秀传统文化，根据《中华人民共和国民族区域自治法》《中华人民共和国非物质文化遗产法》《中华人民共和国文物保护法》和《阿坝藏族羌族自治州自治条例》等法律、法规的规定，结合阿坝藏族羌族自治州（以下简称自治州）实际，制定本条例。

第二条 自治州辖区内的非物质文化遗产抢救、保护、传承、利用和管理适用本条例。

本条例所称非物质文化遗产，是指各族人民世代相承的、与群众生活密切相关的各种传统文化表现形式和文化空间，其范围包括：

（一）口头传统，包括作为文化载体的语言；

（二）传统表演艺术；

（三）民俗活动、礼仪、节庆；

（四）有关自然界和宇宙的民间传统知识和实践；

（五）传统手工艺技能；

（六）与上述表现形式相关的文化空间。

第三条 自治州非物质文化遗产实行县级、州级、省级、国家级、世界级代表性名录、文化生态保护区逐级申报和分级保护制度。

第四条 自治州非物质文化遗产保护工作应当坚持保护为主、抢救第一、合理利用、传承发展、科学管理和真实性、整体性、传承性保护原则。

第五条 自治州非物质文化遗产保护工作应当坚持政府主导、社会参与，自治州、县人民政府应当加强对非物质文化遗产保护工作的领导，统一协调非物质文化遗产保护工作，并将其纳入国民经济和社会发展规划；非物质文化遗产保护所需经费应当纳入同级财政预算，并根据财力水平和实际需要逐步加大投入。

自治州、县人民政府文化行政部门主管本辖区内非物质文化遗产保护工作。

自治州、县人民政府相关部门应当按照各自职责，做好非物质文化遗产保护工作。

第六条 自治州、县人民政府文化行政部门应当设立非物质文化遗产保护机构，具体承担本级非物质文化遗产保护工作。

第七条 自治州、县人民政府应当积极宣传非物质文化遗产及其保护工作，加强非物质文化遗产保护工作队伍建设，培养非物质文化遗产保护、研究、传承等各类专门人才，支持代表性传承人和传承单位开展优秀非物质文化遗产的活态传承与展示活动。

第八条 自治州鼓励支持公民、法人和其他组织参与非物质文化遗产保护工作，依法开展非物质文化遗产保护工作的合作和交流活动。

第九条 自治州、县人民政府应当对非物质文化遗产保护工作做出显著成绩的单位和个人予以表彰和奖励。

第十条 抢救性、生产性和整体性保护非物质文化遗产，应当遵守法律、法规规定，尊重民族风俗习惯，维护民族团结和社会稳定，不得扰乱社会秩序，不得侵犯公民、法人或者其他组织的合法权益。

第十一条 自治州公民、法人和其他组织有保护非物质文化遗产的责任，对破坏非物质文化遗产保护的行为，有向自治州、县人民政府及其文化行政部门举报的义务。

第二章 保 护

第十二条 非物质文化遗产实行分级保护

制度。自治州、县人民政府文化行政部门应当组织对本辖区内的非物质文化遗产进行调查、普查、确认、登记，运用传统和现代技术，对非物质文化遗产进行真实、系统和全面的记录，并完整归档，妥善保存和管理。

自治州、县人民政府文化行政部门应当建立本级非物质文化遗产代表作名录，保护本辖区内具有历史、文化、科学价值的非物质文化遗产，建立、更新档案和相关数据库，可以公布的，应当及时公布。

第十三条 自治州、县人民政府应当建立地方非物质文化遗产保护名录体系，确定抢救性、生产性、整体性保护的重点项目和特定区域，制定保护措施，明确保护的责任主体，有计划地开展活态传承与展示活动。

州、县非物质文化遗产名录，分别经州、县人民政府文化行政部门组织专家评审并征求有关部门、社会团体和公众的意见后，由同级人民政府批准、公布，报上一级人民政府备案。

自治州、县人民政府文化行政部门对确定和命名的本级文化生态保护区、特定区域传统文化以及文化生态空间进行整体性保护。

州、县非物质文化遗产的申报评定办法，由同级人民政府制定。

第十四条 公布为州级非物质文化遗产名录的申报项目，应当是具有杰出价值的民族民间传统文化表现形式或者文化空间；或者在非物质文化遗产中具有典型意义、群众基础；或者在历史、艺术、民族学、民俗学、社会学、人类学、语言学以及文学等方面具有重要价值。

具体评审标准如下：

（一）具有展现自治州各民族文化创造力杰出价值的；

（二）扎根于村寨文化传统，世代相传，具有鲜明的地方特色、民族特色的；

（三）具有促进自治州各民族文化认同、文化交流，增强社会凝聚力、增进民族团结和社会稳定的；

（四）出色运用传统工艺和技能，体现出高超水平的；

（五）具有见证自治州各民族活态文化传统独特价值的；

（六）对维系自治州各民族文化传承具有重要意义，同时因社会变革或者缺乏保护措施而面临消亡的。

第十五条 列入州、县两级代表性名录，具有重大历史、文化、科学价值的非物质文化遗产，州、县人民政府应当依照国家有关规定逐级申报省级、国家级非物质文化遗产。

第十六条 自治州、县人民政府文化行政部门应当建立非物质文化遗产濒危项目名录，及时发现濒危的具有重要价值的非物质文化遗产，并逐级上报。

濒危、有重要价值的非物质文化遗产，应当实施抢救性保护，保持原真性和完整性。

抢救性保护可以采取下列措施：

（一）采用文字、录音、录像等方式进行系统、真实、完整地记录、整理；

（二）征集、收藏濒危非物质文化遗产的相关资料、可移动代表性实物；

（三）保存、修缮相关村寨、民居、城堡、碉楼、建筑物、传习所、展示馆等不可移动代表性实体；

（四）依法实施的其他抢救措施。

第十七条 列入非物质文化遗产代表性名录的非物质文化遗产抢救性、生产性、整体性保护所涉及的建筑物、传习所、展示馆、古遗迹及其附属物，州、县人民政府应当划定保护范围，作出标志说明，在土地利用和城乡建设中采取有效措施予以保护。

第十八条 划定非物质文化遗产文化生态保护区、命名民间艺术之乡，应当尊重当地群众意愿，由所在地乡镇人民政府申报，县人民政府组织相关部门和专家评审，自治州人民政府文化行政部门审核，经自治州人民政府批准和公布，报上一级人民政府文化行政部门备案。

第十九条 自治州、县人民政府应当定期对非物质文化遗产代表性传承人、代表性传承单位、文化生态保护区、民间艺术之乡、杰出传承人和优秀传承单位进行评估，丧失命名条件的，应当撤销其资格。

第二十条 自治州、县人民政府应当建立非物质文化遗产评审和保护专家委员会。专家委员会组成人员由同级人民政府聘请。

自治州、县人民政府编制非物质文化遗产保护规划、认定非物质文化遗产名录和建设文化生态保护区，应当建立专家咨询和检查监督制度。

第三章 传 承

第二十一条 自治州、县人民政府文化行政部门应当根据本级非物质文化遗产代表作保护单位的推荐，依据有关标准和条件，确定和命名非物质文化遗产代表性传承人或者代表性传承单位。

自治州、县非物质文化遗产代表性传承人和代表性传承单位列入代表作名录的，应当由本级人民政府文化行政部门组织专家评审，同级人民政府公布，报上一级人民政府文化行政部门备案。

自治州非物质文化遗产代表性传承人和代表性传承单位，应当按照前款规定的程序，在县级非物质文化遗产代表作名录中确定。自治州人民政府也可以根据保护工作需要，将尚未列入县级代表性传承人和代表性传承单位名录的非物质文化遗产列入本级代表作名录。

拟列入非物质文化遗产代表作名录的项目，应当及时向社会公示，公民、法人和其他组织若有异议的，应当以书面形式向人民政府文化行政部门提出。州、县人民政府文化行政部门接到书面异议，经审核后，在规定时限内予以答复。

符合州级、省级、国家级、世界级非物质文化遗产代表性名录和整体性保护申报条件的，自治州、县人民政府文化行政部门应当组织申报，健全各级非物质文化遗产名录体系和代表性传承人认定体系。

第二十二条 代表性传承人应当符合下列条件：

（一）完整掌握某项非物质文化遗产表现形态或者技艺；

（二）具有某项非物质文化遗产公认代表性、权威性和影响力；

（三）积极开展传承与展示活动，培养后继人才。

第二十三条 代表性传承单位，应当符合下列条件：

（一）有代表性传承人；

（二）真实、熟练掌握该项非物质文化遗产表现形态或者技艺；

（三）坚持开展以弘扬非物质文化遗产为宗旨的传承、展示活动；

（四）保存该项非物质文化遗产相关原始资料和代表性实物。

第二十四条 代表性传承人和代表性传承单位享有下列权利：

（一）开展传艺、讲学以及艺术创作、学术研究等相关活动并取得报酬；

（二）向他人有偿提供其掌握的知识和技艺以及相关的原始资料、实物、古村寨、传习所、展示场所等；

（三）开展活态传承和展示活动有经济困难的，可以申请同级人民政府补助。

第二十五 代表性传承人和代表性传承单位应当履行下列义务：

（一）按照师承形式或者其他方式选择、培养新传承人；

（二）完整保存所掌握的知识、技艺以及相关的原始资料、实物、建筑物、古村寨、传习所、展示馆等；

（三）依法开展活态传承、展示、传播非物质文化遗产等活动。

第二十六条 符合下列条件的，自治州人民政府可以划定为非物质文化遗产文化生态保护区：

（一）居住相对集中，民族、语言相同，能够原真性、整体性、活态性、集中性反映原生态民族民间文化的；

（二）传统生产、生活习俗有特色的；

（三）传统民居建筑风格独特并有一定规模的；

（四）传统文化艺术以及手工技艺一脉相承的。

第二十七条 符合下列条件的，自治州人民政府可以命名为民间艺术之乡：

（一）民间艺术历史悠久、地方特色和风格鲜明的；

（二）传统技艺精湛，种类独特，世代相传，有较高艺术性和观赏性，具有广泛群众基础的；

（三）传统建筑民族特色独特，具有较高研究、利用价值的。

第四章　利　用

第二十八条 自治州、县非物质文化遗产保护机构负责执行州、县非物质文化遗产保护的规划、计划和工作规范，组织实施和指导开展州、县非物质文化遗产的普查、编译、认定、申报、保护、展示、交流和传播。

自治州、县人民政府设立的收藏、研究以及其他文化机构对本辖区内具有代表性的非物质文化遗产相关资料和实物进行征集、收购。征集、收购应当遵循自愿原则，合理作价，颁发证书。

鼓励单位和个人将其拥有的非物质文化遗产相关资料和实物捐赠或者委托给政府设立的收藏、研究以及其他文化机构收藏、保管或者展出。

鼓励有条件的单位和个人依法成立研究机构，兴办专题博物馆，开设专门展示馆，进行研究开发，活态传承非物质文化遗产。

第二十九条 自治州、县人民政府设立的收藏、研究以及其他文化机构征集、收购和受赠的非物质文化遗产相关珍贵资料、实物，属于国家所有。

公民、法人和其他组织合法拥有的承载非物质文化遗产的相关珍贵资料、实物、古村寨、传习所、展示馆等，受法律保护。任何单位和个人不得侵占、破坏。

自治州、县人民政府应当加强非物质文化遗产知识产权保护。

第三十条 自治州、县人民政府鼓励、扶持和利用下列优秀非物质文化遗产资源项目：

（一）民族民间传统工艺品、美术品、医药品、标识、服饰、刺绣、编织、版画、唐卡、坛城、奇石、根雕、碉楼、器皿、雕塑、雕刻、壁画、用具、漆艺、食品等手工制作技艺；

（二）有民族民间传统文化特色的设施、民居、高碉、佛塔、城堡、桥梁、建筑物、古村寨、传习所、茶马古道等手工营造技艺；

（三）具有民族民间特色的民俗节庆活动表演；

（四）具有学术、史料、艺术价值的手稿、经卷、典籍、文献、乐谱、谱牒、碑碣、楹联、图经以及口传文化；

（五）民族民间文学（含口头文学）、故事、传说、戏曲、山歌、锅庄、乐舞、梵音、古乐、唱经、美术、治疗、体育、游艺、杂技等。

与非物质文化遗产密切相关的天然原材料，应当限量开采、捕猎，严禁乱采、滥挖、盗猎、盗卖。

第三十一条 在自治州辖区内进行非物质文化遗产参观、考察、观摩等活动，应当尊重非物质文化遗产原真形式和文化内涵，不得歪曲、滥用、贬损；未经许可，不得擅自摄影、摄像、录音。

第三十二条 列入非物质文化遗产名录的传统工艺以及其他艺术表现形式，属于国家秘密和商业秘密的，依照国家相关法律、法规执行。

纳入保密范围的非物质文化遗产传授、使用和转让，应当依照法律法规和传承习俗规定的方式、途径进行。

第五章　管　理

第三十三条　自治州、县人民政府文化行政部门会同有关部门拟定自治州、县非物质文化遗产保护规划，组织同级非物质文化遗产代表项目的申报与评审工作，拟定同级非物质文化遗产保护名录，组织实施非物质文化遗产保护和优秀民族文化的传承普及工作，具体负责非物质文化遗产保护专项资金的管理、监督和使用。

拟定的州、县非物质文化遗产保护规划，由同级人民政府批准后组织实施，报上一级人民政府文化行政部门备案；拟定的非物质文化遗产保护名录，由同级人民政府批准、认定、公布，报上一级人民政府文化行政部门备案。

第三十四条　自治州、县人民政府应当对可进入市场交易的非物质文化遗产项目进行生产性管理，对历史文化积淀深厚、存续状态基本良好的重点区域文化形态进行整体性管理。

第三十五条　自治州、县人民政府非物质文化遗产保护经费用于下列项目：

（一）非物质文化遗产珍贵资料和相关实物的抢救、发掘、征集、收购、整理、编译、研究、出版和保存；

（二）非物质文化遗产的活态传承、展示和传播活动；

（三）非物质文化遗产的普查认定和代表性传承人的命名表彰；

（四）濒危非物质文化遗产的抢救性保护；

（五）非物质文化遗产数据库、数字博物馆和数字档案馆的建立；

（六）非物质文化遗产专题博物馆、传习所与展示馆的建设；

（七）非物质文化遗产的宣传与培训；

（八）非物质文化遗产保护的其他事项。

自治州、县人民政府应当改善代表性传承人的工作环境，为代表性传承人的授徒传艺、活态传承提供基本生活保障和资金扶持。

第三十六条　自治州、县人民政府对做出重要贡献的代表性传承人和代表性传承单位应当授予杰出传承人和优秀传承单位称号。

自治州、县人民政府应当每年为批准、公布的本级代表性传承人给予生活补助和专项津贴，鼓励和支持传统技艺传习。

自治州、县人民政府应当支持杰出传承人和优秀传承单位开展非物质文化遗产活态传承与展示活动。可以采取以下方式：

（一）提供必要场所；

（二）给予适当补助；

（三）开展相应宣传；

（四）促进相关交流；

（五）其他形式的支持或者帮助。

第三十七条　鼓励公民、法人和其他组织以捐赠等方式设立非物质文化遗产保护专项资金，专门用于非物质文化遗产保护，捐赠者享受国家规定的优惠待遇。

第三十八条　鼓励和支持教育机构以开设相关课程等形式开展宣传、传播、弘扬优秀非物质文化遗产的活动。

自治州、县人民政府文化、教育行政部门应当把非物质文化遗产保护知识纳入学校教育，加深青少年对非物质文化遗产的了解和认识。

第三十九条　自治州辖区内的非物质文化遗产保护机构、图书馆、文化馆、文管所、博物馆、档案馆、传习所、展示场所等公共文化机构应当征集、收藏、研究、展示和传播本地有代表性的非物质文化遗产。

自治州和县的新闻出版、广播电视、互联网等公共传媒应当加强对非物质文化遗产的宣传报道，增强全社会珍爱优秀传统文化和参与传承、保护非物质文化遗产的意识。

第六章　法律责任

第四十条　违反本条例第十六条规定的，由自治州、县人民政府文化行政部门责令改正；导致濒危非物质文化遗产灭失的，对直接负责的主管人员和其他直接责任人员，依法给予行政处分；构成犯罪的，依法追究刑事责任。

第四十一条 违反本条例第二十九条规定的，由同级人民政府文化行政部门责令改正；造成严重损坏、被窃或者遗失的，对直接负责的主管人员和其他直接责任人员，依法给予行政处分；构成犯罪的，依法追究刑事责任。

第四十二条 违反本条例第三十条第二款规定的，由同级人民政府文化行政部门责令改正，依法承担民事赔偿责任；有违法所得的，没收违法所得；情节严重的，并处5 000 元以上20 000 元以下罚款；构成违反治安管理行为的，由公安机关依法给予治安处罚；构成犯罪的，依法追究刑事责任。

第四十三条 违反本条例第三十一条规定的，由县级以上人民政府文化行政部门给予警告，责令改正，没收或者删除其拍照、摄录的资料；构成违反治安管理行为的，由公安机关依法给予治安处罚。

第四十四条 违反本条例第三十二条规定的，给予批评教育，并承担相应的民事责任；构成违反治安管理行为的，由公安机关依法给予治安处罚；构成犯罪的，依法追究刑事责任。

第四十五条 自治州、县人民政府文化行政部门及其他有关部门工作人员，在非物质文化遗产保护工作中玩忽职守、滥用职权、徇私舞弊的，依法给予行政处分；构成犯罪的，依法追究刑事责任。

第七章 附 则

第四十六条 本条例中所称的非物质文化遗产资料、实物和古村寨、传习所等，已被确定为文物或者文物保护单位的，适用文物保护的法律、法规。

第四十七条 自治州人民政府应当根据本条例制定实施办法。

第四十八条 本条例自 2011 年 7 月 1 日起施行。

四川省娱乐场所管理办法（2011年修订）

第一章　总　则

第一条　为了加强对娱乐场所的管理，促进娱乐市场繁荣健康发展，根据国务院《娱乐场所管理条例》以及国家有关规定，结合四川实际，制定本办法。

第二条　四川省行政区域内娱乐场所的设立、经营和管理等活动，适用本办法。

第三条　娱乐场所经营活动应当坚持为人民服务、为社会主义服务的方向，倡导弘扬民族优秀文化，开展文明、健康、有益的娱乐活动。

第四条　省文化行政主管部门负责全省娱乐场所管理工作，制订娱乐场所发展规划，对全省娱乐场所管理工作进行宏观指导和监督检查，按规定审批、管理娱乐场所及其经营活动。

县以上文化行政主管部门按规定的权限负责娱乐场所及其经营活动的管理和监督检查。

第五条　省公安机关负责娱乐场所的治安管理，对娱乐场所治安管理工作进行监督、指导和检查。

县以上公安机关负责对娱乐场所治安、消防状况进行监督管理。

县以上工商、环境保护、卫生等相关部门应当按照各自职责对娱乐场所实施管理。

第二章　设　立

第六条　设立娱乐场所应当符合省以上文化行政主管部门规定的总量与布局规划、使用面积；其中，游艺娱乐场所应符合游艺机、游戏机分区经营要求。

不得在国务院《娱乐场所管理条例》第七条所列地点设立娱乐场所。

设立娱乐场所应当有与开办娱乐场所经营项目相适应的资金，有符合规定的技术监管设备；娱乐场所名称应当符合行业特点。

第七条　设立娱乐场所，应当向所在地县级文化行政主管部门提出申请；设立中外合资经营、中外合作经营的娱乐场所，应当向省文化行政主管部门提出申请。

娱乐场所筹建期间，申请人向文化行政主管部门进行业务咨询，文化行政主管部门应当履行告知义务，加强筹建服务指导。

第八条　申请人取得公安消防、卫生、环境保护等部门核发的批准文件后，由文化行政主管部门核发省文化行政主管部门印制的娱乐经营许可证，许可证应当明确有效期限；申请人持娱乐经营许可证和有关批准文件到工商部门办理登记手续，领取营业执照。

娱乐场所取得营业执照后，应当在15日内向所在地县级公安机关备案。

第九条　文化、公安消防、卫生、环境保护等部门对受理的申请，应当在法定审批时限内作出决定；不予批准的，应当书面通知申请人并说明理由，同时告知其享有依法申请行政复议或者提起行政诉讼的权利。

第十条　申办娱乐经营许可证，应当向文化行政主管部门提交申请材料，申请材料应当包括下列内容：

（一）载明单位名称、地址、场所名称、经营性质、经营项目、注册资金数额和来源等内容的申请报告。

（二）工商部门核发的企业名称预先核准通知书。

（三）投资人、拟任法定代表人和其他负责人身份证明以及确无国务院《娱乐场所管理条例》第五条所列情形的书面申明。

（四）经营场所的产权证明；租赁经营场所

的，提交使用权证明。

（五）娱乐场所地理方位图、内部布置平面图。

（六）娱乐场所设施设备、技术监管系统的有关材料。

（七）公安消防、卫生、环境保护等部门核发的批准文件和法律、法规要求提交的其他材料。

申办中外合资、中外合作娱乐场所的，还应提交商务部门核发的外商投资企业批准证书。

第十一条 文化行政主管部门受理娱乐场所设立申请，应当依法进行公示，并依照《中华人民共和国行政许可法》的规定程序举行听证。公示、听证所需时间，不计算在审批期限内。

第十二条 娱乐场所增加、变更游艺机、游戏机机型、机种、电路板或者对娱乐场所进行改建、扩建，或者变更娱乐经营许可证载明的事项，应当向原发证机关申请重新核发许可证，并向原公安机关备案；需要办理变更登记的，应当依法向工商部门办理变更登记。

第十三条 延续娱乐经营许可证有效期的，应当在有效期届满 30 日前，向原发证的文化行政主管部门提出书面申请。

文化行政主管部门应当自受理申请之日起，在 20 个工作日内作出是否准予延续的决定；不准予延续的，应当书面说明理由；逾期未作决定的，视为准予延续。

第十四条 娱乐场所逾期未办理娱乐经营许可证有效期延续的，文化行政主管部门应当依照《中华人民共和国行政许可法》的相关规定，依法办理行政许可的注销手续。

第三章 经营与管理

第十五条 娱乐场所应当按照文化行政主管部门核准登记的内容从事经营活动。

娱乐场所使用的文化产品及内容应当符合法律、法规和规章的有关规定。娱乐场所内的标识、游戏方法说明和游艺内容应当采用国家通用语言文字。

第十六条 娱乐场所应当在经营场所的醒目位置悬挂娱乐经营许可证、卫生许可证和工商营业执照。

有关部门应当依法加强娱乐场所内的食品安全监管。

第十七条 娱乐经营许可证实行一点一证，禁止一证多点。

禁止将娱乐场所转租、转包他人经营。

第十八条 每日凌晨 2 时至上午 8 时，娱乐场所不得营业。

娱乐场所暂停营业或者歇业的，应当报原审批、审核的有关行政主管部门备案。

第十九条 游艺娱乐场所设置的游艺机、游戏机机型、机种、电路板应当符合国家有关规定，不得从事带有赌博性质的游戏机、游艺机经营活动。

第二十条 娱乐场所法定代表人或者主要负责人应当对娱乐场所的消防安全和其他安全负责。

娱乐场所应当制定安全防护工作和应急疏散预案，定期实施安全设施检查，并及时维护和更新。

第二十一条 娱乐场所应当在安全出口处设置明显指示牌，门向外开启。娱乐场所疏散通道、安全出口、疏散指示标识、应急照明和消防通道的设置和使用等应当符合有关消防技术标准和管理规定。

第二十二条 娱乐场所容纳的消费者不得超出文化行政主管部门核定的人数。严禁任何人携带危险物品和传染病病原体进入娱乐场所。

第二十三条 娱乐场所应当在入口处的显著位置设置未成年人禁入或者限入标识。标识应当注明文化行政主管部门的举报电话。

歌舞娱乐场所不得接纳未成年人。

游艺娱乐场所的电子游戏机经营区不得在国家法定节假日外向未成年人开放。

第二十四条 未成年人的监护人对未成年人参加电子游戏、游艺活动负有教育和监护的义务。

第二十五 娱乐场所应当在营业场所的大厅、包厢、包间内的显著位置或视屏内设置、安装含有禁毒、禁赌、禁止卖淫嫖娼、禁止在营业期间使用明火等内容的警示标识。标识应当注明公安机关的举报电话。

第二十六条 娱乐场所应当与保安服务企业签订保安服务合同，配备专业保安人员，不得聘用其他人员从事保安工作。

第二十七条 娱乐场所经审核批准兼营演出的，聘用、接纳演艺团组或人员从事营业性演出活动，应当遵守国务院《营业性演出管理条例》和《四川省营业性演出管理办法》等有关规定。

禁止在娱乐场所的包厢、包间内进行演出活动。

第二十八条 娱乐场所技术监管系统应当符合公安机关、文化行政主管部门规定的技术标准和要求，确保技术监管系统正常运行，不得卸载、故意损毁或者擅自更改。

娱乐场所应当将监管录像资料完整留存30日备查。

第二十九条 娱乐场所应当按照国家有关信息化标准规定，建立娱乐场所管理信息系统，实时将从业人员、营业时间、营业日志、消费人数、安全巡查等信息录入系统。

第三十条 行政执法人员进入娱乐场所执行公务不得少于2人，并应当主动出示合法有效的行政执法证件。

第三十一条 娱乐场所行业协会应当依照章程的规定，制定行业自律规范，加强对会员经营活动的指导、监督。

文化行政主管部门应当加强对娱乐场所行业协会的指导，督促行业协会认真履行市场协调、行业自律、监督服务与维权等职能。

第四章 法律责任

第三十二条 违反本办法有关规定的，由文化、公安、工商或者其他有关部门按照各自职责，依照国务院《娱乐场所管理条例》和有关法律、法规、规章的规定处理。

第三十三条 娱乐场所未按要求悬挂娱乐经营许可证、卫生许可证和工商营业执照，并拒不改正的，分别由县级文化行政主管部门、卫生部门、工商部门按照各自职责，处1 000元以上5 000元以下罚款。

娱乐场所未在营业场所的大厅、包厢、包间内的显著位置设置或者未在视频内安装含有禁毒、禁赌、禁止卖淫嫖娼、禁止使用明火等内容的警示标识的，由县级公安机关责令限期改正，给予警告；逾期未改的，处1 000元以上5 000元以下罚款。

第三十四条 娱乐场所卸载、故意损毁或者擅自更改技术监管设施设备等造成技术监管系统不能正常使用的，由县级公安机关、文化行政主管部门按照各自职责，责令限期改正，给予警告；并可处5 000元以上1万元以下的罚款。

第三十五条 违反本办法规定，有下列情形之一的，由县级文化行政主管部门责令改正，给予警告，并可处5 000元以上3万元以下罚款：

（一）娱乐场所转租、转包他人经营的。

（二）在娱乐场所的包厢、包间内进行演出活动的。

第三十六条 娱乐场所暂停营业或者歇业，未向文化行政主管部门、公安机关备案的，由县级文化行政主管部门、公安机关按照各自职责，责令限期改正，给予警告。

第三十七条 娱乐场所经营者涂改娱乐经营许可证从事经营活动的，由县级文化行政主管部门给予警告，并处1万元以上3万元以下罚款；构成犯罪的，依法追究刑事责任。

第三十八条 有下列情形之一的，作出行政许可决定的文化行政主管部门或者其上级主管部门，根据利害关系人的请求或者依据职权，可以撤销行政许可：

（一）违反总量和布局规划，擅自批准设立娱乐场所的。

（二）娱乐场所设立在国务院《娱乐场所管

理条例》第七条所列地点的。

（三）对不符合法定条件的申请人准予行政许可的。

（四）审批事项未依法履行公示、听证程序的。

（五）依法可以撤销的其他情形。

对被撤销行政许可直接负责的主管人员和其他直接责任人员，由有关部门依法给予行政处分；构成犯罪的，依法追究刑事责任。

第三十九条 文化行政主管部门及其工作人员违反规定擅自制发娱乐经营许可证的，上级文化行政主管部门应当予以撤销、通报批评，并提请相关部门对直接负责人和责任人员依法给予行政处分。

第四十条 娱乐场所违反国务院《娱乐场所管理条例》和本办法规定被吊销、撤销、注销娱乐经营许可证的，应当依法到工商部门办理变更登记或者注销登记。

第四十一条 娱乐场所的边界噪声不符合国家规定的环境噪声标准的，由环境保护行政主管部门依法予以处罚。

第五章 附 则

第四十二条 本办法自 2011 年 7 月 1 日起施行。2001 年 7 月 13 日发布施行的《四川省娱乐场所管理办法》同时废止